U0941111

崂山
2014
Laoshan Yearbook
年鉴

青岛市崂山区志鉴丛书

青岛市崂山区人民政府　主办

青岛市崂山区史志办公室　承编

黄河出版社

崂山区行政区划图

崂山区位置图
王哥庄街道办事处
北宅街道办事处
鳌山卫镇
惜福镇街道办事处
沙子口
夏庄街道办事处
流亭街道办事处
龙山街道办事处
鳌山
王哥庄街道
北宅街道办事处
即墨
城阳区
青岛市
崂山区
黄岛区
胶州市
胶南市
即墨市
莱西市
莱阳市
平度市
高密市
莱州市
胶州湾
小岛湾
黄海
崂山水库
崂顶▲1132.7
小管岛
兔子岛
狮子岛
张公岛
大台崮▲758
三标山▲683
大标山▲665
虎岭顶▲405
五岔▲515
白草顶▲386
躲荒崮▲601
华楼山▲412
烟台顶▲311
红山石门沟▲149
黑鸡山

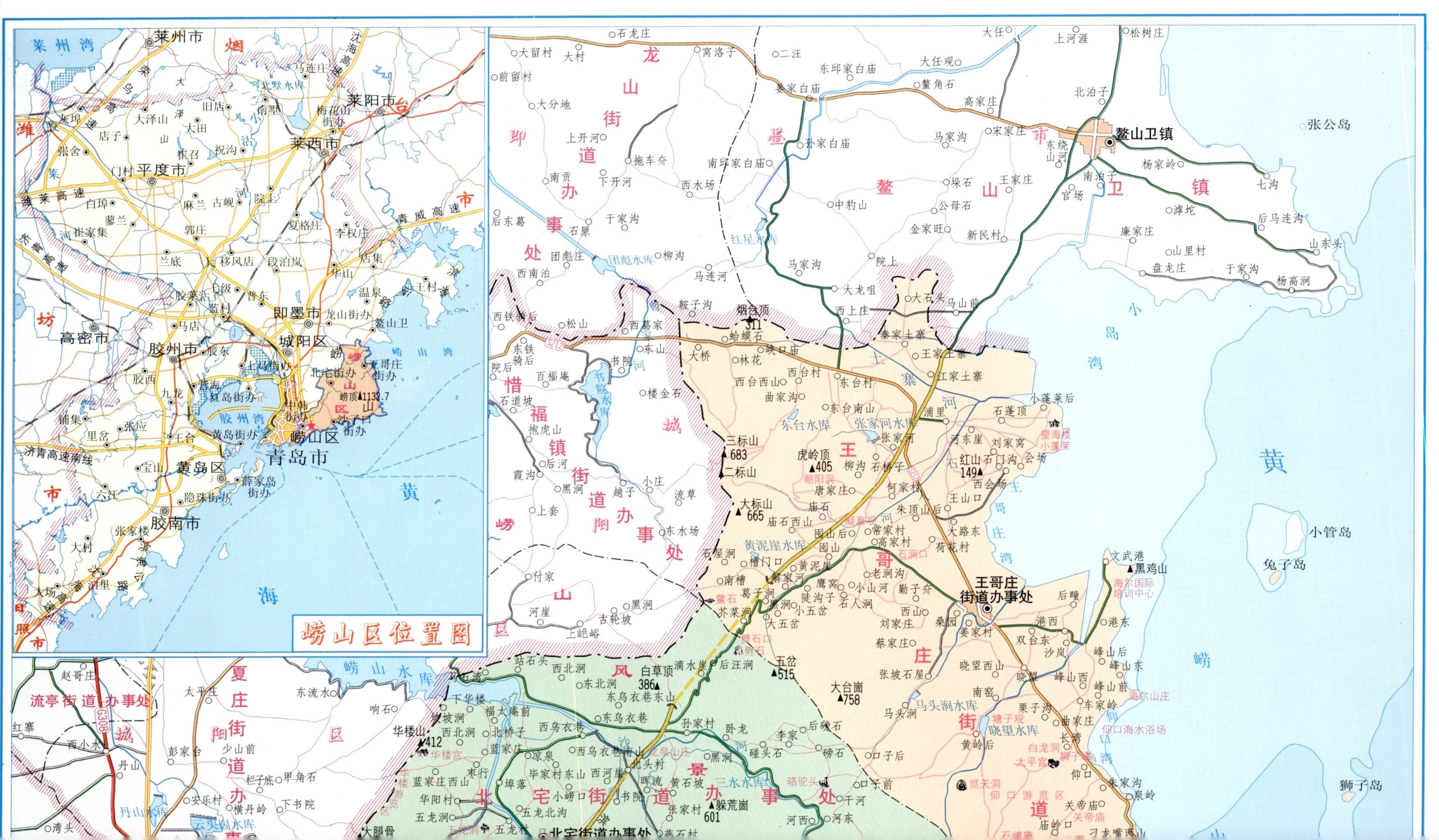

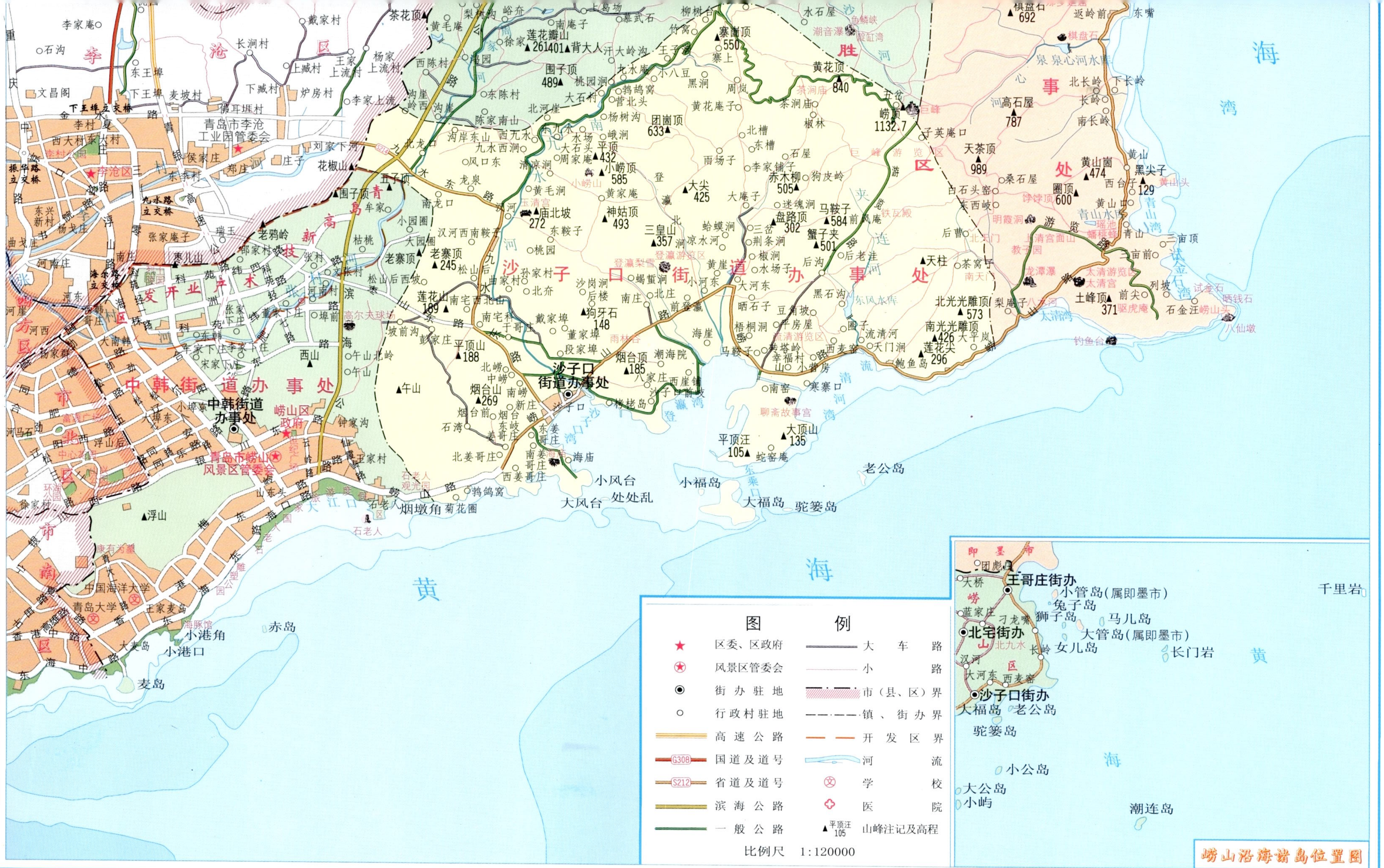

图		例	
★	区委、区政府		大车路
✪	风景区管委会		小路
◉	街办驻地		市（县、区）界
○	行政村驻地		镇、街办界
	高速公路		开发区界
G308	国道及道号		河流
S212	省道及道号	⊗	学校
	滨海公路	✚	医院
	一般公路	▲平顶汪 105	山峰注记及高程

比例尺 1:120000

崂山沿海诸岛位置图

王哥庄街办
小管岛(属即墨市)
兔子岛
狮子岛
马儿岛
大管岛(属即墨市)
女儿岛
长门岩
千里岩
北宅街办
沙子口街办
大福岛
老公岛
驼篓岛
小公岛
大公岛
小屿
潮连岛

鲁SG(2008)056号

山东省地图出版社编制 2008.7

崂山 年鉴 2014
Lao shan Yearbook

中国首批“国家级传统村落”——青山社区

崂山年鉴 2014
Lao shan Yearbook

石老人浴场周边

2013年1月15日，中共山东省委常委、青岛市委书记李群（左一）视察崂山区残疾人综合服务中心

2013年9月27日，中共青岛市委副书记、市长张新起（中）调研崂山路建设进展情况

2013年1月31日，中共崂山区委书记齐家滨（左一）春节前期走访慰问

2013年4月2日，中共崂山区委副书记、区长杨鹏鸣（左三）视察森林防火工作

2013年3月5日，崂山区人大常委会主任张冀鲁（中）调研金家岭金融新区规划发展情况

2013年7月18日，崂山区政协主席郭德利（前左三）对张村河环境综合整治进行专项视察

第23届青岛国际啤酒节夜景

国际创新园一期投入使用

青岛金家岭金融新区核心区鸟瞰效果图

青岛蓝色硅谷产业创业带海洋生物医药孵化中心项目合作签约仪式

崂山游客服务中心接待海内外游客

商务二区夜景

海尔路周边的商务楼宇

崂山路石老人段周边

青岛市规划展览馆鸟瞰图

崂山区行政中心区域

“山歌海韵·乡情乡音”流动舞台进社区活动现场

2013崂山非物质文化遗产节民间艺术展演

崂山区市民文化中心启用

首届青岛高校街舞大赛

2013青岛金石文化艺术节开幕式

居民在超市购物

爱心崂山——2013春节送温暖慈善乐拍文艺晚会

埠东社区综合服务大厅

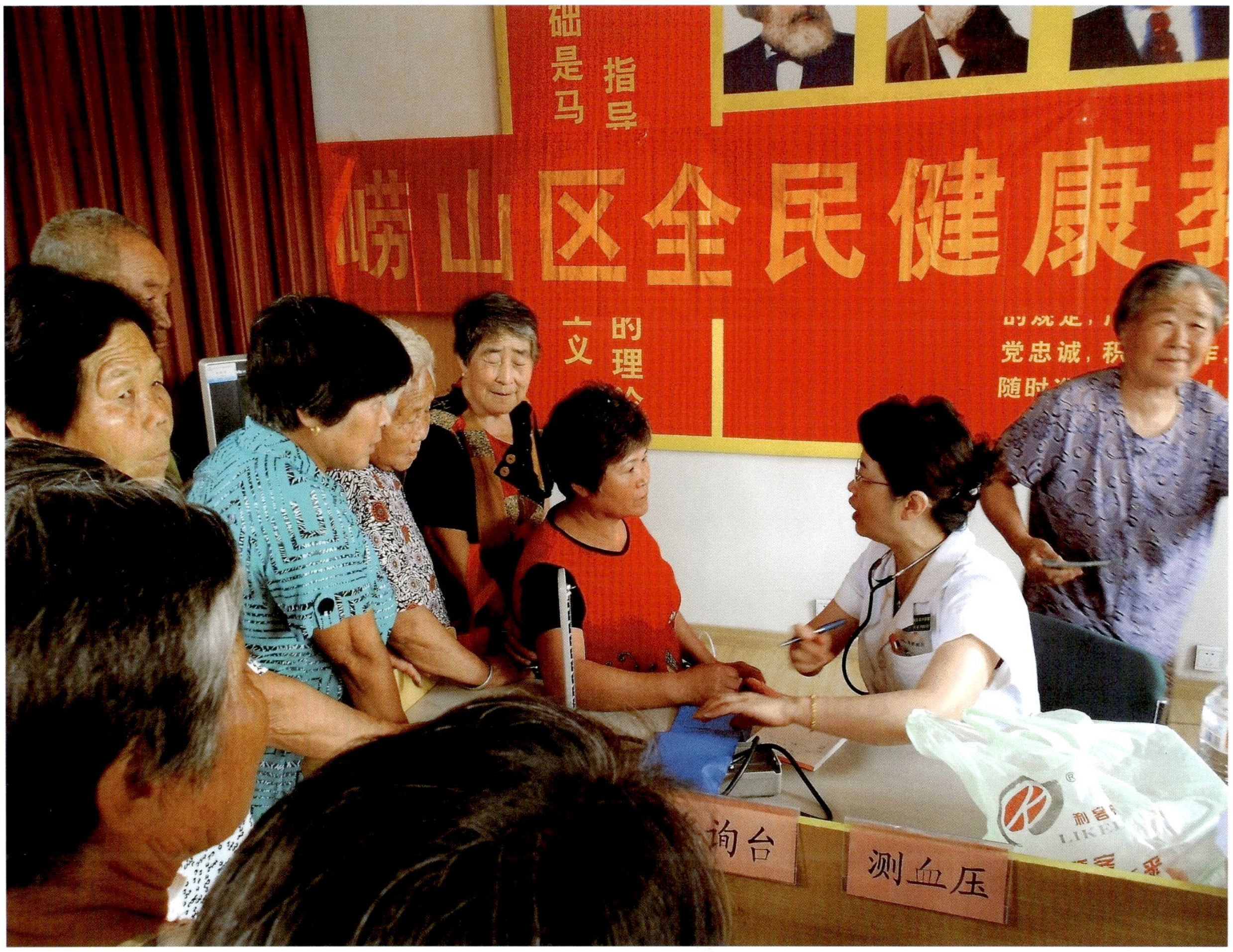

心脑血管专家在王哥庄姜家社区开展义诊活动

朱家洼社区文化活动中心

小河东文化活动中心电子阅览室

《崂山年鉴》（2014）编审人员

主　　审	齐家滨　杨鹏鸣
副 主 审	王振竹　于　鹏
主　　编	王明谊
副 主 编	王清华　张　冰　臧先锋　闫雪梅
执行主编	臧先锋
执行副主编	王丹薇
责任编辑	林先建　时　瑜
图片编辑	王丹薇
翻　　译	李红卫
编　　务	辛若凌　付　莉　杜俊河　郭宏琳 杨美清　韦　丽　纪毓强　曲　利 韩丰连　辛　峰

编辑说明

一、《崂山年鉴》是由崂山区人民政府主办、崂山区史志办公室承编的系统记述崂山行政区域自然、政治、经济、文化、社会等方面情况的年度资料性文献，是社会各界了解崂山区情况的综合性资料信息工具书，每年出版一卷。旨在真实地反映崂山区的基本情况，为各级领导了解区情，实施科学决策，加快崂山发展服务，也为社会各界了解崂山搭建一个信息平台，为向海内外推介崂山提供资料性宣传品。同时，也为编史修志积累资料。

二、《崂山年鉴》（2014）设综合文字、随文照片、宣传彩页三大部分。下设特载、区情综述、大事纪要、政治·政务、经济、城区规划建设与管理、社会生活与各项事业、街道概况、附录等9个类目。总量40万字，230余幅图片。

三、本年鉴叙事主要是2013年度所发生的事情。主要数字以崂山区统计局资料为准。

四、全书由各街道、区直各部门和驻区中央、省、市有关单位供稿，并经各单位主要领导审阅，区史志办组织统编，崂山区人民政府审定。

五、本年鉴分列中、英文目录。

六、本年鉴是崂山区和驻区单位各级领导、广大作者和有关人士通力合作的结果，我们在此谨表诚恳谢意。因水平所限，疏漏、错误之处在所难免，恳请批评指正。

2014年8月

目　　录

特　　载

区情综述

大事纪要

政治　政务

城区规划建设与管理

社会生活与各项事业

街道概况

附　　录

索　　引

Catalogue

Special information

Area survey

Summary of major events

Political affairs

Economics

Urban construction planning and management

Social life and various undertakings

Street overview

Appendix

Index

齐家滨同志在中共崂山区委十一届四次全体（扩大）会议上的讲话

（2013年12月29日）

各位委员、同志们：

现在，我受区委常委会委托，向大会报告工作。

一、今年全区工作回顾

今年以来，面对复杂的经济形势和艰巨的发展任务，我们在市委、市政府的坚强领导下，团结带领广大干部群众，深入贯彻落实党的十八大精神，紧紧抓住项目建设、村庄改造、民生保障等“十大重点工作”不动摇，解放思想、攻坚克难，各项工作均取得新进展、呈现新气象。预计全年实现GDP440亿元，增长9.5%；区级公共财政预算收入89亿元，增长16%；实际利用内资60亿元，超出年度计划30.4%；实际到账外资2.5亿美元，增长39%；税收总收入195亿元，占GDP的44.3%，比重达到国内一流发达城区水平。

（一）项目建设在机制创新中提速增效。以破解项目建设“开工慢”为重点，按照全市“双月奋战”要求，创新开展“双包双促”活动，迅速掀起了“进现场、解难题、抓开

2013年12月29日，中共青岛市崂山区委十一届四次全体（扩大）会议

工”的热潮，全区16个市级重点项目完成投资90亿元，超出年度计划的73%；新开工过亿元项目43个，增长168%，规模以上固定资产投资预计达到190亿元，增长22%以上。以破解项目建设“亮点少”为重点，集中推进大项目，克服房屋征迁、旅游旺季、雨季施工等重重困难，崂山路一期改造工程按期全幅通车；总建筑面积17万平方米的青岛国际创新园一期投入使用，二期87万平方米的16栋楼宇全部开工；备受社会关注的啤酒城改造取得实质性进展，3座总部楼宇主体封顶，啤酒激情广场、百盛购物中心开工建设；风景区太清广场综合改造、北九水木栈道等重点项目按时完工，在全市科学发展项目现场观摩会中崂山区得分领先，充分展现了崂山干部队伍的凝聚力、战斗力。以破解项目建设“推进难”为重点，着力优化投资软环境，行政审批事项提速47%，办结率达到100%；创新搭建科技金融平台和“1+3+X”融资服务平台，为区内中小微企业解决融资难问题；集中开展“平安工地”整治行动，处理扰乱施工问题130余件，打击不法分子20余人，投资环境明显改善，全区新登记企业1765户，增长18.3%，其中，注册资本过亿元企业27户，增长107.7%。

（二）“三大战略平台”在优化升级中集中发力。金家岭金融新区成功上升为省级战略，金融中心大厦、金领广场等30个楼宇项目加快推进，新建成金融楼宇91万平方米；现代金融体系不断完善，金石、广诚、亿兆等总规模约270亿元的5支大型股权基金落户，国信金融控股、中铁建山东投资公司等大型金融企业和总部企业入驻，全区金融企业达到159家，总部企业达到85家；预计实现金融业增加值48亿元，增长22%，占GDP比重达到10.9%，金融业对区级税收贡献增长49%。蓝色硅谷产业创业带加速崛起，“三个六”战略深入实施，海洋生物产业园获批全省首批海洋特色产业园，9个项目主体封顶；战略性新兴产业持续壮大，海信全球研发中心、中石化安工院等项目开工，国内最大的医药电子商务平台——京东医药城上线运营，国家一类新药——杰华生物项目落户，全区电子商务交易额突破1000亿元，软件业务收入突破200亿元，服务外包离岸执行金额突破4亿美元，成功创建全市首批国家级智慧城市试点区；自主创新实力显著增强，全社会科研经费投入占GDP的比重达6.4%，技术交易额占全市总交易额的52.9%，万人发明专利拥有量达到53件，均为全省领先；预计实现海洋产业增加值48亿元，增长21%。崂山风景旅游度假区品质明显提升，“十大重点工程”稳步推进，崂山游客服务中心主体完工，景区建设、管理、运营均呈现出新的面貌；沙港湾项目加快建设，青岛崂山湾国际生态健康城前期工作有序开展，青岛国际啤酒节连续八年位居“中国十大节庆品牌”榜首，预计全区实现旅游收入68亿元，增长20%。

（三）城市化在攻坚克难

杰华生物项目落户崂山区签约

中加快突破。全力推进村庄改造，调整理顺村庄改造工作机制，完成午山、松山后、北涧等13个社区、24.2万平方米的房屋征收工作，总面积达49万平方米的牟家、北姜等6个安置区开工，55个楼座主体封顶，房屋征迁面积、安置区建设面积均创历史新高。着力抓好新型农村社区建设，28个新型社区服务中心全部建成，初步实现了人员到位、服务下沉、有序运转，麦岛、沙子口中心社区等服务中心走在全市前列。大力完善城市功能，世园会配套停车场主体完工，新增及优化调整公交线路18条，新建、改造标准化农贸市场和农村超市16处，新增供热面积96万平方米、燃气管道8公里，城市承载能力不断提高。加强重点区域环境整治，枯桃花艺生态园主体完工，张村河中上游、金岭山环境综合整治扎实推进，海尔路、崂山路等19个大型绿化工程加快实施，全区新增绿化面积25万平方米，拆除违法建筑1542处、25.3万平方米，城市环境更加生态宜居。

（四）民生事业在统筹推进中优化提升。围绕业有所依，实施供水保障、河道治理等水利工程，加大对崂山茶、王哥庄大馒头等特色农产品扶持力度，将城市最低生活保障标准提高到每人每月540元，农村最低生活保障标准提高到每人每年3900元，实现城乡就业1.6万人，城镇居民可支配收入达到3.9万元，增长10%；农民人均纯收入1.77万元，增长11%。围绕病有良医，新落户全省第一家外资医院—和睦家医院，新建成崂山中医院，引进医保城中医院，将新农合人均筹资标准、个人年度报销封顶线分别提高到535元和18.67万元，保障水平全省领先。围绕学有优教，扎实推进“教育强区”战略，新投入使用育才学校、第二实验小学等10所中小学及幼儿园，区实验小学夺得世界头脑奥林匹克竞赛冠军，开全市之先河，成功创建全国义务教育发展基本均衡区。围绕老有颐养，大力开展居家养老、社区养老，全面完成城乡居民养老保险转移衔接工作，全区90岁以上老年人占户籍人口0.34%，指标全国领先。围绕住有宜居，午山馨苑公租房项目加快主体施工，西韩经济适用房主体封顶，大埠东和科技大学人才公寓开工建设。人口、计生、档案、慈善和残疾人事业等迈出新步伐。

（五）社会治理在齐抓共管中不断加强。区人大、区政协围绕中心、服务大局，在推进经济发展、保障民生、民主监督等方面依法履职、积极作为，取得了一系列创新性、突破性成果，为全区发展稳定做出了重大贡献。统一战线工作扎实开展，民族、宗教、对台、侨务工作实现新突破。工会、共青团、妇联的桥梁纽带作用得到有力发挥。扎实做好信访稳定工作，全面落实区级领导包信访案件责任制，成功化解了一批久拖不决的骨头案、钉子案，解决了一批萌芽性、倾向性问题，信访形势总体向好。加强社会治安综合治理，严厉打击违法犯罪，群众安全感和满意度全市领先。广泛开展理想信念和“中国梦”宣传教育，加强对社会热点问题的正

崂山区新农合参合患者领到大病救助金

面引导，成功创建国家级公共文化服务示范区，区图书馆获评国家一级馆，圆满完成全国文明城市和“省级文明区”测评迎检工作。依法治区、普法教育、公正司法等工作有效推进。全力以赴为驻区部队办实事、解难题，实施了鱼水路拓宽改造、自然灾害应急治理等拥军工程，国防教育、民兵预备役工作扎实开展，圆满通过了第八次省双拥模范区年度验收。

（六）党的建设在夯实基础中扎实推进。着力抓好学习型党组织建设，依托区委党校、科学发展大讲堂等平台，深入开展党的群众路线、十八大精神、金融科技等知识的学习教育，共培训党员干部1.5万人次。严格执行中央八项规定，扎实开展“庸懒散慢拖瞒”专项治理，对违反规定的25名机关工作人员进行了处理，行政效能不断提升。深入实施农村党组织星级化管理，建立完善“第一书记”和“科学发展指导员”选派机制，探索非公党建网格化管理新模式，积极构建新型社区“大党委”格局，夯实了基层基础。坚持德才兼备、以德为先，扎实推进科学发展综合考核，加大从基层一线、急难险重岗位选拔干部力度，全年调整处级干部172名，通过竞争上岗提拔科级干部116名，选调300余名机关干部到项目、社区、信访一线工作锻炼，干事创业的氛围持续高涨。深化“山海英才”工程，全区新增国家千人计划5人，入选泰山学者7人，千人计划和海外人才引进量居全市首位。严格落实党风廉政建设责任制，全面推进源头治理和制度防腐，倾力化解疑难纪检信访案件18件，严肃查处违纪违法案件20起，营造了风清气正的发展氛围。全面加强区委常委会自身建设，严格执行民主集中制和党内政治生活制度，带头加强党风廉政建设，自觉接受社会监督，树立了常委班子良好形象。

过去一年的成绩来之不易。这是市委、市政府正确领导的结果，是全区各级各部门团结一心、共同奋斗的结果，特别是面对项目建设、信访稳定、民生保障等重点任务，各街道、三大平台建设指挥机构，以及发改、财政、建设、土地、规划、交通、信访、房屋征收、公检法等部门，发扬“钉钉子”精神，靠上、跟上、拼上，埋头苦干，忘我工作，敢于担当，为加快崂山科学发展做出了突出贡献。在此，我代表区委、区政府，向大家表示衷心的感谢和崇高的敬意！

二、2014年工作思路

党的十八届三中全会，是在我国进入全面建成小康社会关键时期召开的一次十分重要的会议。会议审议通过的《中共中央关于全面深化改革若干重大问题的决定》，深刻剖析了我国改革发展稳定面临的重大理论和实践问题，明确了全面深化改革的指导思想、路线图和时间表，是我们党在新的历史起点上全面深化改革的科学指南和行动纲领。近期，习近平总书记对山东作出了“三个怎么看”和“五个切实”的重要指示，为全省发展指明了努力方向、明确了基本路径、提供了根本遵循。为落实三中

科学发展大讲堂

全会和总书记重要指示精神，省委、市委先后召开了领导干部大会和全委会议进行了研究部署，提出了具体要求。对此，我们一定要认真学习，切实抓好落实。

当前，崂山正处在全面深化改革、实现升级发展的重大机遇期。首先，在历届区委、区政府的坚强领导下，经过全区人民建区近20年的艰苦奋斗，崂山区经济建设取得重大成就，广大干部群众思想解放、勇于创新，为深化改革奠定了坚实的经济基础和社会基础；其次，随着国家推进产业转型升级步伐的加快，以及省市关于扶持金融业、蓝色经济、现代服务业发展系列政策的出台，崂山区打造青岛金家岭金融新区、蓝色硅谷产业创业带、崂山风景旅游度假区“三大战略平台”的优势更加明显、前景更加广阔；第三，经过近年来的不懈努力，崂山区基层基础工作得到加强，一批制约发展的重大历史遗留问题得到解决或加快破题，特别是随着崂山湾国际生态健康城的规划建设，为崂山区加速破解城乡二元结构、创新社会治理创造了良好条件。这些都是千载难逢的大好机遇，我们一定要抓住，千万不能丧失。同时，也要清醒地看到，崂山区发展到今天，许多容易做、容易改的事情已经解决，留下来的大都是比较难啃的硬骨头，甚至是牵动全局的敏感问题和重大问题，比如村庄改造速度慢、历史遗留问题多、城乡发展差距大、基层社会治理弱等等，加快发展的复杂程度、敏感程度、艰巨程度绝不亚于历史上的任何一个时期。我们一定要树立强烈的忧患意识和使命意识，扭住事关改革发展的关键问题、关键领域，汇聚全面推进改革的正能量，抢抓机遇、克难而进，努力开创崂山科学发展新局面。

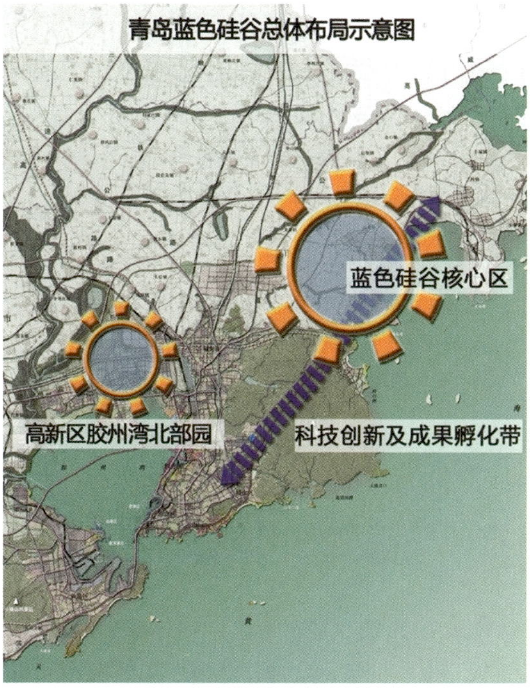

青岛蓝色硅谷总体布局

综上分析，2014年的工作思路是：深入学习贯彻党的十八大、十八届三中全会和习近平总书记系列重要讲话精神，按照“一二三四”发展思路，牢牢把握稳中求进的工作总基调，把改革创新贯穿于经济社会发展各个领域各个环节，全力以赴促改革、抓治理、惠民生，集中精力在改革创新、金家岭金融新区建设、蓝色硅谷产业创业带建设、崂山风景旅游度假区发展、以人为核心的城市化、加强和创新社会治理、党的建设等七个方面实现新提升，奋力争当青岛新一轮改革发展的排头兵，不断谱写崂山人民美好生活新篇章。具体工作中，要牢牢把握“四个更加注重”：

一要更加注重开拓创新。坚持把解放思想同实事求是结合起来，把胆子要大同步子要稳结合起来，在推进“三大战略平台”和青岛崂山湾国际生态健康城建设中，积极对接顶层设计，深入推进基层创新，努力承担起为国家和省、市改革先行先试的任务，坚决打好“转调创”攻坚战，在新一轮改革大潮中抢占先机、奋勇当先。

二要更加注重项目建设。坚持把项目建设作为全面深化改革、实现升级发展的总抓手，紧紧围绕130余个总投资过千亿元的重点项目，以发挥市场在资源配置中的决定性作用为核心，健全完善公平开放透明的市场规则，进一步抓好“双包双促”活动，营造一流投资软环境，为加快崂山经济凤凰涅槃、优化升级注入源源不断的动力。

三要更加注重公平正义。坚持把促进社会公平正义、增进人民福祉作为一切工作的出发点和落脚点，强化法治思维，切实做好保障改善民生、创新社会治理这两篇大文章，推动城乡教育、住房、医疗、社保、文化等社会事业全面、均衡发展，逐步建立以权利公平、机会公平、规则公平为主要内容的社会保障体系，让居民共享改革发展成果。

四要更加注重作风建设。坚持把作风建设作为全面深化改革的重要保障，本着“民之所呼、我之所应”的原则，拿出自我剜除腐肉、自我刮骨疗伤的勇气，扎实开展群众路线教育实践活动，坚决纠正形式主义、官僚主义、享乐主义和奢靡之风，以作风建设的新成效取信于民、造福于民。

三、全力实现七个方面新提升

习总书记多次强调，行动最有说服力。一分部署，九分落实。新的一年，我们要把中央和省市精神与崂山实际结合起来，以“功成不必在我”的思想境界和“抓铁有痕、踏石留印”的务实作风，立足当前，着眼长远，全力把综合改革推向深入，重点在以下“七个方面”实现新提升：

（一）以激发内生动力为核心，在全面推进改革创新上实现新提升。要按照总书记关于“正确、准确、有序、协调推进改革”的要求，抓住事关全局发展的关键领域，集中实施改革创新，重点抓好“一转变、四突破”。要积极转变政府职能，深入开展效能革命，扎实推进“五标”和“双包双促”活动，全面优化政务环境、市场环境、法治环境和人文环境，打造公开透明、务实高效的“效率崂山”。要突破产业发展空间，围绕“三大战略平台”，深入实施“腾笼换鸟”战略，加快科技城、金融新区范围内城市更新和老旧厂房改造升级，把“低、小、散”的“笼子”腾出来，把“蓝、高、新”的项目引进来，实现空间资源与产业布局的“双转化、双提升”。要突破投融资模式创新，依托金融新区资本高地，引导区属“四大国有平台公司”创新融资模式，探索实施BT、BOT、非国有资本参股等市场化运作模式，在推进产业优化升级、项目开发建设、基础设施配套等方面发挥主力军功能。要突破崂山湾国际生态健康城建设，按照市委、市政府决策部署，站在构建新型工农城乡关系、促进产业升级发展的高度，积极谋划推进村庄改造、城市规划、市政设施配套等基础性工作，打造崂山未来城市发展的重要增长极。要突破发展现代服务业，推动扶持政策、土地供应、招商引资向现代服务业倾斜，重点突破财富管理、高端研发、电子商务、文化教育、养老医疗等行业和领域，加快形成以服务经济为主体的现代产业结构。

（二）以打造国内领先、面向国际的新兴财富管理中心为目标，在金家岭金融新区建设上实现新提升。规划建设财富管理中心，顺应了现代金融发展趋势，是全市新一轮升级发展的制高点，必须乘势而上、时不我待，全力加快建设进程。要提升金融新区发展高度，积极争取全国财富管理金融综合改革试验区核心区落户，努力在扶持政策、产品创新、市场体系、功能配套等方面先试先行，加快形成财富管理产业的集群效应。要加快金融载体建设速度，坚持国际标准，扎实推进金融新区控规修编和重点地块的整理开发，加快啤酒城改造、环球金融中心、北大方正山东金融总部等项目建设，力促中信财富中心、合展仁洲等在谈项目落地，新建成金融楼宇面积70万平方米以上。要加大金融要素集聚力度，围绕财富管理中心功能定位，加快聚集金融租赁、股权投资、民营银行、互联网金融、蓝色金融等新兴金融业态，突破发展法人保险、期货公司、交易市场等关键领域，引进知名大企业总部入驻，确保金融企业突破200家，企业总部突破100家，金融业增加值突破60亿元。要拓展金融服务体系宽度，着力引进高水准的金融中介机构及后台服务中心，高标准办好金家岭金融论坛，创新对外宣传推介模式，为金融新区持续健康发展提供有力保障；要积极发挥金融资本服务实体经济的本质功能，引导驻区金融机构为区内企业，特别是创新型中小微企业量身打造金融产品和融资工具，实现虚拟经济与实体经济的完美融合。

（三）以大力实施创新驱动战略为引领，在蓝色硅谷产业创业带建设上实现新提升。总书记指出，实施创新驱动，是立足全局、面向未来的重大战略。“创新”是崂山最大的优势、最好的资源，我们一定要增强创新自觉，坚定创新自信，以实际行动落实好创新驱动战略，为打造崂山经济“升级版”提供科技支撑。要打好专业园区牌，加快青岛国际创新园二期、海洋生物产业园等六大专业园区建设，推进优势项目、重点产业高效配置和综合集成，构筑蓝色硅谷最高端、最具竞争力的产业高地。要打好主导产业牌，紧紧围绕海洋生物医药、装备制造、新材料、服务业四大主导产业，加快海信全球研发中心、歌尔声学高端研发等六大研发基地建设，扎实推进铝镓光电、泰弘光电等高端研发项目产业化，突出抓好企业上市，形成各具国际市场话语权的优势产业集群。要打好“国字牌”，用足用好国家电子商务示范基地、国家智慧城市试点区等国字号“金字”招牌，集中引进云计算、智能芯片、移动互联等先导项目，支持海尔商城、京东医药城等企业发展壮大，稳步实施智慧政务、智慧景区和智慧社区等重点项目建设，不断提升产业规模和效益，打造崂山新的经济增长点。要打好自主创新牌，依托高层次人才创业中心、LED 产业园等六大孵化器，发挥驻区高校、科研院所密集的优势，建立健全高端科技创新链和科研成果转化链，大力培植科技型中小微企业，激发全社会创新创业活力，推动万人发明专利拥有量、技术交易额等创新指标继续走在省、市前列。

（四）以抓好品质升级行动为主线，在崂山风景旅游度假区发展上实现新提升。随着一批“短平快”项目的完成，景区“一年要有新面貌”的目标已基本实现，下步关键要着眼“三年要有大变化”，对标国内一流景区，实施全方位的品质升级。要以规划引领促升级，抓住全省打造 3000 公里“仙境海岸”的契机，协调做好规划修编报批、景区条例立法工作，扎实开展旅游产业、设施配套和核心景点规划，推动景区走上法制化、规范化发展轨道。要以保护管理促升级，健全完善景区生态保护、特别是大崂山森林防火体系，狠抓日常巡防检查，确保景区防火万无一失；深入开展景区秩序治理，依法打击野导游、非法拉客、违法建设等行为，抓好旅游设施配套和模范员工培育评选，不断提升游客满意度。要以市场化运营促升级，依托崂山旅游集团，创新融资渠道，抓紧谋划启动崂山仙宫、崂山步道等重大项目，有序推动景区内村庄改造和景点、索道、游艇等经营性产业发展，形成各类景点“日月交辉、星光璀

牟家社区整村改造安置区项目效果图

璨”的新局面。要以文化挖掘促升级，下功夫抓好崂山大文化概念的规划研究，为项目建设、景区推介、设施配套注入文化元素，让景区尽显人与自然的和谐之美、历史与现代的交融之美、人文与山海的宏大之美，为崂山旅游增添点睛之笔。要以产业链延伸促升级，大力发展乡村游、自驾游、农业节会游，办好第24届青岛国际啤酒节，加快沙港湾、万丽国际酒店等项目建设，构筑全要素旅游产业链，加快推动全区旅游由过境游向旅游目的地游转变。

（五）以有序推进村庄改造为突破口，在加快以人为核心的城市化上实现新提升。党的十八届三中全会提出，要扎实推进以人为核心的城镇化。从崂山区发展实际看，要完成这一任务，必须紧紧抓住村庄改造这个根本，扭住基础设施配套这个关键，强化生态文明建设这个保障，形成集约高效的城市空间结构和管理格局。要集中突破村庄改造，统筹处理好全域推进同重点突破的关系，积极探索符合崂山实际、具有崂山特色的旧村改造模式，高效率、高质量抓好已经启动的16个村改项目，积极谋划中心城区、世园会周边、张村河片区以及崂山路两侧区域的村庄改造，以事不避难、勇于担当的精神，不断开创崂山村庄改造新局面。要全力抓好城市基础设施建设，加快崂山路沿路景观治理工作，确保“五一”前一期完工、二期开工建设，打造青岛最富山海魅力的景观长廊；协调推进地铁M2、M4等轨道交通建设，加快实施金融新区地下道路和地下空间项目建设，积极发展城市步行道、自行车道等微循环系统，构建现代化交通体系；着力抓好蓝色硅谷产业创业带、金融新区停车、餐饮、休闲等基础

建设中的崂山路

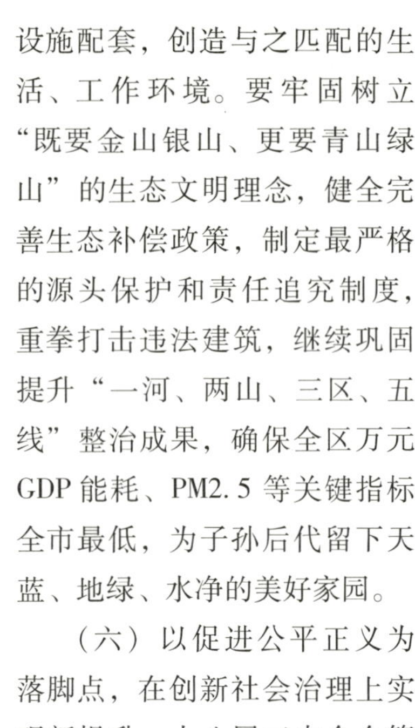

设施配套，创造与之匹配的生活、工作环境。要牢固树立“既要金山银山、更要青山绿山”的生态文明理念，健全完善生态补偿政策，制定最严格的源头保护和责任追究制度，重拳打击违法建筑，继续巩固提升“一河、两山、三区、五线”整治成果，确保全区万元GDP能耗、PM2.5等关键指标全市最低，为子孙后代留下天蓝、地绿、水净的美好家园。

（六）以促进公平正义为落脚点，在创新社会治理上实现新提升。十八届三中全会第一次提出了“创新社会治理”的概念。“管理”与“治理”虽一字之差，却体现出党执政理念的重大创新与突破。我们要按照上级要求，更加注重社会治理的整体性、系统性、协调性，坚持多策并举，着力打造现代化治理体系。要加强民主法治建设，支持人大依法履职，政府重大决策出台前向人大报告；支持区政协、各民主党派和工商联在政治协商、参政议政、民主监督等方面发挥更大作用。要大力保障和改善民生，在稳步提高居民医疗、养老、教育、住房、就业等保障水平的同时，集中力量优先解决遭遇临时性、突发性困难家庭的基本生活需要，努力使困难群众生存有尊严、生计有保障、生活有盼头，切实把保障体系的“网底”编实、筑牢，增进社会公正和群众幸福

麦岛社区服务中心

感。要着力激发农村发展活力，加大富余劳动力就业创业培训力度，积极探索经济落后社区加快发展的新路子，稳步推进涉农领域改革，切实提高农业规模化、专业化、现代化经营水平，尽快实现农业强、农村美、农民富的目标。要全力做好信访工作，深入落实区级领导包信访案件制度，健全重大决策风险评估和矛盾纠纷排查调处机制，引导群众理性合法表达诉求，着力从源头上预防减少社会矛盾。要扎实推进基层治理模式创新，依托新型社区建设，扎实推动服务事项下沉到位、人员资金保障到位、功能作用发挥到位，构筑基层治理的坚固堡垒。要全力建设平安崂山、法治崂山，运用法治思维和法治方式推进城市治理，严厉打击违法犯罪，确保社会安定有序。要重点提升城市公共安全治理能力，全力抓好安全生产、森林防火、食药安全等工作，坚决杜绝重特大事故的发生。要大力加强精神文明建设，创新意识形态工作方式方法，积极培育和践行社会主义核心价值观，汇聚推动改革发展的正能量。要深入推进文化体制机制创新，推动文化惠民项目与群众文化需求相衔接，加快青岛（国家）电影交易中心、道教文化产业园等项目建设，抓好第四轮文明城市创建，不断提升文化软实力。要扎实做好双拥共建工作，与驻区部队共筑强军梦。

（七）以开展群众路线教育实践活动为契机，在加强和改进党的建设上实现新提升。政治路线确定以后，干部就是决定因素。当前，全面深化改革的军令状已经下达，集合号已经吹响，全区广大党员干部要迅速行动，以开展群众路线教育实践活动为契机，内强素质、外树形象，尽心竭力为新一轮改革发展保驾护航。要抓好学习型党组织建设，按照总书记提出的提高思想政治能力、动员组织能力、驾驭复杂矛盾能力的要求，把学习作为一项重要任务，深入学习国内外最前沿的科技、金融、旅游、社会治理等专业知识，尤其要学深学透十八届三中全会精神，为实现改革蓝图提供科学指引。要全力改进作风，聚焦群众反映强烈的“四风”顽疾，动真碰硬，执纪问责，确保真转实改，实现“补好钙、晒好身、把好脉、治好病、提好神”的目标。要加强基层组织建设，充分发挥街道党工委的龙头作用、社区党组织的领导核心作用，全力做好社区“两委”换届选举工作，筑牢发展稳定的根基。要将科学发展综合考核与干部任用紧密结合，加大干部横向、纵向交流任职力度，大胆提拔使用德才兼备、敢于担当、实绩突出的干部，激发干部队伍活力。要加强人才队伍建设，发挥全省唯一的“海智基地”作用，探索实行国际通用的引才、育才、奖才机制，为“三大战略平台”提供坚实的人才支撑。要加强反腐倡廉建设，坚决贯彻落实中央建立健全惩治和预防腐败体系工作规划，突出抓好对项目建设、公共资源配置、社区“三资”等领域的监管，做到有腐必惩、有贪必肃，确保干部清正、政府清廉、政治清明。

同志们，明年我们将迎来建区20周年。新的历史起点赋予全区各级党组织和广大党员干部新的期待和使命。让我们紧密团结起来，在市委市政府的坚强领导下，深入贯彻落实党的十八届三中全会精神，实干苦干、稳打稳扎，为开创崂山改革发展新局面、谱写人民美好生活新篇章而努力奋斗！

（区委办）

政府工作报告

——2014年1月8日在青岛市崂山区第十七届人民代表大会第三次会议上

青岛市崂山区人民政府区长　杨鹏鸣

各位代表：

现在，我代表区第十七届人民政府，向大会作工作报告，请予审议，并请各位政协委员和其他列席人员提出意见。

一、2013年的工作回顾

过去一年，在市委、市政府和区委的正确领导下，我们紧紧依靠全区人民，坚持以科学发展为主题，以加快转变经济发展方式为主线，认真贯彻党的十八大精神，积极应对各种困难和挑战，推动全区经济社会发展迈出了新的坚实步伐。

（一）经济运行更加稳健。一是质量效益不断提升。预计生产总值达到440亿元，增长9.5%；区级公共财政预算收入89.5亿元，增长16.6%；税收总收入195亿元，占生产总值的比重达到44.3%，反映了比较好的经济发展质量；农村居民人均纯收入17690元，城镇居民人均可支配收入39000元，分别增长11%和10%；实际到账外资2.5亿美元、出口额35亿美元，分别增长39%和10.5%。二是项目建设取得丰硕成果。协调推动30个项目竣工投入使用、30个项目主体封顶，新开工过亿元项目43个，同比增加27个，140个市区重点项目完成投资170亿元，拉动规模以上固定资产投资预计实现190亿元，增长22%，投资的结构更优、规模更大、速度更快。三是发展活力不断增强。金融业增加值、海洋经济增加值分别增长22%、21%。电子商务产业规模突破1000亿元，服务外包离岸执行金额突破4亿美元，均位居全省首位。市知识产权公共服务平台在崂山区建成使用，发明专利授权量约占全市的1/3。国家“千人计划”专家总数达到15人，新获批国家级工程技术研究中心3家。新增加省著名商标7件、马德里国际注册商标13件。崂山区被认定为国家级智慧城市试点区、全国科技进步考核先进区。

2014年1月8日，崂山区第十七届人民代表大会第三次会议

（二）三大平台优势日益凸显。一是金家岭金融新区建设提速增效。推动金融新区上升为全省战略重点，招银大厦、金融中心大厦、金领广场、啤酒城一期等9个项目投入使用

或主体封顶，新增金融楼宇91万平方米，楼宇总量达到180万平方米；引进了总规模270亿元的5支大型股权基金、注册资本45亿元的2家独立法人金融企业，新增金融企业37家，总数达到159家，金融业实现的区级税收同比增长了47%；青岛产权交易所、大宗商品交易中心等一批金融要素市场加快向崂山聚集，金融新区的市场影响力显著增强。二是蓝色硅谷产业创业带建设强力推进。总面积17万平方米的国际创新园一期投入使用，87万平方米的国际创新园二期开工建设，展现了高强度、高速度、高标准创新创业的崭新形象；生物产业园16个项目中9个项目主体封顶，获批省级海洋特色产业园；海工英派尔科研基地一期、中船重工716所科研基地等一批项目建成，海信全球研发中心、国家海洋药物工程技术研究中心等一批项目开工建设，杰华生物国家一类新药、智瑞生物科技等一批高技术项目签约落户，崂山区在全市蓝色经济发展中的作用更加突出。三是风景旅游度假区建设提质升级。总面积4万平方米的崂山游客服务中心主体竣工，流清河至垭口架空线缆下地敷设工程、太清广场综合提升工程建成使用，南北两条旅游线环境整治稳步推进，景区电子商务平台投入运营，核心景点的服务功能、环境面貌焕然一新。成功举办了第23届青岛国际啤酒节，连续八年位居“中国十大节庆活动”榜首。启动推进了青岛崂山湾国际生态健康城的规划设计、土地调查等工作。全年接待海内外游客1147万人次，实现旅游总收入68亿元，分别增长15%和20%，整个崂山旅游的形象、地位和影响力进一步提升。

（三）城乡建设力度进一步加大。一是村庄改造和新型社区服务中心建设强力推进。启动了西陈、北涧2个社区的搬迁工作，午山、钟家沟等13个社区完成1648处、24.2万平方米的房屋搬迁，总面积49万平方米的牟家、北姜等6个安置区开工建设，村改工作在破难中提速、在提速中不断深化。28个新型社区服务中心全部建成，260余名区、街干部入驻，开展了“百项服务进社区”等活动，实现了人员到位、服务下沉、有序运转，新型社区建设迈出了新的步伐。二是基础设施建设强力推进。推动全长8公里的崂山路一期工程按期全线贯通，沿海一线现代交通、生活宜居、景区品质等综合效益大幅提升，树立了青岛市政道路建设的新标杆。实施了天水路、鱼水路、李沙路立交桥等一批市政工程建设。建成了株洲路等6处公交停车场，新增并优化公交线路18条。新建、改造了3处农贸市场和13处农村标准化超市，新增商业面积10万平方米。新增供热面积96万平方米，新敷设燃气管网8公里。实施了6条河道治理、10座塘坝除险加固和大河东供水管道改造等水利惠民工程。总投资过亿元的沙子口国家中心渔港竣工启用。三是城乡环境整治强力推进。实施了张村河中上游绿化景观提升、金岭山公园道路硬化和枯桃花艺生态园建设，完成了

国际创新园二期

19 个绿化项目和 12 处山体恢复治理工程；拆除违法建筑 1500 多处、约 25 万平方米；开展了门头牌匾、小区环境等整治行动，整治楼体立面 30 万平方米；加强了节能减排、水资源和山林保护等工作，城乡生态环境进一步改善。

（四）社会事业发展水平不断提升。在学有优教方面，开工建设了崂山新二中、午山配套小学，建成启用了育才学校、第二实验小学、麦岛小学等 3 所学校和 7 处公办幼儿园，实施了 20 所学校的绿化美化；配备了 87 辆标准化专用校车，对农村非事业编制幼儿教师工资统筹发放；区实验小学获世界奥林匹克头脑大赛单项冠军，高考本科达线人数 869 人，创历史新高。通过持续强化投入、实施特色名校建设，打造“教育强区”的蓝图一步步得以展现，崂山区被认定为全国首批义务教育发展基本均衡区。在病有良医方面，崂山中医院建成启用，区社区卫生服务中心创建省级中医特色中心。实施了“名医下乡”和“百名乡医”培塑工程，在区属医疗机构实行“先住院、后付费”，方便了社区居民更好地看病就医。与青医附院合作开展的远程心电会诊系统建成启用。新农合人均筹资标准达到 535 元，继续位居全省首位。深化计生优质服务，发放计划生育家庭奖励等扶助金 2950 万元。在文化惠民方面，组织举办了崂山艺术讲堂、流动舞台进社区等公益文化活动 1100 余场，启用了市民文化中心，完成了公共文化服务体系示范区创建工作。崂山道教建筑群被列入全国重点文物保护单位。在综合保障方面，投入资金 5500 万元，推进了城乡居民养老保险制度的转移衔接，进一步提高了居民养老待遇。投入低保和社会救助资金 3534 万元，将城乡低保标准分别提高到每人每月 540 元和每人每年 3900 元，出台了《城乡居民临时救助制度》等办法。投入资金 2410 万元，促进城乡就业 1.8 万人、扶持创业 1200 人。在全市率先建成了区级社区服务中心。在全省率先实施了 60 岁以上老年人游览崂山景区免收门票政策。社会福利服务中心二期主体封顶。

午山馨苑公租房建设项目

崂山区育才学校启用

21万平方米的午山馨苑公租房项目全面推进，株洲路公租房配建项目开工建设。在维护社会秩序方面，强化社会治安综合治理，处置扰乱项目建设的违法问题130余件，化解矛盾纠纷463件，为弱势群体提供法律援助399件。狠抓了信访积案化解等工作，妥善解决了一批历史遗留问题，全区信访形势明显好转。深入开展安全生产、森林防火、食品安全等工作，跟踪治理重大安全隐患11项，安全生产形势持续稳控。民兵预备役、体育、地震、档案、史志、对台、侨务、宗教、慈善、红十字、残疾人工作等各项事业全面发展。

（五）政府自身建设得到加强。自觉接受人大、政协和全社会的监督，全年共办理人大代表建议、政协提案334件，办理成效进一步提升。组织开展了行政效能专项检查，受理效能投诉103件，查处违纪工作人员25名。深化行政审批制度改革，取消并承接区、市审批事项119项。严格执行厉行节约规定，着力规范和监管财力资金使用，压缩一般性工作经费10%以上，因公出国经费零增长，国库直接支付比例达95%，提高了公务支出透明度。全面加强了财力投资工程审计、专项资金审计、项目跟踪审计，深入实施了行政事业单位办公房产清查和问题整改。高度重视回应民生诉求，通过区长公开电话、民生在线、政风追声等渠道，解决群众反映的热点问题1500余件，依法行政、为民服务的能力进一步提高。

各位代表！刚刚过去的2013年，是贯彻党的十八大精神的开局之年。全区各级干部和广大群众凝心聚力、克难奋进，在推进项目、加快村改、改善民生等各建设领域忘我挥洒汗水，一批批先进的典型、一个个平凡的个体，奋斗的历程历历在目，凝聚起了强大的推动力，开辟了全区经济社会发展的新局面。这些成绩来之不易，是市委、市政府和区委正确领导，区人大、区政协的有力监督和支持，以及全区民众共同努力的结果。在此，我代表区政府，向全区人民，向人大代表、政协委员，向老同志、老领导，向驻区部队、武警官兵及所有关心支持崂山发展的朋友们和同志们，致以崇高的敬意，表示衷心的感谢！

我们清醒地看到，崂山正处在攻坚克难、转型发展的关键时期，经济社会发展还面临着许多困难和问题。一是产业结构调整仍需加快，空间拓展、产业升级、基础配套相互交织的压力增大，实现经济转型升级、可持续发展的工作难度日益加大；二是村庄改造推进步伐还不快，历史遗留问题仍然不少，居住条件、生活环境距离老百姓的要求还有比较大的差距；三是城乡发展不协调，农村居民增收的途径窄，城乡二元结构和东西差距的问题突出；四是基层社会治理还有薄弱环节，城乡社区建设仍需加强，群众诉求的问题还不能得到及时、快捷、有效地解决；五是在28项年度工作任务指标中，城镇居民人均可支配收入增幅、化学需氧量排放总量和氨氮排放总量下降幅度等3项指标同预期有差距，面临的工作压力较大；六是政府职能转变仍需加大工作力度，人大代表建议、政协提案办理的质量和速度还需要进一步提高，部分工作人员“庸、懒、散、慢、拖、瞒”的问题还不同程度地存在，能力和水平还不能很好地适应形势发展的要求，违纪违法现象还时有发生。对此，我们必须引起高度重视，切实加以改进和解决。

二、2014年的工作安排

2014年全区经济社会发展的主要预期目标是：生产总值增长9%；区级公共财政预算收入增长13%，突破100亿元；规模以上固定资产投资增长20%，突破200亿元；农民人均纯收入增长10%，城镇居民人均可支配收入增长9%。同时，努力办好与人民群众生产生活密切相关的实事。

（一）进一步加快重点项目建设，努力构筑三大战略平台发展的新优势。金融新区、蓝色硅谷产业创业带和风景旅游度假区三大战略平台，是崂

海尔白电中心建设项目

山区推进产业转型升级、提升区域综合竞争力的关键所在，必须高度重视、强力推进。一是加快金融新区建设，争创全市金融改革发展的先行区。积极争取国家金融综合改革试点，努力在财税政策、产品创新、金融开放等方面先行先试，加速提升金融新区的辐射力和要素聚集能力。加快金融新区的控规编制和地下空间的综合利用，推动青岛环球金融中心、中信财富中心、北大方正金融总部基地等重点项目建设和海尔路南端等重点地块开发，新建成楼宇面积70万平方米。围绕股权投资、融资租赁、私人银行、互联网金融等新兴业态，加大定向招商，力促金融企业突破200家。重视教育、医疗、文化、商业、商务、人才住房等配套建设，创造优质的金融发展软环境。二是加快蓝色硅谷产业创业带建设，依靠创新驱动，争当青岛蓝色经济发展的排头兵。高质量完成创新园一期的招商和创新园二期的主体建设，推进海信全球研发中心等一批研发基地和孵化器建设。做大做强海洋生物医药、软件服务外包等蓝色、高端、新兴产业，大力推进产业置换升级，推动信得药业、颐中生物、海泰新光等一批项目投产，杰华生物、海洋寡糖、康伦生物等一批项目开工建设。大力实施创新驱动发展战略，重视加强技术市场建设，聚集创新型人才团队，不断增强区域创新能力，推动技术交易额突破16亿元、发明专利授权量突破600件。制定出台办法，充分发挥好国家知识产权示范园区、国家海智基地、国家电子商务示范基地等国字号平台的作用。强力推进商标战略和质量强区建设。三是加快风景旅游度假区建设，争当全市旅游产业发展的领头雁。全面实施战略规划、资源管护、项目建设、产业发展等七大景区品质升级行动，建成启用崂山游客服务中心，完成北九水旅游专用路建设和老子路景观品质提升工程，综合改造八水河广场、垭口客源集散枢纽等旅游交通节点。推进景区的建设，要把景区社区群众的利益放在更加重要的位置，结合完善度假酒店、体育休闲、文化娱乐、特色餐饮

双瑞集团建设项目

等配套设施，探索推进景区内社区的改造试点。抓好石老人山水城、电影交易中心、中央广场、沙港湾等一批重点项目。办好第24届青岛国际啤酒节，加强对崂山大旅游的资源整合和宣传推介，提升崂山旅游的影响力和美誉度。

（二）进一步拓展发展空间，努力构筑城乡发展新格局。统筹城乡协调发展，是崂山区一项长期性、战略性任务，必须紧抓不放、重点突破。一是突出抓好青岛崂山湾国际生态健康城的规划策划。努力在健康服务产业发展方面争取国家支持，以崂山湾国际生态健康城为突破口，着力带动王哥庄区域的整体发展。高水平组织编制总体规划方案，统筹谋划产业布局、市政设施配套等基础性工作，有序推进健康城的片区开发和村庄改造，打造未来崂山发展的新的增长极和健康养生、度假旅游胜地。二是突出抓好村庄改造。坚持重点突破和总体推进相结合，全力抓好已启动搬迁和安置区建设的16个村庄改造项目，力争牟家、北姜2个安置区竣工，午山、钟家沟、松山后、西姜4个安置区主体封顶；加快推进世园会周边村庄改造工作，完成北涧、西陈社区搬迁，开工建设北涧安置区，推进沟崖社区的改造启动工作；完成全区农村社区集体土地确权发证工作，统筹推进张村河沿岸及崂山路、滨海公路等道路沿线村庄改造的土地调查和配置，更好地改善群众的宜居环境。三是突出抓好综合配套。在完成崂山路改造一期工程建设的基础上，推进二期工程开工建设；协调推进M2、M4号线等轨道交通建设；实施李沙路拓宽改造，开展农村道路亮化和整修工程；抓好生物产业园、牟家、四姜一湾等片区市政配套工程，强化重点片区水、电、热、气等配套能力建设；完成大桥水厂建设，实施农村供水保障工程；优化公交线网和站点设置，争取500米内有公交站点的社区实现全覆盖；完成2处标准化农贸市场、10个农村超市、20个便民早午餐网点建设，营造保障能力更强、群众生活更加舒适的配套条件。四是突出抓好生态保护。优良的空气质量、洁净的水资源、优美的山海岸线，是大自然赋予崂山的宝贵资源，我们必须倍加珍惜、严格保护。继续深化城乡环境综合整治，启动张村河全线生态整治方案论证，完成张村河（枯桃至石岭子段）临时截污工程；实施金岭山公园及周边区域植树增绿、市政配套等建设；确保枯桃花艺生态园开园；开展深圳路等8条道路绿化提升工程；抓好崂山路沙子口段、李宅路、辽阳东路、贾汉路等道路沿线环境综合整治工程，以崭新的面貌迎接世园会的召开。推进城区垃圾转运站建设，完成枯桃、北宅两座垃圾转运站升级改造。开展青山、返岭前地质灾害治理工程。坚持遏制新增、减少存量、高压打击违法建筑。推进殡葬管理改革，选址建设怀念堂。通过各项工作的推进落实，切实保护好海域、岸线、森林、河流、山体等宝贵资源，为子孙后代留下青山绿水，为崂山永续发展夯实基础。

枯桃花艺生态园建设项目

（三）进一步强化政策支持力度，努力开辟富民增收新途径。一是推动特色产业富民增收。将财政补贴资金由2000万元增加到3000万元，在实施好茶业种植“三项直补”政策的基础上，探索将扶持范围逐步扩大到大馒头加工、果树种植、渔业增殖放流等领域；积极开展农业产业化经营贷款贴息补助，培育壮大一批新型农业经营组织和农业精品园区，引领农业特色产业的集约化、品牌化发展。继续推进崂山湾公益性海洋牧场建设。做好乡村旅游的规划与开发，加大基础设施投入，在景区社区周边新建4处停车场，实施一批乡村道路会车点建设，提升樱桃节、茶节、鲅鱼节等富民节会的市场化办节水平，开展农家宴、农家旅馆的上星提档和“十大乡村特色游”，促进乡村旅游产业提质升级。二是推动社区集体经济富民增收。修订完善《集体经济发展用地暂行办法》，为壮大社区集体经济创造条件。鼓励、引导社区大力发展特色旅游、科技商务、现代商贸等产业形态，促进社区经济持续稳定收益，带动社区群众增收致富。三是推动创业就业富民增收。实施新一轮促进就业政策，鼓励以创业带动就业，继续加强职业技能培训，年内新增城乡就业10000人。设立2000万元的小额贷款担保基金，扶持创业1000人。加大对中小企业融资、技术、品牌等方面的扶持力度，培育一批具有发展潜质的中小企业，吸纳更多的劳动力就业。

（四）进一步优化公共资源配置，努力推动社会事业发展再上新台阶。一是深入实施教育强区战略。加快推进中小学的校长职级制改革，实施义务教育学校校长、教师交流轮岗制度和“名师名校长”培养工程，促进优质教育资源全区共享。建成新二中、午山社区配套小学，实施午山馨苑配套小学、崂山一中体育馆、惠特小学、林蔚小学新建、改建工程。高度重视学前教育，启动新一轮学前教育三年行动计划，完成北宅北片中心幼儿园、沙子口中心幼儿园建设工程，修缮改造10处公办幼儿园，争取80%的幼儿园达到省定基本办园标准，为孩子们健康、快乐成长营造更好的环境。二是提升卫生计生惠民水平。优化医疗资源配置，着力引进一批优质医疗机构，推进和睦家医院、开泰耳鼻喉外科医院建设，在街道卫生院各建设一处“国医馆”，启用医保城中医院、麦岛社区卫生服务中心。优化医疗服务机制，全面推广“乡村家庭医生”模式，继续实施“名医下乡”工程和远程医疗诊断平台建设，使城乡居民就近享受高水平的诊疗服务，做到病有良医。进一步扩大国家基本药物的实施范围，及时采购增补相关药品，更好地满足群众看病需求。深入开展人口和计生关爱行动，加大对失独、病残等困难家庭的救助力度。三是增强文化事业发展活力。创新文化惠民举措，举办好“周末艺术汇”等公益文化活动，鼓励支持民营博物馆的建设发展，吸引更多高端文化要素向崂山聚集，满足群众多层次的文化需求。强化文化市场监管，有效净化社会文化环境。加强文化遗产保护，启动崂山道教建筑群保护规划编制，申报国家级文化生态保护实验区，

区委副书记于惠霞（右三）走访慰问区社会福利服务中心老人

依靠文化的大发展，提升崂山的综合实力。四是构筑更高水平的社会保障体系。完善养老保险制度，实施好城乡养老保险体系的转移衔接，进一步提高养老保障水平。健全养老服务体系，建成社会福利服务中心二期工程，支持社会养老机构的发展，推进社区老年人日间照料中心、养老互助点的建设。继续提高城乡低保标准，调整困难群体分类救助标准和范围，构建社会大救助格局。

各位代表！让崂山人民过上更加幸福美好的生活，是政府一切工作的出发点和落脚点。长期以来，为保护山林、水源地和景区的生态环境，部分区域一直处在限制开发、慢开发的状态，群众在生产、生活等诸多方面付出了奉献和努力。对此，我们必将高度重视，进一步加大支持帮扶力度，把解决群众生产生活困难时刻放在心中。今年，投入2000万元，对一批经济困难社区实施街巷整治、用电、吃水等项目扶持，改善社区群众的生产生活条件；再投入1000万元，专项对经济困难社区进行支持；积极探索制定农村危旧房改造管理办法，优先开展城乡低保家庭危房修缮，逐步改善社区居民的居住条件；逐步提高社区护林员、环卫员等农村公益性岗位补贴标准。在今后的实际工作中，我们将继续把增进民生福祉作为政府工作的重中之重来安排，采取更多的措施，扎实有效地为群众办实事、解难事，努力让崂山的民众生活得更加幸福、更加快乐！

（五）进一步创新工作机制，努力夯实社会治理新基础。一是着力优化机制建设。抓住我区作为国家级智慧城市试点的契机，加快编制崂山智慧城市规划，大力推进智慧社区、智慧交通、数字城管、电子政务建设，继续强化地理信息系统的建设与应用，提升社会治理的信息化水平。注重有效发挥社会组织作用，重点培育科技类、公益类、社区服务类等社会组织，积极推进政府向社会购买服务。二是着力深化社区建设管理。以区级社区服务中心为带动，以重点新型社区服务中心建设为示范，不断提升载体服务功能和规范化运行水平。高度重视基层政权建设，扎实做好社区居委会换届选举工作。三是着力强化精神文明建设。大力推进社会主义核心价值体系建设，深入开展文明城市创建、道德讲堂和讲文明树新风活动，传播好崂山声音，努力营造明礼诚信、健康向上、和谐有序的社会环境。四是着力推进安全崂山建设。正确把握经济发展、城市运行、人民生活与安全保障的关系，努力为城乡居民创造更加安全的居住生活环境。深化社会治安综合治理，建设平安城市视频监控系统，逐步实现小区、村庄、道路等视频监控全覆盖，进一步提高群众的安全感。加强“大调解”工作机制建设，关心民众诉求，继续深入化解矛盾纠纷和信访积案。强化安全生产责任体系建设，全面开展安全隐患排查治理，切实抓好应急管理、森林防火、食品安全、防汛等工作，构筑安全崂山的坚实屏障。

（六）进一步加快职能转变，努力实现政府建设新成效。

公交线路开通

党的十八届三中全会作出了全面深化改革的重大部署。我们将深入学习贯彻、牢牢把握全会精神，充分发挥市场在资源配置中的决定性作用，更好发挥政府作用，加快建设法治政府和服务型政府。*一是加快推进政府职能转变*。牢固树立科学发展、生态发展、安全发展的理念，充分发挥政府在公共服务、市场监管、社会管理、环境保护等方面的职责，多做打基础、利长远、惠民生的工作。探索推行权利清单和负面清单，促进政府管理由事前审批更多地转为事中事后监管，进一步激发市场和社会的创造活力。*二是坚持依法行政*。自觉接受人大、政协监督，虚心接受舆论监督和群众监督，加大督办考核力度，进一步提高人大代表建议和政协提案的办理质量。认真做好行政审批事项的规范与清理，建成启用行政审批服务大厅，推进“一站式”服务和网上直办，进一步简化程序、减少环节、提高效率。严格规范行政执法程序，细化执法流程，压缩自由裁量权。*三是狠抓政府管理和作风效能建设*。扎实开展群众路线教育实践活动，深入基层察民情、听民声、问民计，着力解决人民群众反映的突出问题。深化财政预算、国有资产管理、政府采购等改革，严控会议、差旅、用车、接待等经费支出，进一步降低行政运行成本，把节省下来的资金投入到民生中去。坚持量力而行的原则，更加有效地管控政府债务，确保可持续发展。坚定不移地惩治和预防腐败，严格贯彻落实《中央关于密切联系群众改进工作作风的八项规定》和《党政机关厉行节约反对浪费条例》，对违纪违法案件发现一起坚决查处一起，决不手软，决不姑息，努力营造廉洁高效的发展环境。*四是高度重视民意诉求*。群众的需求和呼声就是政府工作努力的方向。政府的各个部门和单位，要第一时间回应并积极协调解决群众反映的问题，出台涉及民生的重大政策，要通过必要的形式和程序，广泛征求群众和专家的意见，进一步提高政府议事决策的透明度和公开度，把政府工作做深、做实、做细，以扎扎实实的行动取信于民。

各位代表！今年恰逢崂山区建区20周年。二十年来，我们共同砥砺奋进，谱写了壮丽的青春发展序曲。站在新的历史起点，将一个天更蓝、水更净、民更富、城更美的崂山奉献给全区人民，是我们的光荣使命和历史责任。让我们在市委、市政府和区委的坚强领导下，进一步发扬勇于创新、敢于攻坚的精神，以更加坚定的信心、更加昂扬的斗志，奋力开拓全面深化改革、建设小康社会的美好未来！（政府办）

区情综述

崂山区概要

青岛市崂山区位于山东半岛南部，青岛市东南隅。地理坐标为北纬36°03′10″～36°20′30″，东经120°24′33″～120°43′。东、南濒黄海，西邻青岛市市南区、市北区，西北邻李沧区，北接青岛市城阳区和即墨市。东北西南斜长36.6公里，东西宽27.7公里。2013年，全区总面积395.79平方公里，常住人口41.89万人。

春秋时属东莱，战国时期属齐国。秦始皇帝二十六年（公元前221年），置不其县，崂山地区属之。唐、五代、宋、金、元、明至清光绪二十三年（1897年）崂山地区属即墨县。1945年8月日本投降，南京国民政府接收青岛，崂山地区属青岛市。1949年6月，崂山地区解放，设崂山行政办事处，属南海专署。1951年4月，划归青岛市。1953年，改为青岛市崂山郊区。1961年10月，崂山巨峰风光设立崂山县。1988年11月，撤县设立青岛市崂山区。1994年4月，经国

滨海一线

务院批准青岛市市区行政区划作重大调整，设立新的崂山区，至2013年隶属未变。

1994年4月，设置新崂山区后实行与青岛高科技工业园合一的管理体制，辖中韩、沙子口、北宅、王哥庄4个镇。1998年5月，崂山区撤镇设街道办事处，辖中韩、沙子口、王哥庄、北宅4个街道办事处。至2013年底，辖中韩、沙子口、王哥庄、北宅4个街道办事处，139个农村社区，18个城市社区。

崂山地处黄海之滨，属典型的花岗岩地貌。山脉最高者为巨峰，高1132.7米。以此为中心，形成了巨峰、三标山、石门山和午山等4条支脉。区内北端有崂山湾、仰口湾，南侧有太清湾、流清河湾、沙子口湾和石老人一带海滩。海岸线全长103.7公里，海域面积3700平方公里。沿海分布着17个岛屿，大多距陆地较近，且地貌姿态各异，自然景观异彩纷呈。域内河流共17条，以巨峰延伸的各大山脊为分水岭，沿山谷呈放射状扩展分布。崂山的泉水，著名的有20余处。气候四季分明，特征突出。春季，干燥少雨，气温回升慢；夏季，湿热多雨，少见酷暑；秋季，空气清新，云淡气爽；冬季，风多温低，极少严寒。全区平均水资源总量为16640万立方米，探明的矿藏资源有花岗岩、建筑砂、玉石、矿泉水等8种。素有“山东植物王国”之称，已查明的资源有2838种，其中动物资源1346种，植物资源1422种。

（史志办）

2013年崂山区经济和社会发展概况

2013年，崂山区实现生产总值（简称GDP）439.70亿元，按可比价格计算，比2012年增长（下称增长）9.8%。三次产业比例关系由2012年1.34：55.18：43.48调整为1.34：54.41：44.25。第二产业、第三产业分别下降、提升0.77个百分点。

崂山区实现区级公共财政预算收入89.51亿元，增长16.6%，占GDP总量的20.4%，较2012年占比提升1.4个百分点；国、地税实现税收收入189.92亿元，增长10.0%，占GDP总量的43.2%，较2012年占比提高0.4个百分点。规模以上工业企业实现利税（不含青岛卷烟厂，下同）60.10亿元，增长4.7%；其中利润43.44亿元，增长14.5%。

农林牧渔业　2013年，崂山区农林牧渔业完成总产值10.58亿元；实现增加值5.9亿元，按可比价格计算，增长2.4%。其中，农业、林业、牧业、渔业及农林牧渔业服务业

茶园

分别实现增加值0.6亿元、0.01亿元、0.29亿元、4.47亿元、0.53亿元，分别增长1.0%、6.9%、4.5%、2%、6.7%。

茶叶种植面积达到18204亩，与2012年基本持平；优质果树面积达到9113亩。粮食播种面积2851亩，粮食总产量1322吨；蔬菜播种面积4603亩，总产量8839吨。成林抚育1333公顷。牛存栏200头、羊存栏566头、生猪存栏5408头、家禽存栏48.89万只；肉、蛋、奶产量分别为1926吨、3256吨、718吨。全年水产品总量7.27万吨。

工业与建筑业 崂山区完成工业总产值676.48亿元，增长7.7%，其中规模以上工业完成产值622.60亿元，增长7.7%。实现工业增加值197.63亿元，按可比价计算，增长7.8%，其中规模以上工业增加值增长8.3%。

规模以上工业中家电电子、高端机械、海洋生物制药和食品饮料四大主导产业实现产值443.16亿元，增长9.8%，占规模以上工业总产值的71.2%；利润40.39亿元，占规模以上工业利润总额的93.0%。

2013年，崂山区资质以上建筑企业完成建筑业总产值159.04亿元，增长11.1%，其中省内总产值77.31亿元，增长24.9%；实现建筑业增加值41.62亿元，按可比价格计算，增长22.7%。

固定资产投资、房地产 崂山区完成规模以上固定资产投资额188.32亿元，增长20.8%。崂山区国有经济完成固定资产投资71.07亿元，增长120.9%；占崂山区规模以上固定资产投资比重达到37.7%，占比较2012年提升了17个百分点。

崂山区房地产房屋施工面积437.10万平方米，下降2.9%；房屋竣工面积140.35万平方米，下降25.4%；房地产开发项目房屋竣工面积72.58万平方米，下降48.9%。商品房销售面积59.93万平方米，增长30.9%，商品房销售面积连续三年下降后，首次实现回暖。商品房销售额106.05亿元，增长55.4%。截止到2013年12月，崂山区商品房待售面积42.53万平方米，增长7.5%。

第23届青岛国际啤酒节

交通运输 崂山区新增628、633、466、635、932等5条公交线路，调整优化13条公交线路；货运车辆330辆、4311吨位；道路总里程4.09公里、公交场站1座。截止到2013年12月，途径崂山区公交线路84条，公交营运车辆1297部；货运车辆6340辆、3.25万吨位；客运车辆100辆、3600个座位；专业运输企业24家，维修厂家216个，汽车安全性能检测站1个，驾驶员培训学校2家，客运站1个；崂山区道路总里程747.9公里，公路网密度1.89公里/平方公里。全年累计实现客运周转量65145万人公里，增长3.26%；货运量970万吨，增长10.2%，货运周转量23亿吨公里，增长9.8%。

旅游、会展、总部、楼宇 新增市级旅游特色村1个、特色点2个。截至2013年12月，崂山区拥有5A级景区1

个，4A级景区3个，3A级景区5个，2A级景区2个；拥有国家级节会1个，区级节会6个。2013年接待海内外游客1147万人次，增长15%。崂山风景区全年接待海内外游客242.8万人次，增长12.2%；实现非贸易收入3.36亿元，增长4%。第二十三届青岛国际啤酒节吸引游客近400万人次，消费啤酒量1200吨。

青岛国际会展中心举办展会及大型活动111个，增长7.8%；累计使用展览面积129万平方米，增长6.6%；接待海内外来宾300万人次，增长5.8%。

崂山区引进山东天元锰业有限公司、卓越金宇控股有限公司、中铁建山东投资有限公司等15家大型企业总部，累计达到85家。截止到2013年12月，崂山区上市公司8家。其中：青岛海尔、华仁药业2013年实现股权激励融资达2.7亿元。

崂山区新投入使用的商务楼宇项目3个，累计投入使用的楼宇项目30个，面积达180万平方米；楼宇注册企业2630家，增加430家；楼宇注册企业实现税收16.95亿元，增长69.5%，税收过亿元楼宇5座（凯旋商务中心、国际金融广场、韩中商务楼、创业大厦和国展财富中心）。

国内贸易　崂山区完成社会消费品零售总额143.51亿元，增长13.2%。其中，汽车销售企业完成零售额84.35亿元，增长6.0%；丽达购物广场、乐天玛特超市完成零售额9.60亿元，增长11.1%。

全年限额以上批发零售住宿餐饮业累计实现销售额（营业额）1204.65亿元，增长5.0%。新建、改造标准化农贸市场3处、标准化农村超市13处，新增商业面积10万平方米。全年建成标准化农贸市场8处、标准化农村超市31处，商业面积30万平方米。

对外经济和招商引资　截至2013年12月，崂山区外资企业405家。其中，中外合资企业140家、中外合作企业12家、外商独资企业248家、外商投资股份制企业5家。有进出口实绩业务的企业达到582家，其中出口475家，进口232家。崂山区实现进出口额63.14亿美元，增长6.2%。

新批准外商投资企业35个，合同外资29390万美元，增长19.6%；实际到账外资22038万美元，增长38.8%。引进内资项目48个，其中总投资过亿元项目15个；实际利用市外内资额60.3亿元，增长10.2%。全年实现服务外包离岸合同额7.09亿美元，增长65.0%；离岸执行额5.16亿美元，增长34.7%，业务规模位居全市首位。

财政、税收和金融　崂山区实现区级公共财政预算收入89.51亿元，增长16.6%。完成区级公共财政预算支出62.74亿元，增长28.5%，其中科技、文化、社会保障等民生方面支出保持快速增长，分别增长34.9%、42.1%、42.2%。全年国、地税实现税收收入189.92亿元，增长10.0%；其中国税124.51亿元，增长3.9%，地税65.41亿元，增长23.9%。

新南国际控股、国信金融控股、青岛国投等大型金融企业入驻崂山区。金石、广诚、亿兆等5支总规模270亿元的大型股权投资基金及光大融资租赁、华通东卫融资租赁落户崂山。引进青岛蓝海股权交易中心、青岛产权交易所和正元恒邦贵金属交易中心3家交易市场（中信证券等5家单位共同出资设立）。全省最大的金鼎信小额贷款公司正式营业，注册资本6亿元的国信融资担保公司开业。建行、交行、工行3家私人银行，及亘源财富、国金财富、汶博资特3家财富管理机构入驻崂山。全年新引进金融企业37家，崂山区金融企业达到159家，其中，银行业48家、证券业10家、保险业29家，崂山区大型独立法人金融机构达到6家，占全市3/4，市级以上金融区域性总部达到27家。全年实现金融业增加值47.85亿元，按可比价计算，增长21.2%。

科学技术、教育和人才

新增12家高新技术企业。截止2013年12月，崂山区高新技术企业达到134家，居全市首位。组织企业实施各级各类科技计划项目79项，其中国家级30项，市级49项，争取上级科技扶持资金11053万元，增长12.8%。全年达成技术合同608项，技术交易额达16.75亿元，增长46.4%，占全市总交易额的47.3%。连续第四次获批“全国科技进步考核先进区”称号。年内新批工程研究中心（实验室）5家，其中国家和地方联合工程研究中心（实验室）1家，省级工程研究中心（实验室）1家，市级工程研究中心（实验室）3家。崂山区工程研究中心（实验室）累计达12家。新批企业技术中心9家。截止2013年12月，崂山区各级技术中心32家。其中，国家企业技术中心5家、省级企业技术中心4家、市级技术中心23家。2013年崂山区规模以上工业实现高新技术产业产值403.70亿元，增长11.1%，占规模以上工业总产值的64.8%，较2012年提升2.7个百分点，占比继续保持全市首位。

崂山区专利申请量6080件，增长17.7%。其中，发明专利3604件；发明专利授权量614件，增长7.9%，占全市发明专利授权量的31.8%。PCT国际专利申请134件，占全市申请总量的59.6%。截止到2013年12月，崂山区专利累计申请量28394件，万人发明专利拥有量59件，居全市首位；全市唯一知识产权公共服务平台在崂山区建成投入使用，扶持5家企业建成专利专题数据库，新引进1家国内知名专利中介服务机构，国家知识产权试点、示范单位达到8家，占全市50%。

截止2013年12月，崂山区有各类学校46处，在校学生31294人；其中普通中小学43所（含私立学校6所），在校学生27966人；教职工总数2325人，其中教师2282人。从学校构成来看：高中2所，在校学生2922人；初中10所，在校学生6196人；小学25所，在校学生15713人；私立学校6所，在校学生3135人；职业中专、教师进修学校、特殊教育学校各1所。幼儿园105处，在园幼儿9330人。普通中小学省级规范化学校19处，市级以上规范化学校33处，分别占学校总数的54.3%和94.3%。18所学校创建为青岛市现代化学校，创建率达到57%，居全市各区市首位。2013年，省文理本科一批达线人数为152人，市文理本科二批达线人数为425人，本科总达线人数为869人（含艺体文、理等），比2012年增加34人，增长4.1%。

青岛第一国际学校

新建高校毕业生就业见习基地5个，见习基地总数达42家；新设立博士后科研工作站2家、专家工作站5家、技师工作站1家。截止到2013年12月，崂山区拥有市级专家工作站19家，签约进站首席专家168名；拥有“千人计划”人才13名、省“泰山学者”海外特聘专家16名，居全市首位。

文化、卫生和体育 截至2013年12月，崂山区共有各类文化机构9处，其中文化馆

1处，文化站4处，文管所1处，图书馆1处，崂山画院1处，广播电视中心1处。拥有图书总量60万册（不含学校），人均藏书量1.43册；区图书馆实现读者流通人次17.8万人次，流通总册次18.3万册次，入藏文献5.2万余册，书刊宣传682种。崂山区拥有各类文化经营单位528家，从业人员8000人。全年举办文化活动1000场，文化下乡669场，其中送电影下乡648场。

崂山区共有医疗卫生机构395处（含个体诊所）。其中：疾病控制中心1处、卫生监督所1处、妇幼保健所1处，一级医院11处，二级医院3处，三级医院2处，疗养院1处，社区卫生服务中心2处，社区卫生服务站21处，村卫生室198处，企事业单位医疗机构34处，个体诊所、门诊部120处。拥有医疗床位1750张、各类卫生技术人员2876人。新农合人均筹资标准、个人年度报销封顶线提高到535元、18.67万元，较2012年分别提高135元、6.13万元，连续10年居全省首位；一、二、三级医院住院医疗费的补偿比例分别提高到90%、80%和70%，较2012年各提高5%；高血压、糖尿病纳入门诊慢病范围，报销比例提高到50%，每人每年最高补偿额度1000元；重大疾病住院医疗费补偿比例提高到80%，位于全省前列。2013年崂山区累计41.96万人次获得医疗费补偿金5744.24万元，受益率（受益人次/参合人数）417%；住院补偿8336人次，补偿资金4528.76万元；门诊大病补偿28192人次，支付补偿金739.31万元；普通门诊补偿38.28万人次，支付补偿金473.71万元。

完成35处社区健身设施的配备工作。截至2013年12月，崂山区体育设施配套工程总计335处。社区体育健身设施示范点工程配备率达100%。参加“体彩杯”青岛市第三届运动会，夺得金牌68.5枚，银牌17枚，铜牌17枚，获区（市）组金牌总数第7名。崂山一中男子篮球队获“李宁杯”全国高中篮球联赛山东省赛区第四名。健身操队囊括“2013年肯德基全国青少年校园青春健身操大赛”青岛赛区四个单项一等奖、两个团体一等奖，并获得“最佳表演奖”。崂山二中男子足球队获青岛市23届“市长杯”学校足球联赛高中组第五名并获铜靴奖。至2013年12月，崂山区市级篮球、田径体育传统项目学校、帆船特色学校、足球项目试点学校达19所。

崂山市民文化中心，包括档案馆、图书馆、文化馆、体育健身馆、青少年活动中心、演艺剧场等多项功能

城市建设　崂山区供水总量3630万吨，其中海润自来水供水1320万吨。城区日综合供水能力达到5.0万吨。村庄通自来水普及率100%。截止到2013年12月，崂山区供水管道总长度达219.7公里。供水水质综合合格率100%。全社会用电量（不含海尔、卷烟等企业）12.54亿度，增长4.5%。

截至2013年12月，城区道路面积309.49万平方米，人行道面积119.91万平方米，桥梁15座，安装路灯的道路长度231公里，路灯11401盏，

6630基。全年天然气供应总量3262.15万立方米，其中家庭用量1228.77万立方米，用气户数8.98万户，使用天然气人口26.94人；液化气供应总量4187吨，用气户数2.7万户，使用液化气人口8.1万人。集中供热面积1135万平方米，2013年新增96万平方米。住宅供热面积1015万平方米。热水管道长度268.95公里，热水供热总量310.79万吉焦；蒸汽管道长度9.72公里，蒸汽供热总量95.11万吉焦。

全年城区新增绿地51公顷，建成区内绿化覆盖面积2009.05公顷，绿化覆盖率达到43.62%。园林绿地面积2110.4公顷（建成区内1932.42公顷，建成区外178公顷），公共绿地面积523.85公顷。公园2个，公园面积209.72公顷（含街旁绿地）。

环境保护和安全生产 按照《环境空气质量标准》(GB3095-2012)评价，全年环境空气质量达到优、良级别的天数为272天，空气质量优良率为74.5%。大气中PM2.5、可吸入颗粒物、二氧化硫、二氧化氮年均值分别为59微克/立方米、96微克/立方米、46微克/立方米、32微克/立方米。全年共淘汰高污染黄标车1680辆，2011年至2013年累计淘汰4588辆。淘汰燃煤锅炉10台，总吨位142吨/时。完成锅炉废气、工业扬尘和挥发性有机物等大气治理项目38个。市区道路交通和区域环境噪声平均等效声级分别为67.6分贝和57.9分贝。

2013年，崂山区累计发生各类生产安全事故23起，死亡6人，伤9人，直接经济损失75.55万元。

人口、人民生活与社会保障 截止到2013年12月，崂山区常住人口41.89万人。出生率9.33‰，死亡率5.79‰，人口自然增长率3.55‰。合法生育率98.44%。新生婴儿男女性别比108.5：100。全年办理结婚登记3360对、离婚登记604对。

城镇居民人均可支配收入38755元，增长9.48%；人均消费支出21543元，增长9.42%。农民人均纯收入17855元，增长12.05%；人均生活消费支出11740元，增长2.76%。

自2013年1月1日起，领取城乡居民养老保险养老金待遇人员每人每月增加养老金55元。2013年新增参保企业574户，净增养老、医疗、工伤、生育、失业保险人员分别达到12981人、12099人、4484人、8454人、6049人；分别增加保费18702万元、7603万元、465万元、409万元、-4347万元（失业保险缴费比例下调50%）。截止2013年12月，崂山区参保企业达到5299户，参保职工158240人，征缴企业各类社会保险基金209011万元。崂山区城乡居民养老保险参保人数34537人，增加1634人，收缴保费4800万元。

自2013年7月1日起，城市低保标准由原来的每人每月480元提高到540元，农村低保标准由原来的每人每年3300元提高到3900元；“五保”对象供养标准由每人每年10200元提高到每人每年11600元。实施城乡低保家庭冬季取暖补助102万元。临时救助标准由每年1万元提高到1.5万元。全年救助困难群众1282人次，发放救助金133万元。实施医疗救助、重大疾病救助14679人次，发放救助资金1032万元。截至2013年12月，崂山区享受抚恤补助的重点优抚对象396人。崂山区有城乡低保对象2129户4322人（其中城镇低保户280户512人，农村低保户1849户3810人），发放城市低保金282万元，农村低保金1235万元。崂山区有社会养老服务机构8家，床位1110张，收养各类老人数368人。福利企业19家，职工人数807人，安置残疾职工362人。

（统计局）

2013年机构设置及主要领导名录

·中共青岛市崂山区委员会·

书　记　齐家滨
副书记　杨鹏鸣　于惠霞（女）
常　委　邵显先　赵　镭　单卫平　孙德宝　夏正启　王清源　尚苏光　杨聚钧
　　　　王振竹（6月任）

工作部门

单位名称	主要领导人姓名	职　务	地　址	联系电话
区委办公室	王振竹	主任	区行政大厦	88996180
区委、区政府信访局	孙开团（11月离任）	局长	区行政大厦	88996051
组织部	单卫平	部长	区行政大厦	88996156
编委办公室（与区委组织部合署）	徐金宏（1月任）	主任	区行政大厦	88996156
老干部局（由区委组织部管理）	姜　海	局长	区行政大厦	88996156
宣传部	尚苏光	部长	区行政大厦	88996325
文明办	栾泽选（1月离任）	主任	区行政大厦	88996218
	刘志峰（1月任）			
统战部（挂区委台湾工作办公室、区政府台湾事务办公室、民族宗教事务局牌子）	张永波	部长	区行政大厦	88996618
政法委	杨聚钧	书记	区行政大厦	88996005
（司法局、社会管理综合治理委员会办公室与其合署）				
机关工委	江新云	书记	区行政大厦	88996280

派出机构

单位名称	主要领导人姓名	职　务	地　址	联系电话
中韩街道党工委	慕海波	书记	深圳路177号	83101181
沙子口街道党工委	苏本江	书记	崂山路111号	88807624
王哥庄街道党工委	张贤玥	书记	王哥庄街道	87841022
北宅街道党工委	宋仁登	书记	松岭路396号	87851026

·崂山区人大常委会·

主　任　张冀鲁
副主任　于福存　王兴武　袁久亮　臧学军（女）　李鸿雁

工作机构

名　称	主要领导人姓名	职　务	地　址	联系电话
办公室	张　星	主任	区行政大厦	88996681
人事代表工作室	徐震宇（女）	主任	区行政大厦	88996787
财政经济工作室	张文清（女）	主任	区行政大厦	88996672
法制文教工作室	刘洪涛（12月离任）	主任	区行政大厦	88996796
	刘建斌（12月任）			
城建环资工作室	曲在玉（女）	主任	区行政大厦	88996676

·崂山区人民政府·

区　长　杨鹏鸣
副区长　赵　镭　夏正启　王清源（8月任）　于　鹏（女）　王　洵
纪晓龙　胡乐常（12月离任）

工作部门

名　称	主要领导人姓名	职　务	地　址	联系电话
区政府办公室	刘赞宇	主任	区行政大厦	88996009
区政府法制办公室（与区政府办公室合署）	高洪良（1月离任） 韩　彬（11月任）	主任	区人力资源大厦1307室	88996769
发展和改革局（挂物价局、粮食局牌子）	宋　军	局长	区行政大厦	88996582
教育体育局	李方进	局长	区行政大厦	88996513
科学技术局（挂知识产权局牌子）	王　刚（2月离任） 陈　波（女，2月任）	局长	区行政大厦	88998829
监察局（与纪委机关合署）	张翠利	局长	区行政大厦	88996118
民政局	任登刚	局长	区行政大厦	88996500
司法局（与区委政法委员会合署）	武　建（2月离任） 高维臣（2月任）	局长	区行政大厦	88996005
财政局	鞠晓霞（女）	局长	区财经大厦	80996801
人力资源和社会保障局	苗　蔚	局长	区行政大厦	88996310
城乡建设局（挂人民防空办公室牌子）	王　春（女）	局长	区行政大厦	88996233
城市管理行政执法局	矫双庆	局长	高科园三中后	88997706
市国土资源和房屋管理局崂山国土资源分局	于翠成	局长	梅岭路29号	88977100
交通运输局	李巧凤（女）	局长	秦岭路23号	88890369
农林局（挂畜牧兽医局牌子）	纪清尚	局长	区行政大厦	88996136
水利局	于兴慧	局长	区行政大厦	88996339
海洋与渔业局	吴国宝	局长	区行政大厦	88996702
商务局	刘海滨	局长	区行政大厦	88996522
文化新闻出版局	王保生	局长	秦岭路16号	88695701
卫生局	柳忠旭	局长	区行政大厦	88997527
人口和计划生育局	王绍美（女）	局长	区行政大厦	88996196
审计局	李海荣（女）	局长	苗岭路18号	80991176
统计局	李兴水	局长	区行政大厦	88996607
安全生产监督管理局	李　文	局长	银川东路31号	88996789

派出机构

单位名称	主要领导人姓名	职务	地址	联系电话
中韩街道办事处	李维波（1月离任） 刘国会（1月任）	主任	深圳路177号	83101181
沙子口街道办事处	姜学环	主任	崂山路111号	88807624
王哥庄街道办事处	杜乐江	主任	王哥庄街道	87841022
北宅街道办事处	姜　波	主任	松岭路396号	87851026

直属事业单位

单位名称	主要领导人姓名	职务	地址	联系电话
区委党校（挂社会主义学院牌子）	孙向阳（女）	党委书记 常务副校长	科大支路57号	88996069
档案馆（挂档案局、史志办公室、党史研究室、文件中心牌子）	王明谊	馆长	区行政大厦	88996563
电子政务办公室	刘　青	主任	区行政大厦	88996001
旅游局（挂青岛石老人国家旅游度假区开发管理办公室牌子）	赵　钢	局长	区行政大厦	88996200
市政公用局（挂园林环卫办公室牌子）	于显胜	局长	区行政大厦	88999582
房地产开发管理局（挂住宅发展局牌子）	李　虎	局长	区财经大厦	55557666
经济发展局（挂企业发展局牌子）	吕福星（1月离任） 李维波（1月任）	局长	区行政大厦	88996587
房屋征收管理局（崂山区城中村和旧城区改造办公室）	朱文彬	局长	崂山区人力资源大厦11楼	88997568

续表

单位名称	主要领导人姓名	职务	地址	联系电话
招商局	张　绣（女）	局长	区行政大厦	88996726
地震局	孙志光	局长	区人力资源大厦1307室	88999568
投资服务促进局（挂行政审批服务中心牌子）	刘赞泉	局长	区行政大厦	88996893
机关事务管理局	辛克德	局长	区行政大厦	88996070
服务业发展局（挂崂山区金融协调办公室牌子）	陈　波(女,1月离任) 肖焰恒(1月任，8月离任)	局长	国发大厦北楼31层（苗岭路36号）	88036097
文化市场行政执法局（挂崂山区文化市场行政执法大队牌子）	武　建（1月任）	局长	秦岭路16号	88695702
啤酒节办公室	赵　钢	主任	国际啤酒城内1号楼	88893990
高新区发展总公司	曲　伟	总经理	崂山区银川东路9号人力资源大厦	88891331

·青岛高科技工业园（青岛蓝色硅谷产业创业带管理委员会）·

副主任　王　刚　徐凌云(1月任)　陈　波(女,1月任)

内设机构

单位名称	主要领导人姓名	职务	地址	联系电话
综合处	孙宇宙	处长	崂山区株洲路153号2号楼	88999901
产业发展处	付长伟	处长	崂山区株洲路153号2号楼	88999902
规划建设处	王维清	处长	崂山区株洲路153号2号楼	88999903
招商促进处	毛安成	处长	崂山区株洲路153号2号楼	88999905
计划财务处	董天涛(1月任)	处长	崂山区株洲路153号2号楼	88999993

·政协青岛市崂山区委员会·

主　席　郭德利
副主席　张永波　于青云(女)　赵广涛　李恒光(女)　王新春　刘明佳

工作机构

单位名称	主要领导人姓名	职　务	地　址	联系电话
办公室	李　腾	主任	区行政大厦	88996532
经济与人口资源环境工作办公室	邵绪春(女)	主任	区行政大厦	88996551
社会法制与港澳台侨工作办公室	于耀滨	主任	区行政大厦	88997919
教科文卫与文史工作办公室	朱建生(女)	主任	区行政大厦	88996570

·中共崂山区纪律检查委员会(崂山区监察局与其合署)·

书　记　邵显先
副书记　张荣俊　张翠利

内设机构

单位名称	主要领导人姓名	职　务	地　址	联系电话
办公室	郭和平	主任	区行政大厦	88996118
案件审理室	徐立超	主任	区行政大厦	88996120
纪检监察室(挂案件监督管理室牌子)	邓子部	主任	区行政大厦	88996121
执法监察室(挂行政效能投诉中心牌子)	陈雍赞(1月任)	主任	区行政大厦	88996122
信访室	刘越南(女,1月离任) 赵义军(1月任)	主任	区行政大厦	88996123
党风教育室(挂纠正部门和行业不正之风办公室牌子)	万延俊	主任	区行政大厦	88996348
干部室	李成群(11月任)	主任	区行政大厦	88036335

·崂山区人民法院·

主要领导人姓名	职　务	地　址	联系电话
孙志远	院长	云岭支路1号	88891597

·崂山区人民检察院·

主要领导人姓名	职　务	地　址	联系电话
王同庆	检察长	秦岭路10号	83011766

·崂山区人民武装部·

主要领导人姓名	职　务	地　址	联系电话
谈大国	部长	仙霞岭路金岭商务楼	88896976
孙德宝	政委	仙霞岭路金岭商务楼	88896976

·崂山风景区管理局·

书　记　齐家滨

副书记　杨鹏鸣　王兰波

局　长　杨鹏鸣

副局长　王兰波(常务副局长,正局级,7月任)　王爱建(10月离任)　柳　晶(女,10月离任)　刘　强　李作钦(11月任)

内设机构

单位名称	主要领导人姓名	职　务	地　址	联系电话
办公室	刘　强(2月离任) 赵　钢(2月任)	主任	梅岭路29号	88898866
政工处	崔代红(女,11月离任) 胡孝国(11月任)	处长	梅岭路29号	88890111

续表

单位名称	主要领导人姓名	职务	地址	联系电话
旅游管理处（挂旅游质量监督与投诉中心牌子）	刘赞科	处长	梅岭路29号	88898989
市场开发处	栾绍刚（11月离任） 刘洪涛（11月任）	处长	梅岭路29号	88891911
资源管理处（挂建设管理处牌子）	刘建斌（11离任） 王妮妮（女，11月任）	处长	梅岭路29号	88891911
计划财务处	齐玉国	处长	梅岭路29号	88898080

·社会团体·

单位名称	主要领导人姓名	职务	地址	联系电话
总工会	于福存	主席	区行政大厦	88996002
团区委	宋晓容（女）	书记	区行政大厦	88996126
妇联	杜　萍（女）	主席	区行政大厦	88996183
工商联	李恒光（女）	主席	区行政大厦	88996657
残联	宗兆勇	理事长	区人力资源大厦	88996735
红十字会	孙瑞芬（女）	常务副会长	苗岭路15号	88997072
文联	韦志芳（女）	主席	区人力资源大厦	88998220
贸促会崂山支会（崂山商会）	侯志昌	会长	区行政大厦	88998111

（组织部）

大事纪要

2013 年崂山区大事记

·1月·

5日

名为“融创·今日”的青岛今日艺术研究院成立展在青岛市博物馆开展。此次展览由区委宣传部、区文联、青岛市美术家协会、青岛今日艺术研究院共同主办，展览为期六天，期间展出了油画、现代书法、陶艺、雕塑、综合材料等作品近40件。

11日

山东半岛蓝色经济区首届高端人才和项目洽谈会在中国海洋人才市场举行。本次洽谈会共吸引了青岛、东营、烟台、潍坊等七市的160多家用人单位参加，共提供相关岗位2366个。

15日

山东省委常委、青岛市委书记李群到崂山区走访慰问部分贫困社区、贫困户、老党员和社区福利机构，向大家致以新春的问候和祝福，并接访反映问题的群众，了解实际情况，现场解决难题。

18日

崂山区委副书记、区长杨鹏鸣在区行政大厦会见了前来拜访的韩国驻青岛总领事馆总

区长杨鹏鸣（右一）会见韩国驻青岛总领事黄胜炫（左一）

领事黄胜炫一行。

23日

青岛担保中心有限公司承担担保责任的青岛市首只中小企业集合票据发行成功，注册金额为1.2亿元。

是月

崂山区引进省内首家国际标准的外资医院——和睦家医院。青岛和睦家外资医院项目计划总投资5800万美元，注册资本约1933.34万美元，选址位于石老人社区香港东路319号，租赁建筑面积达3万平方米。

是月

根据省科技厅和省知识产权局联合下发的《关于复查和认定"中国专利山东明星企业"结果的通报》，崂山区共有海尔、冠中生态、华仁药业、蔚蓝生物等24家企业获得"中国专利山东明星企业"荣誉称号。

·2月·

17日

由青岛市文化广电新闻出版局、青岛报业传媒集团、青岛市崂山区人民政府组织主办，崂山区文化新闻出版局、青岛市民俗学会、崂山区非物质文化遗产保护协会承办的2013崂山非物质文化遗产节，在崂山世纪广场举行。

21日

张村河"人工生物浮岛"项目完工，并通过市环保局组织的专家验收。该项目是青岛市的河道生态恢复试点工程，由34块模块组装而成，面积5000多平方米，种植近十万株水葱、荷花、小香蒲等用于净化水质的水生植物。

张村河生物浮岛

22日

瑞典海克斯康鹰图股份有限公司独资设立的鹰图软件技术青岛有限公司正式获商务部门批准，成功落户崂山区。

27日

青岛市委副书记、市长张新起到崂山区调研，听取了金家岭金融新区、新型农村社区和崂山风景区建设工作情况汇报。

是月

国家知识产权局下发《关于确定国家知识产权示范园区》的函，崂山区与中关村、上海张江、天津滨海、苏州工业园等十家一起获批成为全国第二批国家知识产权示范园区，这也是山东省内唯一的一家。

是月

山东鲁锦集团在崂山区投资成立。山东鲁锦集团是由新华锦集团投资5000万元在崂山区成立的总部项目，主要经营加工和三来一补业务、开展对销贸易和转口贸易、针、纺织制品、服装、工艺美术品的加工、销售；机电产品、建筑材料、土畜产品、矿产品的批发、零售、仓储、信息咨询服务。

·3月·

7日

崂山区妇女维权工作基地在崂山法院王哥庄街道小额诉讼审判厅正式挂牌成立。

是日

中小学生九水沟生态园环境教育基地通过国家环境部专家组验收。该基地位于沙子口街道，园内分绿色生态、体验、科普、水土保持等五大功能园区，设立了中小学生环境知识课堂，定期组织中小学生开展生态气象研究、茶叶、无公害蔬菜的种植采摘、水土保持知识讲解以及相关环保知识普及等环境教育实践活动。

8日

由青岛银行全程赞助的青岛交响乐团2013音乐季开幕音乐会《大师来了 I——纪念俄罗斯作曲家拉赫玛尼诺夫诞辰140周年》在青岛大剧院音乐厅启幕。

19日

崂山风景区游客服务中心主体建设工程在大河东停车场开工建设，区委书记齐家滨，区领导张冀鲁、郭德利、王兰波等出席奠基仪式。是年10月31日，项目主体工程完成封顶，总建筑面积4.1万平方米。

21日

“美丽崂山”青年志愿者服务队在崂山区政府成立并举行出征仪式。“美丽崂山”青年志愿者服务队分为社区志愿者服务队和环保志愿者服务队两大类别。

25日

山东省教育厅分别授予崂山区和中韩街道、王哥庄街道“全省社区教育示范区”和“全省社区教育示范街道”称号。至此，崂山区成为青岛市第一个实现社区教育示范街道100%全覆盖的城区。

27日

海洋系列保健食品生产项目开工建设。该项目位于滨海大道以西，建筑面积3.48万平方米，工程造价4979万元，框架结构，地上6层。

·4月·

1日

崂山湾公益性海洋牧场正式开工建设，同年11月30日完成一期工程。

15日

由崂山区上市企业青岛华仁药业股份有限公司与解放军总医院合作共建的血液净化制品工程技术研究中心暨解放军总医院华仁药业血液净化产品研发中心正式建成启用。

16日

崂山区专业校车运营开通仪式在崂山11中学举行，经过三个月时间的试运营，全区82辆标准大鼻子校车正式投入运营，汇集崂山区20所学校，解决了5000多名中小学生的上下学交通问题。

17日

青岛崂山旅游集团有限公司正式完成工商注册登记，青岛崂山旅游集团由综合管理部、资产财务部、人力资源部、市场营销部、投资发展部五个部门组成；集团下设青岛崂山旅游服务有限公司、青岛崂山风景旅游发展公司、青岛崂山旅游开发有限公司、青岛崂山旅游索道有限公司、崂山风景区园林绿化有限公司五个子公司。

19日

北宅农家宴协会正式成立。

24日

青岛市政府新组建的注册资本15亿元的新型投融资平台——青岛国际投资公司落户金家岭金融新区。

25日

2013北京大学汇丰商学院金家岭财富智慧高级管理研修班教学中心揭牌仪式举行。

青岛市崂山区专业校车运营开通仪式

27 日

“1+3+X”融资平台启动暨成长之星银行合作签约仪式在区行政大厦举行。企业融资平台是通过政府加银行加中小微企业的方式，整合融资资源，为金融机构推荐符合产业发展方向且信用良好的企业，为中小微企业推荐能提供更加优惠金融产品和服务的金融机构，实现金融机构和企业的双赢。

·5 月·

3 日

由工信部支持，中国纺织工业联合会、省经信委、市政府联合主办，市经信委承办的2013第十三届中国（青岛）国际时装周暨青岛名牌产品展示周、青岛优秀工业设计展、第二届青岛市中小企业“专精特新”成果展在青岛国际会展中心开幕。

10 日

总规模10亿元的合伙制投资企业——青岛东泰槃石投资中心在金家岭金融新区完成工商注册。

11 日

由山东省青岛市文广新局、市文联等单位举办的“2013青岛金石文化艺术节”在金石馆开幕。

14 日

青岛蓝色硅谷城际轨道交通有限公司在崂山区注册成立，注册资本5亿元。

16 日

青岛市首部兼具通史内涵与专题特色的文化研究著作——《崂山文化通览》举行首发式。

21 日

崂山区海洋生物特色产业园被认定为全省首批海洋特色产业园。

22 日

2013第十八届崂山北宅樱桃节新闻发布会在北宅街道大崂社区举办，本届樱桃节有崂山小樱桃、崂山樱桃、乌梅及早、红灯、砂蜜豆、沙蜜脱等数十个品种，40余万株近万亩樱桃供市民品尝。

23 日

枯桃住宅小区项目开工建设，该项目位于崂山区滨海大道以东、张村河以南、李宅路以北，总建筑面积1.3万平方米，框剪结构，地上11～18层。

26 日

第34届世界头脑奥林匹克决赛在美国举行。崂山区实验小学代表队在参加的“翻滚的结构”竞赛项目中夺得世界冠军。

29 日

2013香港山东周合作项目签约仪式在香港万豪国际酒店举行，瑞湾荟商业综合开发项目作为省重点项目正式签约，该项目投资总额2.98亿美元，在位于深圳路以东、张村河两侧地块建设开发城市综合体。

31～6月3日

2013年第七届青岛国际茶文化博览会在青岛会展中心开幕。本届茶博会展区面积近2万平方米，吸引了全国近400家茶商前来参展。

是月

崂山道教建筑群入选全国重点文物保护单位。此次入选的崂山道教建筑群属古建筑类，包括太清宫、上清宫、太平宫、

崂山区实验小学获得世界第34届头脑奥林匹克冠军

明霞洞、华楼宫、蔚竹庵、白云洞、明道观、关帝庙、太和观、沧海观等十一座古建筑。

·6月·

9日

崂山区企业联合会成立大会暨第一届会员代表大会在麒麟大酒店召开，青岛市企业联合会会长吴经建，区领导单卫平、夏正启出席会议。

14日

由中国光大控股集团投资设立的光大控股（青岛）融资租赁公司在崂山区完成工商注册，填补了金融新区外资融资租赁业态的空白。

25日

青岛蓝色硅谷产业创业带海洋生物医药孵化中心项目合作签约仪式在崂山区软件大厦举行，该项目位于株洲路168号，总建筑面积约3.1万平方米。

是日

青岛市党外干部挂职实践锻炼基地揭牌仪式在崂山区委党校举行。

是日

松山后工业园市政道路工程（汉河路、汉河一路、汉西路、汉西一路、汉西二路等）正式开工建设。该工程全长为2498.32米；工程造价为2051.5万元。

28日

由青岛世园（集团）有限公司建设的世园村世园大厦项目取得施工许可证，正式开工建设。该项目位于崂山区世园大道以北、纵五路以东，项目建设规模4.63万平方米。

是月

全省首个国家环境保护工程技术中心落户崂山区，国家环境保护畜禽养殖污染防治工程技术中心2013年4月份通过环保部批准，计划总投资3000万元，建设周期两年。

青岛蓝色硅谷产业创业带海洋生物医药孵化中心项目签约

·7月·

2日

崂山区政府向王哥庄宏丰隆等5家农贸市场及真诚超市等18家农村连锁超市发放扶持资金390万元。这是青岛市首次通过政府资金注入的形式扶持农村超市开展标准化改造。

5日

株洲路（科苑经一路－滨海公路）环境综合整治工程正式开工建设，该项目主要工程量为沥青路面铣刨、罩被等。该工程全长5600米，面积约1.8万平方米。

6日

青岛市委副书记、市长张新起到崂山区现场调度重点项目建设。他强调，崂山区要立足自身优势，重点抓好科技、金融、旅游三件大事，依靠园区、孵化器、人才公寓等载体，着力吸引和集聚高端人才，增强创新能力，依靠创新来发展高新技术产业以及金融、旅游等现代服务业，促进产业转型升级，提高核心竞争力，努力在新一轮发展中走在全市前列。

7日

2012年度全国县级广播电视优秀作品评析暨颁奖典礼在崂山区举行，此次评析共收到来自全国各县级广播电视台参评作品885件，最终共评出获奖作品353件。

22日

青岛市首家“文联万家”文艺志愿者社区服务基地和书法培训基地在中韩街道麦岛社区服务中心揭牌成立。麦岛社区服务中心总面积2400平方米，配有阳光服务大厅、健身室、舞蹈室等公共服务设施。

31日

崂山区委副书记、区长杨鹏鸣带领有关部门负责人调研崂山路工程建设工作。杨鹏鸣一行实地察看了崂山路石老人、沙子口桥、沙子口湾等路段，详细察看了各路段现场施工状况，了解了崂山路整体进展情况，听取了相关情况介绍。

是月

由青岛蔚蓝生物集团有限公司承担的“养殖业废弃物治理微生物制剂与酶产品的创制”项目获科技部高技术研究发展计划（863计划）批复立项，专项经费支持863万元。

是月

崂山区出台了《关于落实城镇失业无业独生子女父母年老一次性奖励的办法》，在全区范围内广泛开展了调查摸底，2013年预计用1600万元落实该项补助政策。

·8月·

1日

三星堆文物珍品展在青岛市博物馆开展。本次展览以青铜器、玉石器为主，兼集金器、陶器，展出文物达150件，其中国宝级文物74件。

3日

2013年崂山城市购物节在大拇指广场开幕，本次崂山城市购物节为期三个月，以“激情时尚伴您游，欢乐购物在崂山”为主题，搭建了欢乐嘉年华、我爱我家家居购物、劲爽啤酒狂欢、金秋爱车欢乐购四大消费平台。

5日

住房和城乡建设部对外公布2013年度国家智慧城市试点名单，确定103个城市（区、县、镇）为2013年度国家智慧城市试点。其中，崂山区、高新区、中德生态园和平度市明村镇纳入“国家智慧城市”试点。

7日

青岛国际创新园二期开工建设，该项目总建筑面积47.78万平方米，工程造价14.56亿元。

10～25日

第23届青岛国际啤酒节举行。本届啤酒节共有来自18个国家和地区的27个品牌、300多种啤酒参节，啤酒城共接待游客近400万人次，畅饮啤酒1200多吨，带来直接经济效益9亿多元。

15日

青岛市政府新批准组建的注册资本30亿元的国信金融控股公司落户金家岭金融新区。

19日

崂山区首家院士专家工作站在青岛蔚蓝生物集团有限公司正式挂牌成立。截止到本月，崂山区拥有两院院士12人，外聘院士11人，国家杰出青年科学基金获得者18人，高端人才总量居全市首位。

28日

滨海大道崂山区北段绿化改造工程全部完工，工程于2012年4月份全面开工建设。新增绿化面积65万多平米，栽

青岛国际创新园二期施工现场

植乔木7.8万株、灌木20余万株、铺装人行道6000多米。

29日

青岛好一家家居三期正式建成开业。好一家家居三期总营业面积约10万平方米，分为3、5、6三大场馆，其中3号馆为家居软装馆，5号馆为建材一站式选购馆，6号馆为木制品专馆。

·9月·

1日

青岛金钥匙幼儿园分园在康城片区开园，青岛市金钥匙幼儿园隶属于青岛市妇联，省级示范幼儿园，青岛市金钥匙幼儿园崂山区分园落户于崂山区辽阳东路南侧居住区，建筑面积为3950平方米，投资1800多万元，可提供360名幼儿入学。

2日

崂山区育才学校举行开学典礼，该学校为辽阳东路南侧居住区配套中小学项目，包括18班初中、30班小学等2所学校，可分别满足900名、1350名周边居住区适龄学生入学需求，首批招收小学一年级新生225人，初中一年级新生160人。

是日

崂山湾公益性海洋牧场海上作业正式开始，牧场由市区两级政府投资5000万元建设，共分为资源、生态和休闲生态保护三个区域。功能区内沿海海域将建设8处，总计2400公顷人工鱼礁区，投礁总体积135万空方。

10日

崂山区实验幼儿园经过一年时间的改扩建重新开园，区实验幼儿园是一所省级示范幼儿园、省市两级十佳幼儿园，项目总投资约3000万元，占地面积约9800平方米，是全区占地面积最大的幼儿园。

11日

国家知识产权局局长田力普一行来崂山区考察，参观了青岛国际创新园等产业载体。

20~24日

第二届中国第四纪冰川与环境变化研讨会在崂山区举行，在为期4天的研讨会上，来自北京大学、中国科学院、海洋研究所等20余家科研院所的近70名专家学者重点对第四纪冰川与环境变化、崂山第四纪冰川遗迹等问题开展了学术交流。崂山存在第四纪冰川，而且是我国东部沿海古冰川一纪保存最好的一处。

22日

青岛东方影都、万达星耀之夜活动在崂山区世纪广场举行，国际明星妮可·基德曼、凯瑟琳·泽塔·琼斯、莱昂纳多·迪卡普里奥，国内一线影视明星章子怡、李连杰、梁朝伟、赵薇、黄晓明等陆续走上红毯与现场影迷交流互动。

23日

崂山区与中石化山东青岛石油分公司签署战略合作框架协议，区领导夏正启、袁久亮、王新春出席签约仪式。

27日

崂山路改造工程全线双幅通车。崂山路一期工程西起滨海公路、东至沙子口桥，全长约8公里，其中滨海公路至西姜一路（石老人观光园东侧）约3.4公里道路为双向8车道，西姜一路至沙子口桥约4.6公

国家知识产权局局长田力普（右二）来青岛国际创新园考察

里道路为双向6车道。

是月

双瑞船舶压载水处理装置产业化基地项目在责任部门的全力推动下，本月投入使用。该项目位于蓝色硅谷产业创业带内，总投资约为3.5亿元，总建造面积为35835平方米。

是月

全球首台活体单细胞拉曼分选仪在崂山区研制成功，这台分选仪的研制由中科院青岛生物能源与过程研究所单细胞研究中心与北京一家生物公司联合承担，还邀请了国外团队参与，是2011年科技部创新方法工作专项“拉曼光钳筛选新方法在活体单细胞高通量分离中的应用”项目的研究成果。

·10月·

8日

崂山区便民服务大厅正式投入使用，这是全市首个集信息化综合便民、公益志愿和民政公共服务于一体的便民服务大厅。

10日

崂山区委副书记、区长杨鹏鸣，区领导赵镭、胡乐常对崂山区部分政府实事进行了视察。杨鹏鸣先后来到华楼海尔希望小学、北宅公交停车场站、株洲路公交停车场站等处进行了实地察看，并听取了相关工程进度汇报。

16日

国际创新园一期进入招商阶段。青岛国际创新园位于崂山区滨海大道西侧，作为青岛蓝色硅谷产业创业带的龙头项目，一期工程总投资约9.6亿元，建筑面积17万平方米，配套建设有购物街、美食城、企业家会所等，并配备了十余条公交线路和地铁轻轨站口。

是日

崂山区第三次经济普查单位实地核查启动仪式举行。普查主要内容包括：单位基本属性、从业人员、财务状况、生产经营情况等。

23日

崂山区创建国家农业标准化综合示范区工作座谈会召开，研讨新时期全区农业标准化工作发展新思路。

24日

由市红十字会、市微尘基金和区红十字会共同发起成立的微尘基金博爱小学，在北宅街道华楼海尔希望小学揭牌。

25日

《崂山区2014～2016年水环境污染综合治理规划》顺利编制完成，该项工作由崂山区市政公用、水利、环保等相关部门组成的水污染防治规划编制小组共同参与编制完成。

是月

国家发改委公布2013年国家级企业技术中心评价结果，崂山区海尔集团、汉缆股份、六和集团、DND四家企业技术中心通过评审。其中，海尔集团以97.2分在887家技术中心中排名第一。

·11月·

1日

按照市政府发布的《关于市区分阶段扩大高污染黄标车限行范围的通告》，高污染黄标车限行范围将覆盖至崂山区全区域。

5日

崂山区首艘百吨级渔政执法船中国渔政37619船进行试

百吨级渔政执法船试航

航。

6日

青岛首家跨行业、跨区域的电子商务产业联盟——崂山国家电子商务示范基地产业联盟成立，该联盟由涉及电商平台、电商应用、电商服务以及教育、金融、中介、物流配送等相关领域的企业和单位组成。

8日

青岛迪爱生TFT液晶工厂正式完工投入使用。该项目的投产填补了我国大陆地区液晶材料生产领域的空白。

12日

世园村世园大厦项目竣工。该项目位于滨海大道以西、世园大道以北，建筑面积约4.6万平方米。

13日

王哥庄街道青山社区入选“美丽乡村”创建试点乡村。同时该社区主任姜兆阳获评全国“文明之星”称号。

19日

崂山区贸易商会成立仪式举行，崂山区贸易商会由32家从事内外贸易的企业和相关单位组成，商会成立后将为会员企业提供经济、技术、信息、生产、管理、融资、法律政策等方面的咨询服务。

20日

青岛市知识产权公共服务平台在崂山区建成并投入使用。

27日

卧龙水厂改造工程通过竣工验收。卧龙水厂是北宅集中供水区域重要的水处理厂。卧龙水厂改造工程总投资600万元，于2010年9月10日开工建设。

是月

国家科技部公布2013年国家科技计划项目立项清单。其中，青岛双瑞海洋环境工程股份有限公司的青岛双瑞船舶压载水管理系统，获国家重点新产品计划战略性创新产品项目立项，青岛蔚蓝生物集团有限公司的碱性果胶酶，青岛汉缆股份有限公司的高压超高压光电复合海底电缆等5个项目，获国家重点新产品计划立项。

·12月·

3日

杰华生物技术公司与青岛市政府、崂山区政府和青岛蓝色硅谷创业发展有限公司分别签署合作协议，将杰华生物研发的创新药NOVAFERON（乐复能）产业化项目落户崂山区，建设杰华生物医药生产基地。

8日

由青岛全球财富中心开发建设有限公司开发建设的青岛金融中心大厦项目完成主体封顶。

9日

海尔集团与阿里巴巴集团联合宣布达成战略合作。双方将基于海尔集团在供应链管理、物流仓储、配送安装服务领域的优势，及阿里巴巴集团在电子商务生态体系的优势，联手打造全新的家电及大件商品的物流配送、安装服务等整套体系及标准，该体系将对全社会开放。

16日

海尔集团公司以“人单合一双赢”为核心的质量管理模式，获得首届中国质量奖。

18日

市区两级重点实事项目崂山区社会福利综合服务中心二期工程顺利封顶。崂山区社会福利综合服务中心二期扩建工程总投资8500万元，建筑面积1.2万平方米，设计床位200张。

29日

中国共产党青岛市崂山区第十一届委员会第四次全体（扩大）会议在区行政大厦多功能厅举行。区委书记齐家滨在会上作重要讲话，区委副书记、区长杨鹏鸣就贯彻落实会议精神、做好年底工作提出要求。

30日

区委书记齐家滨调研全区新型社区服务中心建设工作，齐家滨先后来到北宅街道沟崖社区服务中心、沙子口街道宅科社区服务中心，详细了解了服务中心投入使用后的日常运行、服务下沉、各种公共场所利用情况，听取了全区新型社区服务工作介绍。

是月

崂山沙子口沙港湾项目开建，项目总投资10.06亿元，规划总用地面积7.3万平方米，设有738个停车场，项目绿地率为25%，预计2015年5月完工。

是月

青岛世园新区规划出台，涉及城阳崂山李沧三区。根据规划，青岛世园生态都市新区囊括市中心城区东北部，李沧区、崂山区和城阳区三区，总面积约194平方公里。新的规划至2020年，青岛世园生态都市新区可容纳约40万人，毛容积率不超过1.0。

是年

崂山区28个新型社区服务中心全部建成。2013年，崂山区加速推进新型社区建设，将原有的158个社区划分成28个新型社区，并将养老、就业、计生等政府职能下沉到社区，将各项便民服务引进到社区，崂山区选派了65名区直机关干部，200多名街道干部入驻到新型社区服务中心，直接入户为群众服务。

是年

崂山区电子商务产业规模突破1000亿元，位居全省首位，有10家平台型电子商务企业落户崂山区。（史志办）

2013年区政府8件实事办理情况

为切实做好2013年区政府实事项目的遴选、确定工作，区政府相关部门通过网络、报刊、印发通知等多种渠道，向社会各界、相关部门和单位征集2013年区政府实事项目。根据项目提报情况及反馈的意见和建议，结合2013年区政府投资计划拟安排情况，本着项目具有全局性、普惠性和可行性，且能与“十二五”期间重点惠民工作相衔接，并对全区经济社会发展具有较大影响的原则，经过多方征求意见、反复论证筛选和调整完善，经区委区政府研究，形成了2013年区政府8件实事项目安排意见。2013年区政府在改善人民生活方面重点办好的8件实事年度工作目标已全面完成。

（一）加快城乡教育基础设施配套建设，提高教育教学设施水平，推动教育优先统筹发展

完成情况：区实验幼儿园改扩建、辽阳东路南侧居住区配套9班和12班幼儿园等3所幼儿园已建成。幼儿园修缮工程中的北宅街道北片中心幼儿园、北宅幼儿园，王哥庄街道的东台幼儿园、会场幼儿园、王哥庄幼儿园，沙子口街道的南龙口幼儿园、北龙口幼儿园、于戈庄幼儿园，中韩街道的山东头幼儿园、郑张幼儿园等10所幼儿园修缮全面完工，沙子口中心幼儿园开工建设。沙子口中心小学、辽阳东路南侧居住区配套30班小学和18班初中、麦岛小学全部建成。崂山

沙子口中心小学建成

二中迁建工程和午山旧村改造配套小学均已开工，其中崂山二中迁建工程的教学楼、办公楼主体已封顶，午山旧村改造配套小学1号楼主体即将封顶。2013年1月9日，崂山区标准化校车开始运营，共配备标准化校车87部，开通接送学生线路120条，沿途设停车站点211个，惠及学生5000余人。2013年分两期完成了崂发小学、崂山三中等20所中小学校园绿化、美化工程，优化了教学育人环境。

（二）深化医药卫生体制改革，实施卫生惠民工程，不断提高新农合保障水平

完成情况：2013年新农合人均筹资标准提高到535元，其中参合居民重大疾病医疗保险每人每年15元；下发了《2013年崂山区新型农村合作医疗实施细则》和《关于做好门诊慢病医疗费补偿工作的通知》，将二、三级医院住院医疗费的补偿比例分别提高到80%和70%，重大疾病住院医疗费补偿比例提高到80%，高血压、糖尿病普通门诊医疗费补偿比例提高到50%，每人每年封顶线1000元。新农合个人补偿额度提高到每人每年18.67万元。

（三）启动金岭山公园规划建设，为城区居民打造高水平的休闲健身场所

完成情况：金岭山公园规划设计方案编制已完成，改造提升工作全面展开，包括拆除违法建筑约1万平方米，清理毁绿菜地约2万平方米，正在推进防火通道修建、沿线景观绿化建设等。

（四）大力发展公共交通，优化提升公交服务，改善群众出行条件

完成情况：株洲路和北宅公交停车场站工程全部完工，有效的完善了全区公交停车枢纽网络。2013年新增、优化调整18条公交线路，开通秦家土寨到大龙嘴东的社区微循环公交，方便了群众出行。

（五）改善基层医疗卫生设施条件，提升基层医疗服务保障能力，不断提高崂山区公共卫生服务水平

完成情况：为基层卫生室和社区卫生服务站配备的心电图机全部到位，改造升级了现有基层医疗机构信息传输系统，实现与青医心血管远程诊断中心对接，建成了全区心血管病远程诊断系统。实施“名医下乡”活动，市立、海慈、八医、开泰耳鼻喉等医院专家每周到崂山社区卫生服务中心、卫生院坐诊，全年共组织专家坐诊629人次，接诊患者6177人次，社区居民足不出户便可享受到大医院专家的服务。全面开展“百名乡医”培塑工程，全年分期分批对全区83家一体化卫生室370名从业人员进行了专业培训，共培训8期66学时、培训2280人次，培训率达100%。

（六）进一步加大经济落后社区项目扶持力度，巩固新农村建设成果，加快城乡统筹发展

完成情况：沙子口、北宅、王哥庄等3个街道总投资约1500万元的47个经济落后社区扶持项目全部完成投入使用，极大的改善了经济落后社区居民的生产和生活条件。

（七）积极推进农村社区

埠东社区服务中心

居民养老制度改革，继续提高城乡低保标准，逐步完善全区养老保障体系

完成情况：全区约 6 万人实现了由地方农保向城乡居民社会养老保险和城镇职工养老保险的平稳转移。下发了《关于调整我区城乡居民最低生活保障等标准的通知》（青崂民〔2013〕26 号），将城市低保标准和农村低保标准分别从每人每月 480 元、每人每年 3300 元提高至每人每月 540 元、每人每年 3900 元，于 2013 年 7 月 1 日开始实施。2013 年共发放城市低保金 154.5 万元，发放农村低保金 680.7 万元。

（八）大力推进新型（农村）社区服务中心建设，促进政府公共服务向农村社区延伸，加快城乡一体化进程

完成情况：印发了《崂山区新型（农村）社区服务中心和特色经济园区建设运行奖补资金管理办法（试行）》；石老人、周哥庄、登瀛、麦岛、大崂等 28 个社区服务中心已建成并投入使用，全面实现服务下沉、干部进驻、挂牌运行，进一步推动政府公共服务向基层延伸。（发改局）

政治 政务

中共青岛市崂山区委员会

·2013 年重要会议·

全区党风廉政建设和反腐败工作会议　2 月 26 日在区行政大厦 B1 层多功能厅召开。全体在职区（崂山风景区管理局）级领导；各街道副处级以上领导干部；区委各部委、区直各部门、崂山风景区管理局机关各处室、青岛高科园管委会各处（中心）副处级以上领导干部；驻区各单位主要负责同志；有关企业主要负责同志参加会议。区委书记齐家滨出席会议并讲话。

全区党风廉政建设和反腐败工作会议

会议指出，党风廉政建设和反腐败斗争，是党的建设的重大任务。一是要进一步提高认识，切实增强抓好反腐倡廉工作的紧迫感和责任感。当前全区党风廉政建设和反腐败斗争仍然面临不少新情况、新问题，一些重点领域和关键环节腐败现象居高不下，特别是农村基层违纪违法案件呈现易发多发态势；少数党员干部还存在作风不正、效率不高、推诿扯皮等问题，必须引起高度重视，认真加以解决。二是要严明党的政治纪律，确保党的决策部署不折不扣地落到实处。要把严明党的政治纪律同确保政令畅通结合起来，紧紧围绕上级党委和区委、区政府确定的各项战略部署，说了算、定了干，坚决防止在原则问题和大是大非问题上认识模糊、立场摇摆，坚决防止在执行区委、区政府决策上搞阳奉阴违、我行我素，切实做到思想上同心、目标上同向、行动上同步，凝聚加快崂山科学发展的强大合力。三是要大力加强作风建设，树立“为民、务实、清廉”的良好形象。要把贯彻落实中央“八项规定”作为一项经常性工作，以“踏石留印、抓铁有痕”的劲头抓好落实。要大力营造真抓实干、务实高效的机关作风，以加快推进总投资过千亿元的110个重点大项目为抓手，深入开展“行政效能提升”活动，继续治理“庸懒散慢拖瞒”行为，持之以恒地寻标、对标、达标、夺标、创标，坚定不移地加速、提升、创新、增效、落实，努力营造一流发展软环境。要大力弘扬艰苦奋斗、勤俭节约的作风，深入学习领会习近平总书记关于厉行勤俭节约、反对铺张浪费的批示精神，坚持勤俭办一切事业，从严控制行政经费支出，坚决抵制“舌尖上的腐败”，树立党和政府清正廉洁的良好形象。要大力发扬密切联系群众的作风，深入开展以为民务实清廉为主要内容的群众路线教育实践活动，通过挂职、包村、帮扶等形式，深入一线、深入群众，踏踏实实为群众办实事、解难题，用看得见、摸得着的工作实绩赢得广大群众的信赖和支持。四是要深入推进反腐倡廉建设，努力营造干部清正、政府清廉、政治清明的良好环境。要强化廉政教育和廉政文化建设，督促广大干部坚定理想信念，始终保持共产党人的高尚品格和廉洁操守。当前崂山区正处在大建设、大投入的关键时期，各方面的资金量很大，要时刻绷紧廉洁自律这根弦，抛弃一切侥幸心理，始终保持充盈正气，切实做到干净干事、廉洁干事。要强化制度建设，加强对典型案件的剖析，从中找出规律性的东西，从项目招标、农村社区三资管理、重点岗位运行等方面，健全制度化、规范化的工作机制，切实将权力关进制度的笼子里。要强化案件查处力度，始终保持惩治腐败的高压态势，做到有群众举报的要及时处理，有具体线索的要认真核实，违反党纪国法的要严肃查处，不断铲除腐败现象滋生蔓延的土壤，切实维护党员干部队伍的纯洁性。五是要进一步明确责任，切实将党风廉政建设落到实处。要深入落实党风廉政建设责任制，坚持和完善党委统一领导、党政齐抓共管、纪委组织协调、部门各负其责、依靠群众支持参与的反腐败工作领导体制和运行机制。全区广大党员干部要紧密团结在以习近平同志为总书记的党中央周围，在市委、市政府的坚强领导下，深入贯彻落实党的十八大精神，锐意进取，攻坚克难，努力开创党风廉政建设新局面，为加快崂山新一轮科学发展、率先全面建成小康社会做出新的更大贡献！

全区旅游发展暨崂山风景区“双百会战”动员大会　4月26日在区行政大厦B1层多功能厅召开。区委、区人大、区政府、区政协主要领导及分管领导，崂山风景区管理局领导班子成员；各街道党工委书记、办事处主任及分管负责同志；区委有关部委、区直有关单位、驻区有关单位主要负责同志；崂山风景区管理局机关各处室、直属各单位主要负责同志及受表彰人员；区内旅游企业主要负责人；崂山风景区内有关社区党组织书记、居委会主任参加会议。区委书记齐家滨出席会议并讲话。

会议对景区“百日竞赛”优胜单位和“金牌员工”进行了表彰，传达了全市旅游工作会议精神，对景区“百日竞赛”活动进行了总结，对以“提品质、树形象”为主题的“双百会战”作出了部署。

会议指出，一要学旅游、懂旅游、知旅游，把旅游业发展摆在更加突出的位置。旅游是崂山的立区之本、发展之基、富民之源。学旅游是要认真学习国内外旅游发展大势，学习中央省市关于旅游业发展的最新要求，进一步增强旅游意识、坚定旅游信心。懂旅游是要吃透弄懂当今旅游业发展的基本规律、基本趋势，进一步解放思想、更新观念，提高做好旅游工作的本领。知旅游是要客观了解全区旅游业发展现状，切实查找不足、明确差距、迎难而进。二要抓重点、解难点、创亮点，为加快旅游业发展创造一流环境。一是抓好软环境建设。要把“以游客为本、让游客满意”作为崂山旅游的第一追求，全区动员、全民参与，努力打造一流旅游软环境。要营造浓厚氛围，切实将旅游业发展融入到全区经济社会发展的全过程，营造人人关心旅游、人人支持旅游、人人参与旅游的良好氛围，真正形成全社会齐抓共管的合力。要加强旅游营销，紧紧依托世园会，认真学习借鉴黄山、灵山等先进景区的发展经验，精心策划和打造体现崂山文化精髓、具有崂山特色的旅游文化品牌，制定和实施统一的旅游形象宣传战略，大幅提升崂山旅游的关注度和美誉度。要抓好社区服务，把社区环境卫生整治好、营造好，把村民管理好、约束好，把游客招待好、服务好，让游客留下美好印象，真正让旅游业成为社区居民取之不尽、用之不竭的滚滚财源。二是抓好硬环境建设。要强化大型旅游设施配套，按照国际旅游标准，突出抓好重点文化旅游项目建设，加快规划建设具有国际影响力的康体休闲健身中心、高端文化旅游产业中心、特色旅游风情小镇，全力拉长旅游产业链条，打造形成国际化的交通、住宿、购物、休闲环境，全力提升旅游设施配套水平。要强化中小型旅游设施配套。严格市场准入标准，加快配套完善酒吧、茶室、咖啡店等旅游休闲场所，全力办好各类旅游节会和建设好十大旅游特色村，为游客提供别具一格、身心愉悦的旅游体验。要强化基本旅游设施配套。主要是指“厨房”和“茅房”建设。重点是食品安全问题。三是明方向、促落实、上水平，真正凸显崂山风景区的龙头地位。要进一步明确方向，着力打造品质景区，扎实推进景区环境综合整治，严厉打击违法建筑，全力抓好安全生产，确保景区科学保护、永续发展。要着力打造文化景区，深度挖掘崂山特色文化资源，强化文化品牌塑造，不断提升崂山旅游的文化穿透力和影响力。要着力打造产业景区，依托崂山旅游集团公司，全力加快市场化经营步伐，持续增强景区旅游效益。要着力打造智慧景区，加大景区智能化、网络化建设投入力度，推动旅游服务同现代科技完美结合，不断提升景区管理服务水平。要进一步加强创新。坚持抓点带面，立足崂山优势旅游资源，加快研究推进一批“高精尖”大项目建设，包括道宫打造、玉清宫恢复重建、华楼景区改造等。要创新发展路径，充分发挥景区辐射带动作用，深入探索特色村落开发模式，鼓励、引导景区内及周边社区在项目建设、配套服务等方面发挥更大作用，实现携手发展、互利共赢。要强化规划引领，加快研究制定风景区产业发展规划，促进景区旅游资源科学开发利用，更好地指导景区未来发展。要进一步激发干劲，以更加饱满的精神状态，更加扎实的工作作风，按照既定的工作部署，全力以赴抓推进、抓落实，加快实现“一年要有新面貌、三年要有大变化”，努力推动风景旅游度假区战略平台建设再上新水平，努力实现旅游业发展新突破，为率先建成国际化旅游目的地城区而努力奋斗！

区委理论学习中心组读书会　11月11日至12日召开。11日自学《党的十八大以来习近平同志重要讲话选编》，通过报纸、互联网及时学习党的十八届三中全会精神。12日，观摩学习红岛经济区、即墨市、平度市科学发展项目，召开区委理论学习中心组读书会总结会议。全体在职区（崂山风景区管理局）级领导；各街道党工委书记、办事处主任；区委各部委、区直各单位、驻区各单位主要负责同志参加会议。区发展和改革局等六个单位做典型发言，区委书记齐家滨出席会议并讲话。

会议指出，习近平总书记对山东等东部沿海省份做出“主要是看怎么凤凰涅槃、腾笼换鸟，看怎么优化产业结构，看怎么继续起到领头雁、火车头作用”的三个方面新要求，要认真学习，抓好贯彻落实。重点做好三方面工作。一要全力抓好产业升级。要以项目推进促升级，进一步深化“双包双促”活动，全力抓好啤酒城改造、国际创新园二期、海信全球研发基地、北大方正山东金融总部、歌尔青岛科技产业园、海洋生物产业园等一批大项目建设，着力引进集聚一批财富管理、高端研发、智慧产业、精品旅游大项目，全力向高新技术、现代服务业产业链高端冲刺，为打造崂山经济升级版奠定坚实支撑。要以载体建设促升级，坚持推进金家岭金融新区、蓝色硅谷产业创业带和崂山风景旅游度假区“三大战略平台”不动摇，加快23.7平方公里的金融新区建设步伐，高标准打造蓝色硅谷产业创业带“三个六”专业特色园区，全面加快景区发展步伐，扎实推进王哥庄国际生态健康城规划建设，全力构筑“四大特色功能区”。要以优化发展环境促升级，拿出自我革命的勇气，下大力气整治庸懒散慢拖瞒，严厉打击强买强卖、阻挠施工等破坏正常市场秩序的行为，努力以国际化的视野简政放权、提速增效，营造更加科学、更加开放、更有活力的体制机制环境，为产业升级注入强大动力。二要全力推进村庄改造。首先要破“难”。克服畏难发愁的思想，以逢山开路、遇河架桥的精神，开动脑筋，迎难而上，选准目标、定好发力点，形成示范带动效应。牟家、午山、钟家沟、北姜等六个安置区要加快建设，确保按期建成；同时，要抓紧研究启动金家岭金融新区核心区、张村河片区和崂山路、滨海公路两侧等重点区域的旧村改造。其次要破“拖”。在安置区拆迁启动之前，要把成本测算和资金审核等基础性工作做好、做扎实，把社区情况和可能发生的问题摸清、摸透，一旦启动房屋征迁，必须拿出平度、即墨这种破釜沉舟、快刀斩乱麻的气概，算好“大账”和“小账”，动用一切合法有效的办法，迅速彻底地征迁，防止做成“夹生饭”。最后要破“软”。在确保国家、社区集体和最大多数居民利益基础上，全力提升政策的执行力，不为困难所惧、不为噪音所扰，坚决制止少数“钉子户”的不合理诉求，依法打击各类非法阻挠征迁行为，凝聚形成依法公平征迁的正能量。三是全力营造干事氛围。要发扬永争第一的精神，坚持世界眼光、国际标准、本土优势，按照“五标”工作要求，坚持与强的比、与高的攀、与快的赛，特别是在金融产业、蓝色经济、项目推进、旧村改造、景区建设上，要争取先人一招，快人一步，高人一筹，建一流、出精品，真正当好全市产业升级的领头雁、火车头。要发扬攻坚克难精神，进一步解放思想、创新思维，深入贯彻落实党的十八届三中全会精神，以凤凰涅槃的精神和壮士断腕的气概，突破难点、解决热点、打造亮点。特别是在推进旧村改造、信访维稳、项目建设等难点问题面前，要敢于啃硬骨头，敢于涉险滩，敢于向积存多年的顽瘴痼疾开刀，对经济社会发展中的矛盾和问题敢于“刮骨疗伤”。要发扬求真务实的精神，牢固树立“功成不必在我”的政绩观，围绕“三大战略平台”建设，立足当前、谋划长远，不搞花拳绣腿的表面文章，坚持一张蓝图干到底，一步一个脚印地实现既定目标。

区委十一届四次全体（扩大）会议　12月29日在区行政大厦B1层多功能厅召开。十一届区委委员、候补委员参加会议，在职区（崂山风景区管理局）级领导；各街道党政主要负责同志；区委各部委负责同志，区直各单位、驻区各单位主要负责同志；区纪委委员列席会议。区委书记齐家滨代表区委常委会向全委会报告工作，安排部署2014年工作任务。

会议主题是：深入学习贯彻党的十八大、十八届三中全会、中央经济工作会议和省市委全委会精神，总结今年以来的工作情况，研究部署明年的工作任务，动员全区上下以全面深化改革为引领，进一步解放思想、攻坚克难，奋力争当青岛新一轮改革发展的排头兵，不断谱写崂山人民美好生活新篇章。

会议指出，2012 年面对复杂的经济形势和艰巨的发展任务，在市委、市政府的坚强领导下，全区紧紧抓住项目建设、村庄改造、民生保障等“十大重点工作”不动摇，解放思想、攻坚克难，各项工作均取得新进展、呈现新气象。当前，全区上下要树立强烈的忧患意识和使命意识，扭住事关改革发展的关键问题、关键领域，汇聚全面推进改革的正能量，抢抓机遇、克难而进，努力开创崂山科学发展新局面。

会议确定 2014 年的工作思路是：深入学习贯彻党的十八大、十八届三中全会和习近平总书记系列重要讲话精神，按照“一二三四”发展思路，牢牢把握稳中求进的工作总基调，把改革创新贯穿于经济社会发展各个领域各个环节，全力以赴促改革、抓治理、惠民生，集中精力在改革创新、金家岭金融新区建设、蓝色硅谷产业创业带建设、崂山风景旅游度假区发展、以人为核心的城市化、加强和创新社会治理、党的建设等七个方面实现新提升，奋力争当青岛新一轮改革发展的排头兵，不断谱写崂山人民美好生活新篇章。具体工作中，要牢牢把握“四个更加注重”：一要更加注重开拓创新。坚持把解放思想同实事求是结合起来，把胆子要大同步子要稳结合起来，在推进“三大战略平台”和青岛崂山湾国际生态健康城建设中，积极对接顶层设计，深入推进基层创新，努力承担起为国家和省、市改革先行先试的任务，坚决打好“转调创”攻坚战，在新一轮改革大潮中抢占先机、奋勇当先。二要更加注重项目建设。坚持把项目建设作为全面深化改革、实现升级发展的总抓手，紧紧围绕 130 余个总投资过千亿元的重点项目，以发挥市场在资源配置中的决定性作用为核心，健全完善公平开放透明的市场规则，进一步抓好“双包双促”活动，营造一流投资软环境，为加快崂山经济凤凰涅槃、优化升级注入源源不断的动力。三要更加注重公平正义。坚持把促进社会公平正义、增进人民福祉作为一切工作的出发点和落脚点，强化法治思维，切实做好保障改善民生、创新社会治理这两篇大文章，推动城乡教育、住房、医疗、社保、文化等社会事业全面、均衡发展，逐步建立以权利公平、机会公平、规则公平为主要内容的社会保障体系，让居民共享改革发展成果。四要更加注重作风建设。坚持把作风建设作为全面深化改革的重要保障，本着“民之所呼、我之所应”的原则，拿出自我剜除腐肉、自我刮骨疗伤的勇气，扎实开展群众路线教育实践活动，坚决纠正形式主义、官僚主义、享乐主义和奢靡之风，以作风建设的新成效取信于民、造福于民。全力实现七个方面新提升：一是以激发内生动力为核心，在全面推进改革创新上实现新提升。二是以打造国内领先、面向国际的新兴财富管理中心为目标，在金家岭金融新区建设上实现新提升。三是以大力实施创新驱动战略为引领，在蓝色硅谷产业创业带建设上实现新提升。四是以抓好品质升级行动为主线，在崂山风景旅游度假区发展上实现新提升。五是以有序推进村庄改造为突破口，在加快以人为核心的城市化上实现新提升。六是以促进公平正义为落脚点，在创新社会治理上实现新提升。七是以开展群众路线教育实践活动为契机，在加强和改进党的建设上实现新提升。在市委市政府的坚强领导下，深入贯彻落实党的十八届三中全会精神，实干苦干、稳打稳扎，为开创崂山改革发展新局面、谱写人民美好生活新篇章而努力奋斗！

·政策研究·

2013年，按照“把握全局、主动参与、加强调研、积极建议”的工作思路，全年共起草领导讲话、调研报告、汇报材料、署名文章、宣传材料等各类综合文稿120余篇，共计60余万字。全年共起草《赴南方四市八区对标学习考察报告》《学习借鉴广西巴马经验，加快打造“道教仙山·养生福地·长寿之城”》等各类调研文稿40余篇，制发《参阅件》26期，区领导批示率达到70%。其中，撰写的《崂山区加快实施“中心突破、双轴辐射、板块支撑、城乡统筹”空间发展战略的建议》被区委十一届三次全体（扩大）会议采用，并在《青岛日报》头版头条刊登；撰写的《关于加快智慧城市建设和电子商务产业发展，全力打造崂山经济升级版的研究》，紧紧结合国内外最新发展形势，重点就崂山区智慧城市和电子商务产业发展的必要性、可行性和操作性进行了分析研究，为加快打造引领崂山经济新一轮跨越发展的“两大战略引擎”提供了有益借鉴和参考。

撰写了一批有高度、有影响的对内对外宣传稿件，在提高崂山知名度和美誉度方面发挥了较好的作用。《抢抓机遇，特色发展，全力打造金家岭金融新区》一文得到省委常委、市委书记李群的重要批示；撰写的《关于推进崂山区服务外包产业持续快速健康发展的几点思考》等文稿被市委办公厅《综合调研》采用；撰写的《挺进深蓝的崂山跨越》领导署名文章在《山东通讯》及《科技日报区域周刊》头版头条，同时被求是理论网、和讯网、中国财经网、凤凰网、搜狐网等20多家主流媒体网站转载。

全年报发重要工作信息、外埠信息、社情民意建议等各类信息1000多篇、被采用117篇次、市区领导批示18件次，编发各类信息刊物共73期，其中《“营改增”对我区财政收支的影响及对策》、《深度开发利用崂山道教文化资源的思考》等得到区委主要领导肯定性批示。

·督察·

全年组织督查70余次，办理市委领导批示件30件、区委主要领导等批示件67件、人民来信12件、网民留言9件，办结率100%。围绕区委重要部署和重点项目，及时梳理分解、量化细化区委工作要点及常委会、专题会确定事项，特别是结合全区“双包双促”活动，定期对全区在建、待建和在谈项目调研督查、掌握动态、协调推进，根据项目节点定期到施工现场对项目建设情况进行督查。围绕社会民生及新型社区建设、金家岭金融新区等，上报调研材料30余篇，多篇被《市委督查专报》采用，并得到市委主要领导肯定性批示。组织筹备全市科学发展项目观摩会崂山观摩活动，取得良好效果。5至6月连续每天到崂山路建设施工现场督察进度，解决难题，确保工程建设顺利推进。（区委办）

·组织人事工作·

区管领导班子测评调整　贯彻落实中组部《关于加强对干部德的考核意见》，分两次对全区63个部门（单位）的领导班子和400余名处级干部进行了考核测评。开展了对处级干部德的正反向测评和对24名试用期满处级干部民主测评，对街道党工委书记进行了民主测评，组织推荐了优秀正科级干部。根据考核测评结果和区管领导班子建设需要，科学选配领导干部，全年共调整处级干部172名，其中提拔重用66名。经过调整，区管领导班子和处级干部队伍的年龄结构、知识层次、经历结构得到了进一步优化和改善。

全区重点工作干部力量配备　从全区各部门抽调10余名优秀干部到金家岭金融新区建设指挥部工作，选派、引进6名干部到金融新区建设指挥部和上级金融部门挂职。为青岛高科技工业园配备了副主任、工委副书记、纪委书记和工委委员。根据加快崂山风景旅游度假区建设的工作需要和干部能力特点调整了16名处级干部，进一步盘活了干部资源。围绕推动新型（农村）社区建设，从全区49个部门选派65名机关干部到新型（农村）社区工作锻炼，研究制定了《崂山区区直机关事业单位赴新型（农村）社区工作人员选派管理办法（试行）》，为选派干部管理工作提供了制度保障，《青岛日报》“今日崂山”专版“认真践行群众路线”专栏对此进行了16篇次的报道。围绕信访稳定和重大项目建设，组织指导干部包信访、包项目，为区、街道信访部门配齐配强了领导班子和干部队伍。根据区委“双包双促”活动总体部署，指导全区有关单位抽调150余名干部担任重大项目督导联络员，扎实推进重点项目建设。

科级干部选拔任用　组织全区58个单位的872名同志参加了2013年全区科级岗位竞争上岗统一笔试，指导各单位开展科级岗位选拔任用工作，严格执行科级干部选拔任用事先报告制度和考核制度，对各部门（单位）干部选拔任用的编制职数、任职资格条件等进行事先审核把关，并在推荐、考察、研究等各个环节中予以指导、纠偏，规范操作程序，对调整过程实施全程监督，提高了干部选拔任用质量。将各单位科级干部选拔任用和管理工作纳入全区目标绩效考核，全年共指导各单位对202名科级干部进行调整，其中提拔（重用）科级干部116人，有效改善了各单位科级干部队伍结构。加大培养选拔优秀年轻干部力度，在全区范围内竞争性选拔了10名副科级干部，通过开展竞争性选拔工作，提高了选人用人公信度。

干部监督管理　贯彻实施两项法规，组织填写并全部回收区管（处级干部）有关事项报告表565份，对66名新提拔处级干部进行全程纪实监督。开展领导干部经济责任审计工作，会同区审计部门，对24名领导干部下达了任期经济责任审计计划。转发市委组织部《关于严把破格条件严格履行用人程序的通知》，下发了《关于做好规范领导干部在企业兼职（任职）有关问题工作的通知》，指导各单位进行了摸底排查。规范干部档案信息日常管理，组织人员对455卷处级干部档案、571卷科级干部档案、13卷工人档案进行了集中审核整理，完成123卷新进人员档案的装订整理工作，催要处级干部档案中缺少的材料近千余份，审核理顺1162卷档案中的年度考核、工资等信息。

公务员综合管理　对全区55个部门的公务员和参公人员的基本信息、变化情况、职务晋升情况、交流情况、培训情况、奖惩情况等6大类40余项数据信息进行了年度统计。组织指导全区52个部门开展公务员2012年度考核，确定优秀等次人员191名，下发《关于表彰2012年度机关事业单位考核优秀等次人员的通报》。为2012年新录用公务员（含参公）、物价管理机构过渡公务员人员等55名公务员（含参公）进行了公务员（含参公）登记。配合上级部门，新招录公务员（含参公）12名（含法检）；制定上报了崂山区2014年公务员（含参公）招录计划；完成2012年新录用公务员（含参公）试用期满考核、转正定级和导师制实施情况总结上报工作；选派了赵忠新同志作为崂山区第七批援藏干部人才到西藏担任日喀则市农牧综合服务中心副主任；做好2013年从基层公务员中考选市直机关工作人员工作；开展各单位评比达标表彰项目自查工作，全区拟保留评比达标表彰活动项目26个，审核撤销不合理评比达标表彰申请事项104个。

基层党组织建设　深化实施农村社区党组织“星级化”管理，通过社区党组织自评、党员群众评价、街道审核认定等程序，对139个农村社区党组织实行评星定级，对24个“三星级”以下党组织进行集中整顿转化。注重对农村社区党组织书记的教育培训，创新开展了社区党组织书记“小班化”、“菜单式”培训模式，通过“量身”设置课程“菜单”，提高了培训的针对性和实效性。制定下发了《关于加强新型社区区域化党建工作的意见》，通过开展“阳光议事”等形式，构筑共驻共建的区域化党建新格局。加强农民专业合作社党建工作，在6个产业集聚、特色突出、党建工作基础较好的农民专业合作社，通过单独组建、社企联建、社社合建等模式筹建了党组织。在全区机关事业单位党组织中开展了我为“‘三大战略平台’建设作贡献”主题实践活动，激发党员干部提速增效的工作积极性。结合“三联三促”等活动开展，组织各级机关干部为包联社区协调各类帮扶资金630余万元，为群众落实供水、道路硬化、路灯安装等帮扶事项370余件。

非公有制经济组织和社会组织党的建设　创新片区化党建模式，成立了覆盖15家文化企业的首个产业园党委，建立了开放性、综合性的党群活动服务中心。选派387名机关党员干部到非公企业担任党建工作指导员，制定了管理员工作职责和管理办法，加强对非公企业党建工作指导，在全市率先实现党的组织全覆盖的目标。加强服务型楼宇党组织建设，为企业搭建合作交流平台，组织政府职能部门上门为企业提供便利直通车服务，较好地发挥了党组织的服务作用。

党员队伍建设　举办了党员发展对象培训班，对150名党员发展对象进行集中培训。规范党员组织关系转接，制定下发《关于在新型（农村）社区建设中进一步加强党员组织关系管理的通知》，进一步优化党组织设置，实现了对党员的集中统一管理。加强对党员的教育管理，结合十八大精神学习，组织开展了“岛城先锋”杯学习党的十八大报告和党章知识竞赛活动，组织选手参加了青岛市知识竞赛初赛和复赛，崂山区荣获优秀组织奖。结合“一述三评两公示”制度的实施，指导各基层党（工）委深入开展党员承诺活动，不断激发党员干事创业的激情。建立建国前入党老党员和生活困难党员台账，形成了党员激励关怀长效机制。对崂山党建网进行了改版升级，并开辟了十八大精神学习、群众路线教育实践活动等专栏，积极发挥崂山党建网宣教作用。

·老干部工作·

政治待遇　组织召开全区离退休干部情况通报会，向老干部们通报全区经济社会发展情况和主要工作思路。召开全区老干部党支部“七一”座谈会庆祝建党92周年，组织老干部党支部书记学习了全市离退休干部党支部书记培训班精神，培训了全省老干部网上党支部平台操作方法。推进离退休干部网上党支部建设，有序完成了论坛注册、论坛发帖的比例，区内10个离退休干部党支部已全部完成论坛注册，在老干部之家网站论坛累计发帖81篇。

组织部分老干部参观考察了青岛规划展览馆和崂山风景区太清广场改造工程，详细了解了青岛市规划发展的演变历程和新一轮城市空间发展战略。做好退休干部信息库的录入和校核工作以及离退休干部信息套表的填报工作，共录入审核离休干部60人，退休干部1256人。

生活待遇　下发《关于做好2013年春节期间老干部工作的通知》，组织开展走访慰问老干部活动。区委、区政府有关领导到各街道走访看望离休干部代表，有关部门为全区离休干部赠送节日礼物，定期看望全区90岁以上的离休干部，并重点对患重病、家庭生活困难、属地化管理的离休干部进行走访。全年帮扶救助离休干部16人次，共计28400元。组织全区离休干部和区级退休干部在市立医院东部院区按一类标准进行健康查体。落实老干部信访工作，采取接访与走访的形式，妥善处理和解决好老干部的来信来访，听取老干部的合理诉求，在政策规定允许的范围内帮助他们解决实际问题。为居住在区外的20余位老干部免费开通崂山电视频道，使老干部能够更及时地了解崂山区发展建设情况。

关心下一代工作　组织召开关心下一代工作会议，传达中央和省市关心下一代工作会议精神，总结2012年的工作情况，部署2013年工作任务。组织召开全区关工委系统第二期干部培训班，通过学习培训和交流，达到认清形势，开阔视野，提升能力的目的。开展关工委调研活动，分别到青岛啤酒五厂和高科建安公司调研企业关工委工作开展情况，座谈交流企业关工委机构设置、企业发展以及企业关工委活动开展等方面的情况，并协助企业成立了企业关工委组织。区关工委调研组分别对中韩、沙子口、王哥庄、北宅四个街道和部分社区进行调研，检查指导基层关心下一代工作开展情况。组织召开“传承雷锋精神，树立文明新风，纪念学习雷锋活动50周年研讨会”，崂山五中等6所小学的分管校长做典型发言，就本校学雷锋活动的先进做法进行了交流，与会人员还就如何使学雷锋活动常态化管理进行了研讨。利用暑假时间，分别在区内四个街道的中小学校举办为期一个月的青少年硬笔书法兴趣班，为240余名外来务工人员和特困家庭的子女免费提供了笔墨纸砚等学习文具。组织举行青岛市青少年法制教育基地授牌仪式，崂山区二月二生态观光农场、林蔚小学、东城国际社区、石老人社区、小河东社区等5家单位被授予“青岛市青少年法制教育基地”称号。

老年教育　2013年崂山区老年大学在原有28个专业的基础上，以老年人养生保健及疾病应急处理为出发点，开设中医保健、食疗与营养学、中老年形体等新课程，课程设置采取长短结合，除保留传统学科外，开设一些学制较短的实用性学科，如具有崂山特色的吕剧、区域文化等非物质文化遗产项目传承与开发短期课程培训。为方便居住离城区较远的老年人求学需求，在已具备条件的枯桃社区建立枯桃社区老年学校。现已形成区、街道、社区三级办学网络。区老年大学艺术团推出了“五进”活动”，即文化演出活动进学校、进企业、进社区、进军营、进敬老院等。除进行大型演出活动外，组织小分队随时随地进行形式多样和丰富多彩的小型演出活动，服务全区各个层面，丰富全区文化生活。区老年大学艺术团管乐团代表青岛市参加全省第五届老干部艺术节的比赛演出，荣获一等奖第一名。推出“晓崂山区情，爱美丽家乡”——崂山区情教育专题公益系列讲座，授课内容涉及全区政治、经济、文化、社会和生态文明建设各个方面，全年举行各类讲座20余场次，丰富了老年人的生活和科学知识。

（组织部）

· 宣传思想工作 ·

社会宣传教育　开展十八大精神学习宣讲活动，通过举办报告会、宣讲团巡回宣讲、知识竞赛等形式，使十八大精神深入人心。组织党委理论学

崂山区老年大学迎新春暨艺术团成立文艺汇演

青岛市道德讲堂总堂崂山报告会

习中心组学习，通过编印学习资料、推荐书籍、开展调研和观摩等方式，使党委理论学习中心组的学习既深入扎实又生动活泼。开展多种形式的理论宣讲活动，以“百姓需不需要，群众喜不喜欢”为目标，先期调查研究，根据群众反映的热点、难点、疑点、重点问题设置课题，成立了由专家、教授、草根百姓组成的基层理论宣讲队伍，有针对性地释疑解惑，共开展宣讲活动500余场次，受众人数达10多万人。扎实做好企业思想政治工作，崂特啤酒有限公司董事长邢慧被表彰为全市企业文化建设十佳工作者，青岛特锐德电气股份有限公司荣获全市首届企业文化建设十佳企业组织推动奖。

精神文明建设　开展道德讲堂建设活动，在全区市级以上文明单位（社区）建立道德讲堂，引导居民自我教育、自我修德、自我提升。组织开展“崂山好人”评选活动，58名居民荣登崂山好人榜。组织开展第三届“美德少年”评选表彰活动，崂山区马文华同学被表彰为青岛市第三届“美德少年”。推进文明城市创建工作常态化，制定实施方案和责任分解，加强督促检查，利用好各类载体，把创建工作与城市建设管理工作相结合、与市容环境综合整治相结合、与乡村文明行动相结合，形成各方面的工作合力，居民素质和城市品质进一步提升。

对外宣传　围绕区委十项重点工作和“金融城、科技城、风景区”三大战略平台建设开展对外宣传工作，采取集中宣传、主题宣传、单元宣传相结合的形式，构建形成涵盖街道、部门和行业的多层面立体化的大外宣格局。加大在中央和省级重点新闻传媒的上稿力度，全年共发稿近6000篇，其中中央级媒体759篇、省级媒体1791篇、青岛日报237篇，各级各类报刊一版头条43篇，三级电台、电视台发稿1300余条，其中央视16条。在《青岛日报》开辟每月两个宣传专版，成效明显。《新华内参·山东参考》刊发推广了崂山区优化人才环境、打造人才高地的工作做法。《人民日报内参》刊发推广了崂山区搭建网络平台创新社会管理的工

崂山学堂网站

作做法。省委宣传部工作信息转发推广了崂山采取多种形式推进理论大众化的工作做法，开展文化、科技、卫生“三下乡”活动的工作做法，加强“道德讲堂”建设和使用的工作做法等。

网络舆情　搭建网络问政平台，及时发布各类信息，妥善处置舆情反映的问题，下发协调处置督办单80余件，各部门实名回复网络咨询、质疑、投诉380余件，处置解决重点舆情180余件。加强主题宣传、成就宣传和典型宣传，刊发转载信息2800余篇，点击量达120万次。设置互动话题和主题宣传倡议60余个，组织开展了全国网络媒体崂山采风、美丽乡村网络宣传展示等推介活动。开通新浪、腾讯官方政务微博“崂山发布”，全年发布各类信息5000余条，及时回应网民咨询150余件（次），粉丝量达23.3万，活跃度和影响力位居全市前列。　（宣传部）

·统战工作·

民主党派　分期分批对党派成员开展十八大、十八届三中全会精神的学习，培训学习人数达368人次。全年召开情况通报会、座谈会等5次，区委主要领导向各民主党派、无党派人士、工商联通报全区经济社会发展情况，并请各界人士针对崂山区情提出意见建议；各党派交流工作，互相学习启发。有关部门就各党派工作提出建议，指导帮助各党派完善各项制度，规范使用专项经费，组织广大成员开展了同心园林、同心关爱百姓送健康等特色鲜明的社会服务活动，取得了良好的社会影响。

党外代表人士　认真做好党外代表人士遴选工作，全年新吸纳党外代表人士68人。筹备成立区留学归国人员联谊会，为留学归国人员搭建知情、交流、问政和活动平台。协调推进区领导、部门联系党外代表人士工作，实现时间、内容、结果反馈三对接、三落实。多渠道多层次遴选、推荐党外后备人才，全年新提拔党外干部11名，其中处级干部4名，科级干部7名。推荐26名党外代表人士担任社团组织领导职务。

2013年全区统一战线骨干成员培训班开学典礼

民族宗教　完善民族宗教工作联席会议制度和突发事件处置机制，形成了处置网络闭环系统，妥善处置了宗教领域较大敏感问题和6起违法活动。宣传推广民族团结进步先进典型，在全省率先建立民族工作“四化”机制，进一步强化了少数民族服务管理工作。

台侨及招商　2013年，台联和侨联完成换届。招商引资完成外资485万美元，内资8050万元。积极为企业“走出去”搭建平台，推动驻区企业与海外华人华侨、台商台企和友好区市间合作交流，开展“满意在台企”、“为侨服务”等系列活动和“走进矛盾、破解难题”专项行动，妥善解决各类困难问题35件。

社会服务　新建社会服务基地11个，全区统一战线社会服务基地达到33个。集全区统一战线资源、智慧和专业优势打造的“同心”园林和生态崂山科普馆，位于世园会崂山分会场中心位置，将于2014年世园会期间集中展示统一战线成

"统一战线促进就业工程、送岗位进高校"专场招聘会

员的优秀工作成果，向游客和中小学生进行生动直观的科普教育，并成为统一战线成员社会服务和集中开展活动的重要场所。新建立的大学生创业就业实习基地、文化产业发展和产品展示基地、中小学生社会实践和体验基地、爱眼护眼基地，已成为统一战线服务社会新的平台和宣传展示统战工作的重要窗口。组织高校、科研院专家学者"进民企、谋合作、解难题"，完善高校、科研院所与民营企业合作机制，促进产学研对接；深化"金融服务企业行"系列活动，做好融资衔接服务，为中小企业提供融资支持。与高校联合组织统一战线各类企业举办招聘会，2013年的招聘活动吸引了上百家统一战线企业参加，达成就业意向人数达千余人。"关爱百姓健康"社会服务活动开展以来，已为107名山区重症患者、困难群体免费诊疗，巡访困难家庭63户，赠送药品价值23万元。统一战线成员捐赠各类医疗器械和药品价值60余万元，捐赠巡回医疗车1辆。两项"同心基金"收到各界捐款200余万元，资助困难群众860人。（统战部）

·机关党建·

党组织及党员队伍建设

通过机关党员活动室集中学习、支部书记上党课、读书会、演讲会等形式，组织、引导党员干部认真学习党的十八大精神和新《党章》知识。开展"岛城先锋杯"学习党的十八大精神和新《党章》知识竞赛活动。所属55个总支、支部2200余名党员全部参加了网上答题。举办全区党员发展对象和入党积极分子培训班，150余名发展对象和入党积极分子参加培训。组织《我的中国梦》巡回宣讲活动，机关100余名党员干部参加。

开展"党旗在这里飘扬、党徽在这里闪光——我为'三大战略平台'建设做贡献"主题实践活动。涉及区直机关55个总支、支部，2200余名党员。分为学习培训、党员承诺践诺、献计策、破解工作难题和争创标兵示范窗口等"五个一"阶段进行。在主题实践活动中机关各总支、支部2200余名党员共承诺事项7125项，完

全区机关建设工作会议

成践诺7091项，剩余34项承诺在年末全部完成；55个总支、支部围绕区委中心工作提报各类意见建议447件，其中30多个总支、支部将本单位所提各类意见建议进行筛选汇总，提报220余条“金点子”，破解各类工作难题1704件。

对55个总支、支部进行党建工作调研，走访慰问青山社区和部分生活困难老党员；在各总支、支部统一配发《支部生活记录簿》。修订完善了机关党建工作考核办法，指导基层党组织采用公推直选的方式进行党组织委员改选和换届。全年新成立党总支2个，党支部1个，改选调整支部8个，发展党员25名。

机关建设　制定了《崂山区区直机关2013年党的基层组织建设工作考核细则》，举办一期党务干部暨先进科室创建培训班。从全区490余个科室中按照全年考核得分、领导小组成员打分、指标加分进行加权后，评选出了履行职责好、工作作风扎实、成绩较为突出的2012年市级先进科（处）室10个，区级先进科（处）室19个，并在全区机关建设会议上进行了表彰。对2012年度申报的46项机关优秀工作成果进行了评选打分，共评选市级优秀工作成果1项，区级优秀工作成果22项。深化和创新机关优秀工作成果的争创和评选工作，设置了“特色创新奖”、“优秀工作成果奖”奖项，建立了2013年度成果库，立项创新成果33项，工作成果29项。

区政务办理大厅23个对外窗口每月进行一次“标兵示范窗口”评选，并将每次评选的3个“标兵示范窗口”通过“机关工作动态”及时进行公示。

所属总支、支部按照相关标准和流程创建道德讲堂，所属支部中有8家单位被区文明办推荐申报了青岛市道德讲堂示范点。组织机关干部职工开展了以登山、球类、沙滩运动会等为主要内容的“第七届大众文体联赛”活动，举办了登山健身比赛、硬笔书法大赛。

（机关工委）

崂山区机关干部思想政治状态调研集中答卷活动

·信访工作·

积案化解　制定下发了《关于进一步落实区级领导包稳定热点工作的实施意见》，38位区级领导包47起重点信访案件。各包案领导坚持“四个到位”、五包责任制、“六个一”工作机制，形成了集中攻坚的强大合力。全年区级领导共先后牵头召开各类调度会71次，并采取公开接访、重点约访、带案下访等多种方式推动积案化解。47起信访积案中，已化解22起，依法终结2起，近期不再上访的14起。2013年，市信访联席办交办的7起信访积案按期化解率为100%。

重复信和集体访整治　做好信访人的思想教育和疏导化解工作，全年重复信同比下降25%。加大集体访整治力度，各级党政领导坚持包案一包到底、接访一接到底、责任一抓到底“三个一”，通过带案下访、主动约访、派驻工作组进村入户做工作等措施，打消了大批信访群众集体越级“讨说法”的念头，群众来区、去

区级领导包稳定热点工作推进会

市、到省、进京集体上访分别同比下降 5.8%、6.7%、16.7%、4%，全区信访形势明显好转。

初信初访　深化“立体办信”工作模式，实行“走出去”办信，避免由信转访；建设“网上信访”，按期办结率达 100%。完善“亲情接访”制度，提高初访一次性办结率，全年区级领导共公开接访 78 起 1000 多人次，带案下访 33 次，重点约访 29 起，促使大批信访问题在初始阶段得到解决。

机制建设　健全信访工作“一岗双责”、接访、包案、应急处置等七项工作机制，完善到区集体访应急处置办法及流程，维护机关正常的办公秩序。加强对全区信访形势的分析研判，全年共发《每周信访稳定工作动态》48 期，《信访专报》14 期，《每月信访情况通报》12 期。

重点时期工作　做好重点时期信访稳定工作，提前制定工作预案，抓好矛盾纠纷排查化解、领导干部接访、重点人员稳控、信息上报等各项工作，组织专门力量进京到省去市值班，成立应急队伍做好突发问题处置，圆满完成了各级“两会”、全国公安局长会议、全国第十届艺术节、薄熙来案件审判、十八届三中全会等重大活动和敏感时期的信访稳定工作，确保了全区信访形势持续稳定。　（李成君）

·党校教育·

教育培训　全年共举办各类培训班次 143 期、24857 人次（主体班次 6 期、245 人；科学发展大讲堂 5 期、2270 人次；部门培训班次 132 期、21088 人次），比 2011 ~ 2012 年年均培训量增长 17.6%。最高峰时创出了日培训规模 300 人、100 人以上班次连续 5 天仍高效运转的历史保障记录。首次实践“小班化”、“菜单式”培训，实现了主体班小班培训新突破。采取深入各街道面对面座谈、优中劣势社区代表问卷调查等方式，共组织召开座谈会 4 场、问卷调查了 156 名社区书记，收集汇总关于社区发展能力、民主管理、服务群众等 6 个教学版块的需

崂山区社区党组织书记培训班

8月19日，区委常委、区委办主任王振竹（左一）陪同省、市领导视察党史工作

求意向，为有“针对性”、“实效性”地做好社区书记培训提供了翔实可考的依据。采取组织骨干教师分批次接受高端专题辅导培训、参与区情研讨等方式，培养基层宣讲的师资骨干，特别是围绕“十八大”宣讲确定了5个专题，联合区委宣传部成立了“十八大”精神宣讲队伍，主动送教、送课到部门和基层，创办流动课堂，培育教学基地成为市委党校现场观摩教学点。全年到基层、部门宣讲10余场次，拓展了理论宣讲的“主阵地”。

调研科研　全年完成省、市、区三级精品课题4项，是青岛市唯一连续5年中标省校课题的区校；在各类期刊、党报等发表文章15篇，获市级领导批示1项，获省市各类科研奖励8项；荣获青岛市党校系统科研工作组织奖。

围绕全区“三大平台建设”，采取校领导挂帅课题组、骨干教师招领课题等方式，汇集骨干力量重点推进，形成了一批优秀科研成果。圆满结项省校课题《青岛蓝色硅谷投融资环境建设研究》，新获省校课题“青岛城市科技创新体系建设对策研究”立项。青岛市双百调研课题“建设仰口休闲旅游度假区战略研究”成果获青岛市副市长王建祥批示，并批转给市规划局、区政府和崂山风管局参阅，其子课题在市委办公厅《青岛通讯》2013年第4期刊发，发挥了推动发展、咨政服务的作用。

先后组织7名教师参与了省、市级学习“十八大”精神、“中国梦”、“群众路线实践教育”、“创新驱动”等各类主题理论研讨活动，《关于加强青岛生态城市建设的路径思考》获市委宣传部、市社科联组织的“率先科学发展 建设美丽青岛”理论研讨一等奖。

党校管理　采用了《金蝶财务管理软件系统》，拓展数字校园平台，将后勤管理、采购中的财、物、事等流程、环节纳入统一的数字化管理平台，不仅加快了培训流程的及时、准确传达，还控制和降低了采购、管理成本，极大地提高了后勤管理效率。年内，后勤管理成本食堂原材料采购同比下降17.8%，后勤低值易耗品损耗率下降28.2%。

充分利用央校远程教育C级站，分期下载刻录名师课程，新补充了拥有203个课件和讲稿、1.2T的视频课件；参与并完成《全国党校“三大”文库建设》崂山项目，通过中央党校专家评审论证已圆满结项，区委党校获得了免费使用“宣讲家”、“中国知网”等知名数据库平台资格，充实了远程精品教学资源库，提升了教研品质。进一步加强对水、电、冷、暖等办公设备及校舍房产的管理，每月进行核查排查，及时处置校舍、设备的报修项目，完善各类突发事件应急预案。

（党校）

·党史工作·

编纂地方党史资料　编写《中共崂山历史大事记》（2001～2012）电子稿20万字，包含大事专记49篇，概述2万字，配图180余张；完成第七个五年计划至第十一个五年计划的资料收集和文字汇编；编写《地方史三卷》初稿，补充、修改文字近50万字。

口述史 制定2013～2017年口述史采编计划，完成《高科园的建立、发展与远景》专题2万字。申报三项山东省党史课题，完成人物传记《于平凡中彰显伟大——记张式瑞》的资料采集和编写，文字3万字。

党史资料征集 征集电视台、组织部联合录制的党建先锋视频资料（2011～2012）共56期，近10个小时。对崂山解放的经历者邢吉祥老人进行了采访，获取录音资料90分钟，文字资料三份，照片资料90余张。复制解放战争时期、抗日战争时期档案口述资料900页。

课题研究 编写抗战损失大事记、抗战损失报告，整理成员名单、照片档案、音像档案。开展档案、文献资料数字化工作。建立音像资料目录，资料刻盘保存。

宣传工作 开展两次党史下基层活动。在金家岭社区“开展党史书籍进社区活动”，宣传党史知识；与崂山实验小学联合开展爱国主义教育活动，引领200余名师生参观档案馆“走近崂山”展厅，普及区情。以《青岛党史》、《山海党情》为宣教阵地，积极提供稿件，宣传党史工作。维护崂山党史网站及数字资料室，按季度充实新内容。 （付莉）

崂山区人民代表大会

·重要会议·

区第十七届人大常委会第八次会议 2013年2月27日在区行政大厦举行。会议听取并讨论了区委常委、副区长赵镭所作的《关于加快推进和落实2013年区政府重点工作的报告》，审议并通过了《区人大常委会2013年工作要点》。会议以电子表决的形式依法通过了人事任免事项：审议通过了区人大常委会主任张冀鲁提请的《关于提请任免孙丕铭等职务的议案》，区委常委、副区长赵镭宣读的《关于提请任命陈波等职务的议案》，区法院院长孙志远提请的《关于提请任免高洪良等职务的议案》、《关于提请免去曲延河等人民陪审员职务的议案》。张冀鲁主任为新任命干部颁发了任命书。

区第十七届人大常委会第九次会议 2013年4月25日在区行政大厦三楼五号会议室召开。会议经过审议并以电子表决的形式依法通过了区委常委、副区长夏正启宣读的《关于提请任命刘怀志职务的议

崂山区第十七届人大常委会第八次会议

案》，审议并依法通过了区法院院长孙志远提请的《关于提请任免仇蒙来等职务的议案》。张冀鲁主任为新任命干部颁发了任命书。

会议听取并审议了区文新局局长王保生所作的《关于全区文化产业发展情况的报告》，听取了区人大常委会法制文教工作室主任刘洪涛所作的《关于对全区文化产业发展工作调研情况的报告》。听取了区人大常委会人事代表工作室主任徐震宇所作的《关于区人大代表履职考核办法有关情况的说明》，以电子表决的形式通过了《区人大代表履职考核办法（试行）》。

区第十七届人大常委会第十次会议　2013年7月5日在区行政大厦举行。会议听取并审议了区发改局局长宋军所作的《关于我区开展“双包双促”活动以来取得的成效和下步工作措施的报告》。会议以电子表决的形式依法通过了人事任免事项：审议通过了区检察院检察长王同庆提请的《关于提请任免李铧等职务的议案》。

区第十七届人大常委会第十一次会议　2013年8月21日在区行政大厦召开。会议听取审议了区发改局局长宋军所作的《关于青岛市崂山区2013年上半年国民经济和社会发展计划执行情况的报告》，区财政局局长鞠晓霞所作的《关于青岛市崂山区2012年度财政决算和2013年上半年预算执行情况的报告》，区审计局局长李海荣所作的《关于青岛市崂山区2012年度预算执行及其他财政收支的审计工作报告》。

会议以电子表决的方式批准了崂山区2012年度财政决算；审议并以电子表决的方式通过了副区长赵镭宣读的《关于提请任命王清源职务的议案》，审议通过了区法院院长孙志远提请的《关于提请任命赵振飞等职务的议案》、《关于提请免去张蕾人民陪审员职务的议案》。张冀鲁主任为新任命人员颁发了任命书。

区第十七届人大常委会第十二次会议　2013年9月17日在区行政大厦三楼五号会议室举行。会议听取青岛市公安局崂山分局副局长王泽英所作的《关于提请区人大常委会许可对区人大代表由丕钦行政拘留的请示》。会议通过举手表决的方式通过了《关于许可公安机关对区人大代表由丕钦依法采取强制措施的决定》。

区第十七届人大常委会第十三次会议　2013年10月30日在区行政大厦召开。会议听取并审议了区政府办公室主任刘赞宇所做的《区十七届人大二次会议议案及政府系统代表建议办理情况的报告》，听取并审议了区发改局副局长崔军统所作的《区政府财力投资重点项目情况的报告》。会议以举手表决的方式通过了区法院副院长王同吉宣读的《关于提请确定人民陪审员名额的议案》。

区第十七届人大常委会第十四次会议　2013年12月25日在区行政大厦召开。会议经过审议并以电子表决的形式依法表决通过了接受胡乐常辞去区政府副区长职务；表决通过了接受刘国会、刘洪涛辞去区人大代表职务；表决通过了区人大常委会主任张冀鲁提请的《关于任免朱崇彦等职务的议案》，区人民法院院长孙志远提请的《关于提请免去郝新阳职务的议案》。会议以投票表决的形式通过了孙志远提请的《关于提请任免冯网大等人民陪审员职务的议案》。张冀鲁主任为新任命干部颁发了任命书。

会议审议通过了区十七届人大三次会议有关事项：审议通过代表资格审查委员会关于代表资格的审查报告、关于召开区十七届人大三次会议筹备工作的报告、关于召开区十七届人大三次会议的决定、区人大常委会工作报告（草案）、区十七届人大三次会议议程（草案）；审议通过区十七届人大三次会议主席团、秘书长名单（草案）；审议通过区十七届人大三次会议国民经济社会发展计划和财政预算审查委员会主任委员、副主任委员、委员名单（草案）；审议通过区十七届人大三次会议议案审查委员会主任委员、副主任委员、委员名单（草案）；审议通过区

崂山区人大半年工作报告会

十七届人大三次会议列席范围。

区人民代表大会半年工作报告会　2013年8月8日在区行政大厦B1层多功能厅举行。区委常委、副区长夏正启受杨鹏鸣区长的委托做了区政府上半年工作报告、区人大常委会主任张冀鲁作了区人大常委会上半年工作报告、区法院院长孙志远、区检察院检察长王同庆分别报告了区法院和区检察院上半年工作情况和下半年工作打算。

·重要活动·

2月，崂山区人大常委会根据常委会主任分工，先后10次召开有关部门、单位座谈会和区人大代表座谈会，常委会各分管副主任分别参加了座谈，区政府组成部门、区法院、区检察院、各街道等62个部门负责同志及部分区人大代表参加了会议。

3月5日，区人大常委会召开青岛金家岭金融新区规划编制情况报告会。

3月11日，区人大常委会机关召开了加强机关干部队伍“五项能力建设”活动动员会。

3月14日，市人大常委会调研崂山区社会救助工作开展情况。市人大常委会内务司法委员会主任委员、内务司法工作室主任夏伟丽及部分调研组成员参加了调研。

3月19日，区人大常委会组织部分区人大代表，先后到市级海洋科普教育基地中国大洋样品馆、中国海权教育馆以及全国科普示范社区中韩街道石老人社区就崂山区贯彻落实《中华人民共和国科普法》情况进行调研。

3月27日，区人大常委会在区行政大厦举办十二届全国人大一次会议精神学习讲座。

3月29日，市人大代表崂山组视察青岛市金家岭金融新区规划建设情况。

4月12日，区人大常委会机关在区行政大厦举行“五项能力建设”学习交流会议，交流机关干部学习情况。

4月16日，区人大常委会举行崂山路规划建设调研会。

4月23日，区人大常委会在区委党校组织举办了区人大代表学习培训班。

4月24日，区人大常委会组织部分人大代表到青岛中皓生物公司、青岛海德威科技有限公司，对崂山区蓝色经济发展情况进行专题调研。

4月，区人大常委会机关在区行政大厦举行了五场“五项能力建设”活动主任论坛。王兴武副主任以“如何提高学习能力”为题，于福存副主任以“如何提高协调能力”为题，袁久亮副主任以“如何提高执行能力”为题，臧学军副主任以“如何提高创新能力”为题，李鸿雁副主任以“如何提高文字能力”为题进行了讲座辅导，全体机关干部参加了论坛。

5月8日，区人大常委会就区政府采购情况进行了专题调研。

5月10日，崂山区人大常委会组织部分人大代表队对金家岭山公园规划建设情况进行检查。

5月15日，区人大常委会

组织部分区人大代表就崂山区人口计生信息化工作进行了专题调研。

5月28日，区人大常委会组织部分区人大常委会组成人员和人大代表对崂山区属中小学和幼儿园食品安全情况进行了专项视察。

6月14日，区人大常委会组织部分区人大代表对辽阳东路南侧居住区配套学校幼儿园建设项目情况进行视察。

6月26日，区人大常委会对全区民办及无证幼儿园情况进行调研。

6月27日，驻崂山区的全国、省、市、区四级人大代表视察崂山路规划建设情况。

7月4日，区人大常委会机关在区行政大厦举行语言表达能力专题讲座。

是日，区人大常委会组织部分区人大代表对全区“两改”项目建设情况进行了视察。

7月8日，市人大常委会法制委员会主任委员、市人大常委会法制工作室主任万振东带领部分专家、学者及工作室人员到崂山区召开座谈会，了解实际情况、征求立法建议。

7月10日，市人大代表崂山组视察崂山风景区环境建设情况。

7月16日，区人大常委会机关举办摄影知识讲座。

是日，区人大常委会走访了区人大机关军民共建单位71271部队。

7月17日，市人大常委会法制工作室在崂山区召开崂山风景名胜区立法调研座谈会。

7月26日，区人大常委会对部分中小学建设项目进展情况进行视察。

是月，区人大常委会开展了为时一个月的“中小工业企业专题调研”活动。

8月1日，区人大常委会走访慰问了青岛国际啤酒节指挥部、崂山交警大队。

8月13日，区人大常委会召开区十七届人大二次会议议案专题汇报会。

8月16日，区人大常委会组织部分区人大代表对崂山区红十字工作情况进行了专题调研。

8月30日，区人大常委会对崂山区世园会周边环境整治情况进行了调研。

9月3日，区人大常委会组织部分区人大代表调研了崂山区社会主义新农村档案工作情况。

9月12日，市人大常委会执法检查组对崂山区《青岛市旅游条例》贯彻实施情况进行了执法检查。

9月23日，区人大常委会组织部分区人大常委会组成人员、区人大代表对蓝色硅谷产业创业带专业园区建设与服务功能完善情况进行了视察。

9月25日，区人大常委会组织部分区人大常委会组成人员对崂山区乡村旅游发展情况进行了专题调研。

10月15日，区人大常委会对崂山区农民增收途径和方式进行了调研。

10月16日，区人大常委会组织部分区人大常委会组成人员对崂山区政府重点财力投资项目完成情况进行会前调研。

10月31日，市人大代表崂山组视察崂山区新型社区服务中心建设情况。

是日，区人大常委会对全

国家、省、市、区四级人大代表视察崂山路建设

区新型农村社区建设情况进行调研。

11月6日，区人大常委会对沙子口污水处理项目建设情况进行调研。

11月7日，区人大常委会组织部分区人大代表对全区职业教育发展情况进行了专题调研。（人大）

崂山区人民政府

·重要会议·

区政府常务会议　区十七届人民政府2013年第1次常务会议于1月21日召开，会议研究了关于2013年区人大议案和市区两级代表建议、政协提案情况及办理意见的汇报、关于2013年人才公寓建筹情况的汇报等8项议题。

区十七届人民政府2013年第2次常务会议于2月22日召开，会议研究了关于崂山区森林病虫害防治等有关情况的汇报、关于沙子口和北宅部分区域供热及燃气配套费征收问题的汇报等9项议题。

区十七届人民政府2013年第3次常务会议于3月15日召开，会议研究了关于2012年度崂山区市容环境整治行动街道（社区）奖补情况的汇报、关于编制崂山道教建筑群保护规划的汇报等5项议题。

区十七届人民政府2013年第4次常务会议于3月29日召开，会议研究了关于近期安全生产工作情况的汇报、关于公安交通协勤队员办公备勤场所租赁情况的汇报等10项议题。

区十七届人民政府2013年第5次常务会议于4月24日召开，会议研究了关于一季度全区经济运行情况及下步工作措施的汇报、关于崂山区招商引资项目评估准入工作的汇报等7项议题。

区十七届人民政府2013年第6次常务会议于5月23日召开，会议研究了关于出台崂山区《加强殡葬保障和管理工作的意见》的情况汇报、关于金家岭山环境综合整治有关情况的汇报等9项议题。

区十七届人民政府2013年第7次常务会议于6月8日召开，会议研究了关于崂山区招商引资与投资促进综合信息管理工作平台建设方案的汇报、第23届青岛国际啤酒节活动方案及筹备工作情况汇报等11项议题。

区十七届人民政府2013年第8次常务会议于7月5日召开，会议研究了关于调整城市基础设施配套费等规费收缴政策问题的汇报、关于世园大厦和参展服务中心有关问题的汇报等7项议题。

区十七届人民政府2013年第9次常务会议于7月11日召开，会议研究了关于崂山湾国际旅游健康城土地成本概算的汇报等2项议题。

区十七届人民政府2013年第10次常务会议于8月1日召开，会议研究了关于2013年上半年经济社会发展情况的汇报、关于2013年区级财力收支情况及2014年财政预算编制方案的汇报等12项议题。

区十七届人民政府2013年第11次常务会议于8月26日召开，会议研究了关于加强电子政务建设有关工作情况的汇报、关于提高崂山区校园安保队员工资标准有关情况的汇报等10项议题。

区十七届人民政府2013年第12次常务会议于9月26日召开，会议研究了关于出台《崂山区政府投资项目招标评标定标若干规定》有关情况的汇报、关于崂山区新型（农村）社区服务中心和特色经济园区建设运行以奖代补资金管理办法（试行）的汇报等7项议题。

区十七届人民政府2013年

第13次常务会议于10月19日召开，会议研究了关于修订《崂山区城乡居民临时困难救助制度》的情况汇报、关于崂山风景区60周岁以上老年人景区门票免费优惠政策的情况汇报等12项议题。

区十七届人民政府2013年第14次常务会议于12月2日召开，会议研究了关于开展崂山区第三次经济普查工作的汇报、关于行政审批和监督服务事项梳理工作情况的汇报等13项议题。

区十七届人民政府2013年第15次常务会议于12月13日召开，会议研究了关于2014年政府工作报告起草情况的汇报、关于2013年财政预算执行情况和2014年财政预算（草案）的汇报等6项议题。

区十七届人民政府2013年第16次常务会议于12月25日召开，会议研究了关于崂山区社区专职工作人员招聘工作方案的汇报、关于《崂山区推行中小学校长职级制改革的实施意见》的情况汇报等14项议题。

·政务调研·

2013年，共起草领导讲话、调研报告、汇报材料、署名文章、宣传材料等各类综合文稿170余篇，共计80余万字。组织起草区委十一届四次全体（扩大）会议、全区领导干部大会、景区工作会议、区委理论中心组读书会等各类重要会议讲话40余篇，起草接待郭树清省长、李群书记、张新起市长来崂山视察等各类典型对上汇报材料20余篇。同时，根据区委领导要求，通过提出富有针对性、可操作性强的建议，起草了《区委“五标”工作实施意见》，协同相关部门起草了2013年六项重点工作的配套实施意见、《关于大力开展项目“双包双促”活动实施意见》等一批政策性文件，在服务全区经济社会发展大局方面做出了积极贡献。

围绕区域经济社会发展存在的突出问题，组织开展综合调研。全年共起草《赴南方四市八区对标学习考察报告》《学习借鉴广西巴马经验，加快打造“道教仙山·养生福地·长寿之城”》等各类调研文稿40余篇，制发《参阅件》26期，区领导批示率达到70%。其中，《崂山区全力打造金家岭金融新区》一文得到市委李群书记重要批示；《关于加快智慧城市建设和电子商务产业发展，全力打造崂山经济升级版的研究》就崂山区智慧城市和电子商务产业发展的必要性、可行性和操作性进行了分析研究。

组织专门力量对全区亮点工作进行深入总结提炼，撰写了一批有高度、有影响的对内对外宣传稿件，在提高崂山知名度和美誉度方面发挥了较好的作用。其中，撰写的《关于金家岭金融新区规划布局的成果材料》被评为市委、市政府优秀工作成果二等奖；撰写的《关于推进崂山区服务外包产业持续健康发展的几点思考》等文稿被市委办公厅《综合调研专报》采用；撰写的《挺进深蓝的崂山跨越》领导署名文章在《山东通讯》刊登，并于2013年中央政治局会议研究蓝色经济发展的第二天，被《科技日报区域周刊》头版头条刊登，求是理论网、人民网、凤凰网、搜狐网等20多家主流媒体网站在第一时间转载。

·政务督察·

决策督查　从2013年《政府工作报告》中选取了44项重点目标任务，逐一明确责任单位和进度计划，并纳入区科学发展综合考核体系，每季度进行一次全面督查，报请区领导及时掌握工作动态。对区政府常务会议等重要会议决策事项88项，实行“一会一督查，一会一反馈”，通过及时立项督查、跟踪推进、通报进度，确保区政府重要决策的贯彻落实。

对事关人民群众切身利益的政府实事项目，逐一明确职责分工和具体推进计划进度，系统掌握和监控项目进展情况，及时协调解决存在的问题。对市办实事涉及崂山区的10件21个具体项目，区办8件实事加强督导检查，编发《督查专报》4期、《督查通报》13期，及时通报项目进展情况、分析存在问题，提出工作建议；对工作滞后的区办实事，加大现场督查力度，实施周报告制度，确保市区实事项目完成年度目标任务。

批示督查　对领导批示事项按照轻重缓急实行分类管理，实行限时办结，加强对办理意见的审查和综合分析，积极提出高质量的工作建议，办理效率和质量明显提高。2013年，共办理市领导批示件及督查事项602件，向市政府报送办理报告132件；办理区领导批示件112件。

专项督查　根据区委区政府工作部署，对社会关注度较高的崂山路改造工程实施实地检查、每日督查，编发《崂山路工作简报》16期。围绕海信研发中心项目推进、新型农村社区建设、世园会周边环境整治等领导关心的问题，及时立项督办、跟踪推进，掌握工作动态，提出意见建议，为政府决策提供参考。

全年共编发《督查通知》61期、《督查通报》39期、《督查专报》12期。

·依法行政·

依法决策　履行合同审查职责，参与审查修改蓝色硅谷轨道交通还款协议、青岛瑞湾荟城市综合体项目落户框架协议、泉心河水库工程项目等合同协议270余件次，为全区大项目建设提供法制保障。加大规范性文件审查和备案工作力度，全年共审查规范性文件32件，制发区政府规范性文件17件，全部按照“三统一”制度要求及时备案。做好政府法律服务，共参加90余次重大专题工作会议，主要涉及旧村改造、崂山路建设、企业改制等重大问题，为领导决策提出了法律依据。

行政审批工作部署工作会

法制监督　出台了全区依法行政工作要点，明确了加快转变政府职能、提高制度建设质量、规范行政执法行为等6大类21项依法行政工作重点，对全区依法行政工作进行了总体部署。组织全区新增132名行政执法人员参加了专项培训。为证件到期的9位行政执法人员办理了年检考试、同步年检、核发标签工作。累计办理新增执法证件61个，清理失效行政执法证件27件，实现执法证件规范化管理。办理崂山区海洋与渔业局等单位256项1342档行政处罚裁量标准备案，实现了行政处罚自由裁量标准的动态调整。做好“三步式”行政处罚模式实施意见备案、执行工作，实现了25个区直单位“三步式”行政处罚模式全覆盖。

印发《关于规范涉企检查工作的通知》，加快推进涉企检查工作。建立涉企检查事项梳理公示等相关制度。全区共梳理出涉企检查事项402项，涉企检查事项完成网上公示。自查行政执法案卷1245卷，重点抽查案卷原件100余卷。崂山区《关于开办崂山区仪锦轩美容养生会所行政许可案卷》获评青岛市十佳许可案卷，《环境保护行政管理行政处罚复议案》获评十佳复议案卷。

行政审批　开展行政审批和监督服务事项专项梳理，共梳理出行政审批和监督服务事

政府与法院工作联席会

项379项（不含垂直管理单位），形成《行政审批和监督服务事项清理结果》并对外公布。开展审批下放事项承接，全部完成下放崂山区的135项事项整理工作，无一事项漏接。

行政复议　推进相对集中行政复议职权，合理整合行政复议资源，逐步实现行政复议权由区政府统一集中行使，行政复议集中权试点工作已获省政府同意批复。全年受理行政复议案件2件，已审结。年内，组织办理56起应诉案件，其中以区政府为被告的应诉案件11起，以区政府各部门为被告的应诉案件34起，参与办理上级单位转办的案件11起。

政府法院联席会议　2013年3月，建立了政府与法院工作联席议制度，打造政府部门和司法机关相互配合、相互协作平台。共办理法院协查事项56件，涉及16个部门19类内容，法院办理政府部门建议5件，召开案件协调会7次。通过联席会议制度平台，法院及时查询到一批涉及400多户业主的物业服务合同纠纷案件的相关信息，办案效率大幅提高，相关政府部门在执法中遇到的疑难问题也通过讨论会等形式得到了法院专业法官的指导，联席会议制度收到了良好的效果。

法制宣传与培训　制定政府法制课题研究计划，组织开展课题研究工作，撰写论文4篇，完成市级政府法制课题研究成果1篇。开展多种形式的法制培训，组织相关部门30余名执法骨干参加了《行政执法技巧纠纷处理艺术与方法》专题培训班，邀请专家给35个政府部门200余名行政执法人员进行了行政执法业务培训，有效提升了执法业务水平。

（政府办）

· 史志工作 ·

村志编修　强化社区修志人员业务能力，现场指导村志资料收集等工作，对西姜等10余个新启动社区进行篇目、材料收集业务指导。聘请崂山文化研究学者组建崂山地方志专家小组，定期参与村志审改工作，提升村志编修指导水平。年内，审改了中韩、东陈、大石、华阳等18部村志志稿，并进行了意见反馈和业务指导，印刷出版了村志10部。

《崂山年鉴》撰稿人培训班

年鉴编纂　《崂山年鉴》(2013) 于10月出版。为提高年鉴的编纂质量，举办了全区机关年鉴撰稿人培训班，培训百余人。面向社会进行印刷企业招标，首次采取正文内容四色印刷，增大了插图数量，提升美观度。《崂山年鉴》(2011) 荣获山东省第四届优秀年鉴综合奖项特等奖。

地情资料研究　编纂、出版了《崂山方志文化系列丛书》之“乡情民俗卷”，收录文章78篇，30余万字。该卷具有浓郁的崂山地方特色，展示了崂山民俗文化。出版、发行了《崂山区图志·村落卷》、《崂山区大事记1994～2011》，汇编了《崂山区大事记2013》。《崂山区图志·村落卷》共收录图片资料1200余幅，使用文字资料2万余字。全书共4章157节，以街道为章，以社区为节，时间下限为2011年。是全面了解崂山区139农村社区和18个城市社区的历史渊源、村庄风貌等详实情况的一部资料性丛书。《崂山区大事记(1994～2011)》收录62万字，400余幅照片。主要记述1994年1月1日至2011年12月31日现行政区划内的重大事件，其中大事专记为1979～2011年，大事纪略为1994～2011年，大事年表为上古至1993年。编印了地情期刊《崂山春秋》第39～42期。2013年，是《崂山春秋》创刊10周年，开展了有奖征文、撰稿人座谈会等系列庆祝活动，广泛进行社会宣传。

“三个中心”建设　加强方志馆建设，开展了方志馆搬迁、新方志馆设备购置、方志馆资料分类整理工作。方志馆资料初步分为3大类6小类，明确了志、鉴、地情类别管理。新方志馆采用密集架管理存放，已完成密集架采购、安装等工作。开展方志馆搬迁，打包400余箱，已搬迁至市民文化中心。年内，新增地方志资料300余册，使方志馆一二轮志书总量逾千册，涉及我国23个省、4个直辖市、2个自治区，包括地方志（图志）、部门志、行业志等多种门类。全年接待查阅资料者70余人次，提供文献资料、音像资料400余册（件）。

加强地情网站建设，及时更新现有区情网栏目内容，先后上载了《崂山区志》、《崂山县志》、《崂山年鉴》、《崂山区档案志》、《崂山区党史研究志》、《崂山区方志志》、《崂山春秋》等方志资料对外利用，总文字量达700余万。相关经验在全省史志系统信息化建设座谈会进行交流，荣获山东省优秀史志成果奖。开展史志理论研究和地情研究，撰写《话百年沧桑巨变 展科学发展宏图》、《浅谈二轮修志与中国梦》、《崂山历史上的民道之争初探》、《浅谈村志编修》等文章分别被中指组、省、市级网站、刊物采用。

提升社会服务能力，开展史志“进机关、进学校、进社区”宣教服务活动，发放宣传材料，赠送史料书籍。做好全区重大活动的跟踪拍摄工作，年内形成照片1000余张；联合“摄影家协会”等社会力量，启动“民俗记录”工程，详细记录崂山民间节庆、庙会、日常生活的民俗民情。

依法修志　开展了《崂山

全省史志系统信息化建设座谈会

区地方志工作管理办法》的立法调研、修订工作，2013年6月经崂山区政府研究同意印发全区落实执行。该《办法》共6章25条，从地方志的概念内涵、政府领导、经费预算、机构职责、地方志编纂、资料管理、地方志开发利用等方面，做出了明确规定和要求，并进一步延伸和细化了地方志审核、出版等款项。　（史志办）

·机关事务管理·

机关办公用房管理　调研提出区市民文化中心办公用房调配方案及国地税办公用房过渡方案，并顺利完成区市民文化中心搬迁启用工作，为10余个部门调配解决办公用房约10000平方米。完成区财经中心、区行政大厦部分部门（单位）办公用房调配整合方案。及时解决部门办公用房面积不足问题，调配办公用房1300余平方米。及时跟踪管理区人力资源大厦、西韩新苑等60处机关房产，按程序签定合同收取租金3857375元全部上缴国库。接收区质监站办公楼、房产交易中心香港东路房产，组织区行政大厦空调管道修缮、区政府大院东停车场改造、人力大厦餐厅修缮等项目，完成左岸风度人才周转房家具家电采购及装修工程。

机关物业管理　实施《崂山区机关物业管理暂行办法》，加强对区各机关办公楼的物业管理，区法院审判综合楼、财经中心办公楼、党校办公楼全年各季度物业考核结果均达到合格以上。深入调研提出区市民文化中心物业方案，确定物业服务标准和375万元合同价格，区机关物业中心6月27日正式进驻开始提供物业服务。

公务用车配置　组织2013年度两批次共21辆公车采购工作，严格执行交旧换新原则，旧车统一交回区公车办按照国有资产处置程序进行处置。履行机关临时用车公务舱职责，全年共为20余个部门调配车辆50余辆次；圆满完成18辆旧车处置工作，报废残值7034元已全部上缴财政。

省政协科技大厦项目　根据前期工程款清欠工作进度，依据审计结果和律师清查情况，最终确认89家欠款企业，总欠款额29173521.94元；完成第二阶段清偿欠款任务，组织发放工程款7641581.73元。完成政协大厦科技楼、轮休楼防雷工程、车库雨篷等十六项完善工程。妥善处置省政协大厦原合同制人员，完成与宏洋公司形成事实劳动关系的省政协大厦合同制职工17人劳动合同解除工作，提出省政协大厦8名合同制职工协商解除合同方案。

公共机构节能　建立了全区及所属各级、各类公共机构节能工作“三级”网络管理体系，形成了涵盖全区各级公共机构的节能工作管理体系。对《区公共机构节能管理办法》、《区公共机构节能考核评价暂行办法》等一系列工作指导性文件进行了修正完善，对全区公共机构节能工作提出了明确目标和责任分工。组织全区116家公共机构完成2013年各季度能源资源消耗统计网络报送，并对公共机构能耗统计原始记录和统计台账进行检查核实、建档备案，同时加强对区法院、区财政局等6个公共机构重点督察和指导工作，建立健全全区公共机构各类节能档案151卷，能耗统计档案62卷，各类档案共计446件；完成区行政大厦电梯、空调水泵更换，公共机构节能改造累计投入资金二百余万元，全区公共机构人均用能连续5年下降3%以上。

公务接待　全年共参与筹备和组织市领导现场调度崂山区“双月奋战”重点项目，2013崂山非物质文化遗产节，3.6和4.25两次森林火灾救援指挥部办公室服务保障工作等大型活动、会议40余次；累计接待上级领导，组织大型活动、重要会议330余个，宾客14000余人次；协办区内各级会议3000余次，宾客6万余人次，没有出现重大失误。

机关班车和接待用车管理　首次与中旅青岛公司进行机关班车租赁合作，车型全部改用新型豪华金龙旅游客车，全年机关班车乘车35万人次，安全行驶128000公里，单车正点率达99%。制定了节能降耗指标并逐车逐人分解，每周登记行车里程，每月汇总车辆油耗、行车里程、出车次数，并定期公示，提高了驾驶员节能降耗意识；加强公车维修管理，严格控制车辆维修项目，跟踪车辆维修过程，确保维修质量；坚持节假日公车封存停驶，每逢国家法定节假日所有公车一律集中停放在政府大院，控制了公车运行费用，避免了公车私用现象发生，也减少了安全隐患。

机关餐厅管理　机关餐厅每餐保证提供主菜4个以上品种，副菜4个以上品种，面食10个以上品种，小咸菜4个以上品种，4种饮品，时令水果和奶制品各一种；增加煎饼果子等特色小吃，丰富了就餐选择。全年平均就餐人数早餐达500人，午餐达1500人。区人力大厦餐厅5月正式启用，为楼内机关工作人员就餐提供了方便。全年食物中毒事件零发生。

行政大厦后勤　完成了行政大厦空调系统的春季检修工作，对空调主机、冷却塔、水泵、电机、新风机组、风机盘管等设备设施进行维护保养，更换东、西塔楼腐蚀老化的空调漏水管道和阀门，保证空调系统在夏季安全有效运行。加强安保人员责任意识，严格人员和车辆出入管理，全年累计阻止群体上访80余次，较好地维护了政府大楼公共办公秩序。实地调研制定停车场管理方案，扩建区机关大院东停车场，增加停车场基础设施；组织更换各类车辆通行证2200余张。

（机关事务局）

·电子政务·

网上办事服务体系　组织梳理区直部门、垂直管理部门和街道办事处面向社会的各类政务服务事项1200余项，具体包含行政许可审批、非行政许可审批、监督服务事项和便民服务事项四大类；编制了完整的政务（办事）服务事项目录和细致准确的办事指南；搭建了崂山区网上办事服务平台和网上便民服务大厅，全面展示1200余项服务事项的办事指南和办事流程，逐步组织推行网上直办。

信息资源整合共享　开展信息资源共享需求调研，规划建设了区政务信息资源交换共享平台，建设了人口、法人、地理信息等基础数据库。开发部署了区居民信息采集系统，与民政局联合组织开展居民信息采集普查，实现政务信息的“一次采集、多家共享”。研究制订了《崂山区政务信息资源共享管理办法》，明确政务信息资源整合、共享、交换、利用的原则和要求，为政务信息资源共享提供了体制、机制、安全等全方位保障。

政务门户网站　在第十二届（2013）中国政府网站绩效评估中，崂山区政务门户网站名列区（县）级政府网站第八，位列山东省第一名，连续四年稳居全国十强。加强对部门信息公开工作的检查、督促和指导，按季度统计并通报各部门政府信息公开工作情况，全年网上主动公开政府信息

机关班车

5600余条。建立网上公文解读和政策咨询工作机制，发布政策解读88条。全年组织开展在线访谈45期，及时办理答复政府信箱，答复率达到99%。规范依申请公开办理和答复，全年办理网上依申请公开6件，现场依申请公开6件，全部按期办理答复，答复率100%。

新型（农村）社区信息化　建设区、街道、社区三级便民服务网络体系，推进政府管理重心下移、政务便民服务事项下沉，实现居民事项“一站式”办理。建设社区综合电子政务平台，集业务、督管、统报、信息传输等功能于一体，为社区网格化管理和信息资源共享奠定了基础。建设社区门户网站，全面整合政务服务和社会服务资源，将社区便民服务、服务预约、公益志愿等服务凝成一体，形成了相互联动的综合性便民服务平台，为社区居民提供及时有效的信息服务。（电政办）

开展行政审批下乡活动

投资项目·服务与管理·

行政审批　全年累计办结各类事项30369件，办结率100%，平均办结天数3.6天，比法定平均时限提前3.2天，提速47.1%。调研确定“新大厅”入驻部门、事项及人员；依照便民服务区、企业注册登记区、建设项目联合审批区的功能划分，按楼层进行“新大厅”布局，优化审批服务环境；在原有审批系统基础上升级改造，开发并联审批系统、身份证排队叫号系统、效能评价系统、综合管理系统等；建设大厅智能终端系统，实现政务大厅数字化。

制定《青岛市崂山区重点项目审批绿色快速通道实施方案》并成立重点项目推进工作领导小组，对重点建设项目采用新的并联审批流程，通过并联审批、容缺受理、容缺审查等方式压缩审批时限，如社会投资房屋建筑工程项目平均办结天数由133个工作日压缩到69个工作日，提速48%。在大厅设立“绿色通道”窗口，对市级重点项目及区确定的重点项目全程代办，对纳入重点项目绿色快速通道的项目进行跟踪，指定专人负责与重点项目的相关联络员进行对接，及时掌握项目进展情况，并对窗口单位项目办理情

社区服务中心设立行政审批服务宣传架

况进行监督、管理。

做好行政审批事项清理和132项市级下放审批事项的对接及软件开发工作，将市级下放审批事项纳入区行政审批系统；研发延伸至社区服务中心的软件模块，实现业务办理和考核管理网络化。重新修订、完善了《政务大厅规章制度汇编》，其中包括《考核实施细则》、《投诉处理办法》等各项制度共计34项。开展了争创“标兵示范窗口”活动，标兵示范窗口每月评选一次，评选结果通过“机关工作动态”的形式向全区各单位进行发布。

投资服务　研究黄金海岸项目的地块整合问题，确定了土地整合方案。办理佳嘉广场项目《土石方施工许可证》的手续报审，确保项目如期进场施工。开展晨鸣集团项目的接洽和商谈，与服务业发展局对接并同招商对象进行多次沟通，就框架协议的相关条款进行商定，为签订落户协议做好前期准备工作。　（吕明）

中国人民政治协商会议青岛市崂山区委员会

·重要会议·

第十一届常委会第六次会议　3月27日举行。会议传达贯彻了全国、省、市政协会议精神；审议通过了《十一届区政协2013年工作要点》《政协第十一届青岛市崂山区委员会常务委员会工作规则》《政协第十一届青岛市崂山区委员会关于加强常委会议纪律的规定》《关于在全体政协委员中开展“双岗建功，我为崂山做贡献”活动的意见》。

第十一届常委会第七次会议　7月23日举行。会议传达学习了全国政协十二届二次常委会议、省政协十一届三次常委会议精神；听取了区委常委、副区长赵镭作的崂山区人民政府《关于2013年上半年经济社会运行和社会发展情况报告》；审议通过了《崂山区政协委员履行职责管理规定》；协商通过了有关人事任职事项。

第十一届常委会第八次会议　10月24日举行。会议听取了区政府关于区政协十一届二次会议提案办理工作情况的通报，区政府系统共承办区政协十一届二次会议政协提案196件，现在已经全部办复，面复率为100%；组织常委视察了崂山路建设情况，听取了崂山路改造工程与管理情况的汇报，并进行了座谈讨论。座谈讨论中，对区政府各承办单位办理政协提案给予了肯定，同时建议对已经解决办理问题，要建立管理监督长效机制，做好跟踪整改和落实。

第十一届常委会第九次会议　12月25日举行。听取并讨论区政府关于崂山区2014年政府实事和政府投资项目的安排意见；审议通过了《政协第十一届崂山区委员会常务委员会关于召开十一届三次会议的决定》（草案）；听取了区委统战部领导关于调整和增补十一届区政协委员和常务委员有关情况的说明；审议通过了区政协十一届三次会议议程（草案）；审议通过了区政协十一届三次会议日程（草案）；审议通过了十一届区政协常委会工作报告（讨论稿）；审议通过了十一届区政协常委会提案工作报告（讨论稿）；审议通过了有关人事任职事项；审议通过了关于调整和增补十一届区政协委员的决定（草案）；审议通过了关于撤销鞠正球十一届区政协委员资格的决定（草案）；审议通过了关于补选十一届区政协常务委员候选人名单（草案）；审议通过了区政协十一届三次会议选举办法（草案）；审议通过了区政协十一届三次会议总监票人、监票人名单（草案）;、审议通过了关于表彰“双岗建功，我为崂山做贡献活动”先进个人、先进集体的决定（草案）；审议通过了关于表彰2013年度优秀提案的决定（草案）；围绕区政府关于我区2014年政府实事和政府投资项目的安排意见开展了专题讨论，建言献策。

·重要工作与活动·

政治协商　十一届二次会议期间，委员们听取并审议了十一届区政协常委会工作报告和提案工作报告；列席了区人大十七届二次会议，协商讨论了政府工作报告及其他报告。围绕全区经济社会发展中的重大问题和人民群众普遍关心的热点问题，提出了30余条有价值的意见和建议。全年召开了4次常委会议，向党委政府提交了3个调研报告，提出了30余条意见和建议，为区委、区政府科学决策提供了重要参考。

民主监督　组织开展了7次调研视察，提出意见建议30余条。组织区政协委员视察了金融新区建设情况，提出了加快金融人才引进、完善配套服务管理等12条建议。在推进建设新型农村社区决策实施中，组织部分专家委员积极参与新型农村社区建设规划编制的研究论证，并就如何科学布局、完善配套政策、强化产业支撑、提供制度保障等方面提出了10多条意见建议。区委、区政府《关于加快推进新型农村社区建设的意见》出台后，组织委员深入16个已经建成的新型农村社区进行专题调研，形成了《关于我区新型农村社区建设的专题调研报告》，从社区规模、建设水平、工作质量、人员配置等方面，认真分析了社区现状，提出了高标准规划建设、多元化社区服务、探索多种管理模式等建议，区委、区政府对此非常重视，要求相关部门认真研究，采取措施加以落实。围绕崂山路一期改造工程，组织委员对崂山路的改造情况和改造后的通车运营情况进行视察，形成了《关于崂山路一期改造工程建设与管理情况的报告》，就加强交通管理与道路维护，提高道路运行效率，优化道路运行环境等方面提出了建议。把农村宅基地档案管理问题作为重点调研课题，组织力量查阅了20世纪90年代以来的宅基地审批资料，走访了4个街道、8个职能部门，调查了20个农村社区，对全区正在开展的地籍普查工作进行了专项视察，形成了《关于我区农村宅基地及档案管理工作的调研报告》。组织委员深入30多家企业、院校和金融机构进行调研，发放调查问卷100多份，多次召开座谈会听取各方面意见，形成了《关于我区人才公寓建设情况的调研报告》。组织委员对崂山区中小学建设进行了专题调研，提出了拓宽知名学校建设渠道、推进教育人事制度改革、优化名优教师成长机制等建议。

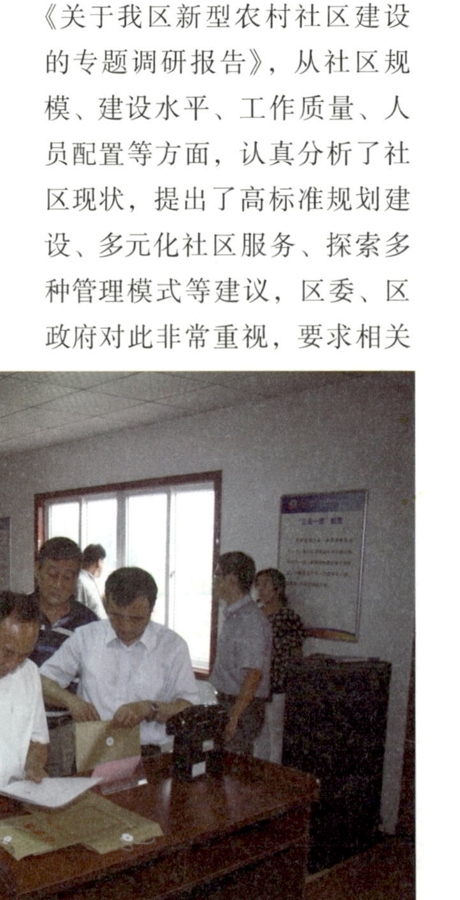

区政协视察农村宅基地档案管理工作

组织各界别委员参与各类民主监督和评议活动10余次。组织150名区政协委员参加了“向市民报告、听市民意见、请市民评议”活动和对区政府部门的检查评议。67名政协委员分别担任市、区特约监督员，参与纪委、法院、检察和政府系统的监督工作，为反映群众愿望、表达群众诉求发挥了积极作用。

参政议政　区政协十一届二次全会上，9名委员提出了加强张村河治理的提案，区政协组织委员开展了专项视察，形成了《张村河环境综合整治视察报告》，从水利、生态、景观、文化、旧村改造等方面提出了6点建议。先后组织120多位委员和专家学者，对扶持小微企业发展、环境综合整治、政府实事办理、枯桃花艺生态园建设、中小学品牌建设等方面开展调研视察活动，有力促进了民生问题的解决。针对崂山区地方农保向城乡居民养老保险和城镇职工养老保险转移衔接中遇到的问题，组织委员进行调查研究，提出了灵活运用政策、扶持弱势群体、做好服务保障等建议。针对推进金家岭山公园规划建设的问题，组织委员专题调研，提出了在规划布局上抓好生态保护、在功能定位上完善市民休闲健身功能、在经营管理上强化公共服务意识等建议。针对崂山区人口老龄化不断加快，群众养老难的问题，组织委员调查人口老化状况，考察养老服务设施，提出了加大政策引导，加快养老设施建设，建立和完善社会养老服务体系等建议。

区政协委员对世园会花艺生态园开展调研

提案和社情民意工作　区政协十一届二次会议以来，委员们共提出提案230件，是历届区政协会议提案数量最多的一次。经提案委员会审查立案220件，立案率95.7%。经过各有关方面的通力合作和承办单位的积极努力，所有提案在2013年4月底前已面复完毕。建立完善了以委员为主体的信息网络，通过《社情民意》信息“直通车”，及时反映群众诉求。区政协先后报送重要社情民意信息22件。

宣传和文史工作　《崂山文化通览》历经两年半时间编纂完成，全书总篇幅近百万字，插图450张。该书通过广泛收集核对文史资料，实地考察历史文化遗迹和生动详实的论述，全面系统地反映了自史前新石器时代至2010年间崂山区域文化发展历程，确立崂山文化的历史地位，解答了有关历史悬疑，为全面介绍宣传崂山文化提供了详实可靠的规范性依据。

充分利用各类媒体，做好对政协工作和广大委员在“双岗建功”活动中先进事迹的宣传报道，为委员履职提供舆论支持。全年在中央、省、市新闻媒体刊发稿件56篇。办好“委员风采”栏目，以政协委员衣玉洁创业故事为原型的微电影《家住北宅》在青岛影视频道播出，受到广泛好评。

（政协）

中共崂山区纪律检查委员会（区监察局）

·工作综述·

监督检查　会同有关部门，对区《财力投资项目招标评标定标若干规定》进行修订，进一步规范了工作流程、堵塞了管理漏洞。加强执法监督，对115个财力投资项目、189个政府采购项目、10个自主立项项目进行监督，促进重点工程项目廉洁高效推进。对45个财力投资工程建设项目进行全方位督查，进一步巩固专项治理成果。推进行政处罚权规范透明运行，严格规范行政处罚案件网上办理系统流程，通过开展电子督查，监督不予受理、不予立案等情况61件，网上发送督察意见75条；通过开展现场督查，发现行政处罚问题10余个，提出并落实整改意见8个。开展市“双月奋战”和区“双包双促”集中专项服务活动，全程跟进效能监察，全区共有88个项目实现开工建设或主体施工，其中6个市级重点项目已竣工。

反腐倡廉　抓好中央“八项规定”及上级党委、纪委有关要求的落实，提出并落实好“坚持厉行节约、坚决制止奢侈浪费十条禁令”，开展“特权思想、特权现象”专题研究，积极引导党员干部守纪律、作表率。抓住元旦、春节、“五一”等重要节点，组织开展专项检查行动，对辖区内餐饮酒店、购物中心等重点区域多次进行明查暗访，对未按规定停驶停放公车的27个单位进行通报批评。强化纠风专项治理，录播《政风对话》栏目14期、《政风追声》栏目20期，解决群众反映强烈的热点难点问题153个；参加区（市）长《行风在线》上线周活动，解决问题282件次。组织参加市《民生在线》网谈活动，收到并答复问题454个；维护崂山党风廉政网和崂山纠风网站，受理咨询、投诉122件次，均得到及时有效的解决。

区纪委进行廉政效能督察

案件查处　加大信访工作力度，梳理排查信访积案，共受理信访举报194件次，对群众反映强烈的18件重点信访问题，逐案落实定领导、定人员、定方案、定时限、包结案“四定一包”制度，已办结并反馈6件次。严格依纪依法安全文明办案，上报立查党政纪案件20起，给予党纪政纪处分10人，移送司法机关追究刑事责任2人，向公安机关移交案件线索3起。探索建立“三线一网”制度，通过建立公检法线、司法所线、党支部线以及党员信息网联动协调机制，较好地解决了被判处刑罚党员规避党政纪处分问题。对近年来查处的7起典型案件发生原因、违纪违法特点等进行深刻剖析，

全体区纪检监察干部参观警示教育基地

其中4起被市纪委《夜黑前的迷路》教育丛书采用。

教育预防　开展党风廉政宣传教育月、岗位廉政教育和警示教育等系列教育活动，通过举办十八大及中央纪委十八届二次全会精神专题辅导报告会，组织领导干部讲党课、编写《警示与明鉴》专刊、发放《廉政日志》笔记本、给领导干部家属寄发公开信、参观警示教育基地等方式，不断加强对党员干部的教育引导。组织参加全市“廉洁青岛”书画比赛、“廉洁青岛”征文和唱响“廉洁青岛”活动，提报的7部作品获奖，营造了浓厚的廉政文化氛围。开展会员卡专项清退活动，全区共有99名纪委委员、纪检监察干部职工和3329名党政机关干部职工作出了“零持有”报告。党内监督各项制度，民主生活会、“三谈两述”和函询等制度得到较好落实，全区科以上干部在不同范围内进行述职述廉1550人次，纪委负责人同下级党政负责人谈话34人次，任前廉政谈话185人次，诫勉谈话2人次，较好地规范了党员领导干部从政行为。做好涉腐网络舆情应对处置工作，及时跟踪处置网络舆情11起。

服务经济建设　会同有关部门，对建立重大项目绿色通道、政务便民服务事项下沉、完善公共资源交易规则、规范涉企服务等关键节点，明确责任、定期督查、推动工作。开展行政效能提升活动，组织全区性明查暗访7次，对存在管理不严、纪律松懈等问题的14个单位，对存在违反机关管理有关规定等问题的23名工作人员进行通报，受理效能投诉103件次，25名工作人员受到不同程度的处理。梳理便民服务事项，确认行政审批和便民服务事项1222项，其中便民服务事项622项。组织开展“走访百家企业”调研活动，围绕机关办事效率、涉企检查、政务公开等20多个方面的问题，发放调查问卷，征集各类意见和建议120余条，查找机关效能建设中存在的问题和不足3个。

党风廉政　组织开展创建农村党风廉政建设示范村活动，加强对农村集体资金、资产、资源的监督管理，推进党务、

区纪检监察机关“开放日”活动

政务、居务公开，36个农村社区开展了清产核资工作，134个农村社区实行了农村集体“三资”全面委托代理，搭建起集公开、预警、评议等功能于一体的崂山区农廉网系统服务平台。加强对《农村基层干部廉洁履行职责若干规定》贯彻落实情况的监督检查，开展任前廉政谈话33人次，诫勉谈话1人次，128个农村社区建立了居务监督委员会，929名农村基层干部作出了廉政承诺。在全区63个非公有制企业党组织全面推进纪检组织的摸底排查，拓展了预防腐败的覆盖面。

队伍建设　加强纪检监察干部队伍建设，举办了全区纪检监察相关业务培训班，选派17名纪检监察干部参加中央、省、市纪委举办的各类培训。加强街道纪检组织建设，对街道纪工委书记的职责分工进行了规范。以“为民务实清廉”为主题，以聚焦整治“四风”为重点，围绕中国特色社会主义理论体系、党的十八大报告和党章、习近平总书记一系列重要讲话精神、马克思主义群众观点和党的群众路线、廉政建设五个专题，深入开展政治理论学习，进一步深化了纪检监察干部对群众路线、群众观点的理解和认识。召开了街道党政干部、人大代表、政协委员和社区两委干部等不同层面人员参加的座谈会12个，面对面地听取基层和群众意见；以专题调研、书面函询、发放问卷等形式进行了广泛征询，征求意见建议55条。加强对部门领导班子、领导干部和“三重一大”事项的监督，3个派驻组共参加驻在单位“三重一大”事项监督318次，督查298次，发现并纠正问题58个，提出合理化建议143项。

·重要会议·

全区纪检监察干部业务培训班　5月14日召开。各街道纪工委；区纪委机关各室、各派驻纪检组；区直各部门各单位全体纪检监察干部近80人参加培训。

区纪委监察局党的群众路线教育实践活动动员会议　8月8日召开。区纪委委员，各街道纪工委书记、副书记，纪委机关及派驻纪检组全体党员干部，监察局党外副局长，上次换届（2006年）以来退出委局领导班子的老同志、退休（离岗待退）纪检监察干部，共计80余人参加会议。区委常委、区纪委书记邵显先作动员讲话，标志着崂山区纪委监察局党的群众路线教育实践活动正式启动。　（刘小华）

区纪委监察局党的群众路线教育实践活动动员会

社会团体

·崂山区总工会·

基层组织建设　新建工会组织23家，新增会员963人，推荐全国模范职工之家2家，全省“双爱双评”先进工会和省模范职工小家各1家，省优秀工会工作者3名，省优秀工会积极分子、省优秀工会之友各1名。建设工会市级规范化试点9家，“双亮”工程达到100%。加强职工书屋建设，3家“职工书屋”和“书香企业”获市级表彰。

学习贯彻党的十八大精神，组队参加区机关工委“岛城先锋”杯学习党的十八大报告和党章知识竞赛选拔赛，获第三名。组织开展我为“三大战略平台”建设做贡献征文和金点子征集活动，开展廉政教育，“七一”走访看望帮扶社区老党员，帮扶经费达1万元。制定下发《关于做好2013年职工教育培训工作的通知》，走进企业、工地、社区，举办一场答题竞赛、开设十场流动课堂、配送百份工人日报、赠阅千本党章读本、印发万份宣传材料。建立全区职工网络平台，开展网上便民服务。

创先争优　召开全区庆祝“五一”国际劳动节大会，评选表彰37名区劳动模范以及31个区“工人先锋号”和47名区“工人先锋”。培养选树4名省劳模，4个市“工人先锋号”和7名市“工人先锋”。五一期间，在区电视台黄金时段播放主题公益广告和工会工作专题宣传片，努力营造“工人伟大，劳动光荣”的氛围。节日期间，发放《致全区劳动模范的慰问信》，走访看望困难劳模，向各级劳模发放慰问金、救助金17万余元。组织470余名各级劳模和工人先锋进行健康查体。培养选树青岛朗讯公司劳模工作室等一批劳模工作室；组织劳模参与无偿献血公益活动，开展劳模林植树、志愿服务等活动，使劳模更好地履行社会责任，发挥劳模表率作用。

看望慰问劳动模范

以创建“工人先锋号”为载体，继续开展以“技术培训、岗位练兵、技能竞赛、师徒帮教和以技术创新为主的“五小”活动为内容的创先争优建功立业劳动竞赛，开展“比创新、比技能、比管理、降能耗和排放”为主题的重点行业节能减排达标竞赛和职工节约环保行动。青岛黄海制药有限公司等5家企业的8项职工优秀技术创新成果获市表彰，并在区电视台推广宣传一批职工优秀技术创新成果。2013年，全区各级工会组织举办“建筑工人技能大赛”、“新型农村合作医疗知识竞赛”、“中医技能大赛”、“海产品加工行

崂山区庆祝五一国际劳动节暨劳动模范表彰大会

业职工技能大赛”等10余个工种近百场次劳动竞赛，参赛职工达4万余人次。开展技术攻关14项，创效益1746.5万元；推广应用新技术12项，创效益963.5万元；技术革新及发明15项，创效益1704万元；提合理化建议968项，采纳470项，创效益572703.8万元。

制发《崂山区总工会关于2013年度开展全区“安康杯”竞赛活动的实施意见》，组织开展“安康杯”知识竞赛和现场咨询宣传活动，发放安全生产知识扑克、劳动保护宣传材料等。制定下发《关于切实做好当前群众性安全生产工作的紧急通知》，开展“四到五看”和隐患排查治理大检查，指导签订企业《劳动安全卫生专项协议书》工作。组织“十个一”职工安全教育培训和安全生产承诺签名等安全文化活动，组织开展“安全健康伴我行”主题知识竞赛，组队参加全市职工知识竞赛。各级工会开展安全操作竞赛和安全知识培训30场次，参训职工5万余人次，3家企业、2个班组、2名个人获市“安康杯”竞赛优胜单位、优胜班组和优秀组织个人。

维护合法权益　开展劳动关系和谐企业创建活动，年内有5个单位被评为“青岛市劳动关系和谐企业”，10个单位被评为“崂山区劳动关系和谐企业”。推行平等协商和签订集体合同机制的落实，集体合同和劳动安全卫生、女职工专项集体合同签订率、履约率均达90%以上。开通维权热线，积极参与劳动争议调解，全年参与处理停工、罢工事件50余起，调处两家韩资企业（南阳电子和新新体育）女职工特殊权益受侵害和企业搬迁解除职工劳动合同案件，进一步畅通信访渠道，加大对越级上访和非正常上访疏导化解工作。开展普法学法活动，组织全区女职工开展《女职工劳动保护特别规定》知识竞赛。

制发《2013年崂山区厂务公开民主管理工作意见》、《关于开展厂务公开民主管理建制规范年活动的实施方案》，加强对职代会工作的督促、指导，会同区纪委、组织部等9个部门对全区厂务公开进行了督察，截止12月底，有80余家企事业单位召开了职代会，使职工的参与权、知情权、监督权等得到了落实。崂山玻璃有限公司被评为省厂务公开民主管理先进单位。

工会帮扶　开展春送岗位、夏送清凉、金秋助学、冬送温暖“四送”活动，对923名困难职工建档，共筹集资金150余万元、走访慰问生活困难职工、农民工2000余人次；全区各级工会组织与150名困难职工家庭结对，救助钱、物共计50万余元、帮助就业38人、助学67人次。继续开展“助你创业”行动，年内共培养选树省“工友创业”1人，获省“富民兴鲁”劳动奖章；市创业带头人7名，创业示范基地1个，吸纳近200名下岗失业职工和失地农民重新上岗就业。

做好职工互助保险，共有4个险种10266人次参加了保险。累计为出险职工办理理赔201056元，受益职工达301

慰问崂山路施工人员

人次。崂山区总工会职工保险会代办处，被评为2012年度全国职工互助保障基层先进单位。

宣教工作和文体活动　开展“我的中国梦”主题宣讲、知识竞赛、演讲、征文和教育培训十余场次，参与宣讲职工90余人次，观摩职工近万人次；开展“四讲四做，共建宜居幸福家园”主题教育活动，各级工会组织教育培训活动36场次，参训职工2万余人次。崂山区1个单位和1名职工荣获市级职工职业道德建设先进单位和个人；开展“铸造诚信”活动，争创“诚信示范岗”。黄海制药公司压片班等8个集体荣获市级诚信示范岗。开展“中国梦·劳动美”、“凝心聚力跟党走、建功立业绘蓝图”等主题教育活动，加强职工思想道德建设。

举办崂山区第八届职工沙滩趣味运动会、崂山区首届“体彩杯”职工大众体育联赛，共有99个代表队的1284名干部职工报名参加了比赛。组队参加全市职工乒乓球、羽毛球比赛，荣获体育道德风尚奖、羽毛球男子团体比赛第二名、乒乓球女子团体比赛第四名的好成绩。组织职工方队参加“运动青岛 健康城市”迎新年万人健康跑暨市民越野比赛。各级工会结合各自实际，开展登山比赛、扑克够级大赛等职工喜闻乐见的活动，丰富广大职工业余文化生活。

加大对先进典型和工作经验的宣传力度。《青岛特锐德“亲情工资”成了偏僻山村大新闻》刊登在《工人日报》头版头条，《青岛市崂山区总工会：创新工作载体 服务职工群众》《青岛市崂山区总工会：劳动竞赛显特色 以赛促学见奇效》等23篇工会工作信息和经验材料在《工人日报》《山东工人报》等各类媒体推广。编辑出刊4期《崂山工会信息》。

会费收缴　召开全区纳税前600名企业动员大会，在第三季度税务征收期内，通过现场解答、及时通报情况、电话督促、指导交费等一系列措施，工会经费实现了突破增长，7、8、9三个月实现税务代收工会经费361万元，为工会各项工

崂山区第八届沙滩运动会

作的开展打下了良好的基础。

（工会）

·共青团崂山区委·

主题活动　开展纪念五四运动94周年、建团91周年系列活动。在崂山区政府一楼大厅集中展出了青年文明号、青年岗位能手、创业之星、创城志愿服务先进集体和先进个人，以及共青团开展活动的图片，并组织青年突击队和专业志愿者服务队举行誓师活动。开展“青春汇绿 美丽崂山”义务植树活动，共有机关、航空公司、银行、学校、企业等多家单位的200余名热心市民、学生和论坛网友在王哥庄街道滨海大道东侧进行义务植树。

“学习雷锋日”崂山志愿者到麦岛社区周边开展志愿服务活动

开展“道德榜样面对面”实践教育活动，向全区少先队员宣传道德模范的先进事迹，引导青少年树立诚实守信、孝老敬亲、助人为乐、好学上进的道德修养。加强以爱国主义为核心的社会主义价值观教育，推动青岛警备区71115部队一中队与崂山惠特小学结成军地共建单位，聘任官兵作为校外辅导员举办国防、军事常识报告，进行军港舰艇体验。开展了以“传承五四精神 放飞青春理想”为主题的18岁成人仪式。连续12年举办了机关、社区、非公经济组织等各界青年参与的青年足球赛。

“学道德模范、学美德少年、做有德之人”报告会

组织召开了主题为“凝聚青春力量，共铸中国梦”的青年座谈会。来自全区机关、社区、企业、学校的60余名青年代表和学生代表参加了座谈会。

团组织建设　依托党建带团建、“青年文明号”与非公企业“一助一”结对、行业团建等多种渠道开展团建工作，新建非公有经济组织团组织159家。举办工作交流会，确定全年基层团务指导派遣工作部署安排，年内开展团务指导派遣活动5次，指导非公企业团组织30多家。

权益维护　走访慰问家庭贫困青少年学生，共发放爱心助学金、奖学金7万元；组织驻区大企业开展“庆六一·爱心助学”活动，看望慰问品学兼优的少先队员，激励孩子们刻苦学习；组织20多名志愿者前往区中心敬老院，开展以“三心暖夕阳 真情系空巢”为主题的关爱空巢老人志愿服务活动，为70位老人送去了便携式收音机、棉拖鞋等慰问品，并主动为老人打扫房间、整理被铺衣服，陪老人读书看报、散步聊天，有针对性地进行了心理咨询和疏导，鼓励老人保持健康乐观的精神状态。

以“走进青年社会组织”为主题全面开展团干部“恳谈日”活动，走访调研不同领域、不同类别、不同性质10多家青年社会组织及各类青年组织，了解青年需求。开展2013“共青团与人大代表、政协委员面对面”活动，团员青年们就“社会教育与青少年全面发展”主题，与区人大代表、政协委员开展了面对面座谈交流。

志愿服务　组织70名志愿者服务2012崂山非物质文化遗产节，协助组委会做好游客引导、会场服务、展销咨询、后勤保障等工作。120名志愿者在第22届青岛国际啤酒节啤酒城内外的10多个服务站点，为参节的国内外游客开展信息咨询、礼宾接待、语言翻译等服务。组织区工商分局、区卫生局、区红十字会、区人才服务中心、区法律援助中心等单位联合集中开展2012春风志愿行动，涵盖“两法一条例”宣传、送岗位下乡、“倾心呵护健康”体检、以及便民咨询服务活动。近千名志愿者参与创城工作，开展信息导航、交通引导、便民服务等活动，累计提供志愿服务3000多个小时。以“扮靓新崂山”植树造林活动为抓手，组织300多名来自崂山论坛网友、东航“凌燕”青年服务团队以及中国海洋大学、青岛科技大学大学生志愿者参与到绿色青岛的建设之中。启动“大学生社区志愿者”服务计划，陆续组织3批50名大学生志愿者到东城国际、瑞都、鲁信长春、石老人、金家岭等5个社区试点上岗，围绕青少年暑期社会实践、社区公益、心理素质提升等方面开展主题活动，进一步充实了社区工作力量。

青年就业创业　与中国海洋大学团委、人民银行青岛市中心支行联合主办了2期青年对话——“蓝色硅谷”青年发展论坛暨博士团与创业青年结对活动，青岛银行与创业青年现场签署了贷款意向书，海大博士团多次实地调研考察了解崂山创业青年的发展需求，提供多项技术支持和咨询服务，将先进海洋渔业、养殖业、海洋生命医药的技术成果向崂山创业青年指导输送。沙子口创业青年刘超中在博士团的帮助下，研发“海藻植物空心胶囊”产品，已申请国家专利，达成2亿元资金注入的合作协议。崂山道乡缘农产品有限公司总经理曹学东在博士团的帮助下，成立王哥庄海产品专业合作社，成功开发出风味独特小吃“王哥庄”牌海蜇，目前已在全市各大超市商场上市。全年建立青年就业创业见习基地企业23家，接收见习青年上岗560人次。推进“社区青年金融知识大讲堂”活动，邀请青岛银行崂山支行金融专家作讲座并互动交流。邀请青岛银行中小企业部到沙子口街道实

“蓝色硅谷”青年发展论坛第三季暨崂山创业青年走进海洋科研实验室活动

地走访考察了长丰园专业合作社、盛誉水产、元锦酒业等青年创业企业，积极探索灵活便捷的信贷支持模式。（刘元元）

崂山区
·妇女联合会·

妇女就业创业　开展“帮贫困、助致富”主题活动，组织崂山区妇女人才促进会5家会员单位与8家妇字号小微企业结对，协调交银村镇银行为授权企业提供80万元低息贷款，通过为企业提供低息贷款、购买产品等方式，扶持小微企业发展壮大。继续打造樱嫚儿品牌，不断壮大妇女自主创业品牌，扩展注册花卉、海产品等共计6类60种产品经营范围。崂山区打造樱嫚儿品牌促进妇女增收致富的工作被《中国妇女报》两次头版报道，中国妇女杂志专题报道。

开展巾帼文明岗送服务进社区活动

开展巾帼科技齐鲁行、春风送岗行动等活动，进行岗位信息、优惠政策的推介宣传。举办农家宴经营知识、家政服务、果树种植知识等培训，提高妇女就业创业能力。培养了闫玉凤、孙秀芬等一批省、市级巾帼致富带头人及冯晓丛、冯慧等一批女大学生创业者。其中冯晓丛荣获市十佳女大学生创业明星，当选为市女大学生创业者联盟理事长，成为妇女自主创业的典范。

省妇联发展部部长赵红（右二）视察樱嫚儿品牌企业

开展巾帼文明岗送服务进社区主题活动，组织16个行业的28家巾帼文明岗，走进社区为群众提供义诊、产品质量鉴定、法律咨询、就业培训、岗位信息等便民服务。在全区新型社区服务中心中，开展“巾帼文明岗”争创活动，按照“服务行为标准化、服务方式多样化、服务效率最优化”标准，提高服务水平与工作质量。

提升女性综合素质　以“与春天同行”为主题，举办“三八”工作图片展，制作播出电视专题节目，全面展示全区妇女工作的成绩和亮点。评选表彰62个区级先进集体和个人，推荐1人被评为市三八红旗手标兵，9人被评为市三八红旗手，4个单位被评为市三八红旗集体，树立妇女先进典型，提升妇联组织的影响力和号召力。

开展“中国梦”宣传教育，凝聚妇女精神力量，引导妇女成就梦想。开展女性素质提升大讲堂、幸福女性大讲堂、妇女学法讲堂等活动，对妇女进行文明礼仪、心理健康等培训。开展家庭读书月、优秀母亲座谈会、“感恩母亲”我陪妈妈看电影等活动，倡树良好社会风尚。制作播出电视专题栏目《女性时间》97期，以身边事教育身边人，树立文明健康的社会风尚。

深化志愿服务　积极做好文明城市创建工作，组织开展“学雷锋，巾帼志愿者在行动”、关爱空巢老人、牵手助困“圆梦”行动、“做低碳家庭 享健康生活”美丽家园行动、文明交通等主题活动，招募文明交通志愿者178名，不断壮大志愿者队伍，提供服务超过6000小时。华都社区家庭志愿者服务站获评首届全国“敬老文明号”称号。新培育“王大姐说事室”、彩霞法律工作站等志愿服务阵地。

维护妇女儿童权益　成立崂山区妇女维权工作基地，建立并不断完善以一个中心（彩霞法律服务中心）、一个基地（妇女维权工作基地）、两支志愿者队伍（妇女维权法律服务团、反家暴志愿服务团）和三条服务热线（12338热线、彩霞热线、维权基地服务热线）为主的社会化维权服务平台，为妇女提供更加便捷、优质的法律服务。联合法院成立女法官宣讲团，深入街道、社区举办法律讲座和咨询服务。开展各类宣传教育进社区活动32场，服务妇女6000余人次。全年为62名妇女提供援助，挽回经济损失200余万元。区妇联全年区级接访31件，处结率100%。在街道及部分社区试点开展妇女议事和信访代理工作，新建4处市级妇女维权服务示范站。围绕“平安美丽我的家”主题，开展禁毒、反邪教、预防艾滋病、应急救护等宣传教育活动。

开设男女平等基本国策专题讲座4次，在区政府网站设立专栏等宣传国策意识和“新两纲”。走访慰问10所小学和幼儿园，赠送慰问金15万元。组织区妇女人才促进会会员和春蕾女童开展“爱心帮扶 共圆梦想”活动，26名春蕾女童得到定向结对帮扶，全年为206名春蕾女童发放10万余元助学款，资助率100%。利用春节、母亲节、中秋节、重阳节等重大节日为贫困儿童、贫困妇女赠送慰问品和慰问金价值8万余元。

妇联组织建设　召开崂山区妇联八届四次执委（扩大）会议，表彰79名妇联系统先进集体，推选3名市级优秀妇女工作者。对全区三级妇女干部及社区“两委”女委员320余人进行培训，组织9名女干部参加市委党校主体班次培训及学历教育，50余人次参加上级妇联及有关部门的业务培训。巩固扩大选聘兼职副主席工作成果，共在4个街道、11个社区选聘妇联兼职副主席18名，增补执委33名，充实基层妇联干部队伍。工作经验在山东省《妇女工作》刊登并被《中国妇女报》报道。

推进社区“妇女之家”规范化建设，命名9个示范妇女之家，创建4个市、省级示范

维权基地成立仪式暨庆“三八”维权座谈会

妇女之家。召开妇联参与新型社区建设工作座谈会，深入有关社区服务中心加强调研，在28处新型社区妇女中心设立妇女儿童家园，推进“贴心娘家”服务品牌进社区工作。培育了麦岛、埠东、石老人等8个各具特色的妇女儿童家园示范点。崂山区妇联荣获省级巾帼志愿服务工作先进集体荣誉称号。　（妇联）

在海水浴场举办沙滩公益课堂

·崂山区红十字会·

募捐救助　2013年，接受社会各界捐款捐物共1283万余元，接受的捐款数额以及单笔捐款数额是历年来最高的一次。全年开展助学助残、敬老帮困等活动支出234万余元，救助1723人次。其中积极开展为雅安地震和甘肃灾区捐款活动。在博客第一时间开通了“携手为人道，大爱助灾民”募捐倡议板块，65家企业和个人捐款80.9万元。驻区爱心企业捐款1100万元，定向用于崂山路和麦岛小学建设。微尘统战博爱基金接受捐款31.8万元，开展了捐建“同心园林”、“爱心助困”等活动。10月，市红会、微尘办在华楼海尔希望小学成立崂山区第一所微尘博爱小学，5万元爱心款救助400余名困难学生。

应急救护培训　在旅游、渔业、世园会酒店、建筑和中小学等重点领域开展举办各类应急救护培训班83场，培训1.2万人次，其中举办救护员培训班13场，培训发证救护员620人。连续4年在石老人浴场举办应急救护技能演练活动，来自石老人海水浴场、中韩街道华都和康城社区居民、乡医等4支救援队65名急救员进行了包扎、固定等各类应急救护技能展示，各地游客近300余人观看了演练活动。聘请张雨晴为崂山区红十字应急救护志愿者形象大使。举办了6期沙滩公益课堂，在沙滩摆放30个简易模拟人，现场教学。参与学习游客群众680人，现场观摩1500余人。在中韩和沙子口街道为10个社区的居民代表举办了急救员培训班。为70名红十字应急救护志愿服务队队员每人配备了应急救护包，便于在社区开展应急志愿服务活动，

崂山区首所微尘博爱小学挂牌

受到居民欢迎。

捐献　崂山路工地建设者潘学奎赴济南成功捐献造血干细胞，是崂山区第4例造血干细胞捐献志愿者。首次成立一支56人组成的科大捐献造血干细胞宣讲员队伍，宣传推动采样工作，全年采样125人。积极开展“无偿献血推动月”活动。在区政府、街道、企业等组织开展无偿献血活动7次，630余人累计献血20万余毫升。充分发挥我区捐献队伍带动作用，全年接听咨询电话56次，登门送表、咨询、沟通等服务13次，新增填表登记志愿者23名，崂山区实施第一例器官捐献者梁玉冰挽救了4人生命。

志愿服务　招募红十字登记填表志愿者313人，全年集中开展志愿服务活动18次，服务时间3526小时。成立“爱慈心”心理援助志愿服务队和服务基地，志愿者定期在基地开展心理辅导、培训咨询等服务。首次将建筑工地新市民吸纳为红十字志愿者，在建筑工地开展了2场红十字文化培训和一次义诊活动。定期组织科大、海大红十字志愿者走进聋校开展“手拉手 爱无声”关爱聋哑和智障学生志愿服务活动。

文化宣传　开设“红十字文化课堂”，广泛传播人道理念。在驻区高校、社区、企业、博爱新村等举办了7场红十字文化课堂和2场道德讲堂，326人参与课堂学习。加强与媒体联系，不断宣传红十字工作，全年投稿205篇。

人大调研　2013年8月崂山区人大代表调研了红十字会工作，这是崂山区红十字会独立设置以来首次调研红十字工作。9名人大代表现场观摩了石老人浴场应急救护演练以及沙滩公益课堂培训情况，参观了南北岭博爱新村建设取得的成效，听取了汇报，通过调研代表们对红会工作取得的成绩给予了充分肯定。（红十字会）

崂山路建设者潘学奎赴济南捐献造血干细胞

崂山区·残疾人联合会·

康复救助与服务　实施贫困残疾人康复救助系列工程，为160名贫困精神病人免费提供常用治疗药品，为20名住院的贫困精神病人提供了住院救助，定期为他们免费诊查和个性化配药，以保证他们的基本医疗康复需求。崂山区残疾人康复中心内的奥博康复中心作为青岛市自闭症儿童康复定点机构，免费为崂山区自闭症儿童提供康复培训，已有11名残疾儿童在中心接受长期康复训练，对40名0～9岁的残疾儿童进行了康复救助。继续实施贫困白内障患者复明工程，全年对符合条件的120名贫困白内障患者实施了免费复明手术。免费为残疾人发放辅助器具200余件，为符合条件的8名残疾人装配假肢，使他们借助辅助器具走出家门，融入社会。

就业与扶贫　以就业帮扶、真情相助为主题，组织举办了2次崂山区残疾人专场招聘洽谈会，23人与企业现场达成用工意向。鼓励支持残疾人开展自主创业，主动提供创业指导和就业政策咨询，帮助办理营业手续，为287名残疾人个体户发放养老保险及医疗保险补贴金40余万元，全年向新增的

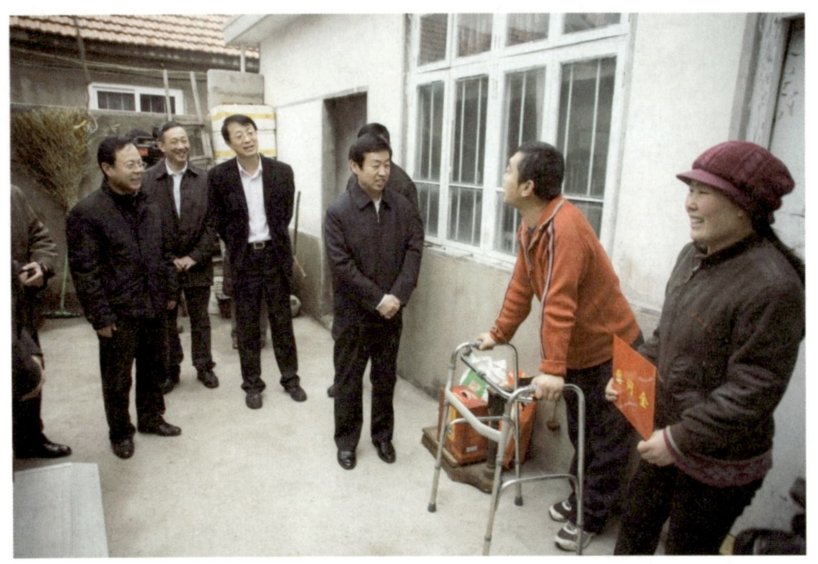

区委书记齐家滨（右三）视察残疾人家庭无障碍实施情况

45 名残疾人个体户发放了自主创业补贴。加大企业按比例、超比例集中安置残疾人就业相关政策的宣传，鼓励企业积极安置残疾人就业，全年有 146 名残疾人实现按比例就业，征收残疾人就业保障金 3340 余万元，位居全市前列。充分利用区残疾人综合服务中心培训设施，举办了计算机操作、中式面点、美发、保健按摩、面塑（民间绝活）等残疾人职业技能培训；因地制宜，组织开展了茶叶、蔬菜、蓝莓种植管理等农村实用技术培训，300 余人参加了培训。加大残疾人就业扶贫基地的扶持、培育力度，对 13 家扶贫基地建设情况进行全面督查、规范运营，年内新建区级扶贫基地 4 个，申报市级扶贫基地 4 个。推进农村基层党组织助残扶贫工程和“第一书记”帮包村开展“助残扶贫”工作，充分发挥基层党组织堡垒作用，帮扶 108 户农村贫困残疾人家庭实现个人就业创业。

宣传文化体育　建设了 6 处残疾人文化体育活动场所，建立了 4 支残疾人文化体育队伍，设立并扶持了 8 个残疾人文化体育工作室，打造了 6 个残疾人文化体育名人（名作），培养 6 名残疾人文化体育创业带头人。举办了以“携手共享，幸福同行”为主题的第二届残疾人文艺汇演；发掘全区残疾人艺术人才，对全区残疾人文化艺术人才资源进行了调查，建立了人才库，成立了崂山区残疾人梦想艺术团；组织优秀节目参加市残疾人文艺汇演，获得 1 个一等奖，1 个三等奖，区特殊教育学校的舞蹈《春暖花开》入选省残疾人文艺汇演。组织开展了“全国助残日”、“爱耳日”、崂山区第四届残疾人棋牌比赛、首届残疾人乒乓球比赛、残疾人励志电影专场放映、为残疾人送书到家等活动。继续为社区和企业残疾人订阅《中国残疾人》杂志 1300 余份。与区广电中心合作，开播助残公益广告和 1132·7 专题栏目，办好电视手语新闻栏目。

社会保障和社会福利　提高城乡低保残疾人生活补助金标准，农村贫困残疾人生活补助标准平均提高 30%，城镇贫

崂山区第二届残疾人文艺汇演暨崂山区残疾人梦想艺术团揭牌仪式

困残疾人生活补助标准与市内三区同步提高，为1200余名低保残疾人发放生活补助金170余万元。为292名贫困残疾学生和贫困残疾家庭子女发放助学金38万余元。实施残疾人安居工程，投入32万元对15户农村贫困残疾人危房进行了修建。为全区就业年龄段的3600余名残疾人购买了人身意外伤害保险，鼓励他们积极走出家门，融入社会。区残疾人托养中心和广济残疾人托养中心共安养符合条件的残疾人40人。享受残疾人居家托养服务的残疾人已达214人，办理残疾人免费乘车卡2893个，受理开具有线电视优惠介绍信146份，保证了这些特惠政策充分惠及广大残疾人及其家庭。

完成市政府为民办实事项目　2013年，残疾人家庭无障碍改造工作和为困难重度残疾人发放就业生活补贴工作列入了市政府在城乡建设和改善人民生活方面重点办好的实事项目，年内完成了80户改造任务，有效改善了残疾人生活环境。做好为困难重度残疾人发放就业生活补贴工作，为340名符合条件的困难重度残疾人发放就业生活补贴15万余元。

信访维权　开展法制宣传教育和法律救助工作，不断提高残疾人的法制观念和维权能力。组织开展崂山区残疾人法律宣传教育活动，青岛正航律师事务所王增慧律师为全区40余名残疾人个体户代表就残疾人维权、家庭、婚姻等方面的法律常识进行了宣讲。成立区、街两级残疾人法律救助工作站，组织专业律师、法律工作者和大学生志愿者，免费为残疾人提供优质的法律服务，开通了法律咨询热线电话，先后为30名残疾人救助对象签约了“爱心助残法律顾问协议书”，为残疾人提供法律援助服务13次。对残疾人来信来访，坚持做到件件有回音、事事有落实，先后受理来信来访43人次，处结率100%，全区未发生一起残疾人集体上访事件。

组织建设　做好街道残联残疾人专职干事、社区残疾人联络员的配备、管理考核工作。制定并印发了《残疾人工作专职干事、残疾人工作联络员管理及考核办法》。向全区137名残疾人工作联络员发放了履职记录册，为区、街道残联考核社区残疾人工作联络员提供参考依据。举办了全区残疾人工作者培训班，170多名残疾人工作者参加了培训。充分利用中残联的网上学习教育平台，开展残疾人专职委员网络在线学习培训工作，全区140余名残疾人联络员参加了学习。组织80余名残疾人代表参观了青岛市城市规划展览馆、青岛高新区及跨海大桥建设，举办了聋人趣味体育运动会等活动。

（残联）

中国残联副理事长程凯来（右二）视察崂山区残疾人综合服务中心

崂山区
·工商业联合会·

理想信念教育实践活动　以“民营企业家与中国梦”为主题，以增强非公有制经济人士对中国特色社会主义的信念、对党和政府的信任、对企业发展的信心为主要内容，在全区非公有制经济人士中组织开展了理想信念教育实践活动。举办了2场专题报告会和“同心共筑中国梦”畅谈会，开展了“民营企业家与中国梦”主题讨论、组织非公经济人士赴井冈山革命根据地接受革命传统教育等丰富多彩的主题实践活动。青岛市电视台8月2日晚以标题新闻“崂山区虚实并举、强化实践，扎实推进非公有制经济人士理想信念教育实践活动”进行了报道。

教育培训　举办了会员企业法律知识培训班、市工商联信息平台使用培训班，针对营业税改征增值税政策调整，及时举办了培训班，邀请青岛乾泽会计师事务所专家为会员企业进行政策解读，全年举办6期培训班，共有450人次参加了培训。

文化宣传　转发了《关于进一步加强全市民营企业文化建设的意见》，在会员企业中开展了企业文化建设典型案例和企业优秀内报内刊征集推荐活动。积极组织入场方队和组队代表崂山区参加市民营企业运动会，取得了较好成绩，树立了崂山区非公经济人士的良好形象。《中华工商时报》2次刊发介绍了崂山区商会组织发展情况。

光彩事业　四川雅安地震发生后，崂山区在第一时间通过信息平台向全区会员企业发出倡议，号召企业家发扬“一方有难，八方支援”的精神，积极参与抗震救灾工作，有20余家会员累计捐款达26万余元。

经济服务　组织企业参与“印度－中国”商业投资论坛和赴台湾、美洲等地的经贸考察活动。为60余名企业家进行了健康查体，组织40名企业家参加了1次高尔夫联谊活动，组织汉缆集团等5家企业参与《军民两用高新技术民营企业及产品目录》及山东省民营企业科技创新的申报工作。汉缆集团荣获省民营企业100强称号，华世基、易特优、冠中生态3家公司荣获省民营科技创新企业称号。与民生银行联合举办座谈会，征求企业融资要求和意见，有20余家企业参加了银企交流活动。在成立小微企业商业合作社的基础上，积极为商会会员提供金融服务，全年为中小微企业融资7.8亿元。专题举办融资政策解读交流活动，介绍针对合作社会员推出的一系列活动和优惠措施，并现场解答会员企业有关问题。组织区内十余家规模比较大、效益好、拟上市企业到汉缆集团进行了参观、学习、交流，组织企业参与赴台湾、美洲等地的经贸考察和中非商会论坛活动，共组织会员企业交流活动3次。

组织建设　以行业中具有代表性的上规模民营企业和科技型民营企业为重点，大力发展会员，全年工商联新发展会员172家，并全部录入市工商联信息服务平台。完成了122家执委以上企业信息和商会数据库的完善、更新。举办了信息服务平台专题培训班，有101家企业参加了培训。对区直会员进行了分组，定期以小组为单位组织开展活动，加强对基层商会工作的指导力度，分别走访有关商会，协助确定工作目标。召开商会工作座谈交流会，为商会互相学习借鉴搭建平台；坚持不驻会企业家副主席轮值制度和主席会议制度，每季度召开主席会议，推动了工商联组织的规范化建设。召开商会建设座谈会，邀请部分企业家座谈，新成立了崂山区水产商会、青年创业者商会、贸易商会、临海商会。

（工商联）

·崂山区贸促会·

荣获国家贸促会颁发的2013年度全国贸促机构先进基层单位荣誉称号。

原产地证业务　2月5日，国家贸促会正式批准崂山区的原产地证签证服务点升级为签证审批点。到12月底，共有注册企业161家，其中当年新增办证企业18家，办理出口产品一般原产地证书3965份，同比增长32.6%，为全区小微企业免费办理产地证565份，同比增长22.2%，增幅均居全市前列。并为企业办理票据认证25份，有38家企业通过免收审查，为出口企业节省办证费用

4万余元。

项目推进　做好分包项目的推进工作，及时协调推进中遇到的规划、征迁、配套等事项，新兴产业园项目于12月份开工。针对圣佳国际广场项目需要规划条件变更且用时较长的实际情况，积极联系有关部门，用2个月的时间，顺利完成了容积率调整的上报、专家评审、部门初审、城规委审议和社会公示。接待了深圳、香港投资考察团和广州文化健康产业协会等投资考察，实现利用外资77万美元。

经贸洽谈会、展览会　组织企业参加“2013韩·中·日优秀项目釜山国际创业投资展览会”、“第十一届中国国际航海博览会暨青岛国际船艇展览会”、“2013全球市场采购伙伴大会”等各种展会30多场次，60多家企业参展、参会。在中韩绿色经济合作论坛上，崂山区天人环境有限公司在大会上做了交流发言，参会的20多家韩方企业到天人环境公司进行了考察交流。

对外联络交流　协调中升博通汽车销售公司的注册地址变更中遇到的问题，解决马来西亚外商独资企业满奇智造商贸（上海）有限公司青岛分公司有关问题。举办了涉外法律进企业座谈会，免费组织国际商会会员企业参加“国际贸易实务及法律风险分析”法律讲座等活动，组织部分企业与宁夏回族自治区平罗县进行交流。为增进崂山区企业与市贸促会的交流和工作对接，于11月举办了参加“越洋桥梁”活动，崂山区20余家企业的负责人参会。

重要活动　第二届“越洋桥梁”服务企业系列活动。11月27日上午，由青岛市贸促会主办，崂山区贸促会承办的第二届《“越洋桥梁”服务企业系列活动》—走进崂山座谈会召开。此次活动市贸促会及各处室负责人共11人与会，与崂山区20多家企业负责人座谈交流，区委常委、副区长夏正启出席座谈会并致辞。此次座谈会对于加深政府和企业之间的交流与合作，优化对外经贸环境，加快推进企业国际化进程起到强有力的促进作用。

接待深港企业家投资考察团。8月16日，接待了深圳市贸促会党组书记、主任何学文一行的深港企业家投资考察团。考察团一行10人，期间与崂山区的部分企业进行了座谈，考察了高科园，并了解城市规划、产业计划和重点招商项目，探讨投资建设现代商贸物流城、电子科技城、健康产业园、食品冷链基地、产业供应链平台等项目的可行性。　（贸促会）

崂山区文学艺术界联合会

文化品牌建设　成立青岛首个融创艺术机构——青岛今日艺术研究院，邀请各地艺术家30余人举行成立院展并召开研讨会，以高校学术力量激发青岛文化在当代艺术领域创造力。举办近半月的“崂山表情”油画创作活动，国内一流画家10余人赴太清等景区采风10余次创作作品80余幅。与驻青5大高校联合征集“崂山·精神家园”作品40余幅。举办首届青岛高校街舞精英赛。

青岛今日艺术研究院成立展研讨会

吸引证大·大拇指广场赞助，由街舞俱乐部运作，海大、青农、山科等5大高校200余名选手、20多支团队参加4种代表性舞种比赛，获奖人数近40人，奖金累计万余元。参选第二届青岛“特色文艺之乡”“特色文艺示范基地”。邀请专家包装茶文化、面塑文化、民间艺术等资源，王哥庄茶文化、民俗文化村在全市24个参选单位中入选2个“特色文艺之乡”之列和7个“特色文艺示范基地”之列。

区域文化研究　邀请国内城市学、历史学等领域教授4人，研究生4人，赴上海交大、道教文化研究中心等调研，实地调研社区近40个，完成文本初稿及资料史料搜集20余万字，搜集文化图片资料3000余幅，整理音像资料近50小时，召开课题论证会3次，20余人参与论证，用文化元素理论初步形成文化元素系统建构，填补崂山区域文化研究乃至国内相关领域多项理论及资料空白。开展2014年“崂山·家园记忆”文学、绘画、研讨系列活动调研策划工作。走访国内知名本土文学家10余位，开展崂山主题散文邀稿工作，利用台湾、香港、北京等高校资源整理名人崂山游踪相关资料100多万字，精选15万字拟结集出版《名家笔下的崂山》，是目前最完整收录名人崂山题材散文的专门性图书。已邀请国内知名文学理论家近20人参加崂山文化艺术研讨会。

新型社区文化建设　开展奇石、陶艺、青年文化社区普及工作；元旦赴福利院送福剪纸，举办“中国梦 人民的梦”书法展；培训社区文艺骨干50余人，近200名居民受益。

队伍建设　通过海报、网络、精英推荐等方式在高校、企事业单位吸纳高端人才、民间艺人、爱好者等各层次会员300余人，国家级12人、省级27人、市级55人。提升“东海崂”文化品牌影响力，举办摄影大赛及首届机关干部硬笔书法大赛，收到省内外摄影作品400余幅、企事业单位书法作品近140幅。开展徂徕山、临沂画院采风及中国作协戴小栋《冷香》研讨会，举办崂山·胶南渔文化展。推荐报送3人作品入选十艺节展，其中曲宝来作品获得泰山文艺奖，是青岛市唯一美术类奖项；在“美丽青岛”“党在我心中”及“廉洁青岛”书画摄影剪纸比赛中报送作品近200幅，10人获一等奖，20余人获二三等奖。

重点项目　推动完成辽阳东路商业设施地块搁置5年之久的煤气站、青苗、临建等附着物拆迁，预计2014年底完成主体施工计划。协调解决“崂山道家文化园”项目施工工地治安、民事纠纷、用电建设配套等问题。一期工程主展馆1000平米已于11月底完工，投资达1440多万元，建成以古徽派建筑风格为主要特色的道家文化标志建筑单体，8月底提前完成节点任务及年度任务。

（文联）

戴小栋诗集《冷香》研讨会现场

政法　军事

·政法工作综述·

优化经济发展环境　建立涉企案件直查快办制度，对涉企重点案件坚持快侦、快破、快结，处置扰乱企业经营、拆迁改造项目建设等问题130余项，查处扰乱地铁工程建设等一批群体性事件及中韩街道黄某寻衅滋事阻挠施工等案件。组织开展重点项目工地治安秩序专项整治行动，排查整治突出治安问题20个，排查整改安全隐患98处。建立法治环境属地化责任及评价机制，全面开展“大走访”活动，深入企业和大型项目工地，处置各类问题131件，调处纠纷50余起。在重点项目工地设立12处治安办公室，公布24小时值班举报电话，发放警民联系卡2200余份。对处于建设阶段的项目实施挂牌保护，定时定期进驻现场，组织开展专项检查和现场办公20余次。对206家中小微企业开展“法律体检”，打造“法助企兴”品牌。

矛盾纠纷排查化解　开展“三大隐患”排查整治工作，共排查矛盾纠纷隐患119起，化解114起，化解率95.8%，排查突出治安隐患7处、安全事故隐患195个，整改率100%。制定人民调解工作规范，实行人民调解员“以奖代补”政策，建立以街道调委会为主导、以新型社区“司法工作室”为辅助、以社区人民调委会为基础、以社区纠纷信息员为触角、以企业调解组织为补充的大调解机制，调处民间矛盾纠纷435件，调处成功率100%。

平安崂山建设　持续开展季节性、专题性严打行动12次，打掉恶势力团伙3个，成功破获“9.26”故意杀人案和案值150余万元的特大系列入室盗窃案，全年未发生影响人民群众安全感的严重暴力犯罪案件。推进“无邪教创建”工作，继续保持对邪教组织的高压态势。在全省率先出台《社区矫正安置帮教工作规范》，区、街道、社区层层健全特殊人群电子信息台账，对刑释解教、吸毒、重症精神病等人员实施“红黄绿”三级预警，落实“四定一包”，全区特殊人员无一漏管失控。针对治安盲点、乱点开展集中治安清查30余次，查处各类违法人员320余人。针对部分区域交通混乱的问题，成立交通调研组，采取发放调查问卷、座谈研讨、实地考察等方式开展调研，崂山路改造工程、丽达商圈等交通难点问题得到改善。在各级“两会”、国际啤酒节、十艺节等重要会议、节日期间，集中对辖区单位开展安全大检查，全区未发生重大安全生产事故。

青岛市委常委、市政法委书记徐学武（中）视察啤酒节嘉年华安保工作

推进视频监控全覆盖和“天网”工程建设。崂山区视频监控经验做法在全省视频监控全覆盖现场推进工作会议上做交流发言。

法治崂山　开展“中国梦·法治路”法制宣传活动，选拔专家、律师20余人成立“六五”普法讲师团，采取编印法治图书、播放普法电影、建立法治文化公园、开设普法画廊等方式，组织普法宣传80余次，发放法律宣传材料16万份。建设平安文化大院20处、平安文化宣传街28条。完善“法治机关、法治街道、法治社区”创建标准，全区4个社区被命名为“全国民主法治示范社区”，5个社区被命名为“全省民主法治社区”。3月21日，青岛市“法治镇街”创建现场经验观摩交流会在王哥庄街道召开，推广了崂山区经验做法。开展执法执纪大检查，采取现场交叉互评、现场点评的方式开展案件评查，对评查中发现的问题及时通报整改。

队伍建设　开展“提高执行力”大讨论、“争当创业标兵、争当廉洁标兵”等创先争优、典型培树活动。完成“共建共享”工程建设，实现了与市委政法委网络和视频会议系统互联互通。首次将法律援助纳入区政府民生工程。监督全区政法系统严格贯彻落实中央“八项规定”和“五条禁令”等条例制度，营造廉洁自律、风清气正的良好风气，全区未发生重大涉警舆情和干警违法违纪问题。　（孙维颖）

·公安工作·

维稳工作　做好传统节日、各级“两会”以及青岛国际啤酒节、全国第十届艺术节等大型节会活动安保工作270余场次，以累计4万余人次的警力投入，确保重大案件、事件和安全生产事故“零发生”，完成包括习近平总书记来青视察等各级警卫任务等191批240批次，确保警卫对象绝对安全。开展信访积案化解“百日攻坚”集中行动，以化解率92%位居全市公安机关第二名，为首个突破80%目标的单位，得到黄龙华副市长批示肯定。调度警力开展情报研判、巡逻防控等一系列维护稳定工作，以每天百余人次的警力投入确保了社会治安大局平稳。全年刑事立案同比下降22.1%，故意杀人、抢劫、抢夺、强奸等7类案件发案同比均大幅下降，严重影响人民群众安全感的严重暴力犯罪案件“零发生”。

“六五”普法中期检查验收

打击违法犯罪　开展季节性、专题性严打整治行动10余次，始终保持严打的高压态势和强劲势头，全区破获刑事案件507起、逮捕220人，历年逃犯到案数38人，同比上升90%；打掉团伙24个81人，恶势力团伙4个、霸痞团伙24个，超额完成市局指标。年内5起现行命案全部破获，查破命案积案2起，破案率100%；破获“两抢”案件190起，破案数同比上升427.8%；破获多起上级批示督办的重特大侵财案件、特大贩毒案等主攻案件，其中毒品案件破获数和涉毒人员抓获数均创历史新高，增幅位居全市公安机关首位。开展队所“双联”工作模式，增强工作协作，重点打击各类扰乱企业经营发展的违法犯罪行为，全年破获经济犯罪案件55起，发动集群战役3次，抓获犯罪嫌疑人50名，破获大要案件4起、部督案件1起，破获有毒有害食品案件5起，捣毁制售窝点15个，挽回和避免各类经济损失近4亿元，其中打击整治发票违法犯罪专项行动成绩位列全市第一。组织开展治安清查集中行动60余次，以万余次的警力投入向治安盲点、乱点不间断发动攻势，查处各类违法人员324人，查处各类治安案件8031起，集中查处“黄赌毒”案件150起。

行政服务　开展工程项目服务保障专项行动，进行检查和现场办公30余次，及时帮助企业、工地排除安全隐患25处，协助企业解决实际困难40余件。围绕重点工程设岗布警，增加走访密度，实施挂牌保护，处置扰乱企业经营、拆迁改造和项目建设等有关问题130余件，调处各类纠纷50余起。各服务窗口推出了“三心服务”、“三个结合”、“六个坚持”等服务措施，提供预约服务、直通车服务和“一站式”办理，全年办理各类户口2000余个，办理二代居民身份证18000余个、出入境证件15782人，受理量位居全市第二，投诉率为全市最低。开展交通、法制和消防宣传讲座30余场，开展安全检查100余次，协助企业解决安全问题70余件。

社区警务工作模式　创新开展社区警务建设，组织新建高标准社区警务室23个，组建99人的社区民警队，民警1∶2的比例配备辅警150余人。任命82名民警任社区党组织（居委会）副书记或委员，按照建章立制、规范管理，人口管理服务、安全防范、信息采集等工作逐步下放至警务室并纳入考核管理。整合社会信息和视频监控资源，完成4个新型社区的视频监控试点建设和整合升级。开展基础设施建设，公安部“210”工程交警大队业务技术用房已近完工，中韩派出所及刑警大队业务技术用房、天网工程监控中心及4个派出所新建改造完成立项。

为群众解答政策问题

安全生产监管体系　开展“百日公共安全大检查”等专项检查行动130余次。全年查处一般交通违法违章行为2700余起、隐患路段排查共计16处、增设信号灯24处，改变交通信号配时30处，全区重大交通事故、伤人事故两项指标均同比下降30%以上，交通肇事逃逸事故全部破获；发现整改火灾隐患1544处，临时查封22家，行政拘留2人，组织灭火和抢险救援15次，全力参与扑救“3.11”、“4.25”山林火灾。组织对大型工程爆破、民用爆炸物品、烟花爆竹存储销售企业开展密集检查，建立包保责任、签订责任书，做好啤酒节等大型活动期间的安全监管，确保绝对安全。

民生警务服务　推出常态化的警民联系预约安装“防拉栓”、“门磁报警器”和“警民一键通”等服务，组织社区民警逐门逐户开展推广安装；组织山岳救援67次，救助遇险社会群众130余人；加强政务公开建设，建立微博、微信平台，开通“9600110”民生警务服务平台，实现各渠道的民意整合归口办理，办理各类群众来

警民一键通设备

件2870余件，办结率100%，满意率达98%以上。

执法规范化建设　开展执法检查30余次，发布执法通报40余期。开展密集的审计监督、警务督察、网上巡察制度，最大限度地防止和减少权力“出轨”行为，对150余场重大安保活动、巡逻执勤行动开展督查，开展执法办案质量检查，以优异成绩在青岛市公安系统取保候审专项检查活动中名列第一，执法办案质量位居全市前列，在执法比武竞赛中取得团体第一的好成绩。

（公安分局）

·边防工作·

维稳工作　落实各项安保任务部署，年内共出动警力2000余人次，完成青岛国际啤酒节、第十届艺术节等重大安保任务60余项。组织开展“四打会战”等专项行动，进行专案专攻，入室盗窃、扒窃等案件的处结率高于崂山公安分局各派出所平均水平。抽调精干力量组建海上执法工作队，组织查处海上行政案件65起73人。集中警力对山东头、南姜等区域进行集中治理，成功侦破“12.5”特大网络诈骗案、“2.8”故意伤害致死案、“5.20”猥亵儿童案等20余起有影响的案件。丹麦大使馆高勇总警司亲自登门感谢中韩所快速破获丹麦公民被盗案。全年共接处警11264起，查破各类案件822起，打击处理524人，化解各类纠纷3710起。

基层基础建设　指导沙子口所建成新型船管站，中韩所和王哥庄所高标准建成勤务指挥室。建成石老人、金家岭等6个集约化新型社区警务室。投入11万元配备警用电动车，推出“新市民服务站”、“月光警察”等新型警务模式。石老人社区警务室被市局定为“市级社区警务综合示范单位”。

土地房屋专项治理　积极向驻地党委政府汇报，超额完成年度责任目标。报请上级核减中韩、王哥庄所房产证办理指标3135平方米，占年度无证房屋面积87%；协调区政府召开专题会，简化了青山、沙子口所的房产证办理环节。

（边防大队）

公安部政治部现役工作办公室领导视察区边防工作

·消防工作·

进山救援

2013年，崂山区共发生火灾30起，直接经济损失202850元，大队共接处警570余次，出动警力五千多人次，出动消防车辆九百多台次。检查各类场所2000余家次，下发责令改正通知书943份，对26家存在火灾隐患的场所实施临时查封，行政处罚55起，罚款额761950元，实施行政拘留3人。

消防安全排查　加大对人员密集、公共娱乐、易燃易爆、高层地下、“九小场所”、“城中村”、出租房屋等重点场所、重点区域的消防安全检查力度。开展火灾隐患自查自纠，查找防范薄弱环节，督促落实火灾管控措施，提高单位自身火灾防控能力。

宣传培训　强化新闻媒体宣传力度，开展消防宣传主题教育活动，贯彻落实“大培训”要求，着力提升社会防火能力。

队伍建设　分别组建了灭火救援攻坚组、山岳救助队、高速公路抢险救援队和林楠救助站，重点强化对大型商场、公共娱乐场所等人员聚集场所、易燃易爆场所、山岳救助、高速公路抢险救援和景区救援。

重大活动消防安保　完成区“两会”、国际啤酒节、2013～2014中国男子篮球职业联赛、2013～2014中国羽毛球俱乐部超级联赛、第十二届青岛国际汽车工业展览会、苏打绿、李宇春演唱会等重大消防安保任务90余次，并实现了消防安全保卫“零事故、零投诉”。

（消防大队）

火灾救援现场

·检察工作·

刑事检察　先后受理提请逮捕233人，经审查批准逮捕181人；受理审查起诉284件383人，经审查提起公诉270件369人。依法打击危害群众生命财产安全的刑事犯罪，对多次在大型厂企及社区周边强奸、抢劫、抢夺夜班员工的暴力犯罪从重打击，从快批准逮捕、提起公诉49件57人，切实增强群众安全感；依法打击扰乱经济秩序犯罪，办理涉嫌虚开发票、非法经营犯罪案件97件127人；处理盗窃、轻伤害等多发性案件77件93人。

查办和预防职务犯罪　突出查办大案要案，突出查办发生在领导机关和领导干部中的犯罪案件，突出查办发生在群众身边的犯罪案件。先后初查各类犯罪线索36件，立查各类职务犯罪20人。

诉讼监督　依法监督纠正诉讼中执法不严、司法不公问题。建立逮捕必要性审查及刑事和解制度，先后不批准逮捕68人，不起诉25人；建立类案监督、跟踪问效的民行监督机制，共办理一、二审申诉案件16件，对确有错误的8件生效裁判提出抗诉，再审6件，改变6件，再审改变率100%；对140余名外执犯实行档案逐月核对，做到了情况明，不失控。

服务大局　开展打击工程建设领域刑事犯罪专项活动，对纠集数十名社会青年打砸施工车辆、抢夺工程项目的3人从快批捕；对盗窃工地施工设施、破坏施工进度的9人快捕快诉；对暴力抗法、阻挠专项活动开展的4人快查快结；坚持打击与预防并重，结合工程建筑领域多发案件，与主管部门、施工单位等一起总结案发规律，查找管理漏洞，协助完善管理机制近20项。

创新工作机制　首创了“卡位督导、时限跟踪”线索管理机制，实现了对线索的动态评估、跟踪监督，被省市院给予充分肯定并推广，崂山区检察院再次被评为全国检察机关文明接待室。首创了行政执法检察监督机制，行政执法检察力度不断加大。创新了电子证据检验鉴定模式，被市院确定为首家试点单位。创新了未成年人司法保护机制，办理的宁某盗窃案被省院确定为指导案例。

队伍建设　开展十八大精神学习、核心价值观教育、“五进两服务”大走访等活动，组织各类素能训练活动。坚持从严治检，彻中央八项规定，围绕“四风”找问题、抓整改，全年所办各类案件质量过硬，未出现任何质量问题；各项管理制度全面落实；行政违法现象分析等多篇专项调研引起重视并被转化为决策；队伍建设水平不断提升，先后交流、提拔17人。（于鹏）

·法院工作·

全年共收案6213件，结案5688件，比2012年同期分别增长17%和22%。

审判执行工作　2013年，共受理刑事案件305件，结案301件，判处罪犯428人，刑事附带民事案件调撤率达到93.2%。妥善审理了涉案30余人金额达3000余万元的虚开发票案等一批有一定社会影响力的案件，判处5年以上有期徒刑36人；对犯罪情节较轻、危害不大的，以教育为主、惩办为辅，共对241人判处拘役、缓刑、管制或免予刑事处罚。

全年共受理民商事案件4231件，结案3699件，调撤率65.3%。以调解方式化解了中石油青岛安全工程研究院建设等涉诉案件。判决了全国首例小区业委会诉物业公司电梯广告收益案件，中央电视台经

建立“政府与法院工作联系会议”制度

济频道《第一时间》做了长达10分钟的专题报道，引起广泛社会关注。行政案件收案277件，结案303件，和解撤诉率为62.4%。妥善化解了淘金花园39户业主信访案，为大部分业主解决了办证难题。在民事、行政审判中对涉案行政机关、街道、村委、企业等存在的问题，提出12份司法建议。

年内，执行收案1385件，结案1361件。开展执行工作“三优化、两提升”活动，涉党政机关为被执行人案件结案率、执行信访化解率均名列全市第一，新收案件实际执结率、执行标的到位率均在全市法院位居前列。

信息化建设　通过科技法庭全程录音录像、审判案件网络化节点管理、开发利用法官助手、电子档案、办公平台等措施，2013年案件发改率比2012年同期下降了0.24%，平均审理期限同期减少29天；利用信息系统自动搜索、汇总、通报案件信息，有效督促了法官及时清理未归档及长期未结案件。至9月30日，将1984年以来9000余卷归档不规范案卷基本归档入库，省高院、市中院通报的长期未结案件全部审结，是青岛市首家也是唯一一家完成任务的法院。2013年，搭建了信息化网络考核平台，考核数据网络监控、链接、自动生成，并在网上公示，实现了考核工作的科学化，被评为2013年度“青岛市基层公务员考核工作示范点”。崂山法院信息化建设走在了全市法院的前列，信息化工作经验于4月22日在《人民法院报》头版及中央政法委《平安网》刊登。

司法公开　充分发挥案件短信平台系统、电子公告屏、自助查询机的作用，使当事人及时掌握案件进展；开发“当事人评价”软件，请当事人对庭审结果予以评价；公开电子信箱、监督电话，主动听取群众投诉和建议；开通法院官方微博、官方网站，并在官方网站实现裁判文书公开；通过“法院开放日”活动，邀请各界代表走进法院，通过互动交流、观摩案件庭审等活动，使社会各界更加深入地了解法院、参与司法；自觉接受人大、政协监督，社会舆论监督和检察院的法律监督，邀请人大代表、政协委员参观法院、旁听审判60余人次，办理人大代表建议与政协委员提案2件，确保法院工作在全面有效的监督下健康发展。

人民陪审员管理系统　保障了司法的人民性。2012年底，在全省法院率先开发使用了人民陪审员信息管理系统，将人民陪审员选任、管理、考核全部纳入信息化系统，流程、信息全部通过网络完成，实现了人民陪审员工作“一网融合”。2013年，案件陪审率达到90%，人民陪审员管理工作得到青岛中院肯定，通过现场会向全市法院推广；省高院政治部两次前来调研，并在崂山法院召开全省法院人民陪审工作（东部片）调度会；人民陪审员管理经验被《最高人民法院简报》编录，作为先进经验进行交流，《人民法院报》在头版予以报道。在全市率先经人大通过“倍增计划”并新选任了30名人民陪审员，新设了

全省法院人民陪审员工作（青岛片）调度会在崂山召开

两个人民陪审员候审室，方便人民陪审员庭前阅卷、庭后合议等，全方位做好人民陪审员工作。

法官上门立案

小额诉讼法庭　2月，率先在全市法院系统成立了小额诉讼审判法庭，简化办案程序，创新办案方式，实现了案件审理的高质高效。年内，小额法庭收案797件，结案777件，案件调撤率达到99.1%，95%以上的调解案件实现当庭给付或一周内履行完毕。小额法庭的工作经验在《人民法院报》刊登，《新华每日电讯》《大众日报》《青岛日报》等媒体也对小额法庭的成立及工作经验给予了报道。

政府与法院工作联席会制度　与区政府建立了“政府与法院工作联席会”制度，该制度借助金宏网络实现信息共享，就法院审判、执行全面工作与区政府开展全方位地交流与合作，调动法院及政府各职能部门为大局服务，为公正司法提供保障。

“六项联动”机制　建立内部的立案、审判、执行协调配合机制，以及外部的政府法院联动机制、司法查控网联动机制、机场限飞联动机制、社区协执联动机制、公检法打击“拒执罪”联动机制这“六项联动”机制。尤其是在公检法打击“拒执罪”联动机制中，将“拒执罪”作为打击规避执行行为的有效手段，对有能力执行而拒不执行法院裁判、情节严重的10起涉“拒执罪”案件共12名被执行人移送到公安机关立案侦查，有效提高了执行威慑力。“六项联动”经验被《省高院信息》采用，并在《人民法院报》刊登，省高院执行局局长专程到崂山法院调研执行联动机制建设。

2013年2月，召开小额诉讼审判法庭成立媒体通报会

队伍建设　通过民主、公开、竞争、择优的原则，选拔了9名同志担任中层正、副职，为8名同志解决了职级待遇，队伍结构进一步优化，招考了3名法官，审判力量进一步增强。召开了第十届理论与实务研讨会，将调研成果转化为院内制度，指导全院的审判执行工作。开展了“法官讲坛”、“法官论坛”等活动，每季度编辑内刊《崂山法苑》，每月制作电子月刊《法律资讯》，

举办了《民事诉讼法》《刑事诉讼法》等新修订或颁布法律法规的培训，在民事审判领域推行青年法官导师制度。利用短信平台系统，每周一向全院法官及工作人员发送廉政短信。制定实施了《青岛市崂山区人民法院关于禁止“三同”的规定》，对法官外出办案的审批、时间、人员以及差旅费报销等做出详尽的规定，杜绝在外出办案时与案件当事人同行、同吃、同住并由案件当事人负担经费等现象。（法院）

·司法工作·

人民调解　继续实行“以奖代补”，对基层人民调解优秀案例进行评选，全年共奖励26万元，并发放了10万元优秀案例补贴。全年共调处民间矛盾纠纷345件，其中疑难复杂41件，涉及金额1576万元，调处成功率100%。建立起“12348”流程再造机制，通过“12348”矛盾纠纷分流平台，共分流172起，其中调解46起，稳定210人，控制60余人。形成以街道调委会为主导，以新型社区“司法工作室”为辅助，社区人民调委会为基础，社区纠纷信息员为触角，行业性、区域性、专业性以及企业调解组织为补充，多层次、宽领域、规范化的调解组织网络体系。以崂山区“新型社区服务中心”为平台，创建了15个新型社区司法工作室，确定了“法助人和”服务品牌，今年共解答法律咨询650人次，发放法律明白纸3600份，调解矛盾纠纷42起，协助办理法律援助事务、代写法律文书26份，提出法律意见、建议40余条。“举进调解室”“李霖工作室”等特色司法工作室受到群众好评。

特殊人群管控　崂山区现有安置帮教对象403人，社区矫正人员163名，通过建立管控机制、对接机制，特殊人员无一脱管、漏管。在全省率先出台《社区矫正安置帮教工作规范》，对31名社区矫正对象进行手机电子定位，实行动态管理。新建“崂山区社区矫正管理服务中心”，建立矫正和培训基地6个，集中进行教育改造，率先开展计算机、面点等再上岗技能培训和心理咨询工作，共组织社区矫正人员进行技能培训4期，160人次，心理咨询4次，全区社区矫正和安置帮教人员全部得到安置。对“两类人员”进行摸底排查3次，排查出需帮扶未成年子女23人、“失依”儿童35名、困难家庭17户，全部都进行了走访帮扶。

全民普法依法治理工作领导小组会议

法律援助　年内共接听电话咨询363件，办结法律援助案件301件，其中民事132件、非诉讼114件、公证23件、劳动争议仲裁19件、刑事11件、行政诉讼1件；为受援人避免和挽回经济损失700万；完成年度法律援助案件目标数达102%。重新修订实施《崂山区实施法律援助规定》，首次将法律援助纳入区政府民生工程，法律援助面达到65%。积极开展“助老”等专项法律援助，共办理涉青少年等四类特殊群体法律援助案件117件，追索经济损失321.2万元。位于崂山区仙霞岭路20号C座市民文化中心社区服务大厅内的法律

青岛市“法治镇街”创建现场经验交流会在崂山区召开

咨询和法律援助两个便民服务窗口于8月16日正式启用，实行法律援助一站式服务。开展“送法进社区”、“送法进工地”活动，先后组织专项维权活动8次，举办法律知识专题讲座6场次，发放维权宣传材料（手册）1000余份，赠送法律援助环保购物袋800余个，收到锦旗和感谢信多件，在《青岛日报》开设了法律援助专栏。

法律服务与管理　全区共有律师事务所18家，执业律师129名，今年共办理诉讼案件927件、非诉案件398件；5家法律服务所共办理诉讼案件65件、非诉5件；2家司法鉴定所共办理司法鉴定1640余件。开展“法助企兴”活动，对辖区内206家小微企业开展“法律体检”，深化了“法助企兴”品牌内涵。推进“律师事务所包社区”活动，协助社区解决涉法问题42件，举办法律讲座160起，提供法律咨询360次。加强法律服务和司法鉴定队伍建设，开展自查和检查工作，发现并整改问题16处。郭斌律师在科学大讲堂上为全区领导干部讲法制课，泰成律师所年收入超过3000万元，吴金利律师所的司法建议被全国人大法工委采用。

公证工作　崂山公证处先后三次参与区政府组织的依法拆除工作。参与国家（青岛）通信产业园等大小工程项目建设210余个，涉及标的额12亿元。参与青岛市国土局国有建设用地挂牌出让土地案件4宗，涉及标的额约6亿元。启用网上操作管理及网络办证模式，为年老体弱人群提供主动上门办理服务。全年办理法律援助公证23件，办结各类公证事项5349件，公证合格率达到99.8%。

普法依法治理　新建法治文化公园3处，普法画廊20处，播放普法电影120场次，《崂山电视台》开设“以案释法”和“普法广告”两个栏目，编印《和谐之声》等普法书籍免费发放，组织开展“法制灯谜竞猜”、“法伴一夏”和“法制宣传书画展”等普法活动，举办《领导干部法治思维和法治方式系列学习宣讲》等大型法律知识讲座，全年共组织普法宣传80余次，5600余

在丽达广场开展“12．4”法制宣传日活动

人参加普法培训，发放法律宣传材料16万份。在丽达广场举行以“大力弘扬法治精神，共筑伟大中国梦”为主题的崂山区“12·4”法制宣传日活动，区22个单位共176人参加活动，共发放法律小册子6000余册，宣传材料2万余张，接待法律咨询120余人次。

调整全区44所学校法制副校长，开展法制讲座、手抄报、红领巾广播站等活动，11个单位被授予“市级青少年法制宣传教育基地”称号。选拔专家、律师20余人成立“六五”普法讲师团，开展法律宣讲活动。举办普法骨干和人民调解员培训班，在埠东社区举行崂山区新型社区“司法工作室”观摩培训会。

2013年，法律援助中心和公证处分别被评为市级“先进单位”，四个司法所均被省厅命名为“省级规范化司法所”，区司法局被评为山东省司法行政工作先进集体，中韩街道调解员王举进被司法部授予“全国模范人民调解员”荣誉称号。　（司法局）

区森林防火分队拉动演练

·人民武装工作·

2013年，共接待军人军属等来访53人次，协调解决各类纠纷4起。崂山区人武部被省军区表彰为“兴武建功”先进单位，被警备区表彰为“新闻报道先进单位”。

征兵工作　4月份，到崂山一中、二中、高新职校和青岛大学进行了征兵普查摸底，组织部分毕业生进行了抽样问卷调查；在区属学校、驻区高校和高中成立了征兵领导机构，进一步理顺学校征兵工作关系。全区预征对象419人，上站体检381人，政审300人，为部队输送新兵275人，其中本科学历26人，专科学历31人，高中（含中专、职高）学历218人。女兵8人，本科学历4人，专科学历2人，高中学历2人。

民兵训练　召开专武例会，以会代训组织了专武干部和民兵干部共计200余人进行业务培训。配合海军快一支，组织海军预备役机动雷达观通营预任预编官兵42人训练。组织全区国防动员委员会各成员单位

民兵应急连拉动演练

参加省军区统一组织的国防动员演练，崂山区医疗救护分队30余人参与保障。

民兵带建　组织民兵应急分队120人参加了扑救王哥庄山火任务，在浮山组织240人次进行了2次森林防火演练。召开本级战备会议，将作战任务计划和非战争行动方案细化分解，并签订保密协议。迎接省军区检查，组织应急连125人进行应急拉动演练训练。

国防教育　开展了“学习贯彻党章、弘扬优良作风”和“坚定信念、铸牢军魂”专题教育。全年共组织机关干部和企事业单位职工“军事日”活动600余人次，并进行了实弹射击，提高了军事技能和国防意识。制定部机关现役干部训练计划，加强一体化指挥平台、体能、轻武器操作、四会教学等基础技能训练，现役干部全员参加了警备区组织的统一集训考核。（人武部）

航拍高科园新貌

追梦
庆祝崂山区成立20周年图片展
(1994-2014)
伟大的事业，源于伟大的梦想。一个国家的发展如此，一个城区的奋斗亦然。中国和崂山，时代和我们，风云激荡，步伐铿锵。20世纪90年代人们的崂山梦，是从唱响"春天的故事"开始的。伴随着社会主义市场经济体制改革的春风，伴随着大青岛东部开发的步伐，新崂山区在青岛市新一轮行政区划战略调整中诞生，她以高科技产业为引领，整备行装，精神抖擞，在青岛蔚蓝色的东海岸展开了一场雄心勃勃而又卓有成效的激情创业大戏，步入了富民强区的"追梦之旅"，描绘出一幅波澜壮阔的壮美画卷。
妙手绘华章，开发展宏图。巨峰的风起云涌见证崂山奋斗历程，石老人的潮起潮落记载崂山发展史诗。二十年春华秋实，全区人民在区委、区政府的正确领导下，在前进中创造，在创造中前进，开拓创新，奋力拼搏，用改革的双手创造了辉煌的成就，以开放的情怀托起希望的土地。二十年，崂山与改革开放同步，二十年，崂山与激情创新并肩。崂山，用她海纳百川的胸怀构筑起这座城市的高度；崂山，用她青春的梦想激荡着这座城市的活力。
发展是崂山的脉搏，创新是崂山的灵魂。经过几代人的不懈创业奋斗，崂山区从20年前山村、渔村遍布的僻壤郊区，逐步发展成为青岛市乃至山东省最具活力的区市之一，2013年生产总值达到440亿元，区级公共财政预算收入在全省县市区排行中位居第三位，达89.5亿元。在这片和谐共享的热土上，百姓安居乐业，正真切地感受着"幸福指数"的日渐攀升。
我们用相机聚焦，记载了崂山区发展的一个个精彩瞬间，这一幅幅图片，就是一个个动人的故事，就是一个个奋进的音符，它将带你走进崂山区，回忆起那些火红的创业时光，更在心中升腾和奏响未来发展的新乐章。
主办 中共青岛市崂山区委员会
青岛市崂山区人民政府
承办 中共崂山区委宣传部
崂山区档案局（馆）
中共崂山区委党史研究室
崂山区史志办公室

创新崂山

实力崂山 宜居

1992 年，以邓小平视察南方重要讲话和党的十四大召开为标志，中国的改革开放和现代化建设进入了一个崭新的历史阶段。省委、省政府确定青岛为全省改革开放的"龙头"，市委、市政府确定以一园三区三线为基本框架，展开开放布局。1994 年 4 月，新崂山区满载梦想，踏上了筑梦、追梦、圆梦的历程。

★★ 1994 年 4 月 23 日，经国务院批准，青岛市市区行政区划调整成立新的崂山区。5 月 26 日，李山路南端咽喉部大爆破成功，拉开新崂山开发建设的序幕。5 月 30 ～ 31 日，召开崂山区第十三届人大第三次会议，选举产生新一届政府组成人员。6 月 10 日，举行新崂山区成立揭牌仪式。8 月 14 日，第四届青岛国际啤酒节首次在新建的国际啤酒城内举行。9 月 27 ～ 29 日，中共青岛市崂山区第七次代表大会召开，确定新区发展战略。

★★ 1995 年 5 月 22 日，海尔集团总部东迁至高科园海尔工业园。

★★ 1997 年 3 月 11 日，青岛汉缆集团股份有限公司成立，这是青岛首家工业企业组建成立的股份有限公司。

★★ 1998 年 5 月 18 日，崂山区举行撤镇设街道办事处揭牌仪式。

★★ 1999 年 6 月，中共中央委员会总书记、中华人民共和国主席、中央军事委员会主席、中华人民共和国中央军事委员会主席江泽民视察崂山。

★★ 2000 年 3 ～ 8 月，崂山区开展以"讲学习、讲政治、讲正气"为主要内容的"三讲"教育活动。

★★ 2004 年 2 月，崂山区在全省率先实施老年人基本生活保障工程、无孤儿工程、助残工程和大病统筹医疗工程，全区 5.8 万余人参加新型农村社会养老保险，1.85 万人享受到养老金待遇，实现崂山区社会保障全覆盖。

★★ 2004 年 2 月，中国海洋大学新校落户崂山区，投资约 14 亿元，总建筑面积约 58 万平方米，与青岛大学、青岛科技大学等构建了青岛高等教育中心。

★★ 2004 年 8 月 27 日，全区 125 个村委会改为社区居委会。至此，辖区内 139 个村委会全部改为社区居委会。

★★ 2005 年 1 月 21 日，区委下发《关于深入开展以实践"三个代表"重要思想为主要内容的保持共产党员先进性教育活动的意见》，在全区共产党员中开展先进性教育活动。

★★ 2006 年 4 月 7 日，青岛国际啤酒节被评为 2005 年度中国十大节庆之首，之后连续八年蝉联。

★★ 2007 年 11 月，青岛市首次提出"环湾保护、拥湾发展"战略，构筑"一主三辅多组团"的城市框架，崂山区为三大城市副中心之一。

★★ 2008 年 5 月 7 日，中共中央政治局常委、中央书记处书记、国家副主席习近平视察海尔集团。

★★ 2008 年 7 月 20 日，中共中央委员会总书记、中华人民共和国主席、中央军事委员会主席、中华人民共和国中央军事委员会主席胡锦涛视察海尔集团。

★★ 2008 年 7 月 21 日，青岛市举行奥运火炬传递活动，崂山区火炬传递全程为 2.97 公里。8 月 9 ～ 21 日，北京奥运会帆船比赛在崂山及附近海域举行。

★★ 2009 年 3 月 13 日，崂山区召开深入学习实践科学发展观活动动员大会，在全区范围内开展科学发展观学习实践活动。

★★ 2010 年，青岛市政府批准青岛崂山科技城控规，规划面积 42.27 平方公里，青岛高科园升级为"青岛崂山科技城"，高科园的角色从过去的"领军者"变身为全市高新技术产业升级的"发动机"。

★★ 2011 年 12 月 26 ～ 28 日，中共青岛市崂山区第十一次代表大会召开，确定"一二三四"发展思路。

★★ 2012 年 10 月，《青岛蓝色硅谷（崂山片区）发展战略研究报告》通过了由国务院参事、中国民族经济对外合作促进会、山东半岛蓝色经济区建设办公室等单位组成的专家组评审。

★★ 2013 年 2 月，崂山区成为全国第二批国家知识产权示范园区，这也是山东省内唯一的一家。

★★ 2013 年 12 月 24 日，青岛金家岭金融新区核心区控制性详细规划公布，核心区定位为国际性智慧财富中心、区域性金融商务中心、复合型公共活动中心。

★★ 2013 年，崂山区加速推进新型社区建设，28 个新型社区服务中心全部建成，260 余名区、街干部入驻，开展了"百项服务进社区"等活动，实现了人员到位、服务下沉、有序运转，新型社区建设迈出了新的步伐。

★★ 2014 年 3 月 4 日，按照中央统一部署，崂山区召开动员会，深入开展党的群众路线教育实践活动。

1999 年 6 月，江

1994年6月10日

志来崂山区视察

2008 年 7 月，胡锦涛同志来崂山区视察

2008 年 5 月，习近平同志来崂山区视察

月27日，中国共产党青岛市崂山区第七
召开

2月26日，中国共产党青岛市崂山区第
大会召开

崂山区成立揭牌仪式

1994 年 5 月 26 日，李山路南端咽喉部大爆破成功，拉开新崂山开发建设的序幕

创新崂山
承载着崂山人民的期待，凝结着无数创业者的智慧和激情，崂山区从开放中求发展，在创新中谋腾飞，建设一个"创新、实力、宜居、幸福"崂山的"强区梦"在黄海之滨这395.8平方公里的土地上萌芽，发展，壮大，实现了从荒凉到繁华，从乡村到城市，从传统农耕到现代产业翻天覆地的跨越，建成了国家电子商务示范基地、国家知识产权示范园区、国家海智基地、国家5A级旅游景区、国家通信产业园、石老人国家旅游度假区、国家火炬计划软件产业基地、国家级智慧城市试点区、国家级公共文化服务示范区……成为政治社会民主稳定，经济发展科学增长，城乡面貌日新月异，生态环境优美宜人，文化事业健康繁荣，人民生活幸福安康的青岛东部新城区。
政治社会　民主稳定
良好的政治生态和社会治理水平成为"崂山梦"发展的重要支撑。围绕落实党的路线方针政策和全心全意为人民服务的宗旨，区委、区政府创新工作机制，改善工作作风，强化社会治理，党的建设不断加强，行政效能不断提升，服务水平不断提高，崂山社会风清气正、平安有序、和谐稳定。
岛城先锋
2014年3月4日起，崂山区开展党的群众路线教育实践活动，图为区领导重温入党誓言
项目建设快速推进。
全区设立28个新型社区服务中心，将养老、就业、计生等下沉到新社区，提升服务功能，图为埠东社区服务大厅
崂山区连续七次荣获"山东省双拥模范区"称号，图为部队官兵抗击浒苔自然灾害
开展多种形式廉政教育，图为举办廉政画展
加强社会安全治理，保一方百姓平安，图为净化社会治安环境清查行动
训练有素的治安队伍对违法犯罪行为形成强大震慑
村民直选为村民提供了行使民主权利的平台，图为北宅街道北宅科社区换届选举现场
2008年7月1日，援川队员在援建现场重温入党誓词
基层共产党员在崂山经济发展中发挥带头作用，图为西麦窑社区"党员致富示范岗"
经济发展　科学增长
依托独特的山海资源优势，依靠先进的创新驱动理念，崂山
筑梦中找准定位，将建设青岛蓝色硅谷产业创业带、青岛金家岭
新区、崂山风景旅游度假区"三大战略平台"作为总坐标，以
目为抓手，逐步培育形成了金融业、高新技术产业、旅游业、现代
业等发展势头强劲的主导产业。2013年，生产总值达到440亿
1994年的21.7倍；区级公共财政预算收入89.5亿元，是1
的44.75倍；税收总收入195亿元，是1994年的97.5倍，
总值的比重达到44.3%。
崂山区历年生产总值及人均生产总值
2014年4月18日
举行青岛蓝海股权交
中心开业暨首批企业
牌仪式
商务一区
金家岭金融新区上升为全省
性金融功能区和现代金融商务区
180万平方米，金融企业总数达
增加值47.85亿元，增长21%，占
青岛农商银行

海洋特征基因实验室
新兴产业持续壮大。图为青岛国际创新园一期
技创新是经济社会发展的引擎。在创新驱动下，
不断推动科技成果向现实生产力转化，为崂山区
飞舫航。2013 年，崂山区成为全省首家国家知识
范园区，发明专利授权量约占全市的 1/3，国家
计划"专家总数达 15 人，技术交易额占全市总
的 47.3%。
蔚蓝生物疫苗研制
中皓生物组织工程角膜产品临床试验
崂山区海域面积达 3700 多平方公里，海岸线长 103.7 公里，蓝色硅谷产业创业带建设强力推进，聚集了占全市 70% 以上的海洋科研院所、海洋科研人才和涉蓝专利技术，一批"蓝、高、新"项目相继落户，是青岛蓝色产业发展的"心脏"和"发动机"。2013 年，全区实现海洋生产总值 48.81 亿元，占 GDP 比重 11.1%；拥有高新技术企业 134 家，占全市高新技术企业的 1/3；全区电子商务交易额突破 1000 亿元，服务外包离岸执行金额突破 4 亿美元，均居全省首位。
青岛蓝色硅谷软件外包中心
双瑞海洋环境工程项目车间
青岛黄海制药股份有限公司
青岛国际金融广场
韩国企业银行
个国际
量达到
金融业
商务二区
SSB Wind Systems
NEC
FORUM 8
ITW
Airpower
Haier
Haier 智慧能源
CSIC
海泰新光
NOVELBEAM TECHNOLOGY
RICH INDUSTRY
Hisense
华仁药业股份有限公司
HUAREN PHARMACEUTICAL CO.,LTD
蓝海领航
TECO
CATERPILLAR
联科时代
LINKTHINK
联行支付
Neusoft东软
青岛崂山风景区荣获"国家5A级旅游景区"揭牌仪式
崂山风景区"国家5A级旅游景区"揭牌仪式
鲁商凯悦大酒店与青岛市规划展览馆
会展经济人气旺盛
青岛国际啤酒节上的狂欢
乡村特色游蓬勃发展。图为樱桃采摘
崂山坐拥全市唯一的国家 5A 级旅游景区，旅游业发展是实现"崂山梦"的重要内容。随着旅游度假区建设的提质升级，旅游产业链的不断完善，崂山区凸显人与自然的和谐之美、历史与现代的交融之美、人文与山海的宏大之美。2013 年，接待海内外游客 1147 万人次，实现旅游总收入 68 亿元。
极地海洋世界
三产比例图
29.34%
13.13%
57.53%
1994年
1.34%
44.25%
54.41%
2013年
第一产业
第二产业
第三产业
崂山的一天

创新崂山
城乡建设　日新月异
随着城市规划水平的不断提升，片区整体开发建设不断推进，崂山区的面貌焕然一新，拥有一流的城市建设水平、一流的城市基础设施、一流的城市功能性设施，一个环境优美、设施完备、交通发达的现代化新城正在崛起。城市繁华喧嚣外，山海相映的乡村田园风光又是一番新的景象，错落有致的民房、干净整齐的街巷、设施完备的健身场地，社会主义新农村建设在崂山欣欣向荣。一个现代繁华、生活便利、清新自然的“家园梦”在崂山的城乡间展现。
钻石体育馆
二十年发展，城区面貌华丽转身，山、海、城浑然一体，高楼林立，道路纵横，车水马龙，流光溢彩，一派繁荣景象，崂山已成长为青岛东部现代化的新城区。
1994年，崂山区第一次承办啤酒节时的中心城区面貌
2013年10月，啤酒城周边面貌
2000年略显荒芜的中韩片区
2013年高楼林立的中韩片区
山、海、城浑然一体的崂山新城区
青岛大剧院
二十年发展，市政环境宜居便利，供热设施、长途客站、公交场站、高速公路的建设，以及崂山路改造、城市立交架设、自行车道铺设、城区绿化亮化美化等一批项目的实施，凸显崂山城市形象和管理水平，大幅提升崂山区交通、居住、生活等综合效益。
20世纪90年代的海尔路是青岛市的一条迎宾大道
城市配套设施完备，图为青岛东亿热电厂
几经改造后的海尔路现代气息浓郁
崂山路滨海步行道
二十年发展，山村旧貌换新颜，伴随着城市化的进程、旧村改造的推进，崂山区农村面貌发生了翻天覆地的变化，田园风光透露着现代气息，村庄变成社区，村民成为居民，低矮的平房变成了功能齐全的楼房，曾经坑洼的乡间土路变成了平坦的水泥街巷，设施完备的健身场地成为社区人气
社区文化雕塑
建区初期，大麦岛片区是一渔村
实施旧村改造后，大麦岛片成为现代化的新社区
山村新貌
城区夜景

梦
通八达的交通网络，图为汽
公交场站
生态环境　优美宜人
美丽中国，美丽崂山，代表生态文明的“绿色梦”在崂山张扬。崂山区依山傍海，环境优美，气候宜人，是中国最适宜人居的理想区域。近年来，崂山区加大环境保护和治理力度，落实减排计划，控制污染物排放，建设污水处理系统，实行垃圾集中清运，持续植树增绿，生态环境进一步提升，林木覆盖率全市第一，一幅绿树成荫、繁花似锦、鸟啼虫鸣的自然画卷逐渐展现。
环境整治成效显著，绿化水平显著提升
作为青岛世园会分会场，枯桃花艺生态园靓装待客
漫步崂山松竹间
山花烂漫
生态山村
九水风光
精心呵护
国首批“国家级传
”——青山社区
和谐相处
石老人污水泵站
海洋增殖放流

文化事业　健康繁荣

文化是民族的血脉，实现中华民族的伟大复兴，必须推动社会主义文化大发展大繁荣，“文化梦”在崂山充满张力。崂山拥有完善的教育体系、优良的文化资源、完备的文化设施、丰富的文化活动，雅与俗在此交融，历史与现实在此融汇，崂山以海纳百川的胸怀吸引着优秀的文化元素在此汇聚，社会主义核心价值体系建设及一系列文化惠民举措，坚实支撑着崂山居民的文化福祉。

青岛市博物馆民俗展览

中央歌剧院在青岛大剧院演出歌剧《茶花女》

青岛金石馆

崂山区市民文化中心

崂山区实验小学获得第34届世界头脑奥林匹克冠军

青岛第一国际学校

崂山特殊教育学校

中国海洋大学

每年有数以万计的大学生从崂山走上社会

2011年9月，崂山区荣获“省级文明区”称号。图为青年志愿者宣传引导文明交通

弘扬正确的人生观、价值观，传递社会正能量。图为崂山区第三届道德模范颁奖典礼

开展青少年爱国主义教育

“山歌海韵 乡音乡情”流动舞台进社区

民间艺术广场汇演——舞龙

梦
人民生活　幸福安康
崂山梦是“富民梦、福民梦”，崂山发展在实现“创富”的同时，切实为居民“创福”，民生事业在统筹推进中优化提升，形成业有所依、病有良医、学有优教、老有颐养、住有宜居的综合民生保障体系。和谐稳定的社会环境、快速壮大的经济实力、焕然一新的城乡面貌、宜居舒适的生态环境、蓬勃向上的文化事业使崂山成为崂山人民实现梦想、创造幸福的和谐家园，人民生活幸福安康。
业有所依——王哥庄大馒头产业在政府扶持下不断壮大
出行便利——山区居民喜乘公交
幸福洋溢——收获的喜悦
老有颐养——崂山区综合
——社区健身室
喜出望外——初次领到养老金的喜悦
住有宜居——现代化家居
长寿之乡——百岁寿宴
——社区图书阅览室
孝行渔屿——给长辈送鲜鱼尝鲜
病有良医——优质的医疗服务
——社区文化活动
——社区电子阅览室
和谐家园——中外居民和谐相处
关注健康——免费为居民查体

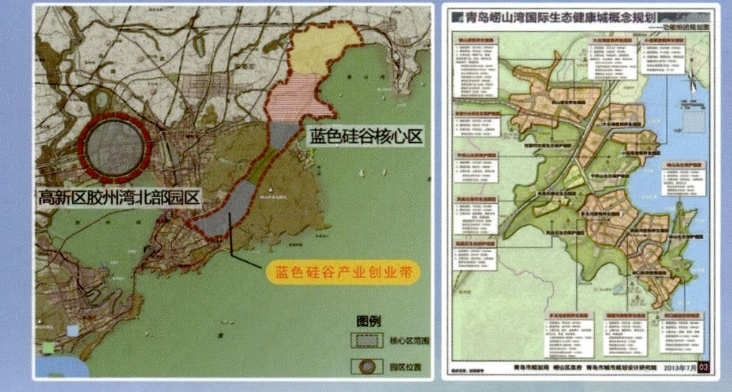

后记

伟大的“中国梦”与每个人息息相关，是由每一位国民、每一座城市和每一个地区的梦想汇聚组成的。每个人的梦想，每座城的梦想，都如涓涓溪流，最终汇入伟大宏阔而又激情澎湃的中华民族复兴之梦。

二十年成长，崂山风华正茂，活力无限；二十年巨变，崂山大地硕果累累，成就喜人；二十年辉煌，崂山人民引以为豪，击节赞叹！我们感受到崂山区建区二十年的波澜壮阔、气象万千；我们感受到崂山经济社会发展的坚实步履、活力迸发！抚今追昔，意在登高望远；知往鉴今，重在开创未来。

在青岛实现现代化国际城市的宏伟蓝图里，崂山区肩负起了打造青岛金家岭金融新区、青岛蓝色硅谷产业创业带和崂山风景旅游度假区三大战略平台的重任，紧紧围绕“一二三四”发展思路，全力以赴促改革、抓治理、惠民生，努力创造无愧于历史，无愧于时代，无愧于人民的光辉业绩，共同织就一个美丽崂山、大哉崂山的新梦想！

心驰山海，汇智崂山。

经　济

经济管理与监督

·发展与改革·

经济运行　2013年，全区生产总值完成439.70亿元，同比（下同）增长9.8%；固定资产投资188.32亿元，增长20.8%；社会消费品零售总额143.51亿元，增长13.2%；进出口63.14亿美元，增长6.2%；实际利用内资60.3亿元；实际到账外资2.2亿美元，增长38.8%；城乡居民收入分别增长9.48%和12.05%。

产业结构调整　投入产业支持资金4.45亿元，争取上级扶持资金约3.3亿元。搭建“1+3+X”融资服务平台，为中小微企业提供贷款约10亿元。推进13家企业升级改造，投入技改资金13.2亿元；7万余平方米闲置厂房重新启用，引进杰华生物等30余家战略性新兴产业企业；实施企业“走出去”发展战略，海尔先后引进KKR、阿里巴巴等战略投资者，黄海制药、特锐德等企业完成多项兼并收购，生物医药、高端装备制造产值分别增长40%和30%；提升企业研发实力，发明专利申请量和授权量分别达到2135件和529件，

崂山路建成通车

增长72.2%和11.1%；获得国家级智慧城市试点认定。加快发展第三产业，完成投资约172亿元，占固定资产投资90%。第三产业实现区级税收约46亿元，占区级税收61.6%，同比增长24.5%。

重点项目建设　开展“双包双促”活动，实现招商银行财富大厦、崂山路一期等31个项目竣工投入使用，啤酒城改造一期、电力三建总部大厦等28个项目主体封顶，海信集团新研发中心、青啤总部大厦等31个项目开工建设，中铁建投资山东总部、蓝色硅谷轨道交通公司等20个重点招商项目落地，午山、钟家沟等13个重点村改项目完成房屋搬迁1648处、24.2万平方米。优化项目建设环境，依法处理各类问题130余项，打击不法分子30余人。新取消行政性收费7项，压缩审批时限68天，审批提速47%；全年发布工程招标公告443个，完成交易额77.1亿元，同比增长220%；办理施工许可64项，同比增长73%；新开工面积253万平方米，同比增长173%。

“三大战略平台”建设　金家岭金融新区建设。总投资530亿元、总建筑面积500万平方米的金融中心大厦、金领金融广场等30个重点金融商务项目加快建设，新增商务楼宇面积90万平方米。高端金融要素加快集聚，新增金融企业37家，总量达到159家；新引进或培育总部企业16家，总量达到85家；新增税收过亿元商务楼宇2栋，总量达到5栋。

蓝色硅谷产业创化带建设。“六大特色专业园区”建设扎实推进，生物产业园获得全省首批海洋特色产业园认定，9个项目主体封顶；国际创新园一期竣工投入使用，京东医药城电子商务平台等30余家软件信息企业入驻；通信产业园、国际创新园二期16栋楼宇主体建设全面展开。全年电子商务交易额突破1000亿元，软件业收入突破200亿元，服务外包离岸执行金额突破4亿美元。

风景旅游度假区建设。总投资10亿元的“十大重点工程”加快建设，景区电商平台上线运营，国家地质公园和世界地质公园申报工作有序推进。总投资约30亿元的崂山游客服务中心、世园村度假酒店、青岛崂山道家文化园等一批旅游配套项目主体封顶，总投资70亿元的青岛大学国际体育文化中心、石老人山水城、沙港湾项目等项目正在加快推进。

社会民生　共下达基础设施配套、教体文卫、公路交通等财力投资计划186批，累计完成投资15亿元，在统筹城乡发展和改善人民生活方面的8项实事全部完成。开展送岗下乡、进社区招聘活动66场，实现城乡就业14012人，其中农村劳动力转移就业5901人。市民文化中心建成投入使用，举办公益文化活动1100余场，完成首批国家公共文化服务体系示范区创建，崂山道教建筑群被国务院公布为全国重点文物保护单位。

第二实验小学、育才学校、麦岛小学等10所新建中小学和公办幼儿园投入使用，崂山二中迁建工程、午山旧村改造配套小学等实现主体封顶。为全区20所义务教育阶段学校配备标准化校车87部，开通接送学生线路

沟崖社区服务中心

120 条，惠及学生 5000 余人。

崂山中医院建成投入使用。新农合人均筹资标准、个人年度报销封顶线分别提高到 535 元、18.67 万元。开展了免费孕前优生健康检查、两癌筛查等，惠及群众 5 万余人，发放计划生育家庭各项奖励扶助金 2950 余万元。

新增及优化调整公交线路 17 条，建成株洲路、北宅和世园会周边 6 个公交停车场，对沙子口、王哥庄、北宅 3 个街道 4.2 公里道路进行修缮，安装新型清洁能源路灯 233 盏，较好地改善了道路通行和居民出行条件。

对 100 余个小区楼院环境、84 个楼座立面进行了集中整治，累计拆除违法建筑 25.3 万平方米，清运垃圾 2000 余吨，新增绿化面积约 25 万多平米。完成了张村河和金岭山公园规划方案编制，对张村河中上游和金家岭山进行了综合整治。

投资 1500 万元对 3 个街道 47 个经济薄弱社区进行扶持；城市和农村低保标准分别提高至每人每月 540 元、每人每年 3900 元；实现约 6 万人由地方农保向城乡居民社会养老保险和城镇养老保险的平稳转移。松山后、西姜等 6 个安置区开工建设，牟家、北姜 2 个安置区 55 个楼座主体封顶。28 个社区服务中心全部建成投入使用，100 项便民服务事项下沉，265 名区直机关、街道干部进驻服务。

·发展规划与综合调控·

经济运行监测分析　加强对全区重点行业、领域、企业运行态势的监测分析，全年下发调查问卷 200 余份、企业经营情况调查表 100 余份，掌握重点企业发展动态，分析行业、领域所处的政策环境及面临的形势，提高经济调控的导向性、针对性和实效性，推动全区经济持续健康发展。

对接 2012 年统计公报、2013 年计划报告和市政府专项指标安排，对生产总值、规模以上工业增加值增速、服务业增速等 25 项国民经济和社会发展计划指标进行了调整完善，下发《关于下达崂山区 2013 年国民经济和社会发展计划的通知》（崂政发〔2013〕8 号），将指标量化分解到相关责任单位。组织召开经济运行调度会，督促相关部门采取有力措施，落实各项指标。2013 年，各项计划指标执行情况良好，28 个分项指标中，24 项指标可完成或超额完成年度计划，4 项指标存在一定差距。

摸排新兴产业、主导产业、重点企业运营状况，准确把握各领域发展走势，并根据中央调控政策取向、宏观经济发展环境变化，科学论证，超前统筹安排好 2014 年度经济社会发展各项指标计划。开展专题调研，形成《协调解决区内 220KV 高压线下地 拓展区域经济发展空间》《崂山区转型发展情况汇报》《以“新三板”扩容为契机 推动我区企业上市融资工作再上新台阶》等调研报告 10 余篇。

企业服务　对区内拟挂牌“新三板”企业进行了调查摸底，康普顿 IPO 材料在证监会待审，青岛出版传媒、冠中生态等企业已在青岛证监局辅导备案，协调解决了利群集团、青岛出版传媒历史沿革确认问题，推进乾程电子、华澳游艇等企业加快上市步伐。全年为李沙路拓宽改造、海尔智能电视等 14 个市政、企业项目争取上级扶持资金 1.9 亿元；围绕海洋生物特色园建设争取专项支持 7200 万元，开创了崂山区单次争取上级资金最多的纪录。

·物价管理·

幼儿园收费　调整公办幼儿园收费标准。在对公办幼儿园近三年成本核算基础上，研究起草了《崂山区公办幼儿园收费标准的申请》，并通过了市物价局、财政局和教育局审批，实现了公办幼儿园收费标准的下调。明确街道、社区办幼儿园最高收费标准。研究确定了 4 大类别 12 种最高收费标准，最大限度的保证了街道、社区办园的公益性和普惠性。完成全区首家普惠性民办幼儿园收费标准核定工作。对全区首家普惠制幼儿园进行了办园成本核算，收费标准为380元/生·月。出台了《幼儿园收费管理办法》，并开展幼儿园收费专项培训和考试，对考试合格者发放收费员证，在全市率先实行幼儿园收费“持证上岗、亮证收费”。统一制作《崂山区幼儿园收费公示牌》并免费发放给幼儿园。

政府定调价　对东亿港华燃气有限公司和泰能天然气有限公司供气成本进行核算和影响分析，结合区情研究提出非居民用管道天然气价格调整方案，经区长办公会研究后通过。贯彻落实青价格〔2013〕46号文件精神，确定了崂山区城市社区服务设施用水、热、气价格标准，确保优惠政策及时执行落实到位。研究确定了西韩经济适用住房（河畔·家园项目）同地段商品住房的销售价格。

优化区域发展环境　落实《崂山区优化经济发展环境实施方案》，贯彻实施行政事业性和经营服务性收费减免、暂停、后置征收、降低收费标准等政策，认真清理整顿各类涉企收费项目。先后取消、暂停、减免、降低了63项收费项目和标准，预计可为企业和居民减轻年度负担约1000万元。根据新出台的清费减负文件，及时调整收费项目及标准，对涉企收费手册进行了修改完善，完成了《崂山区涉企收费指南

“3. 15”宣传活动现场

（2012年版）》和《崂山区涉企收费登记簿》，免费向行政事业性收费部门、区内重点企业、招商部门等单位发放。细化完善了2项非行政审批、4项监督服务事项的申请材料、办事流程、承诺事项及相关法定依据等内容。

物价监督检查　春节、五一、国庆、中秋等重要节庆期间价格监督检查，发放价格政策提醒函200余份、责令改正通知书10余份，对3家单位进行了当场处罚。坚持日常巡查、以沿海一线为重点对区内收费停车场进行集中规范。完成全区首批30家农（渔）家宴的明码标价规范建设。实行现场登记、宣传指导解答价格政策、处理价格纠纷、办理价格举报、查处价格违法行为等规范程序。组织啤酒大棚和嘉年华参节商等经营单位签订《明码标价诚信经营承诺书》，监制了大型明码标价广告牌；免费发放商品标价签6000余张。妥善处置、及时引导青岛啤酒城虎牌啤酒宫内“天价菜单”网络舆论。部门联动推进海水浴场明码标价建设，推进海水浴场经营业户明码标价率达到100%。

对全区24家价格监测单位工作情况分两类三档进行量化考核，推进监测工作制度化、规范化。完成日常监测和应急监测任务，共采集并上报5大种类，71种商品和服务的价格监测信息上万条。开展禽流感价格应急监测预警工作，及时掌握了崂山区禽流感相关商品价格波动情况。

做好12358价格举报受理、行政处罚透明运行工作，发挥12358价格举报电话平台作用，及时受理群众投诉举报，共受理市长区长公开电话、政府信箱、12358转办的群众价格咨询举报70余件，有效发挥了举

报电话的监督震慑作用。价格违法案件全部纳入网上行政处罚系统实时运行，并建立了案源台账，纸质台帐、案卷与网上台帐、案卷一致。

工作人员指导果农申请商标注册

落实物价上涨与低保补贴发放联动机制，崂山区低收入居民消费价格指数分别平均上涨了3.6、3.7和4.6个百分点，启动物价补贴联动机制，对崂山区城乡困难群众发放了生活补贴80余万元（每人每次分别补贴60元、60元和75元），共补贴城乡低保对象12318人次，缓解了物价上涨对困难群众基本生活的影响。

（发改局）

·工商管理·

服务经济发展　深入企业走访，向企业发放服务便民卡，为企业上门解决困难56次。开通“e工商”网上登记注册办理平台，专人指导企业录入信息。全年新登记企业1950户，同比增长17.47%；新登记企业注册资本达188.76亿元，同比增长35.04%，其中新登记注册资本过亿元企业28户，同比增长100%。截至2013年12月，辖区市场主体共有27548户，其中企业13893户，个体工商户13655户；注册资本总额累计达1459.82亿元。

对涉蓝企业、金融企业开通绿色通道，实行点对点服务，指定专人负责，材料齐全当场发照。认真落实关于鼓励小微企业发展的意见，放宽登记准入条件，支持鼓励个体工商户转型升级，引导小微企业做大做强。全年新增小微企业3740户，同比增长21.86%，小微企业开业变更业务同样呈倍数增长。全年新认定省著名商标7件，市著名商标9件，马德里商标国际注册13件。截至2013年12月，辖区共有中国驰名商标15件，省著名商标39件，市著名商标41件。出台《关于充分发挥工商职能作用积极服务全区经济社会发展的意见》，重点从市场主体准入、重点产业发展、特色农业建设、商标战略实施、服务体制建设等各个方面提出了35条具体的意见，服务辖区经济快速发展。

执法人员在啤酒城内进行酒类执法检查

市场秩序维护　组成百日

整治执法特队，专门负责查处涉案金额大、危害严重的食品违法行为。全年共查处食品案件179起，是2012年的1.6倍；罚没款198.35万元，是2012年的4.25倍，其中，罚没款万元以上食品案件18起。加强流通领域食品质量抽检，全年共抽检食品、农产品、水产品1045批次，对145个不合格批次全部立案查处。

召开全区治理无证无照经营工作联席会议，破解无证无照治理难题，无证无照总数比2012年同期减少了30.1%，开展经纪人网上备案工作，经纪人备案率已达到91%。加强网络商品交易和有关服务行为监管，严厉查处网络商品欺诈和销售假冒伪劣商品等违法行为，查处网络案件10起，罚没款9万元。加大“傍名牌”等案件的查办力度，已查处商标侵权案件10起，罚没款29.46万元。加强巡查检查力度，深挖案源，及时处置各种不正当竞争行为。全年共立案查处各类案件496起，罚没款入库数354万元。

组织崂山北宅百家农家宴成立“诚信联盟”，实行消费申诉倒置机制，制定《诚信联盟自律公约》，利用“3·15集中宣传日”活动，向社会公开承诺，接受社会各界监督。在崂山风景区成立了22个“红盾流动服务站点”，下移维权平台。制定《12315申诉举报、投诉工作流程规范》，对举报、投诉的受理程序、受理时限和工作标准作了明确的要求，全年共调解处置消费纠纷1805件，为消费者挽回经济损失270万元。

开展儿童节“护蕾”系列活动

队伍建设　开设“红盾道德讲堂”，编辑发行《崂山红盾》刊物，打造了对外宣传和干部职工学习交流的平台。在注册大厅窗口开展诚信经营道德宣讲，发放诚信兴商倡议书和道德宣传书签，引导企业现场签订诚信经营承诺书；对日常监管中发现的问题企业，根据违法情况，开展“提醒式”、“警戒式”和“补牢式”道德宣讲。发挥工商所纪检员的作用，有效防范职业风险和廉政风险，开展社会外部评议和电话回访。全年对480家市场主体进行了电话回访，满意率99.3%；扩大外部评议范围，广泛征求意见建议，走访人大代表、政协委员，发放调查问卷320张，总体满意率达100%。

（工商局）

·食品药品安全监督·

整顿规范市场秩序　开展了覆盖全区的旅游季节集中整治、餐饮环节“食安青岛”整治、“餐饮安全在冬季”、保健食品打“四非”和药品“两打两建”等30多次专项执法行动，逐家逐户开展拉网式、地毯式排查，全区重点食品药品生产经营单位全部签署责任承诺书。共出动执法人员4000多人次，检查餐饮单位5000多家次，涉药单位600多家次，保健食品化妆品生产经营单位100多家次，立案查处53家，罚没款117709.5元，形成了打击违法违规行为的高压态势。

食品药品安全监管　做好崂山区“两会”、中国“十艺节”等6次重大活动餐饮食品安全保障工作，实现了餐饮食品安全零事故。第23届

执法人员在啤酒节期间进行快检采样

青岛国际啤酒节期间，5 个执法检查组每天至少进行 3 次执法巡查和全覆盖快检、抽验，共出动执法人员 812 人次，检查发现并责令改正问题 101 次，当场警告 11 起，立案处理 2 起，向公安部门移交案件 6 起，有效杜绝了食物中毒事件的发生。

开通“便民服务直通车”，主动上门为居民提供“餐饮服务食品安全培训、健康查体”等便民服务和政策宣讲、业务指导，共培训农（渔）家宴 250 余户、800 余人次，新办理农（渔）家宴餐饮服务许可证 100 多家。在王哥庄和北宅街道分别选取示范街区和示范店精心指导升级，形成了以点带面、层层推广的良好局面。以特大型餐馆、大型餐馆和学校食堂为重点，通过安装视频监控和电子显示屏等方式对 110 家餐饮单位进行了“厨房亮化”。对 727 家符合条件的餐饮单位进行了量化分级和等级公示，B 级以上餐饮单位达 70% 以上。首次实施开展药品、医疗器械企业信用分类管理、风险管理、危机管理，完成 300 多家个体诊所等级评定工作，完成 129 例药品不良反应审评和 51 例医疗器械不良反应审评。

抓好新版《药品生产质量管理规范》和《药品经营质量管理规范》实施，培训教育 300 余人次。加强基本药物质量监管，落实质量受权人制度，对 19 家药品经营单位和 23 家新开办、变更医疗器械经营企业进行了现场验收，对 365 家医疗机构进行了整顿规范。完成餐饮抽检 1467 批次，药品抽检 93 批次。

队伍建设　限时优质办结各类群众投诉举报 200 多起，群众满意率 100%。开展了“食品药品安全宣传月”活动，在中国医药报、半岛都市报、青岛日报等媒体进行宣传报道十余次。定制“便民服务直通车”，开通便民服务邮箱，主动到偏远社区提供上门便民服务。全程提供许可审批微笑服务，全年受理许可事项 587 件，规定时限办结率 100%，群众满意率 100%。在原有 32 名社会监督员基础上，聘请 30 名来自基层社区的社会监督员，广泛征集社情民意，不断促进监

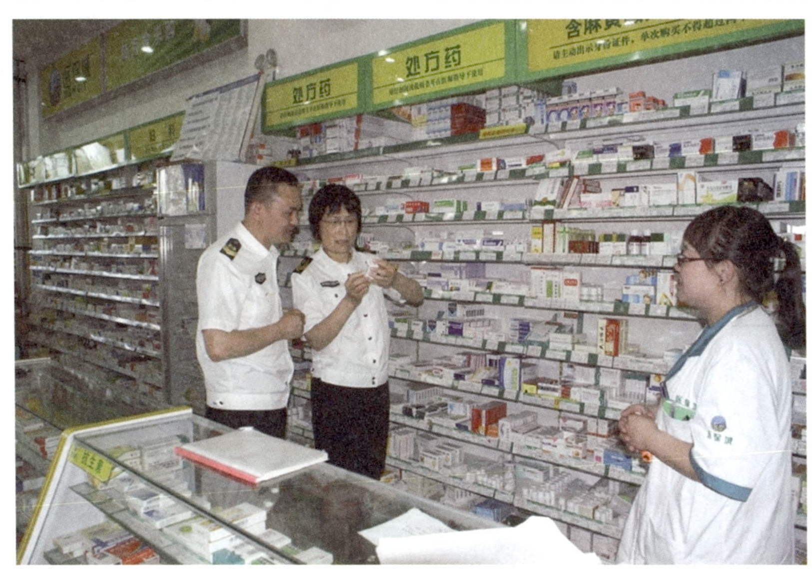

执法人员在医保城检查

深入社区为群众解疑答惑

管服务水平的提高。两个科室、8名同志被市人社局和市局评为“全市食品药品监管工作先进集体”和“先进个人”。崂山稽查大队被评为崂山区“巾帼文明岗”。

（食品药品监管局）

·质量技术监督·

质量监管　贯彻实施《质量发展纲要》，印发了《崂山区人民政府办公室关于贯彻实施质量发展纲要2013年行动计划》。开展创建全国质量强市示范城市工作，印发了《崂山区创建全国质量强市示范城市工作方案》、建立了崂山区创建全国质量强市示范城市联席会议制度。在崂山政务网开设“质量强市”专栏，制作质量在崂山宣传展板、质量在崂山宣传册，制作《质量在崂山》专题片3期在《崂山新闻》栏目播放，展示全区质量工作成果。编发《崂山区质量状况白皮书（2012年度）》，连续3年对全区质量状况开展分析。

组织3家企业申报省服务名牌，18家企业20个产品申报省名牌产品，其中7个产品、3家服务企业获得山东省名推委公示。指导崂矿、海克斯康、华仁药业、特锐德、路桥集团5家企业参加2013年青岛市市长质量奖申报工作。推荐海尔集团参加国家质量奖评选活动，12月16日，在首届中国质量奖颁奖仪式上，海尔集团公司以“人单合一双赢”为核心的质量管理模式被授予中国质量奖。

组织开展2012年度标准化项目资助奖励申报工作，全区13家单位50个项目获得196.20万元奖励，占青岛市奖励金额的32.7%，奖励项目数和金额均列青岛市第一。推动2家企业创建AA级标准化良好行为企业，推荐2家企业申报国家级服务业标准化示范项目，组织召开崂山区国家农业标准化综合示范区工作座谈会。有关部门联合起草《崂山杏树》、《崂山甜樱桃》地方标准，并经市质监局审批发布实施。

特种设备安全监管　崂山

开展特种设备安全大检查

区现有登记特种设备4892台，涉及使用单位533家。开展电梯、大型游乐设施、客运索道、液化石油气充装站、液氨压力容器等专项整治活动，出动执法人员1500人次，检查企业173家次，处理各类特种设备投诉44起，下达《特种设备安全监察指令书》21份，立案查处5起。圆满完成啤酒节嘉年华大型游乐设施安全保障任务，期间共检查特种设备1300余台次，查验特种设备管理、操作人员持证450余人次，抽查设备运行、检修记录600余份项，排查安全隐患30项。开展“五一”、中秋、国庆等节假日特种设备安全大检查工作。组织开展电梯、索道应急救援演练。制作了《特种设备安全管理便民卡》，服务为民。

开展食品安全专项整治

食品生产企业监管　崂山区现有食品生产企业147家，生产许可证167张；食品添加剂生产企业3家，生产许可证3张；食品相关产品及化妆品生产企业10家，生产许可证10张。

全年出动监管执法人员386人次，巡查食品生产企业200余家次。开展食品风险监测，抽样203批次。实行《巡查简报》制度，及时跟踪整改情况，形成闭环监管。开展食品安全专项整治行动，先后开展植物油、肉制品、瓶（桶）装饮用水、食品添加剂等专项整治活动19次，立案查处生产企业19家，罚没款8.9万元。组织开展企业落实主体责任工作会、食品生产企业质量安全工作会和重点企业法人履责报告会，开展“质监邀您看企业”、“食品安全进社区”、食品生产加工环节应急演练等活动。食品生产许可证年审企业76家，委托加工备案44家次，完成省、市食品抽检不合格企业后处理14家。

工业产品与质量认证企业监管　开展工业企业产品质量分类监管工作，对15家企业进行分类监管评价。组织4家资质认定实验室开展自查和互查，对20家获得自愿性管理体系认证企业、10家获得食品农产品认证企业开展管理体系监督检查。开展电线电缆、建筑防水卷材等8类产品质量提升行动，先后开展学生校服、絮用纤维制品、弹簧软床垫等专项监督检查。

开展“质检利剑”汽配打假专项行动

执法检查 践行行政处罚权规范透明，办理案件全部录入青岛市网上行政处罚平台。落实行政审批下放，梳理并录入行政审批和便民服务事项32项。建立企业质量档案基本信息数据采集和以物品编码为基础的食品类产品质量信用信息平台，组织崂山区100余家食品类企业完善信息。办理案件71起，其中立案处罚54起，结案54起，现场处罚并处结17起，罚没款合计到位32.3万元。处理各类投诉93起，各类质量申诉62起。以酒类产品、化肥、儿童用品、建筑用砖和钢筋、汽车制动液等五类产品为重点开展质检利剑行动，出动执法人员50余人次，检查企业20余家次。开展加油站计量器具专项执法检查，查处违法行为2起，罚没款1.05万元。

计量工作 开展计量惠民进校园活动，走进崂山三中，为学校师生免费开展眼镜清洗、保养、维修、检测服务，发放计量、眼镜保养配置等宣传材料。开展计量放心工程进农村、进超市、进社区、进眼镜店活动。开展“5.20”世界计量日宣传活动，发放宣传材料150余份，宣传手册200余份。抽查流通领域定量包装商品150个批次，处理计量投诉14起。对电子秤、金银制品及10家涉及安全防护计量器具的企业开展专项检查。督促4家省千家重点用能单位完成能源数据网上直报，完成1家用能单位现场监督检查，2家单位能源计量审查工作。受理制造计量器具许可申请3家次，组织33人次参加计量检定员考核，发放计量检定员资格证26张、计量标准器具考核证书1张。

（王玲）

开展计量惠民进校园活动

·安全生产监督管理·

安全生产监管 2013年，全区发生1起1人死亡的生产安全事故，占2013年全区控制指标（8人）的12.5%。先后召开了2次安全生产专题会议，1次全区安全生产工作会议、1次区长办公会议和7次安委会全体会议；下发《关于认真做好全区安全生产工作的意见》。区政府领导、各级负责人严格按照“一岗双责”要求，定期下基层、进企业，检查督导安全生产工作。全区各级层层签订安全生产目标责任书，并纳入网格化系统，实行公开安全承诺。将安全生产工作纳入全区科学发展综合考核，对考核不合格单位，实行“一票否决”。

隐患排查治理 组织开展了3次重点行动。每个季度的安全月和安全周期间，区长和各分管区长都分别带队对分管领域的安全生产工作进行监督检查。年内，全区共组织开展安全生产大检查活动5次，排查整治安全隐患6418条。出动检查人员1826人（次），打击非法违法、纠正违规违章行为887起。督促指导企业对照《事故隐患自查自纠指导标准》，定期开展自查自纠，截止11月底，共自查隐患23492条。按照“3+X”模式，先后整治区级重点隐患21项。在门户网站开辟了有奖举报专栏，设立了24小时安全生产举报电话，先后办结各类举报49起。

安全生产检查　从6月底开始，全区开展了为期3个月的安全生产大检查活动，全面排查整治各类安全隐患。下发《关于开展全区安全生产大检查工作的通知》，组成10个检查组，先后3次针对实际问题及大检查开展情况进行了实地检查督导。组成暗查暗访小组，采取事先不打招呼的形式对辖区内的危险化学品、涉氨涉氯、烟花爆竹以及群众举报和挂牌督办重大隐患等行业领域进行暗访暗查。发现问题立即对主管部门下达督办通知，对企业下达责令改正指令书，督促整改。大检查开展以来，全区各级各部门、各单位共组成各类检查组638个，出动检查人员5146人（次），检查生产经营单位4849家，整改各类隐患、纠正各类违规违章行为4633起，责令停产停业、停止建设5家。在11.22事故发生后，切实加强企业主体责任落实，全面展开隐患排查、严防各类事故发生，共排查出隐患73条，并逐一上报、整改。

“问安崂山”安全文化体系　制订了《关于开展“问安崂山”安全文化体系建设工作的意见》和《崂山区文化建设示范项目评定管理办法》，指导街道实施了“液氨使用单位应急救援互助组”、“渔业安全救助”、“高层楼宇消防安全逃生”、“校园安全小卫士”、“五龙河涉水安全综合整治”、“景区危险路段护栏工程”等6个安全促进示范项目。中韩街道在东城国际社区设立了500余米安全文化宣传长廊，王哥庄街道依托二龙山公园建立安全文化主题公园；沙子口、北宅街道依托大社区建设，建起2个安全模拟体验中心。在崂山电视台播放《安泽崂山》系列宣教节目；每月向社区居民广泛发放“安全明白纸”，在全社会形成“关注安全，关爱生命”的良好氛围。开展企事业单位负责人安全大培训活动，举办培训班20余期，培训企、事业单位负责人1467人。

职业卫生监管　全区存在职业病危害因素的企业540家，涉及皮革加工、箱包制鞋、电子制造、食品加工及发酵、家具及人造板生产、汽修等行业。先后开展了职业病危害项目申报、企业工作场所职业危害检测、职工健康监护、职业卫生知识培训、制度档案建立、危害告知以及分行业的专项整治等一系列工作，企业职业卫生基础工作基本建立。

（安监局）

·审计监督·

预算执行审计　开展2012年度区本级预算执行及其他财政收支情况审计，共完成审计项目194个，主要审计了崂山区财政局具体组织区级预算执行情况、6个部门和4个街道办事处的预算执行情况、4个专项资金管理使用情况、15个跟踪审计项目和163个工程结算审计项目。审计共发现问题125个，查处违规及管理不规

公租房跟踪审计项目现场

范金额65579.54万元，节约支出7435万元。首次就审计结果向崂山区政府常务会议做专题汇报，将审计查出问题的整改工作纳入区政府督查。

跟踪审计　制定“跟踪审计工作框架体系”和“两改项目跟踪审计工作框架体系”。对16个重点项目实施了跟踪审计，项目涵盖了青岛金融中心大厦、景区游客服务中心、创新园二期等“三大平台”战略项目和中韩片区、中韩牟家社区、沙子口松山后社区改造等重点两改项目，提出的500余条审计建议被建设单位及相关部门采纳，追回财政资金1500万，节省财政资金1600多万。针对村庄改造项目中存在的8大类共性、9个非共性问题做了《关于对我区“净地招拍挂”村改项目跟踪审计阶段性汇报（一）》，并对“净地招拍挂”模式村改项目的资金拨付流程、账务核算设置等各方面工作进行了统一规范。出台《崂山区村庄改造项目资金监督管理暂行办法》（崂两改指字〔2013〕6号），从源头上规范了崂山区旧村改造资金的监管模式。针对村庄改造项目具体进展情况、审计发现问题以及审计建议做了《关于对我区“净地招拍挂”村改项目跟踪审计阶段性汇报（二）》，在区政府常务会议上做了《关于出台崂山区政府重大建设项目跟踪审计暂行办法的汇报》，并下发《崂山区政府重大建设项目跟踪审计暂行办法》。

经济责任审计工作现场

经济责任审计　深化关于经济责任审计工作联席会议议事规则、审计内容、审计结果运用等方面的一系列制度，科学合理的制定了本年度领导干部任期经济责任审计计划。2013年，受崂山区委组织部的委托，共开展13位领导干部任期经济责任审计工作，查出管理不规范金额18397.2万元。

政府投资工程审计　开展工程结算审计，完成对崂山区委党校校舍一标段、滨海公路环境综合整治工程、沙子口中心渔港工程、崂山区人力资源大厦等186个项目的结算审计，审结工程建设资金5.63亿元，为区政府节约资金6.46万元。审计关注招投标的规范性、勘察设计的合理性、资金管理的合规性等重要环节，进一步理顺流程、完善制度。按照政府采购的规定，择优确定了新一轮协审中介库，并制定了中介选用、管理、考核的办法。

专项资金审计　对市容环境整治资金、区级转移支付资金等9个专项资金进行了审计调查。通过深入细致的审计，发现资金核算不规范、未严格执行政策规定等方面的问题32个，查出管理不规范金额57802.09万元。

绩效审计　选取政府关心和百姓关注的城区绿地、垃圾、污水处理等热点领域和资金，组建科研小组进行重点攻关，在全国基层审计机关率先建立了涵盖环境和资源两大领域，涉及城市垃圾、森林绿地等6个方面的环境资源绩效审计评价指标体系，并将科研成果直接应用于审计项目中。2013年，青岛市人民政府通报表彰了2012年全市改革创新优秀成果，崂山区提报的《建立环境

青年干部培养规划——综合考试

资源绩效评价指标体系，审计助推“幸福宜居”崂山建设》是崂山区政府唯一入选的改革创新工作成果并获得优秀奖。

信息化建设　在国家审计署公布的2012年AO应用实例评选结果通报中，崂山区提报的《崂山水库上游污水治理工程竣工财务决算及绩效审计》和《权重计分，定量评价，直观展现领导履职尽责情况》两篇AO实例荣获国家审计署优秀奖。《绿地养护费用的计算机审计方法》获得国家审计署计算机审计方法优秀奖，《综合医疗机构投入运行绩效情况的计算机审计方法》等5篇计算机审计方法入选国家审计署计算机方法库、3篇计算机审计方法获得山东省审计厅计算机方法优秀奖。

队伍建设　出台《青年干部培养规划》，针对不同层次、不同岗位的需要，为青年干部量身打造教育长期培养规划；建立动态管理机制，对青年干部日常学习、工作进展及成果、参加活动和培训、年度考核及奖惩等情况进行动态记录；建立导师跟踪培养制度。从思想、工作、生活等方面加强“传、帮、带”和跟踪培养。全年共完成跟踪审计、计算机审计等7大类20余个专题培训。

（审计局）

·国土资源管理·

土地管理　开展了崂山区土地利用总体规划（2006～2020）中期评估工作。拟定土地规划局部调整准备工作方案，其中区域内平衡项目约20个，涉及调整面积约880亩，拟申请上级部门追加规模项目约20个，涉及规模59135亩。开展土地综合整治评估工作，整治规划方案已经市国土资源局审核通过。

完成了包括钟家沟、大桥水厂、社会福利中心项目二期等市区重点项目在内的2013年中心城区农转用实施方案省政府批复，涉及用地9.28公顷。完成2个批次4个项目使用的集体建设用地征收省政府批复，涉及用地面积13.35公顷，其中包括海尔国际培训中心完善手续项目。崂山区2012年供地率达100%，用地率达81.62%。调整征地区片综合地价标准，由原来的15万元/亩调整为18.5万元/亩。钟家沟安置区项目组卷上报市政府审批、北姜安置区项目已协调上级主管部门做好签订土地出让合同的前期工作，大河东、小河东农民经济适用房项目已签订划拨决定书；世园会、海信研发中心等项目供地32宗、面积1575.66亩，收取土地出让金约35.69亿。

对5宗违法用地进行了行政处罚，收缴罚款4万余元，对2宗占用耕地的违法图斑组织了拆除；对2013年新增违法用地，组织开展了“双打集中整治行动”（严厉打击非法采石、违法占地行为），强制拆除了54宗新增违法用地上的地上建筑物，占地面积约12038平方米，确保2012年度崂山区违法占用耕地的比例为零。区政府召开会议部署并开展了2013年度卫片执法检查工作。

集体土地所有权发证宗地比例84%，发证面积比例68%。集体土地使用权基本完成全区25平方公里的外业地籍测绘工作，完成62个社区宅基地、集体建设用地的权属调查摸底工作，完成2669宗符合条件的宅基地换发证初审工作。

开展国有用地、村界现场指界，合理处理纠纷，协调解决争议。完成了中韩街道14个社区、沙子口街道7个社区、北宅街道世园会涉及6个社区共27个社区的村庄土地调查工作。

办理华仁集团土地出让合同纠纷案、北京同晟时代土地预约协议案等6宗历史遗留合同（预约协议）案件，涉及土地面积926.82亩。北京同晟时代土地预约协议案由法院判决解除预约协议，就利息补偿确定了解决方案；赛奥土地出让合同纠纷案、龙人土地出让合同由法院判决执行原合同，开展相关材料用地手续的完善准备工作；解除德惠精细化工土地预约协议，退还土地出让金10万元，退还其他补偿4.29万元。解决了石湾旧村改造、采菊园、金岭世家、文园花园等“办证难”项目土地存在的问题。全年共完成20余个项目容积率审核工作，补缴土地出让金约6758万元，解决了3200余户业主办证难问题。

农村集体土地所有权确权登记发证成果省级检查验收组到崂山检查

地质矿产管理　完善2013年地质灾害防治组织机构，建立群测群防网络，编制印发《崂山区政府关于进一步做好2013年全区地质灾害防治工作的通知》，组织应急演练和业务培训，安装4套地质灾害自动监测设备。青山、返岭前搬迁避让工作已报省政府申请由搬迁避让改为工程治理。年内，全区未出现地质灾害造成人员和财产损失问题。

矿山地质环境治理示范工程（崂山治理区）项目，一期治理12个采石场已全部进场施工，其中1个采石场已完成施工。实施了青岛警备区地质灾害治理工程。启动了牟家采石场矿山地质环境治理工程，该项目利用中央资金550万元，对牟家采石场北侧山体进行恢复治理，完成项目勘察设计工作、施工单位招标工作。

测绘管理　完成了1:500和1:2000（二期）地形图测量工作。开展1:2000（三期）地形图测量和全区数字正射影像图及数字高程模型两个项目。完成2013年度崂山区8家乙级以下测绘单位测绘资质年度注册工作。开展29个测绘项目的登记和19个测绘成果的汇交工作。按照《山东省测量标志巡

2013年地质灾害应急演练室内推演暨地质灾害群测群防培训

查工作管理办法》要求，对崂山区的63个测量标志点进行了定期巡查。完成了2012年度农村土地利用现状和城镇土地调查数据变更调查工作。对全区132个图斑、851.4亩土地进行调查，完成实地调查核实上图，现状数据库更新上报，年度变化信息与国家监管平台信息套合地方举证工作。对崂山区52平方公里的城镇土地调查数据进行了年度变更调查工作，完成了城镇土地分类面积汇总上报工作。

党风廉政建设　制定了《2013年党风廉政和反腐败工作方案》，组织全体干部参观青岛市反腐倡廉警示教育基地。开展会员卡专项清退活动，做到不漏一人、不留一卡。开展"反对四风"、"廉洁过节"等专项活动。

（国土资源局）

"三心"服务活动暨党风廉政建设工作会议

·统计管理·

统计业务　2013年，将重点服务业企业首次正式纳入企业"一套表"联网直报系统，实现了上述5类企业的统计数据定期上报国家联网直报库的目标，全区纳入国家联网直报库的企业为507家。完成全区工业、能源、建筑业、投资、房地产、批零住餐、重点服务业、劳动工资、劳动力、1%人口抽样、规模以下工业、价格景气、投入产出等专业月、季、年报任务，对工业、能源、投资、海洋经济、批零住餐、现代服务业等重点行业（产业）的发展情况实施了定期动态监测。完善全区亿元以上新开工项目统计监测库，新开工的43个亿元以上新开工项目全部通过市局验收并入库。开展国家点和市级点住户收支记账，首次开展服务业统计存量挖潜，部分服务业单位纳入了统计核算。

统计服务　全年共撰写31篇统计分析报告和1篇统计内参。加强与无锡滨湖区、济南高新区、青岛市南区的对标分析，撰写的《对标福田 抢抓机遇 加快推进金家岭金融新区建设》《对标市南 取长补短 加快优化崂山经济结构》《对标分析 找准差距 充分发挥投资对经济的拉动作用》三篇分析报

统计工作协调会

告，以区委《督查专报》第1~3期的形式报区委常委和副区长参阅，区委主要领导和区政府主要领导分别在其中的2篇上作了重要批示。按季度做好区市考核的测算工作，撰写的科学发展综合考核部分指标完成情况报告被区委主要领导批示。全年为全区各部门各单位提供统计咨询900次；为6家企业提供数据审核服务，积极支持其申请国家免检产品、驰名商标、省市名牌产品；为40家小微企业提供数据认定服务，大力支持小微企业发展。印发《统计年鉴》、《崂山统计》、《统计月报》等统计资料620册。

统计基层基础　贯彻落实《关于进一步加强部门统计工作的意见》（崂政发〔2012〕50号），重新制定部门统计考核工作细则。区政府每季度召开一次统计工作协调会，区直部门和街道共20余个部门和单位参加，通报前一季度经济指标，分析存在问题，推动各部门工作有序推进，增强了部门间数据的匹配性。指导区服务业发展局完善崂山区金融统计工作，与区城乡建设局建立资质以上建筑业企业的核对制度，与区商务局、服务业发展局、区旅游局建立企业信息交流机制，发挥了对部门统计工作的指导作用。加强“四上”企业统计星级单位管理工作，建立星级单位网上申报系统，优化了申报方式、申报内容和申报流程。全区应纳入申报星级企业为395家，达到星级的单位为358家，占应申报单位的90.6%，其中四星级和5星级的单位114家，占31.8%。

经济普查法制宣传日活动

第三次经济普查　2013年，是全区第三次经济普查工作的起始年。崂山区人民政府下发《关于开展第三次经济普查的通知》（崂政发〔2013〕18号），成立区级领导小组和办公室，35个相关部门和驻区单位参与。制定普查工作方案和考核细则，落实普查经费和办公场所，选调普查指导员和普查员1100人，分街道、分批次开展动员和培训。在中韩街道和王哥庄街道开展试点，检验普查工作的可行性和科学性。对全区涉及7个部门6万余条单位记录信息进行数据比对与处理，形成全区单位底册。完成158个普查区和400个普查小区的绘制，对全区8500家法人单位和13000家个体户进行“地毯式”核查，并开展查遗补漏。采取广场集中宣传、点对点短信告知、展板定点宣传，在崂山电视台连续播放宣传片、在区政府门户网站设置宣传竖幅、在社区和重点路段悬挂横幅和喷绘广告等方式，全方位开展普查宣传。

（统计局）

农业与农村经济

·农业　农村·

现代农业发展　召开了全区农村工作会议，完善出台了《关于加快发展现代农业持续促进富民增收的意见》等新的强农惠农富农政策，制定了《崂山区财政支农项目扶持办法》《崂山区茶叶“三项直补”工作试行办法》《崂山区农业产业化经营贷款贴息补助试行办法》和《崂山区王哥庄大馒头加工产业直补工作试行办法》等相关配套办法。落实崂山茶三项直补政策，全区免费发放生物农药40余吨，有机肥1800吨，改良苗种60余亩。结合农林产业规划布局，完成港西106亩经济林种植基地国家农业综合开发项目1个、晓望精品茶园等市级重点农业项目8个，建设大崂樱桃山谷等新型农村社区配套园区4个，打造小荷、瀛泉标准化生产基地2个；规范和培育了晓望等示范农民专业合作社10家，新培育家庭农场28家。

生态文明乡村建设　重点培育了枯桃、东麦窑、青山等12个省、市级生态文明乡村示范社区，大崂社区被评为全省“一村一品”示范社区，青山社区入选全国“美丽乡村”试点名单。

农村经济管理　不断完善农村“三资”管理，健全“三资”代管工作，制定了《关于加强农村集体“三资”监督管理意见》《崂山区农村社区经济合同管理办法（试行）》等相关文件；整合“三资”网络资源，四个街道全部启用农村集体“三资”网络监管平台，提升农村集体“三资”监管效率和信息透明度。做好周哥庄社区经济责任专项审计工作，成立审计工作领导小组，对周哥庄社区（股份经济合作社）及其所属公司开展经济责任专项审计。

·种植业·

2013年，全区茶园面积约22000亩，果园面积约9000亩，花卉种植面积约2000亩，巩固了以茶叶、杂果和花卉为主的种植业局面。

培训和技术指导　为进一步提高先进适用技术的入户率和到位率，在加强领导、搞好规划、落实责任的基础上，加强了培训和技术指导工作，通过送科技下乡、发放明白纸等方式，宣传相关知识。将全区划分成47个工作片，采取室内集中授课和田间解难答疑相结合的方式，依次按社区对茶农进行轮训，共举办培训班60余期，培训茶农11000余人，发放《崂山区茶农“万人培训”活动实用技术手册》《崂山茶树常见病虫害防治技术手册》《崂山樱桃常见病虫害防治技术手册》《茶树无性系良种茶

崂山区茶农万人培训活动

专家深入晓望社区茶田开展培训

苗移栽技术要领》《测土配方明白纸》等宣传材料10000多份；建立崂山区“农业科技110”专家咨询团，搭建了崂山区“农业科技110”综合信息服务平台，在王哥庄街道开展了试点工作，组建了街道农技服务队伍和农村社区农技信息联络员队伍。

农产品质量安全　制定了《青岛市崂山区2013年农产品质量监督检测工作方案》。全年抽检样品350余个，包括茶叶，水、土壤环境，果品、蔬菜、食用菌等样品。通过对农产品质量实施监督检测，实现了对农产品生产和农资购销等环节的有效监控。

农资经营秩序　根据《农资市场专项整治工作方案》和《农药经营企业清理整顿工作方案》，对全区33家农资经营业户进行了多次拉网式检查。与全区农资经营业户以及农产品标准化生产基地，签订了《崂山区农资经营业户质量承诺书》和《崂山区农产品质量安全承诺书》，杜绝了国家禁用农药在崂山区的流通，从源头上保障了农产品质量安全。

·畜牧业·

产业结构调整　通过宣传和行政审批等手段规范现有畜禽养殖场，通过执法检查和专项整治等措施取缔“泔水猪”等违法畜禽养殖场，通过项目建设扶持规模化场和崂山特色畜禽养殖。2013年，全区传统畜牧业养殖进一步压缩，家禽存栏61万只，奶牛存栏223头，生猪存栏6200头，奶山羊存栏800只；特种动物养殖呈增长趋势，全区马存栏105匹，貂存栏1.2万只，鹿存栏36头，蜜蜂存养1200箱。

品牌创建　打造“九水”牌农家鸡蛋品牌，青岛五龙养殖有限公司先后通过青岛市标准化畜禽养殖示范场和青岛市“三品一标”品牌创建示范基地验收。打造“崂土笨猪”品牌，引导生猪存栏3300头的青岛仁逸畜牧养殖有限公司，按照标准化、生态化、产业化的理念进行建设和管理，已通过商标注册。打造崂山奶山羊地方良种品牌，实施崂山奶山羊保种场扩建工程，进一步提高良种保护水平，扩大种群规模，崂山奶山羊保种场存栏171只。打造“崂蜂情”蜂蜜品牌，结合崂山特色优势资源，继续深化“协会+合作社+农户”的经营管理体制，做好规范化、标准化养蜂生产管理宣传工作。

重大动物疫病防控　组织召开全区重大动物疫病防控工作会议，进一步明确成员单位工作职责，并与各街道办事处签订了《重大动物疫病防控工作责任状》。调拨各类疫苗180余万毫升、1000余万份，消毒剂4吨，检测各类疫病样品2700余份，组织开展了春、夏、秋三季重大动物疫病防控行动。全区畜禽免疫率、牲畜挂标率、免疫证持证率均达100%。编制印发了《崂山区畜牧业生产经营管理100问》，集合《防疫法》《畜牧法》等一系列畜牧业法律法规规章，以浅显易懂的问答方式，将养殖户应该明白并遵守的法规条款予以告知，规范其养殖行为；为村级防疫员配发强制免疫疫苗及防疫员姓名印章，进一步规范防疫程序；为每一位村级动物防疫员更新了冷藏包，保证了免疫疫苗质量；与养殖场（户）签订目标工作责任书。组织举办了全区动物防疫员培训班，采用技术比武的形式进行采样及免疫操作培训。

开展H7N9禽流感防控工作，加强养殖场监管，取缔和关闭了活禽及鸟类交易市场，开展消毒灭原工作，暂停从青岛市以外地区调入活禽和鸟类。开展禽流感紧急普查监测工作，共普查禽类养殖户700余户，及时处理群众举报的散养禽、鸽子放飞、疑似疫病诊断等20余起。进一步完善应急预案，加强应急队伍建设和应急物资储备，严格执行24小时专人值班和领导带班制度。全区防控形势稳定。

开展狂犬病免疫工作，利用电视、宣传册等多种形式，宣传狂犬病的危害、防控常识及免疫时间安排等相关内容，依托宠物医院设立狂犬病定点免疫门诊，在辖区四个街道采取定点免疫、集中免疫等多种方式开展“犬类免疫月”活动，全年共免疫犬1132只。

动物卫生监督执法　对全区畜禽养殖场户存栏数量、品种、用药用料情况等开展全面排查和详细登记。组织全区养殖场（户）、兽药饲料生产经营企业签订承诺书，承诺书签订率100%。印制发放法律法规及宣传材料500余份，确保养殖场户及兽药饲料生产经营者的法律法规知晓率达100%。开展畜牧业投入品拉网式专项检查，对兽药、饲料生产经营企业的质量安全和养殖业户的用药用料情况进行了全面检查。组织开展动物卫生执法队伍行业纪律整顿和行风规范行动。

对辖区内的动物诊疗机构开展调查摸底工作，全面掌握从业人员、设施设备、诊疗活动范围，督促动物诊疗机构做到收费标准公开、监督电话公示、执业兽医信息上墙，严格落实定期报告制度，切实规范动物诊疗行为。

执行《动物产地检疫报检制度》，由畜禽养殖场监管人员入场（户）宣传指导，使养殖户对产地检疫报检制度的知晓率达到100%。坚持到场到户严格按程序实施临栏检疫，建立健全各种检疫监督记录，严禁无免疫标识及检疫证明的畜禽进入流通领域。全区产地检家禽9.82万羽，猪0.0215万头，其他动物0.0081万只，动物产品59.014吨。在全市率先实施电子检疫出证，加强动物及动物产品交易市场和收奶站的监管。

·林业·

植树造林　完成滨海大道崂山区北段绿化改造工程。工程于2012年4月份全面开工建设，2013年已全部完工。新增绿化面积65万多平米，栽植乔木7.8万株、灌木20余万株、铺装人行道6000多米，荣获国际景观规划设计大奖－艾景奖（金奖）。开展国家森林城市创建工作，制定下发了创森工作方案，明确了责任分工，建立了月调度制度，举办了二龙山森林生态文化节活动。推进枯桃花艺生态园项目，投资9400万元，建设各类花艺展厅5400平米、联栋温室8000平米，栽植乔灌木10000多株，铺设地被草皮7.5万平米，配套建设了广场浮雕、观光亭、雕塑等景观小品，项目主体已竣工。

开展创建森林城市工作

完成全区林木种质资源调查，累计发现植物种质333种，首次在午山发现小叶白桦树这一树种，拍摄种质照片9400余张，高标准建立种质资源标本室一处。全年崂山区共完成新增造林1553亩，中幼林抚育25000亩，新增活立木蓄积量69710.7立方米，新育苗530亩。

森林防火　推行“网格化管理”，严格执行“24小时巡查制度”，从强化各级领导责任意识和忧患意识；完善各级政府和有关单位财力、物力、人力投入机制和体系建设；强化、突出森林防火扑救工作的科学组织和指挥能力，以及专业化消防队伍建设；迅速依法处置森林火灾案件，严厉打击林内违法用火行为，全力做好防火工作。2012～2013年防火期，受春季干旱高温的影响，在崂山区行政区域内发生“3.6”“4.25”等森林火灾，但由于指挥得当、处置及时，最大限度保护了森林资源，未发生一起人员伤亡事故。

林业执法　成立了全区野生鸟类等野生动物保护管理工作领导小组，建立政府统一领导，相关部门分工负责、协调联动，社会各界广泛参与，保护与打击并重的长效工作机制。通过悬挂标语横幅、树立护林防火旗、发放普法通告和一封信等方式加强宣传，对全区养殖、经营、销售野生动物及其制品的单位、饭店，山林承包户、养殖户、经营户进行全面检查和普法教育。结合全市林业秋季护鸟执法集中打击行动，组织护鸟执法队伍，坚持早、晚两次对辖区内山头、林地及其它候鸟迁徙区域进行拉网巡查；累计出动1万余人次，清理鸟网400多套，放飞野生鸟类300多只，救助受伤野生动物2只，约谈训诫违法捕鸟嫌疑人10人，抓获查处违法捕鸟者1人；区农林、工商、食安、商务、旅游、街道等多个相关部门沟通协作，加大对辖区内所有的农家宴饭店、农贸市场等的清查力度。全年共立案查处各类涉林案件14起，案件立案调查率达100%，查处率达100%。

全区森林防火工作会议

林业有害生物防控　继续实施属地化管理和专业处置结合的防控策略，建立公司化运作、政府监督的长效工作机制，有效防控了松材线虫病、美国

2013年度飞防部署工作会议

白蛾等林业有害生物。首次利用飞机施药开展了防治松褐天牛工作，防治面积达15万亩次；成功繁育管氏肿腿蜂等林业有害生物天敌1亿余头。加强了监测和查防工作，准确掌握美国白蛾发生情况；全区共投入人力3000余人次，共诱捕到成虫5700余头，剪除卵块和网幕6万余个，喷施生物BT、灭幼脲等药剂4.5吨，释放周氏啮小蜂茧2万个，有力处置了虫情。

（农林局）

崂山区防汛工作会议

·水利·

基础设施　投资8200余万元，组织实施了供水保障、河道综合治理、病险塘坝除险加固等三大类20余项重点水利工程，全区水利基础保障水平进一步得以提高。投资720万元实施了大河东供水管道改造工程，铺设给水管道1924米，提高了全区供水保障能力，有序推进了大桥水厂、午山调蓄水池等项目的建设进程。投资3500万元对石人河、五龙河、大河东河等河道进行综合治理，在保证防洪安全的前提下，改善了河道生态景观功能。投资600余万元对秦家土寨等10座病险塘坝实施除险加固，依托全区特有的自然风光，在充分发挥塘坝防洪、蓄水和灌溉效益的同时，充分发挥其生态效益。

防汛抗旱　完善了街道、社区防汛组织体系，制订了《青岛市崂山区山洪灾害应急防御预案》，编制完成了区、街道、社区三级应急预案，修订完善了《青岛市崂山区洪涝灾害应急预案》《青岛市崂山区防台、防风暴潮应急预案》。抓好防汛物料、队伍的落实，共储备了价值100余万元的编织袋、土工膜、发电机等器具，对木料、砂石料等采取社会号料方式管理储备，落实并强化了2000人的防汛抢险队伍及防汛机械车辆设备，利用中央资金200万元购置了应急车辆、发电机组、水泵、电缆等物资。有序推进山洪灾害防治非工程措施建设，对在试运行过程中发现的问题及时解决。做好强降雨防御工作，有效应对了5.26等多次强降雨对全区带来的影响，全区安全度汛，未发生大的险情。提前做好抗旱应急水井淘洗和设备检修，对年度供水水源实施时时监控、科学调度，最大限度确保群众用水安全；面对2013年秋季降雨偏少的现状，及时编制抗旱应急预案，应对随时可能因旱情而引发的群众用水紧张问题。

行业管理服务　统筹调配区属各主要供水水库和客水资源，优化调度方案，严格调配水量，在全区水资源不足的情况下完成安全供水1950万立方米，强化水质检测工作，全年供水水质综合合格率达到了100%。贯彻执行最严格水资源管理制度，落实用水总量控制指标、用水效率控制指标、水功能区限制纳污控制指标“三条红线”。开展违法取水专项整治活动，结合《崂山区非法取水卖水综合整治实施方案》，

安全生产大检查

开展摸底调查，历时2个月查出大小取水井1500余眼。实行取用水计划管理，加强社区供水考核与奖励、水资源监测网络建设和水资源费征收管理工作。

行业监管　优化行政审批流程，提高审批效率。强化建设项目水土保持监督管理，优化完善水保方案专家评审制度，强化项目建设过程和竣工验收监管，加大水土保持补偿费征收力度，征收水土保持补偿费100余万元。

落实水利移民政策　落实移民扶持发展政策和库区保护区补助政策，严格按照移民项目管理、移民和库区保护区人口核定的有关要求，组织开展补助资金发放和项目建设监管，全年实施移民项目7个，总投资380万元，发放移民资金共计585万元。

行政执法　制定实施《崂山区非法取水卖水综合整治实施方案》，协同各街道、交通、行政执法、工商、卫生等部门成立联合执法队伍，设置非法取水检查站7个，组织联合执法活动7次，日间非法取水活动现象基本杜绝。

水利工程管理　实施《崂山区水利基础设施日常维修养护管理办法》，为解决全区水利设施在不同程度上存在的“重建设、轻管理”的现象，延长水利设施使用年限，充分发挥财政资金的使用效益，提高打击非法采石挖砂等违法行为的执法监管效能具有重要的推动作用。建立健全以“建设单位负责、施工单位保证、监理单位控制、政府监督结合”的质量保障体系，对年度实施项目制定了质量安全责任目标，实行定人包项目责任制，建立了全方位、全过程的质量监控体系，从管理体制上保证了建设项目质量安全责任的落实。

（水利局）

· 海洋与渔业 ·

2013年，水产品总产量7万吨，水产品总产值7亿元，渔业增加值3亿元。

基础设施建设　沙子口国家中心渔港竣工，项目累计投资1.08亿元（其中国家拨款2500万元，市财政拨款700万元，崂山区财力投资7600万元），于2013年6月28日竣工验收并投入使用。项目建成码

新配置的中国海监执法快艇

头岸线达到1430米，可停泊600～800艘渔业船舶，年水产品交易量可达8～10万吨。

投资100万元对黄山和会场2个群众性渔港进行了清淤外运和码头加固工作。

现代渔业　崂山湾公益性海洋牧场一期工程完工。崂山湾公益性海洋牧场是我国北方地区首座公益性海洋牧场。项目一期工程会场湾人工鱼礁区已全部完工。项目共投资1500万元，投放扭王子人工鱼礁体3317块和箱式人工鱼礁体858块，形成了2.6万立方空的人工鱼礁区。项目二期工程崂山湾A区已经完成了200艘报废渔船的带石沉船工作。

由青岛龙盘海洋生态养殖有限公司承建的人工渔礁，位于王哥庄街道沿岸海域，主要沿港东、峰山西海岸线向外海延伸。已完成人工投礁42万方，累计投放鲍鱼和海参苗种1000万粒（头），人工移植了各种藻类，形成了近万亩的大型海洋牧场；由青岛海泉崂山特色水产品有限公司在女儿岛和狮子岛之间新建得到海洋牧场，已完成投石5000立方。

完成区财政资金扶持的放流水产苗种1.2亿单位（日本对虾1.15亿尾，三疣梭子蟹500万只）。承担省市放流任务0.758亿单位，其中海蜇

水产品质量检测

0.5亿只、梭子蟹0.2亿只。项目总资金483万元，其中区财政160万元。据初步估算为崂山区渔民增加收入3000万元。

在稳固鲍鱼、刺参现有养殖的基础上重点推进了离岸型沉浮式抗风浪网箱养殖模式和藻类养殖。全区共引进离岸型沉浮式抗风浪网箱70余个，藻类养殖面积达到1000亩，主要养殖海带、裙带菜、龙须菜、马尾藻等大型藻类。引进的金海带营养价值高，主要用于食品；晚熟海带主要作为鲍鱼和刺参的饵料；龙须菜和马尾藻除可以作为鲍鱼饵料外还可以作为重要的工业原料。引进“海葡萄”（又名葡萄藻，被喻为植物中的鱼子酱）进行工厂化养殖。

渔业产业化　年内，渔业企业利用海域抵押获得贷款2300万元，有效地促进了水产养殖业的产业化发展。同时对7家渔业企业的3740万元的贷款贴息55万元。燃油补贴发放和群众性渔港修复等民生工作开展顺利，2013年为渔民发放燃油补贴1460万元。

水产品质量安全　派出专人参加全国食品安全培训，全年进行了147个批次的水产品抽检。同时出台政策鼓励企业积极创建无公害水产品生产基地和国家级水产健康养殖示范场。全区新增6家企业获得无公害认证，7家企业通过国家级水产健康养殖示范场验收，崂山区的无公害水产品生产基地和国家级水产健康养殖示范场分别达到了22家和18家。

（海洋与渔业局）

工　　业

· 工业经济运行 ·

2013 年，全区完成工业总产值 676.48 亿元，增长 7.7%，其中规模以上工业完成产值 622.60 亿元，增长 7.7%。实现工业增加值 197.63 亿元，按可比价计算，增长 7.8%，其中规模以上工业增加值增长 8.3%。规模以上工业实现主营业务收入 622.15 亿元，增长 9.0%；利税 60.10 亿元，增长 4.7%，其中利润 43.44 亿元，增长 14.5%；规模以上工业销售利润率 7.0%，比 2012 年提升 0.4 个百分点。规模以上工业中家电电子、高端机械、海洋生物制药和食品饮料四大主导产业实现产值 443.16 亿元，增长 9.8%，占规模以上工业总产值的 71.2%；利润 40.39 亿元，占规模以上工业利润总额的 93.0%。其中：家电电子产业、高端机械产业、海洋生物制药产业、食品饮料产业分别实现产值 275.58 亿元、104.52 亿元、16.36 亿元、46.69 亿元，分别增长 7.4%、18.6%、19.5%、2.7%；利润 21.00 亿元、9.29 亿元、5.05 亿元、5.05 亿元，分别增长 15.9%、32.7%、8.6%、3.7%。

2013 年，卷烟行业实现产值 115.27 亿元，占规模以上工业总产值的 18.5%，增长 5.1%，拉动规模以上工业产值增幅提升 1.0 个百分点。

规模以上工业主要产品产量一览表

产品名称	计量单位	2013 年	比 2012 年增长（%）
房间空调器	万套	184.55	13.1
家用洗衣机	万台	376.63	-4.2
手机	万部	559.88	-13.0
卷烟	亿支	541.80	2.2
程控交换机	万信道	176.31	-33.2
发电量	万千瓦时	3612	39.2
葡萄酒	千升	4164.52	6.0
软饮料	万吨	64.75	-1.9
糕点	万吨	0.56	2.6
方便面	万吨	7.23	37.2
旅游帐篷	万顶	11	-45.0
冷冻水产品	万吨	1.51	11.4
电力电缆	千米	38053	23.1
胶鞋	万双	307	6.6
瓦楞纸箱	万吨	0.20	-9.6
日用玻璃制品	万吨	17.58	3.8
棉花加工机械	万台	0.98	72.9

2013年，101家中小企业实现产值143.8亿，增长13.2%，占全区规模以上工业的32.1%。从行业发展情况来看，用工成本较高、耗能较大的传统工业行业（主要包括服饰纺织、塑料化工、金属制品行业）的中小企业呈现逐步衰退趋势；而科技附加值较高的新兴工业行业（主要包括装备制造、家电电子、生物医药等行业）的中小企业发展较为活跃。崂山区中小企业的发展趋势既是市场竞争的必然，也是崂山区工业发展“转、调、创”工作的切实成果，将对崂山区吸引高端人才并进一步完成节能降耗工作起到较关键的作用。崂山区规模以上工业企业年产值5亿元以下的企业共93家，其中传统工业企业40家，新兴工业企业53家；2013年传统行业与新兴行业工业产值的比例为43.1∶56.9；与2012年比较，传统行业所占比例下降1.7个百分点。

特点及问题　支柱型企业发展较缓。崂山区现有两大工业支柱型工业企业：海尔集团、青岛卷烟厂。其中海尔集团约占全区规模以上工业增加值的25%；青岛卷烟厂约占全区规模以上工业增加值的40%。海尔、青烟增加值同比增长5.5%和5.1%，均远低于全区工业增加值增速，下拉全区工业增加值增速达1.92个百分点。

装备工业发展迅速。高端装备产业是崂山区四大支柱型产业之一。2013年，全区45家规模以上高端装备企业中产值增速超过20%的达24家；其中海德威、诺马（中国）、埃贝斯风电分别增速达94%、91%和78%，位居108家规模以上工业企业增速前三位；汉缆产值增速达30%，位居全区20家重点工业企业增速之首。高端装备产业产值达96.8亿元，同比增长18.1%，拉动崂山区工业产值增长达5.1个百分点。

消费品工业两级分化明显。消费品工业是崂山区工业最重要的组成部分，包括了海尔、青烟、青啤、海信、可口可乐等消费品巨头企业，占全区工业产值总量的75%。受全国经济形势影响，崂山区消费品企业发展呈现明显的两极分化现象。其中，中低档必需消费品和医药类消费品的市场需求呈现合理增长趋势，青啤、顶益等食品企业和华仁、黄海等医药类企业均保持了15%以上的增速。而家电产品和部分非必需消费品，特别是高档消费品的市场需求明显减弱，海尔、青烟、朗讯等企业均处于产值小幅增长或有所下滑的形势。

工业企业利润明显回升。自2013年二季度起，崂山区工业企业利润开始企稳回升；2013年，107家工业企业（不含青烟）利润额达43.4亿元，同比增长14.5%，基本恢复到2009～2010年正常利润水平。

（经发局）

·建筑业·

全区资质以上建筑企业完成建筑业总产值159.04亿元，增长11.1%，其中省内总产值77.31亿元，增长24.9%；实现建筑业增加值41.62亿元，按可比价格计算，增长22.7%。

（统计局）

青岛蓝色硅谷产业创业带

·工作综述·

2012年2月，青岛市人民政府发布《青岛蓝色硅谷发展规划》（青政发［2012］6号）。规划建设的青岛蓝色硅谷包括“一区一带一园”，即位于即墨市域的蓝色硅谷核心区、位于崂山区的蓝色硅谷科技创新及成果孵化带、位于红岛经济新区的高新区胶州湾北部园区。位于崂山区的科技创新及成果孵化带南北长约25公里，总面积约70平方公里（崂山区地方规划扩展至118.6平方公里），规划重点布局国家级科研机构、公共技术平台、企业研发中心、战略新兴产业基地，成为全市蓝色经济、高端产业的“心脏”和“发动机”，打造青岛蓝色硅谷发展的先行示范区。

2012年9月，经市委市政府批准，崂山区决定，青岛高科技工业园管理委员会加挂“青岛蓝色硅谷产业创业带管理委员会”的牌子，协调各街道办事处和有关部门，对该区域进行综合管理和项目服务。

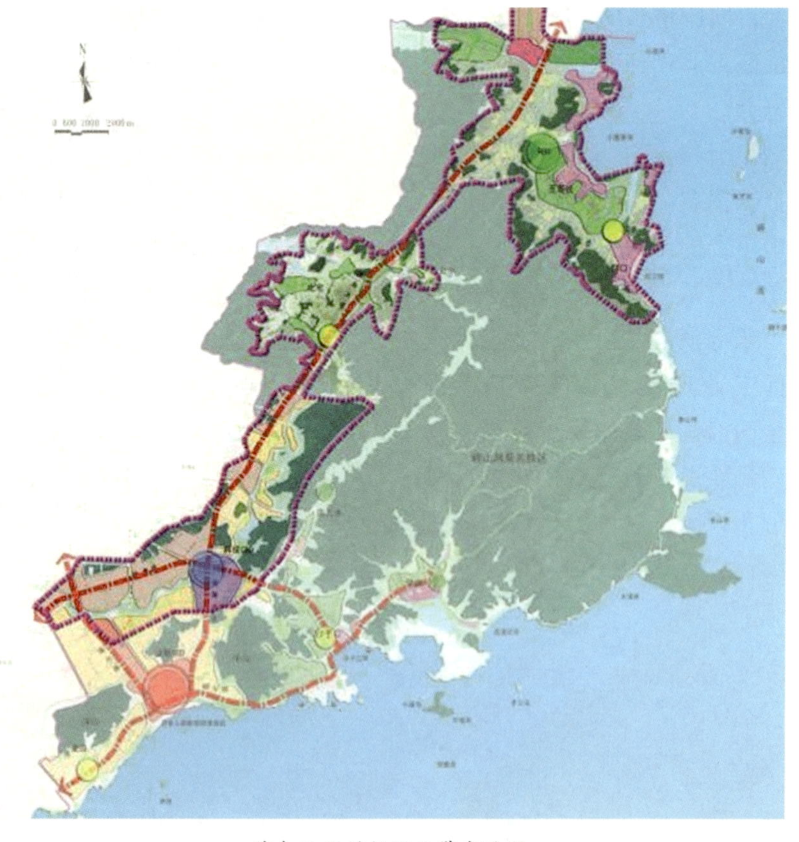

蓝色硅谷创新孵化带布局图

青岛蓝色硅谷产业创业带包括崂山科技城、北宅、王哥庄三个片区。崂山科技城片区：结合金家岭金融新区发展规划，形成以信息产业为主的后台支持服务区和蓝色硅谷科技长廊，规划总面积42.24平方公里。北宅片区：结合2014青岛世园会周边开发建设，形成以生态旅游、高端科技企业总部、高端人才服务为主的世园生态都市新区。王哥庄片区：引导土寨河两岸片区土地开发，推进崂山湾国际健康城开发规划和实施。

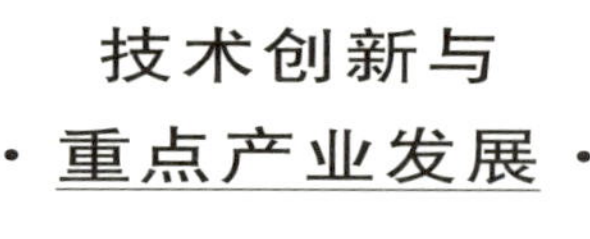

技术创新与·重点产业发展·

经过青岛高科技工业园二十余年的发展，青岛蓝色硅谷产业创业带已集聚各类科技企业及其它行业企业一千余家，形成家电电子通信、软件、生物制药、高端装备制造、新能源新材料等主导产业，以及环保节能、现代服务业等新兴产业，成为支撑全区工业经济和地方税收的重要功能区。

2013年，蓝色硅谷产业创业带新一代信息技术产业与高端软件产业规模跃上新台阶，产业影响力持续增强，骨干企业有海尔集团、青岛朗讯科技通讯设备有限公司、青岛海信网络科技股份有限公司、青岛爱立信浪潮通信技术有限公司、日本 NEC 软件青岛分公司等。生物医药产业集群聚集了青岛黄海制药有限责任公司、青岛华仁药业股份有限公司、青岛蔚蓝生物集团、青岛正大海尔药业有限公司、青岛澳兰百特生物工程有限公司、青岛博益特生物材料有限公司等代表企业，成为国家级生物产业基地的核心区。高端装备制造产业集群的骨干企业有青岛双瑞海洋环境工程股份有限公司、青岛特锐德电气股份有限公司、海克斯康测量技术（青岛）有限公司、美国卡特彼勒研发青岛分公司、青岛宏大纺织机械有限责任公司、埃斯倍风电科技（青岛）有限公司、青岛欧特美股份有限公司等。新能源、新材料产业集群异军突起，青岛海泰新光科技有限公司、青岛康普顿科技股份有限公司等科技企业快速成长。为制造业提供产品质量第三方检测、认证服务的一批国际知名机构先后落户株洲路沿线，主要有通标标准技术服务有限公司青岛分公司（SGS）、莱茵技术－商检（青岛）有限公司（TUV）、天祥（天津）质量技术服务有限公司青岛分公司（Intertek）、必维国际检验集团青岛分公司（BV）、谱尼测试青岛实验室（PONY）等，与青岛冠中生态股份有限公司、青岛天人环境股份有限公司等一起，推动了区域现代服务业集群发展。

区域内一批自主创新能力强、具有核心竞争力的企业进入国际同行业先进行列。主要有：世界白色家电第一品牌——海尔集团总部，我国证券市场创业板第一股、国内最大的箱式变电站研发生产商——青岛特锐德电气股份有限公司，我国首批通过国际认证的船舶压载水管理设备自主研发和生产商——青岛双瑞海洋环境工程股份有限公司和青岛海德威科技有限公司，我国第一家进入临床验证阶段的人工眼角膜产品研制企业——青岛中皓生物工程有限公司，我国第一家国产离子色谱仪研发和生产商——青岛盛瀚色谱技术有限公司等。

区域内科研院所和人才资源集聚。拥有中国海洋大学、青岛大学、青岛科技大学 3 所高校。拥有中科院青岛生物能源与过程研究所、中科院兰州化学物理研究所青岛基地、中国农业科学院烟草研究所等 9 家国家级科研机构；3 家国家级重点实验室；4 家国家级、12 家省级、29 家市级工程技术研究中心，企业研发投入占全社会科技投入的比重约达 80%。拥有 3 家国家级、7 家省级、23 家市级创新型（试点）企业。2013 年，中国海洋石油集团控股的海工英派尔科研设计基地已完成一期建设，部分投入使用。占地 462 亩、总建筑面积约 44 万平方米的海信集团崂山研发中心开工建设。

截止 2013 年底，区域内拥有两院院士及外聘院士 23 人；引进国家海外创新创业“千人计划”人才 15 位、中科院“百人计划”15 人、国家杰出青年科学基金 18 人、泰山学者 30 人，海洋专业人才 4000 余人。

专业园区与·科技企业孵化器·

立足区域建设用地资源短缺的现状，崂山区坚持走集中集约发展之路，在产业创业带内规划了国家（青岛）通信产业园、新能源产业园、生物医药产业园、蓝色动力科技产业园等特色专业化产业园区和科技企业孵化器，计划整合盘活低效或闲置的企业或社区集体经济用地等各类土地资源约 2500 亩，建设产业载体约 280 万平方米，预计总投资将超过 100 亿元，为崂山区发展蓝色高端产业、实现产业转型升级提供保障。

国家（青岛）通信产业园 由国家信息产业部于 2005 年授予。2010 年 8 月，由高科园管委组织编制的《国家（青岛）通信产业园概念规划与城

崂山区专业产业园分布图

市设计》获得青岛市城市规划委员会审核通过。园区东接滨海大道，南依张村河，西邻枣山东路，北至株洲路，规划总占地面积78.9公顷（约1200亩），包括崂山软件园、海信株洲路项目、高科通信、才高集团原金谷镁业地块等，规划计容总建筑面积约185万平方米。组织编制了《通信产业园地下空间利用规划》，超前提出了整个片区的地下空间开发要求。2012年，青岛市政府将园区先后列入青岛市“千万平方米孵化器工程”和“千万平米软件产业园工程”的重要组成部分，作为全市软件和信息服务业“东园、西谷、北城”布局的“东园”部分。园区发展定位和招商目标：重点发展电子、通信技术、地理信息、物联网、云计算、软件和服务外包等新一代信息产业和总部经济。

通信产业园规划空间布局：概括为：“一心、两轴、三片区”，即在园区中心地块，规划五星广场，打造通信产业园的科技核心；打通高尔夫球场、张村河与北部山体的景观视线通廊，规划步行景观主轴线，打通西侧用地与张村河的视线通廊，规划绿化景观辅轴线，建成滨水文化休闲片区、商业金融服务片区、产业研发片区三个功能片区。国家（青岛）通信产业园1、2、3号地块和海信网络科技项目（海信创智谷）地块，共设计建设10栋研发办公楼宇，总投资39亿元，建筑面积约86万平方米。2013年，各地块完成基础工程，进入主体施工阶段。

青岛国际创新园　总占地177亩，起源于崂山区政府与台湾东元集团合作项目，意在

国家通信产业园

青岛国际创新园（一期）

借鉴台北南港软件园经验，建设国际一流设施与环境的创新园区。项目由青岛高科产业发展有限公司投资建设。总投资约9.6亿元的创新园一期工程2013年6月投入使用，开始对外出租、出售。美国ITW、IPC等20余个项目首批签约入驻。青岛国际创新园二期总规划建筑面积46万平方米，2013年已完成基础工程，进入主体施工阶段。

青岛新能源产业园　于2011年开始策划，2012年6月组织编制完成《青岛新能源产业园概念性规划与城市设计》。新能源产业园位于株洲路以北、青银高速公路以东、科苑纬四路以南，总规划建设用地面积390亩。发展定位：重点引进新一代半导体（LED）光源、风能、核能、太阳能、生物质能、先进节能高效光学元器件和新能源装备产业，为技术含量高、创新人才汇聚的新能源产业企业搭建平台。发展目标：用3～5年时间，将园区建设成为景观环境优美、功能配套完善的新能源产业聚集区和青银高速进出崂山区门户的产业景观展示区。园区一期开发约110亩，建筑面积约15万平方米。

园区首批引进项目：青岛海泰新光科技有限公司医用内窥镜LED新型光源项目、青岛海德威科技有限公司船舶设备项目、杰生电气公司LED生产设备产业化项目等。2013年，海泰新光项目已主体封顶。

崂山区生物产业园　位于滨海大道两侧、九水东路以北，规划占地面积约750亩，2013年8月被省有关部门认定为首批山东半岛蓝色经济区海洋特色产业园。全部项目建成投产运营，预计可实现产值约50余亿元，形成一个高科技企业集聚、环境生态优美、综合服务便捷的半岛蓝色经济高新技术产业示范基地。

园区先后有16个项目落户，总投资约35亿元，总建筑面积近60万平方米。区政府先后投资1.5亿元，建成园区“1纵2横1环”4条道路及三水等基础设施。截止2013年底，中科院兰州化学物理研究所青岛基地、颐中生物等9个项目已全部封顶或部分封顶；冠中生态、蔚蓝生物等5个项目正在建设，中皓生物、森淼生物

青岛新能源产业园规划图

2个项目正在办理前期土地手续。

蓝色动力科技产业园　由青岛康普顿科技股份有限公司、青岛路邦汽车用品有限公司投资建设，位于惠特工业城以北、科苑经二路康普顿公司现厂区以东、科苑纬四路以南区域，占地面积为48.5亩，总规划建筑面积10万平方米。发展定位与重点发展高性能节能发动机油、红外测温仪、温度传感器等新兴产业。项目明细：青岛康普顿公司高性能节能发动机油、青岛路邦汽车用品公司红外测温仪、温度传感器等汽车用品项目。园区建成后，年实现产值将超过10亿元。一期工程规划建筑面积5.8万平方米，总投资1.7亿元。2013年，园区一期项目取得施工许可证，土石方工程开工。

青岛高层次人才创业中心　是青岛市人力资源和社会保障局负责运营管理的科技企业孵化器，于2011年7月成立，旨在吸引海内外高层次人才来青创业发展，研发转化具有国际先进水平的科技成果，培育战略性新兴企业。中心位于崂山科技城株洲路153号，建筑面积1.8万平方米，共19层。中心以系列优惠扶持政策助力创新创业。在房租补贴政策上，为入驻企业提供不小于110平方米的办公用房，第一年免缴100%房租，第二年免缴70%房租，第三年免缴50%房租。此外入驻创业的高层次人才还可享受创业启动资金、安家补贴、周转住房等相应待遇。截止2013年底，该中心已有34家创业创新团队入驻，聚集了包括4名国家“千人计划”、3名山东省“泰山学者”等在内的一批高层次人才。

青岛蓝色硅谷软件外包中心　利用原有1.1万平方米厂房改建而成。引进了NEC软件青岛分公司、百灵科技、恩源佰仕达电子商务等13家软件开发与外包企业入驻。

崂山区LED产业孵化器　位于株洲路190号，由青岛高科产业发展有限公司利用青岛海泰自动化仪表有限公司闲置厂房改建而成，孵化面积约1.8万平方米。2013年，铝镓光电、泰弘光电等10余家企业入驻。

·重点高新技术企业选介·

海尔集团　创立于1984年，经过29年创业创新，2013年，海尔全球营业额1803亿元，利润总额达到108亿元。据消费市场权威调查机构欧睿国际（Euromonitor）数据，海尔连续五年蝉联全球大型家电第一品牌。

海尔的创新力体现在解决方案和管理模式的破坏性创新，努力打造开放的平台型企业。青岛海尔（股票代码600690）作为主体的690平台以破坏性创新推进智慧化家电，目标是成为全球家电的引领者和规则制定者。海尔在全球的五大研发中心作为资源接口，与全球一流供应商、研究机构、著名大学建立战略合作。截至2013年底，海尔累计申请专利15737项，获得授权10167项。海尔电器（股票代码01169）通过打造营销网、虚网、物流网、服务网四网融合的竞争力，为用户“24小时按约送达、送装一体”。四网融合的竞争优势为旗下的大件物流平台“日日顺”吸引来了全国5大电商以及家电家具企业参与。在管理方面，海尔通过人单合一双

海尔信息产业园

赢模式使组织结构充满激情与创造力，并进一步扁平为以自主经营体为基本创新单元的动态网状组织，组织中的每个节点接受用户驱动而非领导驱动，通过开放地连接外部资源来满足用户需求。这一创新模式吸引了世界著名商学院争相跟踪研究，并将海尔人单合一双赢模式收入案例库进行教学研究。创新使海尔持续健康发展，自2007年以来，海尔利润复合增长率达35%，资金周转天数（CCC）为-10天，遥遥领先于同行业。

位于崂山区的海尔工业园和海尔信息产业园1992年开始建设，目前总占地1000多亩，包括海尔集团总部、海尔中央研究院、数字家电国家重点实验室、检测中心、海尔创牌中心、海尔大学及空调、洗衣机、模具、药业等子公司。

青岛特锐德股份有限公司　创业板第一股“特锐德电气”是青岛德锐投资有限公司、德国特锐德电气公司的中德合资企业，是集110KV以下的变配电设备科研开发、生产制造、集约经营的综合型公司。2009年公司股票发行上市，公司占地面积50000m^2，总投资600万美元，年设计产值八亿元，被评为省级高新技术企业、外商投资先进企业。公司借助德国特锐德品牌、技术、管理及核心产品，以系统集成为方向，实现“一步领先，步步领先”的发展目标，已成为中国最大的箱变生产基地，不断填补国内空白。公司现有职工600多人，拥有一批在国内外变配电领域有着较高知名度的专业技术人才。公司遵循严谨认真的德式管理作风，以客户为中心，提供优质产品和优良服务，铸就“青岛特锐德-TGOOD”品牌。企业新厂房建有屋顶大面积太阳能发电系统。

海工英派尔工程有限公司　由中国海洋石油工程股份有限公司和青岛英派尔化学工程有限公司共同出资组建，2007年注册成立，注册资本1亿元。海工英派尔共有从业人员400余名，其中享受国务院特殊津贴的专家1人，高级工程师75人，专业配置齐全，技术力量雄厚，技术装备先进。在海油工程总体发展战略框架下，公司致力于发展成为国内LNG、地下油气储存技术方面的领导者，在石化、橡胶、油气储运领域的竞争者，成为清洁能源领域的国内领先、国际先进的工程服务公司。

青岛双瑞海洋环境工程股份有限公司　隶属于中国船舶重工集团，成立于2003年，由中船重工725研究所原青岛分部等单位整合组建。主要经营阴极保护、电解产生次氯酸钠、船舶及海洋平台电解防污、船用生活污水处理、涂层保护、海水淡化等技术和产品。公司拥有完全自主知识产权的船舶压载水处理装置是目前世界第10个获准装船的船舶压载水处理装置，也是全球首个获得中国船级社型式认可的船舶压载水处理装置。该项目申请专利41件，其中发明专利25件。双瑞船舶压载水管理设备产业化项目总投资3亿元，将形成年产1000台能力，实现年产值约10亿元。总经理付洪田先生

海工英派尔科研设计基地效果图

青岛阿尔卡特·朗讯通讯设备有限公司

是全球仅有10名专家的国际海事组织海洋环境保护科学专家组压载水工作组专家。

Alcate - Lucent集团青岛朗讯科技通讯设备有限公司　成立于1993年，总投资额超过1亿美元，是阿尔卡特·朗讯科技公司依托世界著名的贝尔实验室，与中方合作投资设立的研究开发与生产基地，曾先后生产程控交换机、小灵通手机等。2004年11月，朗讯又在高科园设立了青岛研发中心和朗讯全球技术支援中心，目前有研发工程师900多名，是朗讯全球六大系统集成中心之一。

青岛蔚蓝生物集团　是全国大规模制备酶制剂及微生物制剂生产企业之一，通过科技创新，该企业在国内微生物制剂市场占有率达到30%。公司创建于2001年，现有员工2200余名，2013年康地恩药业与蔚蓝生物合并组建青岛蔚蓝生物股份有限公司。目前公司主要有微生态、酶制剂、疫苗、动保四大事业板块，12个事业部门，16家公司，1家国家动物用保健品工程技术研究中心和1家生物技术中心。蔚蓝生物新总部研发基地位于崂山生物医药产业园内，计划在2014年下半年开始试生产。蔚蓝生物正致力于打造世界级生物企业。

青岛博益特生物材料有限公司　由中国海洋大学刘万顺教授于2006年创立，凭借良好的发展前景获得了德州海利安生物科技股份有限公司（齐鲁股权托管交易中心挂牌上市）投资，成为其全资子公司，目前注册资金3000万元。公司专业研发、生产医用可降解生物材料，组建了国际首家组织工程用壳聚糖、海藻酸钠原料批量生产平台。博益特公司拥有一支由国内外知名的医用生物材料专家、海洋生物技术专家、临床医学专家及博士、硕士研究生组成的科研管理团队。公司科研人员承担完成国家“863”等多项科技攻关项目，技术成果转化达20多个产品。公司术益纱产品是是国际首创的具有我国自主知识产权的新型体内止血材料，打破了中国高端医用材料严重依赖进口的局面。

中国联通青岛云计算中心　该项目建筑面积2.1万平方米，2011年开始一期建设、

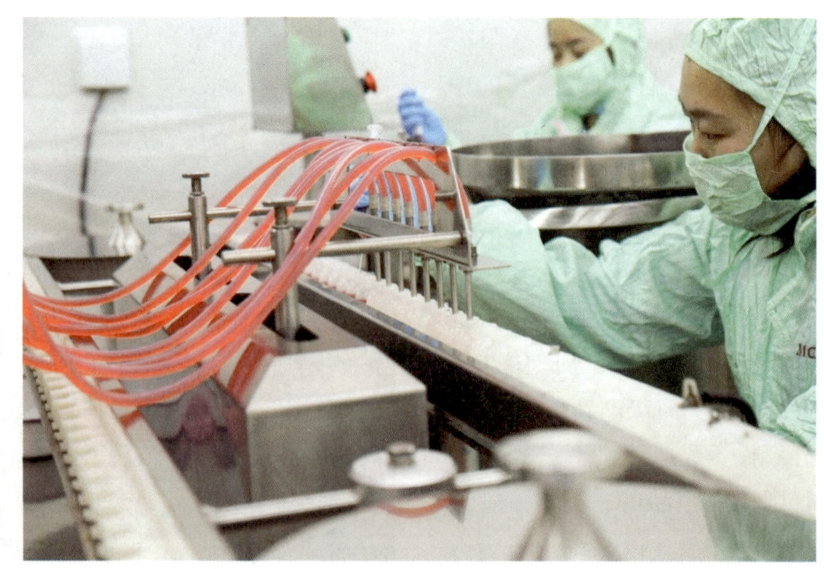
蔚蓝生物研发生产线

2013年建成，按照中国联通五星机房标准建设，总投资约4.3亿元。共对外提供3350个标准机架，可容纳约5.5万台服务器，总出口带宽820G。是山东联通历年来规模最大的一个单体数据中心项目。中心已引进阿里巴巴、优酷、搜狐、盛大、新浪等大用户进场托管设备。青岛联通云计算中心使青岛的服务器承载能力突破10万台，达到世界一流水平。成为中国联通虚拟数据核心节点之一，并成为青岛发展北方数据中心城市的重要载体。

青岛海泰新光科技有限公司　成立于2003年，公司以美国硅谷的前沿技术为依托，专注于固态光源（LED和激光）在医疗和微投影显示中的应用。海泰新光多年来在精密光学加工、纳米级光学成膜、LED散热，封装和驱动以及高性能光学系统设计等技术上不断创新，形成了自已核心的集成设计能力。2014年上半年，企业投资新建的产业化基地投产。

海克斯康测量技术（青岛）有限公司　是瑞典高科技制造业集团HEXAGON·AB与青岛前哨精密机械公司共同投资在中国组建的合资公司，是中国唯一的世界级数控三坐标测量机专业制造厂商，中国目前技术最先进、实力最强的三坐标测量机制造企业，是Hexagon计量产业集团的核心成员和九大测量机制造基地之一。面向中国用户，海克斯康可提供集团内众多全球知名品牌的全系列测量产品。海克斯康青岛制造基地年生产能力1500台，具备完善的开发研制和生产各种三坐标测量机雄厚的技术实力。海克斯康的测量机客户分布在汽车、航空航天、模具、机床工具、国防军工和电子电器等各个行业，并在中国拥有着55%以上的市场占有率。

青岛黄海制药有限公司　是青岛市综合性专业制剂的龙头企业，企业商标被认定为中国驰名商标。公司以缓控释技术为研发重点，在心脑血管、内分泌和神经类疾病用药方面不断开拓新的领域。公司是国内最早研发缓控释制剂的企业之一，缓控释技术国内领先。公司拥有省级技术中心和占地800多平米的中试基地，装备国内一流水平的设备和检验仪器。黄海制药公司的发展目标是成为国内领先的高新技术制药企业。

华仁药业股份有限公司　成立于1998年5月，是由华仁世纪集团控股，红塔创新投资控股有限公司、中国药科大学等参股的集产、学、研为一体的新型股份制公司。公司注册资本2.18亿元，现有总资产17.85亿元，员工2580余人。公司拥有基础输液、治疗输液、营养输液三大类共66个品种、135个规格的产品，年生产能力达到4.5亿瓶/袋。在中国非PVC软袋输液细分市场中位居前三甲水平。2010年8月，“华仁药业”在深圳证券交易所创业板上市。公司将建设成为中国软袋输液和血液净化制剂的生产营销的领先者，成为非PVC软袋大容量制剂领域的世界品牌。

青岛天人环境股份有限公司　成立于1999年，由青岛大学教授曹曼博士创办。是专业从事生物质能开发、环境保护和新能源项目投资的国家级高新技术企业，具有甲级工程设计资质和甲级工程咨询资质。目前已承担国家级科研课题3项，拥有ECPC拼装罐、柔性

华仁药业沙盘全景

天人环境生态大厦

气柜等专利技术和专有技术50多项，建设大中型工程350余项。天人一直致力于有机废弃物的综合利用，包括用畜禽粪便、秸秆等农业废弃物，生活垃圾、餐厨垃圾等生产生物质能和有机肥等产品，推动城市（新农村）分布式能源站建设和循环经济的发展。2008年，天人按照国际生态建筑标准设计建造了国内第一座具有示范意义的实用型生态建筑—青岛天人生态大厦，融入了十多项生态节能和环保工艺技术。

青岛杰生电气有限公司　由留美回国人员张国华于2001年8月创立的高新技术企业，现有员工80人，其中博士6人，硕士9人，本科以上学历占80%以上。公司建成了国内首条完整的深紫外LED生产线，是目前国内唯一的深紫外LED和GaN－MOCVD设备生产厂家，所生产的280nm深紫外LED技术水平达到国际先进、国内领先，所生产的GaN－MOCVD设备被科技部认定为首批“国家自主创新产品”。

青岛迪爱生液晶有限公司/青岛迪爱生精细化学有限公司　是日本DIC集团在中国独资兴建的精细化学品研发机构。公司成立于1996年，占地6万平方米，拥有员工130人。公司建有先进的实验室、多功能的中试车间和精细化学品生产工厂，致力于精细化工产品的研究开发。主要研发有机合成及相关产品、聚合物及相关产品、工程塑料及功能性复合材料。2003年，DIC集团又投资设立青岛迪爱生液晶有限公司，2013年建成其在中国唯一的液晶原料生产基地。

青岛康普顿科技股份有限公司　是专业的润滑油和汽车养护用品生产商和服务商。康普顿品牌润滑油产品涵盖汽车润滑油、工业润滑油、摩托车润滑油、润滑脂、防冻液、制动液等数百个品种，可以为车辆和设备提供全面高效的润滑养护方案，并可以根据客户要求定向开发特种油品。在纳米陶瓷机油、纳米抗磨剂和合成工业油等技术领域处于国内领先水平。在润滑油生产方面，公司拥有国际领先的脉冲气动调和设备及自动化控制灌装线。公司拥有独立的汽车养护品生产车间，采用全封闭无尘设计，自动化生产线，为目前国内规模最大的汽车养护品生产基地之一。经过20多年的快速、持续、健康发展，康普顿公司生产能力达到年产8万吨，固定资产近1.3个亿，资产总额3.5亿多元，利税总额接近1亿元。公司营销网络遍及全国，拥有近700家一级经销商，数十万个服务终端。

公司是中国标准化协会汽车养护用品技术推进委员会副主任单位，主持制定了三项汽车养护用品行业标准，参与制定了三项国家标准（发动机内部清洗剂、发动机外部保护剂、水箱清洗剂）。公司长期与国外添加剂公司、国内科研院所及高校等进行科研合作，进行产品升级及新产品研发，使公司始终保持产品技术领先优势。公司曾与美国市场同步，在国内市场率先推出SJ、SL、SM、SN级汽油机油和CI－4、CJ－4级柴油机油，多次引领中国润

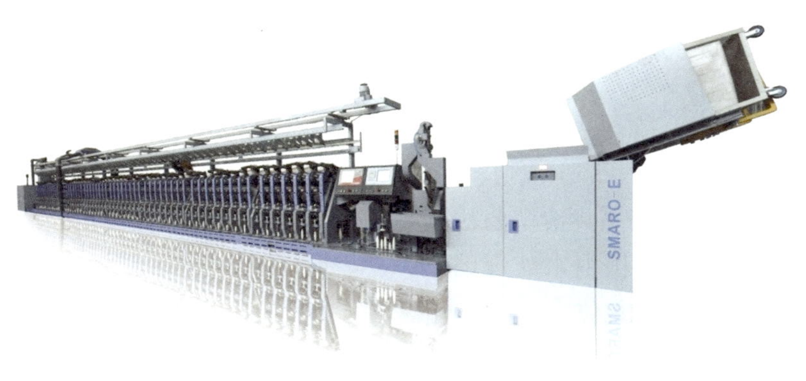

首台国产SMARO－E托盘式自动络筒机

滑油产品升级换代的潮流。2012年6月，康普顿与中国科学院兰州化学物理研究所签约共建国内首个“高性能节能发动机油联合研究中心”，推动以纳米技术应用为主的高性能发动机油的产品研发。康普顿润滑油产品先后荣获“顾客满意润滑油品牌”和“中国500最具价值品牌”等荣誉。

青岛宏大纺织机械有限公司　青岛宏大是经纬纺织机械股份有限公司子公司，是国家纺织机械制造行业的大型骨干生产企业，纺织梳理设备与自动络纱设备的重要生产基地。前身是国营青岛纺织机械厂。青岛宏大主要研发、生产、销售纺纱机械装备，属先进装备制造业，主导产品包括自动络筒机、清梳联合机、梳棉机和倍捻机四大系列产品，产品技术达到国际先进、国内领先水平，市场占有率位居国内同行业前列。企业员工总数1187人，其中研发技术人员人员193人，占员工总数的15.5%。历经近百年发展，目前已成为“国家级企业技术中心”、“国家火炬计划重点高新技术企业”、“国家创新型试点企业”。

青岛杰瑞自动化有限公司　是中国船舶重工集团公司第七一六研究所在青岛开设的大型分支研究机构，公司主要从事通信导航定位定向等方面的研究、开发、生产、服务及系统集成以及Getac全强固式计算机的销售。青岛杰瑞是我国最早开展GPS应用系统和产品研究工作的单位之一。十几年来，在确保产品质量的同时，不断加大关键技术和核心技术的研发力度。先后掌握了GPS＋GIS定位导航技术、GPS静态定向技术、GPS动态定向技术、GPS＋惯导组合技术、高动态高过载GPS定位技术、单点高精度GPS定位技术、GPS/GLONASS/北斗多系统融合定位技术、卫星综合授时守时技术。公司开发研制的卫星通信导航系统、定位定向系统及卫星/惯导综合导航系统、无线视频传输系统在国内具有独特的竞争力和影响力。

青岛海诺水务股份有限公司　成立于2001年，现注册资本6177万元，是一家专业从事水处理工艺技术和环保产品研发的高新技术企业，主要为客户提供从设计、投资、建设、运营等一体化解决方案。公司拥有先进的水处理装备生产基

青岛海诺水务股份有限公司研发办公楼

地和系列化具有自主知识产权的水处理设备，设有市级水资源利用工程技术中心。公司具备完整的水务产业体系，主要致力于工业纯水制备、工业废水处理、市政自来水净化、市政污水处理、中水回用、海水淡化及重金属污染治理等，是水处理环保行业卓越的产品制造商、设备成套商、系统集成商、工程总承包和运营商。在北京、武汉、西安分别设立了分公司。公司凭借行业内领先、高成长性等优势，近年来先后被评为“青岛市最具融资价值企业”、“青岛市信用优良企业”。近几年来，公司在国家节能减排、发展循环经济的政策指引下，在电力、钢铁和煤化工行业建立了多项成功案例，其中多个项目被评为“省级优良工程”，在国内水处理细分领域处于领先地位。

博宁福田智能通道设备（青岛）有限公司　创立于1993年的中外合资博宁福田智能通道设备（青岛）有限公司是一家致力于智能通道和轨道交通售检票系统研发和生产的企业，员工总数200余人。2013年，公司的自动门产品已经位列国内前三名，成为中国自动门市场知名品牌。2008年以来，博宁福田公司产品先后用于北京奥运会、上海世博会等重点工程，先后被评为“高新技术企业”、“首届中国门业品牌十大金奖”、“中国专利山东明星企业”等。2013年1月，公司中标青岛地铁3号线自动售检票系统（AFC）项目，为青岛市填补了行业空白。

（于宁峰）

商　　贸

·国内贸易·

城市商圈　突出节庆、休闲、娱乐、购物、商务等多种复合功能的南部商圈初具规模。丽达购物中心、乐天玛特超市已建成开业，结束了崂山区无大型购物中心的历史。作为新兴起的北部商圈，证大·大拇指广场7.5万平米的商业设施、10万平米的高科园装饰城三期均已建成开业。还有40万平米的大型商业项目正在建设和洽谈当中。全区已建和在建规模以上重点商贸项目达80万平米以上。

商务配套设施建设　建成社区商业网点4万平米，引进了青岛市知名连锁商贸企业运营，共建成标准化农贸市场8处，经营面积2.2万平米，覆盖3个街道办事处。推进特色商业街建设。北宅崂山乡村游特色街成功申报“青岛市特色商业街”，成为崂山区首条市级商业特色街（区），西韩商业文化街等5条商业街（区）处于培植和建设阶段。推进社区便民商业设施建设，19个城市社区内有真诚、可好（好易得）、友客、益欣等连锁便利店70家，营业面积合计12000平方米。四是积极推行标准化农村超市建设。已建成标准化农村超市31家，分布在29个农村社区，惠及周边6万群众。

居民消费　将区内的双展等4家家政服务企业纳入商务部家政服务企业扶持范围，3家骨干家政企业门店数量达到20余处，家政服务人员培训规模扩大50%以上。推进“绿色早餐”工程，依托新尚、凡夫子、中苑3家骨干早餐配送企业，发展便民早餐示范点30处，并在全市率先提出对早餐承办企业的考核。打造“阳光食品”工程，在全区发展阳光食品单位15家；在3家农贸市场，1家大型购物中心，6家集团消费单位以及19家放心肉专卖店建成了肉菜流通追溯体系，并顺利通过商务部验收；在7家市场、超市设立了蔬菜质量检测室，2013年检测蔬菜3.8万批次，加强了肉菜质量监测，为群众食品安全提供了保障。

·对外贸易·

崂山区实现进出口总额63.1亿美元，同比增长6.2%，占青岛市进出口总值的8.1%。其中出口37.2亿美元，同比增长5.9%，占青岛市外贸出口总值的8.9%；进口25.9亿美元，同比增长6.6%，占青岛市外贸进口总值的7.2%。

从大类商品分类看，机电产品出口19.4亿美元，占全区出口总值的52.1%；进口5.5亿美元，占全区进口总值的21.2%。高新技术产品出口3.1亿美元，占全区出口总值的8.3%；进口3亿美元，占全区进口总值的11.6%。

从贸易方式分类看，一般贸易出口25.3亿美元，占全区出口总值的68%；进口19亿美元，占全区进口总值的73.4%。加工贸易出口8亿美元，占全区出口总值的21.5%；进口2.8亿美元，占全区进口总值的10.9%。其他贸易出口3.9亿美元，占全区出口总值的10.5%；进口4.1亿美元，占全区进口总值的15.7%。

从企业性质看，外资企业出口5.6亿美元，占全区出口总值的15%；进口11.4亿美元，占全区进口总值的44%。内资企业出口31.6亿美元，占全区出口总值的85%；进口14.5亿美元，占全区进口总值的56%。

从企业规模看，进出口过亿美元企业8家，其中出口企业5家；进口企业4家。进出口1000万美元至1亿美元之间企业55家，其中出口企业42家；进口企业17家。

·利用外资·

全年新批准外商投资项目35个，与2012年持平；合同外资2.14亿美元，同比下降12.84%；全年实际到账外资2.2亿美元，同比增长20.22%。截至2012年末，全区外商投资企业总数为389家，投资方主要来自香港、韩国、美国、日本和台湾省等33个国家和地区，其中朗讯、爱立信、三菱重工等12家世界500强在崂山区投资了15家外商投资企业。从投资方式上看，外商独资企业238家，占61.2%；中外合资企业135家，占34.7%；中外合作企业11家，占2.8%；外商投资股份制企业5家，占1.3%。

·境外投资·

全年获准境外投资项目6个（其中增资项目2个），完成中方协议投资额2.13亿美元，同比增长2.5%。投资主要分布在美国、韩国、约旦、蒙古和香港等国家和地区，涉及国际贸易、资源开发、投资管理等多个领域。

（商务局）

·招商引资·

2013年，共洽谈、推进重点项目86个，其中列入市区重点的“双包双促”项目21个，承担金家岭金融新区指挥部工作任务10项。全年实际利用资金31亿元，5亿元以上大项目4个，引进总部企业7个。完成全区最大外资项目瑞湾荟发展有限公司的注册，注册资本1.5亿美元。

零用地项目　全年新引进零用地项目经济贡献比重加大，实际利用资金25亿元，占全区工作任务的40%；蓝色硅谷投资公司、金石鸿信投资中心等5亿元以上大项目3个，占全区工作任务的60%；引进中铁建山东投资公司、九环控股等总部企业7个，占全区工作任务的60%。从税源来看，中信证券投资公司和陆家嘴信托两大金融项目税收分别超过1亿元。随着IPO的重启，崂山区金石暴风和金石鸿信两只基金投资项目将快速上市，产生高额投资回报和税收。

重点用地项目　促成市政

府主要领导对宜家上海总部的考察，围绕框架协议进行了多轮谈判，完成了车宋住宅安置区规划调整，确定了高压线迁移方案，完成了土地价格的评估，进入了供地程序。解决了电影交易中心涉及的集体发展用地、企业搬迁、渔船拆解等问题，规划方案已经过市城规委会议研究。瑞湾荟商业综合体作为崂山区唯一项目在香港山东周上签约并完成注册，落实了社区集体经济发展用地指标，完成与合作社区协议的签署。进行了中信财富中心选址权属的摸底、谈判，确定了供地方式，完成了设计方案。与大唐集团签订蓝色生物产业研发和总部基地框架协议，推进太极信息技术研发中心启动供地。

金家岭金融新区　引进全市首家综合金融管理平台——青岛蓝海股权交易中心，采取“政府监管、券商主导、市场化运作”的模式，搭建了新的以商招商的平台，储备了为平台配套的20多家券商、银行、投资机构、中介机构和30多家拟挂牌企业。引进全国首家金融机构发起设立的小贷公司，结合场外市场业务，使间接融资服务和直接融资服务相结合，打造和培育一个中小企业成长和发展的完整业务链条。

电子商务和互联网金融聚集　与京东达成合作意向，在崂山成立京东医药城全国总部。这是中国电商第一次成立独立板块进军医药行业，预计当年可实现交易额2亿元，5年内达到300亿元。推进易宝支付山东总部的引进，易宝支付是全国北方最大的第三方支付企业，在航空等公共支出领域超过支付宝。加大对京东互联网投资基金、东海期货风险管理公司等金融衍生企业的洽谈引进。

央企和大型民营企业总部招商　引进中铁建山东投资公司，开展了对西王集团、九环控股、贝特尔集团、金宇集团等大型名营企业的定向招商。2013年，九环控股、金宇集团、贝特尔销售公司已将总部转移至崂山区并产生税收，西王集团计划在崂山区设立财务公司。

（招商局）

·现代服务业·

金融业　2013年，金家岭金融新区上升为省级战略，引入青岛国信金融控股有限公司、青岛国际投资有限公司2家市级投融资平台。区域性管辖机构加快集聚，招商银行青岛分行、太平产险青岛分公司、鑫安汽车保险青岛分公司等落户金融新区。股权投资基金规模不断扩大，引入金石、光大、广诚等总规模270亿元的5支大型股权投资基金。交易市场体系不断完善，青岛蓝海股权交易中心，青岛产权交易所和正元恒邦贵金属交易中心相继落户。财富管理机构加速布局，入驻了建行、交行、工行3家私人银行，及亘源财富、国金财富、汶博资特3家财富管理机构。光大控股、华通东卫2家融资租赁公司相继落户金融新区。地方金融机构队伍不断壮大，注册资本3亿元、全省规模最大的国信小额贷款公司已获试点资格，注册资本6亿元的国信融资担保公司正式开业。全年新引进金融企业37家，金融企业总数达到159家，其中，全区大型独立法人金融机构达到6家，占全市3/4。

2013年，实现金融业增加值47.85亿元，同比增长21.2%，金融业增加值占GDP比重约10.9%，较去年提高1.2个百分点，高于全市约5个百分点，金融业实现税收17.4亿元，同比增长50%，成为崂山区三产产业中税收增速最快的行业，金融业作为崂山区战略性支柱产业的地位进一步巩固。

2013年全区金融企业情况表

机构分类	机构主要名称	机构分类	机构主要名称
银　行	青岛农商银行	银　行	邮政储蓄银行崂山支行
	崂山交银村镇银行		青岛银行崂山支行
	建设银行青岛分行		青岛银行辽阳路支行
	招商银行青岛分行		青岛银行麦岛支行
	中国银行高科园支行		青岛银行海尔路支行
	中国银行海尔路支行		农商银行崂山支行
	中国银行麦岛路支行		威海市商业银行崂山支行
	农业银行崂山支行		企业银行青岛分行
	工商银行高科园支行		汇丰银行高科园支行
	工商银行麦岛支行		东亚银行（中国）青岛秦岭路支行
	建设银行高科园支行		渣打银行崂山支行
	建设银行海尔路支行		南洋商业银行秦岭路支行
	交通银行高科园支行		韩亚银行崂山支行
	交通银行麦岛支行	非银行金融机构	海尔集团财务有限公司
	交通银行同安路支行		陆家嘴国际信托有限公司
	交通银行香港东路支行	保　险	中国出口信保山东分公司
	招商银行秦岭路支行		安华农业保险青岛分公司
	中信实业银行海尔路支行		永诚财产保险青岛分公司
	中信实业银行麦岛支行		华泰财产保险青岛分公司
	中信实业银行秦岭路支行		泰山财产保险青岛分公司
	中信银行劲松路支行		浙商财产保险青岛分公司
	华夏银行青岛高科园支行		紫金财产保险青岛分公司
	光大银行香港东路支行		生命人寿保险青岛分公司
	光大银行崂山支行		太平财产保险青岛分公司
	光大银行麦岛路支行		鑫安汽车保险青岛分公司
	浦发银行香港东路支行		中国太平洋财险高科园支公司
	浦发银行麦岛支行		中国人寿保险崂山支公司
	民生银行香港东路支行		中国人民财产保险崂山支公司
	民生银行麦岛支行		泰康人寿保险公司崂山支公司
	兴业银行麦岛支行		中国平安财产保险崂山支公司
	兴业银行秦岭路支行		中国平安人寿保险秦岭路营销服务部
	平安银行秦岭路支行		天安财产保险崂山营销服务部
	恒丰银行高科园支行		安邦财产保险崂山支公司

续表

机构分类	机构主要名称	机构分类	机构主要名称
保　险	中国大地财产保险崂山支公司 阳光保险崂山支公司 永诚财险青岛分公司第一支公司 永安保险销售青岛分公司 青岛海纳汽车保险销售公司 华泰保险销售青岛分公司 青岛光大国际保险经纪有限公司 广州广爱保险经纪公司青岛分公司 北京金诚国际保险经纪有限公司青岛分公司 青岛海尔保险代理有限公司 青岛春铭保险代理有限公司	证　券	中信万通证券有限责任公司 齐鲁证券青岛分公司 长江证券青岛分公司 中信万通证券深圳路营业部 中原证券仙霞岭路营业部 兴业证券东海东路营业部 浙商证券香港东路营业部 信达证券麦岛路营业部 民生证券海尔路营业部 财通证券麦岛路营业部

重点金融企业选介　青岛农村商业银行，是在青岛市农村信用社的基础上，于2012年以新设合并方式组建而成的股份制商业银行，注册资本50亿元。目前，全行拥有营业网点330余家，是青岛市营业网点和从业人员最多，服务范围最广的综合性、多功能地方法人银行。截至2013年9月底，各项存款余额1019.8亿元，同比增长20%，各项贷款余额716.8亿元，同比增长18.2%。实现营业收入36.3亿元。

中信万通证券有限责任公司，是中信证券股份有限公司的控股子公司，注册资本8亿元。公司的前身是1988年设立的青岛证券公司，2003年由中信证券股份有限公司增资重组并更名为中信万通证券有限责任公司。截至2013年9月底，公司实现证券交易量6587.8亿元，增长31.8%，实现营业收入7.1亿元，同比增长53.6%。

中国建设银行青岛市分行，是建设银行总行直属的38个一级分行之一，前身建设银行青岛市支行成立于1954年，1996年更名为中国建设银行青岛市分行，2004年中国建设银行股份有限公司成立，随之更名为中国建设银行股份有限公司青岛市分行，是首个进驻金家岭金融新区的分行机构，目前已入驻国际金融广场。青岛市分行现有营业机构118个，在崂山区共拥有7家支行级营业机构。截至2013年9月底，各项存款余额930.7亿元，同比增长9.4%，各项贷款余额843.7亿元，同比增长7.6%，实现营业收入31亿元，净利润17.8亿元。

陆家嘴国际信托有限公司，是上海陆家嘴金融发展有限公司控股的信托机构，公司前身为2003年成立的青岛海协信托投资有限公司，2012年2月经中国银监会批准重新登记，注册资本为10.68亿元。公司注册地为崂山区，在上海设立管理总部，在青岛设立业务团队。截至2013年9月底，新增信托规模352.8亿元，存续信托规模628.5亿元，增长262.7%，实现营业收入3.5亿元，同比增长161.6。

海尔集团财务有限责任公司，于2002年6月经中国人民银行批准成立并正式对外营业，是首批获准全部本外币业务经营范围的一家非银行金融机构，与商业银行等共同接受中国银行业监督管理委员会监管。主要为集团内各单位办理存款、贷款、拆借、承兑等一般商业银行可做的对公业务。截止到2013年9月底，各项存款余额323.5亿元，同比增长8.1%，各项贷款余额284.4亿元，同比增长1.9%，实现营业收入15.3亿元。

楼宇经济　2013年，全区商务楼宇建设全面提速，青岛金融中心大厦、金领广场、啤酒城改造一期等多个楼宇项目实现主体封顶；招银财富大厦、中天软件大厦等楼宇先后投入使用，全区累计投入使用的楼宇项目达30个，累计投入使用楼宇面积180万平方米。全区商务楼宇各类工商注册企业2630家，较2012年增加430家，增长20%。从企业规模看，注册资金过千万的企业共377家，占楼宇注册企业总数的14%；楼宇总部企业20家，约占全区总部企业数量的1/4。全区商务楼宇注册企业共实现税收16.95亿元，同比增长69.5%，成为区域税收重要来源，税收过亿元楼宇5座，分别为凯旋商务中心、国际金融广场、韩中商务楼、创业大厦和国展财富中心。引导同一行业或功能相近的企业在楼宇内聚集，目前已形成招银财富大厦、国际金融广场等金融特色楼，出版大厦、金石馆等文化特色楼。

楼宇重点企业统计表

序号	楼宇名称	重点企业
1	凯旋商务中心	青岛海信房地产股份有限公司、青岛公交集团巴士股份有限公司
2	韩中商务楼	青岛海沃置业有限公司、鲁德实业有限公司
3	创业大厦	青岛万正通置业有限公司、青岛融商投资发展集团有限公司
4	三阳中心	青岛城市建设集团房地产开发有限公司、青岛才高集团有限公司
5	盛和大厦	青岛海洋物业发展有限公司、青岛渤海农业发展有限公司
6	国展财富中心	青岛远豪置业有限公司、青岛海丽达购物中心有限公司
7	国际金融广场	建设银行青岛分行、青岛担保中心有限公司、中信证券投资有限公司
8	裕龙大厦	青岛信发兴地置业有限公司、中船重工（青岛）科技实业公司
9	数码科技中心	青岛开泰置业有限公司、青岛吉美来科技有限公司
10	国际发展中心	企业银行青岛分行、中国石油天然气第七建设公司、紫金财产保险青岛分公司
11	出版大厦	青岛出版传媒股份有限公司、青岛汉典科技投资有限公司
12	天宝国际大厦	青岛中本投资有限公司、民生证券青岛海尔路证券营业部
13	中商国际大厦	青岛中商置业有限公司、浙商财险青岛分公司、华泰财险青岛分公司
14	金石馆	青岛金石馆有限公司、山东金石拍卖有限公司、青岛金石至尊文化传媒有限公司
15	海韵东方	青岛润地投资有限公司、东亚银行（中国）有限公司青岛秦岭路支行
16	颐杰鸿泰大厦	山东电力建设第三工程公司、颐杰鸿泰发展集团有限公司
17	檀香湾	青岛麦迪绅集团有限公司、青岛直升机航空有限公司
18	滢海大厦	杭州诺贝尔集团有限公司青岛分公司、青岛亚东机械化施工有限公司
19	地恩地财富大厦	青岛地恩地投资集团有限公司、青岛地恩地机电科技股份有限公司
20	省高速大厦	山东高速青岛发展有限公司、山东高速青岛嘉业资产管理有限公司
21	裕龙国际中心	裕龙集团有限公司、青岛东薙经济发展有限公司

续表

序号	楼宇名称	重点企业
22	半岛大厦	青岛半岛投资集团有限公司、青岛腾远设计事务所、生命人寿保险青岛分公司
23	弄海园商务楼	青岛保利广恒置业有限公司、山东新希望六和集团有限公司青岛分公司
24	联通大厦	中国联合网络通信有限公司青岛市分公司
25	电信大厦	中国电信集团公司青岛市电信分公司、中国电信股份有限公司青岛分公司
26	人力资源大厦	青岛国际投资有限公司、山东鲁信睿浩视觉技术有限公司、青岛产权交易所
27	招银财富大厦	招商银行股份有限公司青岛分行
28	中天软件大厦	青岛中天软件园有限公司、青岛瑞玛特实业有限公司
29	大荣中心	青岛大荣置业有限公司

（服务业发展局）

财政　税收

· 财政 ·

收支指标　2013年，全区区级公共财政预算收入完成89.5亿元，比上年增长16.6%。扣除市级体制结算上解财力35.8亿元，加上上年结转收入2.9亿元后，区级公共财政预算支出完成56.6亿元，比上年增长25.1%。区级预算安排预备费8000万元，主要用于金家岭金融新区建设。2013年，全区政府性基金预算收入完成34.2亿元（含上年结转收入），政府性基金预算支出完成34.2亿元（含结转下年支出），收支平衡。

财源建设工作会议

预算管理　推进财政支出标准体系完善，形成以基本支出定额标准为主线，各项明细支出项目为补充的支出标准框架体系。落实厉行节约，将各部门工作类经费预算在上年基础上按照10%进行压缩。规范培训费标准，对全区培训班次纳入党校统一管理；公车管理日益完善，未经公车领导小组研究审批的车辆一律不安排经费；加强因公出国经费管理，确保出国经费零增长。

资金调度　2013年，将财力向人民群众关心的民生领域倾斜，向全区基础设施完善及重点区域发展倾斜。全年安排民生投入35.9亿元，占公共财政预算支出的比重达63.4%。

教育事业优先保障。教育支出11.4亿元，比2012年增长10.5%，生均投入位居全省前列。全年安排教师工资、生均经费3.8亿元，将小学、初中、职业教育生均公用经费分别提高至每生每年900元、1100元和1150元，并首次对全区农村幼儿教师工资实行区、街两级统筹，切实提高崂山区农村公办幼儿园非公办教师工资待遇；投入资金4.68亿元用于全区中小学和幼儿园的改扩建、内设配套、校舍维修工程；投入资金2464万元用于义务教育“六免”及困难学生资助；按照国家校车新标准全面启动校车工程，为崂山区120条线路的87辆标准化校车投入资金1518万元。

社会保障和就业支出1.85亿元，比2012年增长26.1%。全年发放各类困难群众救助资金4623万元，将城市低保标准由每人每月480元提高至540元，农村低保标准由每人每年3300元提高至3900元，农村五保供养保障标准由每人每年10200元提高至11600元；投入资金5500万元，推进崂山区城乡居民养老保险制度稳步衔接；投入促进就业资金2410万元，重点帮助农村转移劳动力、高校毕业生和失业困难人群实现就业。

医疗卫生支出1.38亿元，比2012年增长31.2%。投入资金4680万元，深化医疗卫生体制综合改革，将国家基本药物制度扩面至93家规划内村级卫生室，并在全省率先推广至18家社会力量承办的城市社区卫生服务站，使更多居民享受到政策实惠；投入新农合补助资金3276万元，将人均筹资标准由400元提高至535元，仍居全省首位；投入公共卫生专项资金2155万元，确保了免费接种疫苗、老年人体检、慢性病防治等项目顺利开展。

农林水事务支出3.2亿元，同比增长10%。投入资金1.06亿元，抓好农田水利工程建设、沙子口国家中心渔港配套、农村环境治理、农村饮用水等项目推进；投入资金3000万元用于金家岭山综合整治；发放渔业及林业成品油价格改革财政补贴资金1580万元、库区移民补助资金600万元，促进农民增收；投入农业扶持资金3919万元，重点扶持崂山茶、果蔬、花卉、水产品、农特产品加工业五大支柱产业；投入资金5126万元，保障全区新型社区建设及运转；投入资金3528万元继续加大对经济困难社区的转移支付力度，促进社区集体经济发展。

城乡社区事务支出18.4亿元，比2012年增长65.4%。继续加大道路交通、市政管网等公共服务配套基础设施建设，投入资金3.3亿元，实施崂山路、滨海公路、海尔路等多条道路的改扩建与环境综合整治；投入资金2.58亿元，加强供热、燃气管网配套建设；投入资金2.64亿元用于崂山风景区运转及基础设施完善；投入资金1.49亿元，加快推进崂山游客服务中心建设、太清广场及南北旅游线综合整治，提升崂山旅游形象；在城乡环境卫生方面投入2.85亿元，推进市容环境整治、世园会配套停车场等项目建设，有效改善城乡生态人居环境。

投入产业扶持资金3.37亿元，加强对重点行业、重点税

收看全市第二期营改增专题辅导讲座电视会议

源的扶持，推进区域产业优化升级；投入科技发展资金1亿元，促进企业技术创新改造；财政安排注资4.69亿元，全力支持金家岭金融新区、蓝色硅谷产业创业带建设。

税源培植　开展“双包双促”活动，深入企业和项目一线协调解决土地、建设、资金等问题，促成海尔白电中心、海尔路南端（东侧）金融综合体、金家岭金融新区建设等项目的加速推进。落实行政事业性收费减免、暂停政策，取消行政性收费5项。做好“营改增”的试点准备工作，深入开展政策解读，加强对相关企业的培训服务。着力推进跨区经营企业迁移工作，颐杰鸿泰、青岛市担保中心、腾远设计等3家企业已正式入驻崂山区。发挥政策资金导向作用，落实产业扶持政策，积极组织121户企业申报并兑现区级产业扶持资金35557.9万元，组建“服务外包池”，对小微企业实施法律、审计、管理咨询等全方位服务；设立“成长之星”专项补助资金，对中小企业在自主创新、转型升级等方面给予资金支持。

国库集中收付管理　推进公务卡改革，推行公务卡强制结算目录，提高公务支出透明度。全区纳入国库集中支付资金28.49亿元，其中直接支付比例达94.31%，远超全市平均水平。全区累计办理公务卡1965张，公务卡消费报销1109笔，金额377万元。

区政府采购工作监督委员会第一次会议

政府采购监管　建立了崂山区电子化政府采购交易管理平台，电子类办公设备实行了“网上竞价”采购，提升政府采购透明度。在全市率先成立了政府采购工作监督委员会，加大政府采购监督力度。加大对电子产品的市场调查力度，通过市场暗访调低了43种100余款产品价格，有效维护了政府采购市场的公信力。全年完成采购预算金额3.42亿元，实际采购金额3.03亿元，资金节约率达11.4%。

会计从业资格管理　组织2013年青岛市会计从业资格无纸化考试崂山考区的考务工作，现场缴费确认1937人，较2012年报考人数增长18.25%，组织考试105场次，4180人次

青岛市会计从业资格无纸化考试崂山考区

参加考试。2013年会计从业资格考试的新变化为须财经法规与会计职业道德、会计基础、初级会计电算化三科一次性通过方可申请办理会计从业资格证书。扎实做好会计继续教育工作，2013年全区会计继续教育以小企业会计准则、事业单位会计准则、事业单位会计制度等内容为重点，组织培训班11期，参加培训人员达3597人，发放继续教育学习卡325张。另外，自2013年9月1日起，山东省取消会计人员继续教育收费，继续教育培训费用由财政统一负担。

（财政局）

·税收·

国家税务 2013年，全口径税收收入入库124.5亿元，同比增长3.8%；区级税收收入入库22.56亿元，同比增长18.2%。全年办理出口免抵退税22.6亿元，比2012年同期增长14%。

税收征管工作。开展纳税人基础信息调查工作，建立起涵盖户籍管理、申报征收、认定、发票管理、宣传辅导、纳税遵从风险、档案管理、综合管理等八大项内容的税收基础信息工作台账，制定统一基础信息调查记录模板，累计发送调查核实表1.1户次，核实信息7000户次，变更税务登记信息1575户。对638户企业和2户企业集团进行了税收资料调查，调查涉及税款约95亿，创历年之最。对245户总分机构、478户分支机构企业进行了划型。按照风险导向、信息管税、促进遵从的税源专业化管理要求，综合开展纳税评估，评估入库税款及滞纳金1.2亿元。总结出“三步法纳税评估”“跨国企业税收抵免评估”“物流行业营改增评估”“关联企业流动人员费用评估”等专业的纳税评估模板和方法。在废弃电子产品处理基金专项评估中，运用增值税收入与基金收入匹配分析、综合产品单价预警分析指标，成功约谈了某电冰箱生产企业，开创了国税系统评估废弃电子产品基金的先河。按照出口货物劳务分类管理办法，评出A类企业28户，B类企业91户，C类企业710户，对高信用等级企业简化兼并人工审核，提高退税效率，A类企业收到出口退税款提速1个月，减轻了出口企业退税压力。

“营改增”实现税制转换。全年共确认“营改增”试点纳税人2887户，入库增值税770万元。开展分类培训共培训纳税人2000余户。专设咨询服务窗口，答复“营改增”咨询问题超过3000人次。推行了网上办税，远程抄报税的比例超过50%。编制了《“营改增”纳税人办税综合告知》《申报纳税综合告知》《操作指南》等便民手册，解读“营改增”政策，专设“营改增”宣传厅，建立“营改增”宣传墙，对“营改增”的政策进行了全面解读。借助内外部网站、税企邮箱及时发布“营改增”政策，通过网联网宣传、发送邮件和短信等方式持续开展政策宣传和培训。策划了8月1日零点开票、9月1日首个申报日两个关键节点的推进活动。8月1日零时，青岛市第一张货运发票在崂山国家税务局开具。9月1日，青岛海尔物流有限公司192万元税款成功申报并扣缴入库，成为青岛市市第一家“营改增”成功申报入库税款的企业。试点运行以来，按期申报率和税款入库率均达到了100%。

依法治税。在青岛市首创办税服务大厅前台增设税法援助受理岗，形成了“三融入一反馈”的税法援助工作机制。设立了《税法援助回访记录登记台帐》，建立定期回访制度，确保税法援助工作不断持续改进。2013年累计受理税法援助5起，向青岛市国税局提报案例2个。做好税收政策执行情况反馈，累计上报政策反馈报告4篇。对重点税源企业、高新技术企业、新办企业进行了所得税汇缴培训，共对6195户企业进行了全面汇缴，汇缴面达100%。开展了依法行政单位创建工作，印发了《崂山国税局依法行政示范单位创建工作方案（试行）》和与之配套的5大类54项的《创建评价标准分解表》。开展税务登记注销128户，按期办结率达100%。查处举报案件39件，协查案件52起，完成47票协查发票的实地检查，协查资料的采集、录入和回复工作。对外发出委托协查案件18起，认真完成了四小票比对不符检查，堵塞了税收漏洞，促进了纳税遵从。

（国税局）

地方税务　2013年，税收收入65.41亿元，同比增长14.36%。税收收入中，中央级完成12.75亿元，增长19.91%；青岛市级完成0.28亿元，增长44.65%；区以下级完成52.38亿元，增长12.96%。各税种收入中，营业税完成19.55亿元，增长22.52%；企业所得税完成11.75亿元，增长26.81%；个人所得税完成9.42亿元，增长12.16%；资源税完成0.004亿元，增长78.26%；城市维护建设税完成7.78亿元，增长3.49%；房产税完成2.17亿元，增长12.44%；印花税完成0.88亿元，增长11.93%；土地使用税完成0.93亿元，下降0.66%；土地增值税完成7.70亿元，下降1.23%；车船税完成0.28亿元，增长44.58%；契税完成4.80亿元，增长13.28%；耕地占用税完成0.16亿元，下降14.60%；教育费附加完成3.33亿元，增长3.34%；文化事业建设费完成0.09亿元，下降35.77%；地方教育费附加完成2.22亿元，增长3.74%；残疾人就业保障金完成0.33亿元，增长25.02%；税务部门罚没收入完成0.01亿元，增长15.60%；地方水利建设基金完成1.05亿元，下降1.10%。

强化房地产等重点行业的管理，全年房地产业增长31.76%。强化土地增值税清算，共完成清算项目22个，清算入库税款3.85亿元，平均税负率达到5.74%。强化清欠力度，全年入库欠税6200万元，核销垃圾数据2661笔703万元。完成国地税信息共享软件的二期开发应用，交换营改增信息、登记信息等各类数据10万余条，实现信息数据的自动化流转比对。推广楼宇经济税收管理模式，取得政府各部门涉税信息1351条，据此征收税款8978万元。通过对基础数据的清查，使临时征收户与正式税务登记的比例由1∶1.2下降为1∶29，低于全市平均水平强化与公安、法院联动工作的开展。全年与两级法院核查18户联动信息，入库税款1726万元。加大稽查威慑力，全年审结80户，查补税款1.1亿元。

正式运行“移动终端纳税服务系统”，填补省内移动办税的空白，初步满足了纳税人对快捷办税和及时掌握地税信息的迫切需求。不断进行纳税服务升级，为前台窗口全部配备了POS机，每月组织安排“局长服务日”及“走进地税”活动，每月在“海尔税企工作站”开展税企互动，通过国地税协作实现了纳税人可以一站办理所有营改增发票换购手续的方便模式。加强税收宣传和辅导，全年共有57篇稿件被各类媒体采用，组织了各类纳税人培训15次。

“局长服务日”活动现场

普及最新的税收政策

结合群众路线教育活动收集干部的意见建议32条，集体查摆，认真办结。每月组织“我行我秀”干部上讲台活动，全年组织十多次文体活动。推出网络“学习园地”，加强“工作日志”的管理。全年进行警示谈话8人次，处理和反馈各类投诉举报4起。发现和纠正征管工作中存在的问题和风险隐患22项，在行风评议中广泛征求意见建议100户次。

（刘阳）

旅游　节庆　会展

·旅游·

概况　崂山区位于青岛市东北部，三面环海、岸线优美、物产丰饶、人文隽永、气候宜人，素有“海上名山、道教圣地、度假天堂”之美誉。作为中国道教文化发源地之一，集丰富的“山、海、城、商”资源于一身，是居住、旅游、度假和投资的理想福地，被誉为“中国道教文化胜地”、“中国江北名茶之乡”、“中国樱桃之乡”和“中国民间艺术之乡”。截至2013年底，全区拥有国家级旅游度假区（石老人国家旅游度假区）1个，国家5A级景区（崂山风景名胜区）1个，国家4A级景区3个，国家3A级景区5个，北宅农业生态旅游区、石老人农业观光园、海尔工业园和华东葡萄酒庄园等国家级旅游示范区（点）7个，省级旅游示范点4个，省级旅游强镇3个，省级特色村6个，以国家级节会青岛国际啤酒节为代表的特色节会7个，麒麟皇冠大酒店、索菲亚大酒店、蓝海大饭店、远洋大酒店等三星级以上酒店13家；在奥帆中心至太清宫、太清宫至流清河、流清河至太清宫等三条海上看崂山航线的基础上，又新开辟了奥帆中心至崂山太清湾航线、崂山太清湾至崂山头航线、崂山太清湾至崂山流清湾三条海上航线，形成了“吃、住、行、游、购、娱”六大要素协调发展的产业格局，建立了功能较为完善的旅游服务体系，实现了旅游业的持续较快发展。2013年，全区实现旅游收入68.17亿元，同比增长20%。

旅游规划与招商引资　修编完善了《崂山区旅游产业规划》《石老人国家旅游度假区发展规划》和《崂山风景区总体规划》等旅游发展总体规划及专项规划。完善旅游项目招商引资机制，抓好高端休闲度假区、旅游酒店、旅游购物及综合娱乐等旅游大项目的规划开发建设，发挥旅游大项目资源整合作用和集聚带动作用。

旅游市场开发　以长三角、珠三角、京津冀、东北及省内等五大类旅游客源市场为主，深入挖掘西北、西南、华中等潜力市场，进行全方位旅游市

第23届青岛国际啤酒节开城式暨好客山东休闲汇启动仪式

场推介，叫响“海上名山、道教圣地、度假天堂”品牌。先后策划举办了第四届“好客山东，做客崂山”贺年之旅、崂山“旅游休闲季”、“好客山东休闲汇 做客崂山”等多个旅游主题活动。2013年4月19～21日，组织参加了2013中国（贵阳）国内旅游交易会，并在贵阳举行了“新崂山 新产品 新形象”暨青岛国际啤酒节专题推介会。期间，与近百家旅行社达成合作意向，参展效果显著。2013年5月19日，策划推出了2013中国旅游日暨青岛国际啤酒节倒计时启动仪式。活动共吸引了人民网、中新社、山东电视台等20余家媒体争相报道。组织策划了以“分管区长当导游，带游客免费体验精品线路”形式的崂山区旅游新品户外发布活动，由崂山区委常委、副区长夏正启带领市民和游客通过户外体验的独特形式介绍了2013年崂山区推出的旅游新产品，活动得到了社会各界的热烈关注和广泛响应。

旅游行业管理　开展旅游市场联合执法检查，在旅游旺季开展了“春季旅游环境集中整治月”活动和“崂山区旅游秩序综合整治”活动，对区内各类旅游市场秩序问题进行了全面排查和集中治理。期间，共查处非法营运车辆3台次，清理无证野导游14人、无证商贩16人，有效地改善了旅游环境。2013年10月1日，《旅游法》正式出台，为做好宣贯工作，组织辖区旅游企业参加培训，并对旅游企业落实情况进行督查2013年，崂山区共有8家旅游企业通过了市旅游局的旅游标准化评估工作。组织开展专项整治工作，成立了极地海洋世界综合执法办公室，联系协调办公室成员单位对极地海洋世界及周边环境进行综合整治。“十一黄金周”期间，综合执法办公室累计巡检14次，扭转了极地海洋世界及周边的旅游乱象。参加省、市旅游特色村（点）创建及星级厕所评定活动，本年度新增省级旅游特色村3个，省级农业旅游示范点1个，三星级省级好客人家农家乐3个，省级精品采摘园3个，市级旅游特色村1个，特色点2个，星级厕所2处。

主要宾馆（酒店）选介

崂山旅游推介会

麒麟皇冠大酒店，位于石老人国家旅游度假区中心，南面大海，东临世纪广场，北依青岛国际会展中心，西傍青岛国际啤酒城，拥有客房400余套，是度假区内最高的标志性建筑，于此可一览山、海、岛、城之胜景。酒店于2000年8月开业，2005年8月通过国家旅游局五星级酒店的评审，是全球最大酒店连锁集团“美国最佳西方”在大中华地区的精品级成员酒店之一。

索菲亚国际大酒店，位于石老人国家旅游度假区中心地段，南距石老人海水浴场100米，酒店总投资额1.6亿元，占地面积1.2万平方米，建筑面积2.3万平方米，是一家集客房、餐饮、康乐和现代商务综合设施与服务于一体的四星级国际商务酒店。酒店由美国P&T建筑设计院，华裔、新加坡籍设计师鼎立设计，拥有各类客房194套，远洋大酒店包括总裁套房、行政套房、经典套房、韩式客房、复式客房、风情客房、海景房等21种风情迥异的套房，拥有完善的会议设施，可承接多达220人的会议、冷餐和婚宴。

青岛远洋大酒店，是青岛远洋运输有限公司旗下，集客房、餐饮、商务、会议、度假于一体的四星级酒店。酒店地处崂山区世纪广场，建筑面积1.5万平方米，现有标准客间、商务套房、总统套房157间，配备完善的会议设施，可承接20至300人不同规模的各类会议。酒店为山东省酒店业首家通过ISO9001质量体系认证单位，多次荣膺省、市“优秀星级酒店”称号，2004年成为国际饭店“金钥匙”成员单位。

荟龙轩大酒店，坐落于青岛东部沿海黄金地段，东临极地海洋世界，西接银海游艇俱乐部，总面积约1万平方米。酒店以五星级中西合璧装修，可提供餐位800余个；拥有全海景豪华包间40间，并设有大型多功能厅，可同时容纳400余人用餐，可承接鸡尾酒会、生日派对及结婚宴请等各类大型宴会。酒店采取中国港式管理，以创新粤菜、海鲜为主，并融汇中外菜式精华，精心研究烹制石锅原生翅、秘制炭烧鸽、火焰黑椒肥牛粒等“百种美食”，是“到山东不可不吃的100种美食”示范企业之一。

主要旅行社选介　青岛幸运假期旅行社有限公司，成立于2007年8月16日，是海航旅业控股（集团）有限公司在青岛投资设立的控股公司。旅行社依托海航旅业集团航空、酒店、租赁及国内市场网络等资源优势，经营范围涵盖旅游包机、旅游招徕、旅游接待、会务组织、机票预订、酒店预订等业务项目，是全国百强旅行社、山东省5A级旅行社。

青岛华艺假期旅行社有限公司，是山东省首批3A级旅行社、全国散客联合体会员单位之一、中央电视台“夕阳红”栏目成员单位，青岛市旅行社协会理事单位，连续多年被青岛市旅游局评为诚信旅行社。旅行社奉行“信誉第一、质量第一”的服务宗旨，严格执行完整而规范的服务标准，全力提供安全舒适的旅游服务。

青岛半岛都市国际旅行社，系半岛都市报社直属的子公司，于2003年12月成立，2007年9月成功晋升为具备国内、入境、出境全面旅游业务资质的国际旅行社。公司自成立以来，成功策划组织了多次大型主题旅游活动，作为报社下属接待单位，承接过多个全国性大型会议，具有专业的会议及大型活动接待经验及良好的社会信誉。

青岛远洋国际旅行社，是远洋集团下属企业，是国家旅游局正式批准具有出境旅游资质的国际旅行社。自1992年成立以来，企业规模及经营范围逐年扩大，并以良好的信誉和优良的服务质量赢得了海内外游客的好评，连续多年被青岛市评为“诚信旅行社”。

青岛海尔国际旅行社，由海尔集团投资设立，涉及国内旅游、国际旅游、工业旅游、商务旅游及酒店、餐饮、会展、票务、车队、直升机租赁等业务。自1999年成立以来，秉承海尔集团“真诚到永远”的服务理念“与顾客期望赛跑”，取得了良好的市场效果，先后被评为山东消费信得过单位、青岛市最佳诚信旅行社等；2000年顺利通过了ISO90001:2000版体系认证；资产和年营业收入以每年50%的速度增长。

青岛琴岛旅行社，成立于1990年，是青岛市旅行社协会会长单位，山东省旅行社协会副会长单位。经过近二十年的诚信经营，已在国内旅游界享有较高的声誉，先后获得国内首批3A旅行社、省级青年文明号、山东省首批全省青年文明号信用建设示范创建单位、山东省十强国内旅行社、山东省十佳诚信旅行社、青岛市最佳诚信旅行社等荣誉称号，并于2001年7月通过了ISO9001：2000国际质量管理体系认证。

旅游项目简介　青岛国际啤酒城改造项目，由上海上实集团斥资100亿元实施的青岛国际啤酒城改造项目，将于2015年全面建成的“新”青岛国际啤酒城，是一个以节庆为载体和灵魂的世界一流水准的啤酒节庆和现代服务业聚集的核心区，由节庆文化广场区、大型购物中心区、商务中心及配套区、酒店度假区四个功能区共同构架的新啤酒城，最终将成为青岛城市的“新地标”。

石老人休闲健身区，石老人休闲健身区项目位于石老人社区香港东路南侧，总占地面积约1000亩，将建设成为集旅游、度假、休闲、健身等多种功能于一体的高档特色休闲风景旅游区。整个区域规划包括休闲健身区、高档游艇旅游码头区、五星级酒店区及海鲜一条街四部分，充分体现了山、海、居、港、休闲特色。

青岛极地海洋世界，青岛极地海洋世界总投资16亿元，由世界最大的主题与娱乐建筑事务所——美国凯里森公司设计。整个项目由极地海洋动物馆、海洋科技馆、酒吧休闲餐饮一条街、海景商街、四星级海景酒店、渔人码头等六大功能区构成，是集吃、住、行、游、购、娱为一体的综合性旅游商业项目。

银座凯悦大酒店，银座凯悦大酒店位于青岛石老人国家旅游度假区海滨，总建筑面128500平方米，集商务、休闲度假和人居功能于一体。主体为两幢二十二层高层建筑：一座为五星级豪华商务酒店，建筑面积达6万平方米，拥有近500间客房和多种类型的宴会厅及多功能会议室；另一座为高档酒店式公寓，建筑面积达4万平方米，配置豪华独特，星级管家式服务，打造面向顶级人群的私属海景公寓；裙楼设有汇集世界高端品牌的名品商场近1.2万平方米，地下停车面积达1.6万平方米。

崂山游客服务中心项目，崂山游客服务中心位于沙子口街道的凳瀛片区，占地352.31亩。作为崂山风景区的主要入口，拟建设一个游客中心、一处博物馆、5000车位的双层停车场和旅游商品交易区、环保车换乘区及管理配套建设等。

（旅游局）

·崂山风景名胜区·

工作综述　崂山风景名胜区是1982年国务院首批审定公布的国家级风景名胜区，规划面积446平方公里，其中风景游览区面积161平方公里，绕山海岸线87.3公里。整个景区由巨峰、流清、太清、上清、棋盘石、仰口、北九水、华楼、登瀛等9个风景游览区和沙子口、王哥庄、北宅、夏庄、惜福镇等5个风景恢复区及景区外缘陆海景点三部分组成，有景点220多处。崂山主峰为巨峰，海拔1132.7米，是我国1.8万公里海岸线上最高的山峰。崂山作为历史悠久的文化名山，拥有深厚的历史文化底蕴，享有“神仙宅窟、灵异之府”美誉，被称为“全真道教天下第二丛林”，盛时有“九宫八观七十二庵”之说。1992年，崂山被国家林业部批准为国家森林公园。景区管理机构自成立以来，认真贯彻落实“科学规划、统一管理、严格保护、永续利用”的风景名胜区工作方针，积极致力于景区的保护管理和开发利用，推动了崂山风景名胜事业全面、协调、可持续发展。景区生态环境不断优化，基础设施日趋完善，服务功能逐步健全，旅游环境和秩序日益文明规范，干部职工的整体素质和服务水平有了很大提升，崂山风景区已成为闻名海内外的风景旅游胜地，成为青岛市国民经济和社会发展的重要组成部分。景区先后荣获全国青年文明号、国家级“卫生山”、全国文明风景旅游区示范点、最佳资源保护的中国十大风景名胜区、全国风景名胜区先进单位、中国风景名胜区顾客十大满意品牌、国家级风景名胜区综合整治优秀单位、全国文明风景旅游区和国家5A级旅游景区等荣誉称号。2013年，景区共接待海内外游客242.8万人次，实现旅游收入3.3亿元。

基础设施建设　抓好总投资11亿元的“十大重点工程”，太清广场环境综合提升项目通过验收，铺装透水混凝土13000平方米，新增绿化4000多平方米，太清广场环境面貌焕然一新；崂山游客服务中心主体完工，景区首座五星级公厕投入使用；完成流清河至垭口线缆入地工程，滨海大道至北九水换乘中心旅游专用路开工建设；景区南北两条黄金旅游线设计方案确定；华楼索道建设基本完工；太清索道下站至老子路道路改造完成；智慧崂山建设和旅游软环境综合提升工程稳步推进，推出景区电子商务服务平台；邀请中央美院统一设计景区内标识标牌、摊点摊位、环卫设施和流清森防站，与北京大地风景建筑设计有限公司合作，开展崂山仙宫策划设计及玉清宫概念设计。

环境秩序整治　开展景区环境综合整治行动，对太清宫周边共9处，3650平方米违法建筑进行了彻底拆除，重新制作八水河至垭口沿线25个门头；按照国家一类标准保持景区公厕设施用品齐全，日常维护到位；层层落实安全责任，认真开展安全隐患排查和应急演练，全年未发生安全生产责任事故；成立景区旅游秩序综合整治办公室，集中开展整治行动，坚持打疏结合，重点加大对“黑车”、“野导”、沿街拉客、强制导游行为的打击力度，共处理各类违法违规行为201起，行政拘留7人；加强景区讲解员日常管理，组织372名在册讲解员签订《讲解员服务承诺书》，淘汰不合格人员25名；在大河东客服中心设立导餐点和导游点，进一步规范旅游从业人员管理；推进景区管理和服务标准化、规范化建设，景区被评为“山东省诚信旅游示范单位”。

二龙山景区风光

景区资源保护　通过住建部国家级风景名胜区执法情况检查，景区总体规划修编完成全市范围内的征求意见并上报市规划局；与北京旅游学院合作，形成太清景区游览规划设计和专题研究成果；邀请青岛大学专家开展崂山旅游发展战略研究；成功举办第二届中国第四纪冰川与环境研讨会，崂山申请国家地质公园和世界地质公园工作有序开展；赴黄山、张家界等景区进行调研，多次召开立法工作座谈会，稳步推进《崂山风景名胜区条例》立法工作；与青岛市委党校联合研究破解景区社区建设发展中的难题。开展“秋冬森林防火集中整治行动”和“森林防火春季攻坚战”专项行动，组织机关干部进山巡查，发放森林防火宣传材料60000余份；筹建森林消防专业队伍，提高灭火机具、防护装备水平，全年无森林火灾和人员伤亡事故发生；加大生态资源保护力度，对22株古树进行救治养护，完成古树一年四季图片档案520余份，整理古树名木最新资料100余份，太清宫汉柏凌霄跻身国家“百株传奇古树”行列，抚育林分200亩、竹林100亩。

市场营销管理　成立崂山旅游集团公司，发展旅游服务、旅游商业、索道运营和旅游开发“四大板块”核心业务；开通96616崂山风景区公共服务信息平台，推出“尊享崂山”中高端商务特色旅游产品，全力打造一品堂太清商贸综合体，景区“吃住行游购娱”产业链条得到延伸；召开“新崂山、新产品、新形象”旅游产品发布会，与极地海洋世界、海泉湾度假区、海底世界和青啤博物馆组成景区战略联盟；以“礼道崂山”为主题面向全国征集评选崂山特色旅游商品及创意设计方案，评选出“崂山十大特色旅游商品及创意设计方案”19项；推出旅行社团队观光增值服务，提供30人以上免费接送服务；2013“中国旅游日”山东（青岛）主会场活动启动仪式在崂山太清广场举行，与中国雕塑院联合举办第六届山东国际大众艺术节“凝固的旋律·雕塑艺术走进崂山”展览活动；崂山文化动漫系列片《崂山传奇》三部曲之一《悟道》篇进入角本创作阶段。

队伍建设　在全区召开景区工作会议，开展“百日竞赛”和“双百会战”活动，邀请国内知名专家学者举办崂山风景区战略发展研讨会，开展各类学习培训活动45项，培训人员1640余人次；先后选派1名干部到贵州安顺、4名干部到新型（农村）社区、9名机关干部到各管理处挂职锻炼；开展“弘扬雷锋精神，共创和谐景区”、“中国梦宣传教育”等主题活动，举办景区职工文艺汇演和摄影书画展，评选10名金牌员工，北九水管理处荣获“山东省女职工建功立业标兵岗”称号。

（风景区管理局）

·节庆·

2013年成功举办了“第十届枯桃花会节”、“2013沙子口鲅鱼美食节”、“第十届青岛崂山茶文化节”、“第十八届北宅樱桃节”及“第二十三届青岛国际啤酒节”等活动，其中青岛国际啤酒节连续第八年位居“中国十大节庆活动”榜首。

第二十三届青岛国际啤酒节　2013年8月10～25日举行。节日期间，共接待市民和海内外游客近400万人次，消费啤酒1200余吨。第三方机构（上海师范大学）评估报告指出：本届啤酒节的成功举办，有力推动了青岛经济的快速增长，为进一步拉动旅游、餐饮、宾馆、交通、商贸、物流、通讯、传媒和广告等相关产业迅猛发展发挥了积极作用。经测算，本届啤酒节直接经济效益约为9.07亿元，对青岛市的直接经济贡献达38.31亿元。其中，在崂山区产生的经济效益约为11.32亿元，拉动崂山区GDP提高2.8个百分点。外地游客占参节游客总数的51.9%，外籍游客占参节游客总数的5%，游客构成转变为以外地游客为主，外向度大幅提升，影响力和吸引力不断增强。啤酒节实现由点向面的转变，以世纪广场啤酒城为辐射源点在全市开展了丰富多彩的啤酒主题活动，营造了“全市欢动”的浓烈节日氛围。

啤酒品牌。本届啤酒节在啤酒品种、啤酒大篷数量及设计装饰等方面实现了进一步提升。共有来自18个国家、27个世界知名品牌的300余个系列的啤酒产品参节，参节国家、参节品牌和啤酒产品均创历届之最。本届啤酒节共设19个各具特色的啤酒大篷，让市民和游客在更宽敞的空间中品饮各国名啤。

场地布局。本届啤酒节合理规划场地布局，全面提升城内环境，精心打造啤酒花园，推动节日的生活化演进。以生态节庆为目标，新增绿地2万平方米，种植树木400余棵，结合各种景观小品，营造南北绿茵环绕、红花绿树点缀的新格局；以科学合理的生态空间建构场地布局，呈现出南北通透、梯次延展、错落有致、生态间隔、亲近自然的特点，推进了节日的生活化。

文化展演。本届啤酒节在延续开城式、饮酒大赛等传统活动的同时，加大与周边商业体的互动融合，提升节日的文化内涵。推出泰国文化艺术节、宝岛台湾特色演艺以及城市摇滚音乐节等活动；组织策划“猜啤酒节经典照片”、“啤酒节微故事征集”、“百姓大舞台”节目征集等文化亲民活动。与青岛大剧院、市博物馆和市会展中心等场馆合作，推出香港时尚购物展、三星堆·金沙遗址珍宝展等活动。

办节氛围。本届啤酒节将欢动与安静相结合，推出嘉年华升级版，共引进16台大中型游乐设施，30余种辅助游乐设备和游戏；新增多处“休闲静区”，打造安静啤酒节。推出啤酒主题酒吧、纪念品休闲展示以及草坪休憩果吧等休闲板块，让不同的人群共同感受到节日的欢乐氛围。

第23届青岛国际啤酒节吉祥物

智慧节庆。本届啤酒节围绕“智慧节庆”的理念，在国内节庆活动中率先开展全方位智能化服务。在世纪广场啤酒城内首次实现无线网络全覆盖；在百度团购首设啤酒节网购平台，方便市民游客优惠地购买啤酒节各类产品；开发青岛国际啤酒节官方应用平台“游折理”，实现通过下载官方应用平台获取交通、停车、导览、互动以及咨询等实时信息；开通官方微信公众账号hahabeer，建立自动回复机制。节日期间，共有3万余人添加微信关注，接收及回复啤酒节相关问题7万余条次。

宣传推介。本届啤酒节先后赴德国、韩国、贵阳等地举办推介会；与周边旅游资源整合，实现门票联动；在人民网、凤凰网、大众网等新闻网站开辟啤酒节专栏；在新浪、腾讯等官方微博广泛发布资讯；在《大众日报》、《齐鲁晚报》等各大媒体发布节日动态；在中央电视台“朝闻天下”、“今日说法”、“走遍中国”等热点栏目投放广告；利用航班、影院、户外大屏幕及航空媒体《东方航线》宣传；策划了啤酒节系列微电影。节日期间，共刊发各类新闻8000余条，网络转载新闻约10万余条次，实现了宣传营销的新突破。

2013年3月29日，在江苏天目湖举办的第十一届中国

畅饮的外国友人

会展财富论坛上，青岛国际啤酒节荣获了“最具品牌魅力中国节庆”荣誉。9月13～15日，由北京大学等单位和中国节庆交流大会组委会共同举办的第一届中国节庆交流大会在杭州召开，啤酒节荣获“光辉历程奖”。9月25日，在浙江海宁举行的第九届中国节庆产业年会上，啤酒节连续第八年荣膺“中国十大节庆活动”称号，并位列榜首。

（啤酒节办公室）

第十届枯桃花卉　4月28日开幕，历时七天。本届花会以“花颂春意美，喜迎世园会”为主题，共展出各类品种花卉50余万盆，接待游客15万人，花卉及相关产业销售额达到1500万元。花会举办期间正值“五.一”小长假，吸引了大量市民和游客前来赏花、购花，扩大了枯桃花乡的美誉度，拉动了花卉经营业户经济收入。

枯桃社区花卉种植和销售历史悠久，有“百年花乡”美誉。自2004年首届枯桃花会举办以来，枯桃花会迄今已经成功举办了十届。枯桃花会已经成为崂山区农业和文化产业发展的重要板块。

本届花会由过去的政府主办改为枯桃社区主办。本着为民、节俭原则，花会各项活动一切从俭，不邀请领导，不安排就餐，不安排礼品。花会开幕式由枯桃社区“两委”成员、党员、居民代表、经营业户共同参加，社区书记、主任和经营业户代表剪彩开幕，花会期间还向市民免费赠送鲜花4000盆。

（中韩街道）

2013沙子口鲅鱼节暨休闲旅游季　4月22日开幕，2013年沙子口鲅鱼节暨休闲旅游季活动启动仪式在崂山区沙子口中心渔港举行。本届开幕式特别加入了传承孝道的鲅鱼礼环节，四位身着红色民族服装的小男孩，将大鲅鱼敬送给了两位老人。启动仪式结束后，区领导和街道领导来到了崂山区福利中心，为这里的80名老人送上了近300斤鲅鱼，社区百岁老人也收到了新鲜鲅鱼。103岁的王奶奶收到了两条“鲅鱼之礼”。

2013年的鲅鱼节暨旅游休闲季活动共分六大板块，分别是渔家体验之旅、登山健身之旅、田园采茶之旅、鲅鱼品宴之旅、品酒文化之旅、倾情鲅鱼之礼等活动。截止10月底，共接待游客280万人，创造旅游收入2.96亿元。

位于崂山区的沙子口街道，每年上市的鲅鱼有数千吨，占整个青岛市场销量的70%以上，因此有“鲅鱼之乡”的美称。鲅鱼作为沙子口特产，在推向市场前会被统一包装。沙子口鲅鱼已经正式注册商标，在富有当地文化特色的包装上都有“沙子口”字样的商标，通过品牌的包装，提升沙子口鲅鱼的文化内涵。

2013沙子口鲅鱼节暨休闲旅游季活动的举办，传承了孝道亲情，彰显了地方民俗，使游人在品尝和购买美味鲅鱼的同时，能够参与到沙子口休闲旅游的活动中，提高了沙子口旅游品牌的知名度和影响力。

（沙子口街道）

第十届崂山茶文化节　4月26日以一场精彩的花样馒头

鲅鱼之礼

第十届崂山茶文化节新闻发布会暨王哥庄花样馒头大赛

大赛正式拉开序幕。本届茶节以“特色美食，休闲天堂”为主题，整合辖区内山、海、岛、滩、茶等得天独厚的资源，将茶文化、美食文化、旅游文化、民俗文化、休闲健身文化融为一体。

自2004年至今，已连续成功举办了十届以崂山茶文化为主题的旅游节，也连续六年将崂山茶文化节新闻发布会与王哥庄花样馒头大赛一起举行。王哥庄面塑是崂山王哥庄地区农村世代相传的手工艺面制品，至今已有500余年的历史。近年来，王哥庄街道面食行业的能工巧匠们在传统花样基础上，融入地方元素，不断创新馒头的花样造型，推出了鲜嫩松软、口感甜美、造型新颖的系列产品，曾获得过第五届中国民间工艺品博览会金奖。王哥庄花样馒头已申报青岛市非物质文化遗产。“手工揉＋铁锅蒸＋崂山水＋传统工艺＋独特配方”造就了高品质的王哥庄大馒头。王哥庄大馒头加工户已经达到297家，大馒头销售量达到12000吨，销售额8000万元，花样馒头品种已经达到600多种，2013年王哥庄获得“山东省面塑文艺之乡”称号，王哥庄大馒头正在成为王哥庄居民致富增收的一条稳定的途径。

本届茶文化节同期举办了写生二龙山、魅力王哥庄摄影作品展、会场海滩赶海、海鲜美食街体验、相约青山特色渔村、“品味农家”樱桃会、文武港妈祖庙会、解家河鲜杏节、王哥庄茶艺培训夏令营、品味黄山海蜇、“丰收喜悦”二月二、王哥庄特色饮食烹饪大赛等活动，形成了集节会、美食、商贸、生态旅游为一体的现代产业格局。第十届茶文化节共接待游客50万人，旅游收入5200万元。

（王哥庄街道）

第十八届崂山北宅樱桃节

5月22日，第十八届崂山北宅樱桃节新闻发布会在大崂社区樱桃谷举行。经过18年的政府培育和引导，北宅樱桃节已经成为一个市场化运作程度较高的节会。本届樱桃节坚持“政府引导、市场运作、全民参与”的办节原则，通过周密的组织筹划，强势的媒体宣传，完善的设施配套和规范的服务管理，推动樱桃节的知名度和

第十八届崂山北宅樱桃节新闻发布会

美誉度不断提升。

利用报纸版面、广播电视、网络、手机报等媒体，采取形式多样、内容丰富的报道手段，全方位、多层次展示节会方方面面，通过对精品樱桃园、星级农家宴、特色登山游的详尽报道，使新闻媒体成为展现樱桃节新文化，沟通各方来宾和广大市民的有效平台，为崂山北宅樱桃节聚集了人气，拉动了关联消费。节会期间街道共在市级以上电视、报纸、网络等媒体发稿455篇次，省级以上媒体发稿78篇次，其中中央级媒体50篇次（含网络）。

樱桃节前，北宅街道对主要服务设施进行了集中完善，清理了主要道路的路边垃圾，并进行了绿化改造，提升了道路的观赏度，对部分樱桃园内道路进行了整修，增加了提示牌、警示牌标志，增设了休息椅；峪上路增设628路公交车，为到上下葛、慕武石品樱的游客提供方便；在滨海公路、南王路两侧设置了引导牌等提示提醒设施。在北涧、周哥庄、下葛、七峪、华阳、蓝家庄、晖流七个社区设立临时停车场，将可容纳的停车数量提升至6000余辆。交警、城管和九水管理处等部门规范了占路经营现象，制止了在道路两侧乱停乱放行为，在节会期间的周末，交警部门对部分路段进行了交通管制调流，加强对以往交通拥堵路口的疏导，并与各个社区密切配合，安排专人巡查，保证道路畅通。

樱桃园里的游客

街道指导成立了北宅农家宴协会，加强了对农家宴行业自律，并开展了农家宴改造提升工程，对部分农家宴进行了内部设计装修及外观改造，统一外观形象，加强农家宴餐饮、卫生、垃圾处理投放等配套设施管理，增设安全指示牌、宣传手册、洗手设施，对农家宴严格管理。并街道联合工商、旅游、食品安全、城管、卫生等部门对辖区内的农家宴进行了食品安全大检查，确保樱桃节期间食品卫生安全。发放了《致农家宴经营业户的一封信》、《致全街道居民的一封信》，倡导诚信经营，以确保樱桃节期间不出现或者少出现不诚信经营和欺客宰客的行为，让广大游客度过一个安全、舒心、快乐的樱桃节。街道公布了咨询服务电话，随时方便游客联系和解答游客问题。截止6月6日，共接听并解答市民咨询电话共3700余次。

受雨雪天气影响，北宅2013年的樱桃产量下降约300万斤，在节会期间，遭遇连续阴雨天，客流量有所减少，但樱桃价格进行了适度上调，果农的收入情况较往年变化不大。据统计，本届樱桃节自5月22日起至6月6日，共吸引游客50余万人次，旅游相关收入约7760万元，比去年增长7.2%，户均收入9500余元。其中北宅常年经营农家宴200余家，户均收入7.5万余元。

（北宅街道）

·会展·

2013年青岛国际会展中心举办展会及大型活动111个，增长7.8%；累计使用展览面积129万平方米，增长6.6%；

接待海内外来宾300万人次，增长5.8%。青岛国际会展中心是IAEE世界展览机构的会员；通过了ISO9001:2000质量管理体系认证。会展中心占地25万平方米，5万平方米的室内展览面积共可设置近3000个国际标准展位；设有5万平方米的室外展览面积；设有20多个中小型会议室、洽谈室和贵宾室配有多媒体大屏幕、红外同声传译等现代媒介系统。

青岛春季房展　4月12日至4月14日在青岛国际会展中心举行。这是青岛国五条细则正式落地之后的首次房展，与2012年相比，2013年参展项目增多，人气也稍有回暖。本届春季房展共吸引了来自青岛及外地的开发企业50余家房地产企业，近百个项目的积极参与。参展企业汇集了碧桂园、绿城、中交、海创等知名地产企业。

本届有诸多新盘首发、品质项目新产品力推，项目覆盖市内六区四市以及烟台等异地多个区域，房源品类丰富，不乏城市新地标、品质大盘、高端别墅等。如碧桂园十里金滩、中交阳光屿岸、北京城乡房屋建设开发公司的别墅项目安纳溪Villa，深耕青岛多年的绿城集团，旗下推出市南的高端项目高端项目深蓝广场，以及8年巨作绿城理想之城，青啤集团和海都集团联手打造的青岛水悦城，青岛海创开发建设投资有限公司的海创一号街区，金岭实业和益合达置业共同奉献的湖尚一品。科达集团的科达天意华苑，港中旅集团的港中旅海泉湾，嶺海香榭铭邸、中联自由港湾，青岛中海玫瑰庭院，黄金时代置业的懿品御府崂山二十八墅，华仁欧典商苑，奥润集团奥润府新嘉苑、奥润馨海国际城、奥润熙湖华府、奥润仁和梅苑，中能瑞士小镇及中能英格堡家园，证大大拇指深蓝公寓，金色环海，青岛盈秀房地产盈秀花园，秀水花园等多个项目。

第十一届青岛春季房展

与展会同期举办海外高端物业展，吸引了澳洲、塞浦路斯、菲律宾、美国、马来西亚等国外一批高端物业到场展示。据了解，在本届海外高端物业展上，组委会还于4月13日在现场举行海外地产移民投资论坛，为海外置业人士答疑解惑，指点迷津，为海外置业者与海外地产运营商提供接洽平台，帮助海外置业者实现海外投资。

2013年第12届中国国际消费电子博览会　于7月11日至14日在青岛国际会展中心举办。中国国际消费电子博览会(SINOCES)，由商务部、工业和信息化部、科学技术部和山东省政府主办，中国机电产品进出口商会、中国电子学会和青岛市人民政府共同承办。经过十三年的专业化运作，SINOCES已经成为全球消费电子产业重要的交流平台之一。本次展会以“‘慧’聚云端”为主题，吸引了423家全球消费电子企业、近500家全球零售巨头及机构参与。

“云+端”已成为全球消费电子行业发展的新方向，未来几乎所有的信息内容处理、存储都集中在“云”上，而我们身边各种各样的硬件设备就是工作、学习和娱乐的“端”。提出“‘慧’聚云端”的主题，既是对未来生活蓝图的前瞻描

第12届中国国际消费电子博览会海信展台

述，也是对目前处于关键期的全球消费电子产业发展转型的方向指引。为期四天的SINOCES展会，以新品展示、行业对话交流、跨国采购平台等丰富的形式，展现“‘慧’聚云端”的无穷魅力。

为全方位展现全球最领先的云技术与产品，本届展会设置了智能机器人展区、智慧城市/物联网展区、移动互联展区、电子商务展区等11个特色展区。特别是首次设立的智能机器人展区，将服务工业战线的各类“机器人”搬上展会，供参展客商零距离交流体验，公众可亲身感受第三次工业革命的浪潮。

作为展会的重要组成部分，本届展会联合其他机构共同举办多场高规格高峰论坛，与会嘉宾将就智慧城市建设、消费电子产业电子商务等热点话题展开讨论。举办了主题为“智慧城市 幸福生活”的第二届“山东国际智慧城市大会”，中国智慧城市论坛主席成思危与荷兰、新加坡、武汉市、宁波市、美国ESRI、日本NEC等全球智慧城市的代表出席会议，就智慧城市建设经验展开探讨交流，与全球产业企业一起探讨智慧城市发展带来的新机遇。召开了主题为“互联网驱动消费电子创新”的第二届消费电子商务高峰论坛，围绕“千亿规模大佬的电商新策略”、“新品牌的机会与新生”、“大品牌的电商崛起与产品创新”以及“电商时代的营销”等话题，以不同视角深度剖析消费电子产业电子商务应用，搭建电子商务业界与消费电子产业链之间的全面互通平台。

香港时尚购物展·青岛　于8月22日至26日在青岛国际会展中心举行。本次展会以“香港时尚 耀动青岛”为口号，汇聚超过230家港商350个香港品牌在会展中心1号馆和3号馆时尚亮相，展览面积近3万平米，展示内容涵盖潮流服饰、珠宝首饰、家庭用品、健康美食和特色小吃等产品。名为“名品汇”的展区是展会一大亮点，区内设有设计时尚的展位，重点推介20多个香港星级名牌，包括：谢瑞麟、金至尊、中华时计匠、高诗慕达、KC皮草、Subcrew、德国宝等。

香港时尚购物展新闻发布会

展会期间，安排了近30场的现场活动，香港影视红星陈法拉在开幕日亲临现场。

香港时尚购物展集经贸合作及零售展销于一体，先后在北京、上海、广州等城市成功举办，是国内消费领域的知名盛会。2013年首次在青举办，并尝试和青岛国际啤酒节同期举办，既有助于参加啤酒节的游客和市民进一步认识香港品牌，也有助于拓展啤酒节内涵及影响力。香港时尚购物展是日常消费品为主，浓郁的香港特色深受市民追捧，开展4天来吸引18余万人进馆参观采购。

序号	展会名称	展览时间
1	太阳神晟虹团队2012年会暨五周年庆典仪式	1月20日
2	2013青岛迎新春年货团购订货会	2月1~4日
3	第十一届中国青岛国际金属加工及铸造工业展览会	3月7~9日
4	2013青岛春季包装印刷技术设备展览会	3月14~16日
	2013年青岛春季广告四新展览会	
5	2013中国（青岛）特许连锁加盟暨中小投资创业项目展览会	3月22~3月24日
6	中国（青岛）国际农业机械化展览会	3月25~27日
7	第十届中国青岛国际橡胶技术展览会	4月9~10日
	第十届中国青岛国际轮胎展览会	
8	2013第十一届青岛房地产与建筑设计装饰展览会暨第十一届青岛春季房展	4月12~14日
	2013青岛商业地产展览会	
	2013青岛高端物业展览会	
9	2013第十届青岛国际家具及木工机械展览会	4月19~22日
10	中国青岛纺织博览会暨面辅料、纱线采购交易会	4月26~28日
	中国青岛纺织博览会暨纺织服装出口交易会	
	中国青岛跨国采购洽谈会暨进出口商品交易会	
11	第十届中国国际食品加工及包装设备（青岛）展览会	4月27~29日
	第十届中国国际食品工业及食品出口（青岛）展览会	
	2013中国（青岛）国际春季美容美发化妆品展览会	
12	中国（青岛）国际时装周	5月3~7日
13	2013第十二届青岛国际汽车工业展览会暨第十二届青岛国际车展	5月14~19日
	2013第八届中国（青岛）房车及休旅车展览会	
	2013第八届中国山东商用车及专用车展览会	
14	2013年中国青岛儿童教育展暨儿童用品博览会	5月24~26日
	2013第十四届中国青岛国际酒店用品及设备博览会	
	2013第四届中国青岛国际葡萄酒博览会	
15	2013第十四届中国青岛国际礼品工艺品家居品博览会	5月24~27日
	2013第六届中国青岛国际书画工艺品、红木古典家具及收藏品博览会	

续表

序号	展会名称	展览时间
16	第五届东西部小动物临床兽医师大会	5月28~30日
17	2013年中国青岛国际茶文化博览会暨紫砂艺术展	5月31~6月3日
18	2013服装服饰（青岛）展览会	5月31~6月10日
19	2013第四届中国（青岛）国际工程机械、建筑机械、工程车辆及配件展览会	6月7~9日
	2013第四届中国（青岛）国际重型汽车、卡车挂车、专用车辆及配件展览会	
	2013中国（青岛）国际汽车用品、润滑油、维修检测设备及保养用品展览会	
20	2013中国（青岛）国际水族精品暨宠物用品展览会	6月8~10日
	2013中国（青岛）国际户外装备及休闲产业展览会	
	2013中国谷物食品博览会暨富硒食品推广交易会	
21	2013中国（青岛）工艺美术博览会	6月14~17日
	2013第十二届中国青岛国际珠宝首饰暨流行饰品展览会	
22	2013第十四届中国青岛国际缝制设备展览会	6月28~30日
	2013第十四届中国青岛国际皮革鞋机鞋材鞋类及箱包皮具展览会	
	2013第十五届青岛国际纺织服装面料辅料及纺织品展览会	
	2013第十四届中国青岛国际纺织工业、纺机机械针织设备及印染印花染料工业展览会	
23	2013第十五届全国医疗器械（青岛）博览会暨医院采购大会	7月4~6日
	2013第十五届全国口腔齿科器械及齿科材料（青岛）展览会	
	2013第四届山东家庭医疗、保健、康复器械及健康产业展览会	
24	2013中国国际消费电子博览会	7月11~14日
25	第七届中国（青岛）国际石材工业及机械设备展览会	7月18~21日
26	第九届中国（青岛）国际建筑材料及装饰材料博览会	7月19~21日
27	2013中国医学装备协会年会暨医疗装备技术博览会	7月25~27日
28	2013中国（青岛）房地产与建筑科技交易博览会	7月26~28日
29	2013第十六届中国青岛国际机床模具展览会	8月2~5日
30	2013第十二届华东（青岛）国际电子工业制造展览会	8月9~11日
	2013第八届中国（青岛）国际LED照明灯饰展览会	
	2013第八届中国（青岛）国际电力电工电气自动化展览会	
31	2013中国（青岛）国际软件融合创新博览会	8月15~17日
	2013第十五届中国国际工业装备（青岛）展览会	
32	2013香港时尚购物展·青岛	8月22~26日
33	2013第十二届中国北方国际机电五金暨焊接切割设备（青岛）博览会	8月29~31日
	2013第十三届中国青岛化工工业及涂装涂料电镀表面处理展览会	
	2013第八届中国青岛管材线材及金属加工设备展览会	
	2013第十二届中国北方国际水工业泵管阀及供热供暖制冷空调（青岛）展览会	

续表

序号	展会名称	展览时间
	2013 第七届中国北方国际通风换气洁净采光、智能楼宇、遮阳建筑科技（青岛）展览会	
	2013 第九届中国（青岛）国际物流及流水线展览会	
	2013 中国（青岛）国际美容美发化妆品秋季展览会	
	2013 中国（青岛）国际医学整形美容高端论坛暨展览会	
34	2013 青岛秋季国际车展	9 月 5 ~ 9 日
35	2013 国际检验检测技术与装备博览会	9 月 13 ~ 15 日
	2013 年中国青岛国际包装印刷技术设备展览会	
	2013 年青岛秋季广告四新展览会	
36	国际材联 2013 国际先进材料大会	9 月 23 ~ 26 日
37	2013 第八届中国（北方）国际食品添加剂和配料及餐饮调料展览会	9 月 26 ~ 28 日
	2013 第八届中国（北方）国际食品加工机械及包装设备材料展览会	
	2013 第五届中国（青岛）国际医药原料药及中间体展览会	
	2013 第五届中国（青岛）国际制药及包装设备材料展览会	
38	2013 青岛（国际）动漫艺术节	10 月 1 ~ 4 日
39	2013 青岛国际礼品、工艺品、收藏品及家居用品博览会	10 月 12 ~ 15 日
40	第十一届中国国际肉类工业展览会	10 月 13 ~ 15 日
41	全国汽车配件交易会暨全国汽车配件采购交易会	10 月 23 ~ 25 日
42	第二十届国际自动识别及物联网技术展览会	10 月 29 ~ 31 日
43	茶叶茶文化博览会	10 月 30 ~ 11 月 3 日
44	青岛·东北亚版权创意精品展示交易会	11 月 7 ~ 10 日
45	中国青岛跨国采购洽谈会暨进出口商品交易会	11 月 8 ~ 11 日
46	中国青岛面辅料纱线采购交易会暨青岛纺织服装出口交易会	
47	2013 青岛国际奢侈品展览会	11 月 15 ~ 18 日
	2013 青岛国际顶级私人物品、高端生活展览会	
48	2013 中国城市规划年会	11 月 16 ~ 18 日
49	山东汽车交易会	12 月 12 ~ 16 日

（史志办整理）

城区规划建设与管理

城区规划

· 规划编制 ·

金家岭金融新区　对青岛金家岭金融新区概念规划及重点片区城市设计进行了深化完善，突出了张村河两岸控规单元的划分和重点片区地下空间的开发利用。11 月，将完成的《青岛金家岭金融新区概念规划及重点片区城市设计》报送市规划局备案。启动了重点片区控制性详细规划编制工作，将规划研究成果落实到了控规中，用于规范、指导片区的开发建设工作。会同市规划局组织专家对控规方案进行了评审，向市政府报送了批复申请，并同步在市规划局网站开展为期一个月的社会公示。

根据编制完成的《青岛金家岭金融新区概念规划及重点片区城市设计》，委托青岛市市政设计院及上海市政院联合体组织开展了青岛金家岭金融新区核心区地下道路及地下空间开发利用项目可行性研究工作，完成了梅岭东路地下联络道等核心区五个地下空间利用项目的可行研究报告。已组织专家进行了评审，其中梅岭东路地下联络道项目已经开始进行初步设计，开发工作已进入实质性操作阶段。

崂山湾国际生态健康城　启动了崂山湾健康城规划研究工作，规划总面积 54 平方公

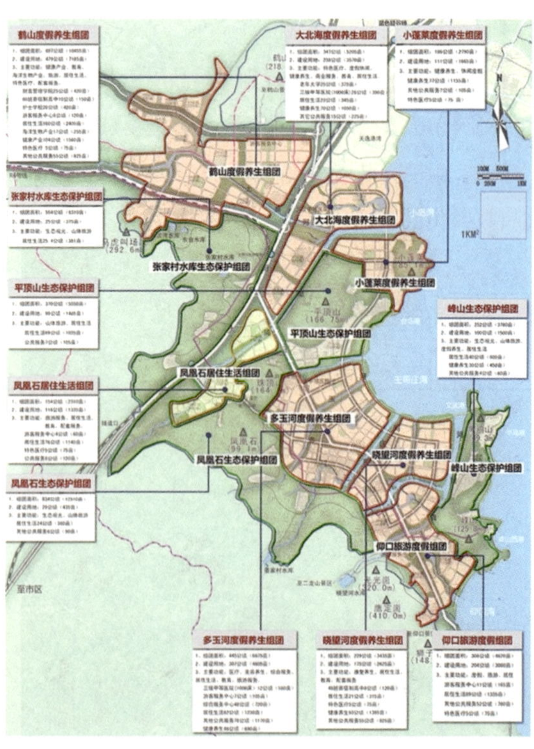

崂山湾国际生态健康城概念规划

里，其中建设用地22平方公里。初步确定了鹤山、大北海、小蓬莱、多玉河、晓望河、仰口等12大板块，拟定了各板块产业类型、用地构成、绿化指标、配套设施等规划设计条件，已先后三次向市政府主要领导进行专题汇报，拟定了建设机构组织框架结构。对其中6大板块包括土地成本、村庄改造安置、市政基础设施配套、滩涂海域等在内基本地价进行了测算。

城区建设

·项目服务与监管·

建立“一对一”项目跟踪服务制度，将107个市、区重点项目责任到人。实施了内部流程优化再造，对38项办理事项中的34件办理要件实行了容缺受理，除即办件外的20项承办件压缩办理时限68天，同比缩短时限30%，取消城建档案调阅费和城建档案咨询费2项合规收费事项，优化了政务服务环境。升级“崂山区建设工程交易系统”，对无证擅自开工的42个项目75个责任主体罚款57万元，对存在安全生产隐患或工程质量问题的65个责任主体罚款32.5万元。组织开展了节后复工检查、安全拉网大检查、质量拉网大检查、防汛拉网大检查等检查活动，下发整改通知单1500余份，提出整改意见近10000条，及时消除了安全生产隐患或工程质量问题。

全年共完成审批事项958项，其中人防审批约93项，招标核准376项，中标通知书备案399项，施工许可65项，新开工面积253万平方米，施工许可变更8项，竣工备案36项，备案面积125万平方米，收缴各项规费5.87亿元。全年新增建筑业企业10家（总包企业2家、专业承包企业6家、劳务企业2家），全区建筑业实现增加值39亿元，同比增长19%。

·建筑业管理·

工程招投标与管理　2013年发布招标公告483个，进场交易项目总数为339个，交易额为91.22亿元。

安全生产监管　开展了“安全生产基层基础提升年”、安全生产“打非治违”及春、夏、秋、冬安全生产大检查等安全生产活动，宣传安全生产知识，全年印发《建筑工人安

国家人防办副主任柳庆森（前一）视察崂山区人防工程管理工作

全知识读本》《用电安全》《安全作业常识》等各类安全资料5000余份（本），检查建筑工地600余次，下达整改通知书500余份，提出安全隐患4000余条。编制《建筑工人安全生产技术交底》影像视频光盘，使不同文化层次的建筑工人能通俗易懂地了解本工种的安全生产知识，掌握安全操作技能。组织建筑工程防汛应急拉动演练，提高建筑工地应急抢险协调和处置能力。

工程质量监督　建立并实施专家参与质量管理机制，提高工程质量监管的科学性、广泛性和开放性。强化原材料的检测和主体结构质量抽测，严格工序管理，对全区100余个项目进行检查监督，举办全区工程“质量月”活动，执行质量通病治理的住宅工程2011年、2012年、2013年投诉率分别为0.16%、0.14%、0.12%，治理效果明显。创优工程数量在全市名列前茅，获山东省住宅工程质量通病专项治理示范工程3项、山东省泰山杯奖工程申报4项、“青岛杯”工程16项等。推广绿色节能建筑，其中2个建筑取得绿色建筑设计标识，新建工程节能达标率100%，完成石老人小区10.43万平方米既有建筑节能改造工作。通过住建部2013年度住房城乡建设领域节能减排监督检查工作，检查成绩列全省5个被查市区第一。

重点项目概况　崂山区第二中学迁建项目，位于李沙路以南，规划东十五路以北，占地面积约67922平方米，总建筑面积60882平方米，总投资约3.44亿元。项目为42班寄宿制高中，包括教学楼3栋、学生宿舍楼3栋、实验楼、行政楼、艺术楼、体育馆、礼堂、食堂、教职工宿舍及相关附属用房等，室外配套建设400米标准运动场，篮球场4个、排球场2个、网球场1个及附属设施，建成后可供2100名学生学习。项目2013年8月正式开工建设，预计2014年8月竣工投入使用。

辽阳东路南侧配套中小学和幼儿园项目，位于深圳路以东、同安路以北、辽阳东路以南，项目总占地面积48449.5平方米，总建筑面积约33160平方米，包括：18班初中一所，30班小学一所，9班幼儿园一所，12班幼儿园一所，建成后可分别满足900人、1350人、270人、360人入学需求。项目由青岛高新建筑安装工程有限公司承建，2012年6月开工建设，配套幼儿园于2013年9月1日建成并举行开学典礼，配套中小学2013年9月2日建成并举行开学典礼。

崂山区市民文化中心项目，位于崂山区仙霞岭路20号，项目总占地面积20972.5平方米，规划总建筑面积70751.35平方米，包括：图书馆、档案馆、文化宫、行政审批大厅、社区服务中心、青少年活动中心、老年活动中心、演艺剧场和体育健身区，建成后可满足市民活动的基本需求。项目由青建集团股份公司承建，2010年11月开工建设，2013年10月完成竣工验收。

崂山区委党校二期项目，位于崂山区科大支路57号北

辽阳东路南侧配套中小学幼儿园建成并投入使用

崂山区"防灾减灾日"居民区综合应急演练

侧，项目总占地面积31949平方米（含党校一期占地面积），规划总建筑面积10526.94平方米，包括：综合楼工程和食堂工程，建成后可满足崂山区委党校现有办学的基本需求。项目由青建集团股份公司承建，2013年7月开工建设。

·人民防空·

制定《崂山区主城区及沙子口片区地下空间利用及人防工程总体规划》，对人防基本指挥所进行了重新选址，开展指挥所方案编制。完成人防工程普查，严格人防结建审批，防空地下室审批面积同比增长150%，易地建设收费同比增长93.6%，竣工备案同比增长71.2%。通过举办防空防灾培训班、组织应急疏散演练、发放宣传材料、设立人防疏散基地等多种形式普及了人防知识。

（建设局）

·供水·

2013年，全区供水总量3630万吨，其中海润自来水供水1320万吨。其中，生产运营用水1280万吨，居民生活用水1456万吨。城区日综合供水能力达到5.0万吨。村庄通自来水普及率100%。截止2013年末，全区供水管道总长度达219.7公里。供水水质综合合格率100%。

（统计局）

·供电·

2013年，全社会用电量（不含海尔、卷烟等企业）12.54亿度，增长4.5%。其中，第一产业0.01亿度，下降26.8%；第二产业3.49亿度，下降6.9%；第三产业5.01亿度，增长10.4%；城乡居民4.03亿度，增长9.1%。

（统计局）

·交通·

工程项目建设 推进崂山路一期建设工程，9月底顺利实现全线通车，崂山路建设已完成全部工程量的85%，正在加快进行人行道、自行车道铺装及景观绿化等附属工程。组织开建09大道拓宽改造工程，完成20余项前期手续办理工作，工程于7月正式开建，正进行路基与桥梁施工，已完成工程总量的40%。做好滨海大道与九水东路立交桥工程拆迁与协调工作，完成全部征地拆迁。公路治超及机动车综合性能检测站于7月底开工建设，正进行垃圾、土石方外运、场地平整、基坑开挖等工作。进行世园会配套停车场建设。

路网优化 投资300万元，对沙子口、北宅、王哥庄三个街道8条4.2公里约2.783万平方米的道路实施大中修工程，提高道路完好率。对3座危旧桥涵实施改造工程，其中投资146万元的东九水桥改建工程已于7月底竣工通车。投资500万元，在莱青路、贾汉路安装新型清洁能源路灯210盏，改善群众夜间出行条件。投资80余万元，对大石村、王哥庄等社区道路坡陡、弯急、缺少防护设施等问题，实施安保工程，砌筑挡墙1933米，增设护栏307米，施划交通标线12000米，安装反光镜和标志牌30余个。对辖区内205公里农村公路实行“常态化巡查、定期清扫维护、专项方案修复”作业制度，先后组织4次养护质量现场考评，农村道路优良率达85%以上。

行业管理　新增大型物流企业2家，新增货运车辆263辆，完成货运量2912万吨，货运周转量21亿吨公里，同比增长4.5%。全区从业人员达2万余人，交通运输行业保持稳定健康发展态势。建立智能监管体系，实施车辆二级维护和年度安全检测联线并考，对作业现场在线即时监管，实现对全区5000辆营运车辆的维护、检测、运行监管全覆盖。全年共进行安全技术检测和等级评定1.2万辆次。开展“打非治违”和超限超载、无证经营、校园班车、大型货车、旅游客运等专项行业整治活动，做好“五一”、“啤酒节”、“十一”等重大节庆、会展和旅游旺季期间交通运输服务保障工作，共查处无证经营、违规经营行为300余辆次。组织开展运输行业法规宣传、应急演练、救护培训30余次，组织安全管理、营运驾驶员及机动车维修行业培训26期，提高从业人员的从业技能。成立了由35人和70辆客货运车辆组成的应急抢险队伍，做好防汛抢险各项准备工作。

公交事业发展　全区公交线路累计达84条，中心城区已基本实现公交服务500米覆盖，山区社区500米范围内有公交覆盖比例达90%以上，公交服务能力明显提升。新增628、633、466、635、9325路公交线路，调整优化13条公交线路，重点解决了北宅街道、王哥庄街道部分偏远山区居民以及西韩新苑、竹韵山色、左岸风度等新建小区居民出行难、出行不便的问题。株洲路公交停车场于10月开工建设，青大一路公交停车场已完成征迁调查摸底及测绘工作。

（史志办整理）

·房地产开发·

概况　全区共有在建房地产项目45个。其中新开工面积79.62万平方米，同比增长3.78%，施工面积400万平方米。房地产开发主要以住宅和商业项目为主，购房者以改善型住房需求为主，购房面积也多集中于90～140平米左右的大户型。

全区销售新建商品房4548套，同比上涨25.39%；销售面积为59.87万平方米，同比上涨49.59%；总金额100.92亿元，同比上涨74.69%；销售均价为16856元/平方米，同比上涨16.77%。

全区共有房地产开发企业83家。其中，一级2家、二级6家、三级15家、四级以下60家。保利、世奥、城发、鲁商置地等“规模大、水平高”的名牌企业集团正在越来越多地进入崂山区房地产开发市场。

房地产业监管　重点查处房地产开发、建设、经营过程中存在的各种违法违规行为，健全和完善房地产市场监控体系，实现土地、规划、建设、

啤酒城项目一期

统计、房管等部门间的信息共享并建立完善动态分析制度，对房地产市场阶段走势进行准确定位。加强对房地产开发企业的引导扶持和培育力度，支持开发企业通过合法竞争进行优化组合，使实力雄厚、竞争力强、品牌优秀的开发企业或集团走向联合，逐步兼并一批“规模小、实力差、竞争弱”的小型开发企业。

重点开发项目　啤酒城改造项目，位于青岛市崂山区香港东路195号，位于香港路、海尔路、深圳路和苗岭路围合地块，占地约计341亩。总建筑面积约73.25万平方米（其中地上建筑面积48万平方米），2010年被列为青岛市重点项目。土地用途为商务金融、批发零售，容积率为2.1。开发业态包括：金融商务办公楼、超五星级酒店、购物中心、节庆广场等。项目分四期开发建设，啤酒城一期项目为三栋办公楼，已于2012年开始建设，2013年11月结构封顶，计划2014年5月竣工。二、三期项目于2013年下半年开工建设。

午山社区旧村改造项目，被列入2013年青岛市重点项目，位于青岛市崂山区松岭路，占地约计830亩，总建筑面积约100万平方米。小区分A、B两个小区，每个小区五个组团，共计十个组团。分四期进行开发建设，2013年开始建设，计划四年建设完成。项目的成套技术包括：整个小区实施全装修，采用品牌家电、整体厨具等产品，小区内设置垃圾生化处理设备，采用节能电梯。销售均价24000元/平方米。

国旅项目规划效果图

国旅联合同安路项目，2012～2013年被列为青岛市、崂山区重点项目。该项目位于青岛市崂山区同安路886号，东隔石岭路邻深圳路，南邻同安路，西邻海尔路，北邻香岭路，处于规划海尔路商贸大道商务三区范围内。海尔路商务三区位于崂山区海尔路中段，规划以科研、商务、办公等大型公共建筑为主，建成后将成为崂山区发展楼宇经济和总部经济的重要区域。周围有海尔路、同安路、劲松九路和辽阳西路，占地约26亩，总建筑面积约11.6万平方米左右。2012年开始建设，A、B两栋5A级写字楼及4层商业裙房，2014年底建设完成。项目的成套技术包括：地下二层车库801个车位，项目内设置垃圾处理设备，采用国际知名品牌的节能环保电梯、国际知名品牌节能环保的中央空调系统，采用5A级智能化系统以及高端智能的安防、停车场管理系统。

（房地产开发管理局）

城区管理

· 市政管理 ·

城市基础设施建设　投资1.8亿元，开工建设天水路、金水路延长线、圣水路、海信研发中心污水支管工程、创智谷片区、滨海公路等51项基础设施配套工程，为世园会周边环境和全区重点项目落地提供了有力的条件保障。投资4900余万元，先后开展了株洲路、创新园广场工程、科苑经一路、科苑经六路、科苑纬一路等市政道路和广场的改造建设，科技城区域环境得到明显改善。对张村河（海尔路至峪夼段）约15公里区域进行了综合规划设计。结合世园会节点改造，投资近1400万元，对张村河中上游进行了绿化景观提升，栽植柳树、红枫等乔木880余棵、灌木905株、绿化地被300平米，增设了亲水平台、甬道亮化等配套设施。

市容环境整治　投资近90万元，在石老人海水浴场新改建70余平米公厕2座，投资200余万元，购置了2辆钩臂车、3个压缩箱及土建改造，完成车家转运站升级改造。先后在锦园北区、西韩新苑、左岸风度等社区（小区）集中开展整治活动，共组织人员2650人次，清理垃圾死角260余处、垃圾1360余立方米，补种树苗5600余棵。安排2辆餐厨垃圾车每天为29家企事业单位、餐饮酒店及有食堂的学校进行餐厨垃圾分类收运，实现了垃圾的减量去湿。投资13000余万元，完成了新建海口路、海尔路等绿地7000平方米，改建合肥路、滨海公路、青银两侧、张村河等绿地5.5万平方米。对辽阳东路、仙霞岭路等进行绿篱隔离带建设。共栽植景观大树500余株、乔木12000株、灌木10800株、地被6.325万平方米。

对城区103条段道路、总设施量337万平方米道路的病害情况进行全面普查，制定整治方案。全年共完成30000余平方米车行道、10000余平方米人行道的修补。全年共整治检查井590个，安装路名牌26块。对黑龙江路海尔5号门、2号门跨线桥下及黑龙江路立交桥西南角空地进行了绿化整治、铺装及挡墙砌筑等。对海尔路、辽阳东路等4处地下通道进行了综合整治，包括维修顶棚、安装治安亭、果皮箱等，确保了地下通道的正常运行。

投入资金2000万元，对张村河中上游（海尔路以东至滨海大道以西）进行绿化景观提升和综合整治，共栽植乔木883株，灌木905株，地被300余平方米。安排专人专车养护队伍，每天对河道进行清污保洁巡查，全年共出动人员3300余人次，车辆270余次，清理河道垃圾约700立方米，确保河道河岸洁净。

养护管理　对中心城区现有410万平方米道路实行网格化管理，每日按时完成两遍普扫。在全区18个社区实行“桶车对接、桶站对接”的一体化垃圾收运模式，覆盖范围位居全市前列。对城区现有的30座公厕安排专人进行及时清扫，确保人走厕净。

全年共补植行道树160株，对20000余株行道树进行开穴浇水，配合施用复合肥，以保证植物根深苗壮，增加抗旱能力。对树木病虫害进行有效防治，监测覆盖率和无公害防治率均达到100%。

对排水设施养护实行“三个及时”（及时发现、及时报告、及时修复）制度，污水冒溢率控制在国家标准3‰以内。强化排水设施维护，全年累计更换雨水篦子1084个，更换各类井盖479套，处理冒溢53处，疏通雨水管道13242米，确保设施始终处于良好状态。

供热燃气、爱卫、浴场 2012～2013年，全区新增供热面积104.47万平方米，总供热面积达1063.17万平方米。推进崂山区燃气中压管网建设，共敷设管线8千米。梳理排查需检修设备并进行常规性检修，开展“清理违法占压燃气管道”专项行动、“燃气安全专项治理”等安全检查9次，下达整改通知书21份。

推进农村改厕和消杀工作，共对1000户农厕进行了无害化改造。抓好灭鼠、灭蟑、灭蚊蝇等消杀工作，实施药物消杀1260余吨，喷洒面积累计700余平方公里。

从应急救护、经营秩序、规范停车等各方面加强石老人海水浴场管理，累计清理小商贩49余起，处理违法经营行为37余起，救助游客56余次，开放期间无一起死亡事故发生，在全市海水浴场考核中名列第一。

（市政公用局）

·环境保护·

服务与舆情 畅通12369环保热线、行风在线、民生在线、网络问政、局长信箱等渠道，广泛受理群众举报，全年共受理环境信访案件1203起，比去年增加了125%，处理处结率和群众满意率均为100%。强化微博、舆情监控，开通了崂山分局官方微博，全年共处理网络舆情43件，发布环保微博1074篇。

环境执法 开展“整治违法排污企业保障群众健康”环保专项行动，打击各类环境违法行为。全年检查各类排污企业1100余家次，关停取缔违法企业15家，下达行政处罚120起，罚款金额58万余元。

建设项目验收 全年验收建设项目262个，以验收率167%的绝对优势位居系统第一位。

污染防治 开展崂山区“大干300天”空气质量提升行动，全年共开展大气污染防治执法检查160余次，查处大气污染违法行为30余起，完成锅炉废气、工业扬尘和挥发性有机物等大气治理项目38个，总投资5600余万元，完成率158.3%，列全市首位。其中，淘汰燃煤锅炉总吨位达142吨/时。

启动联动执法机制，开展联合执法解决张村河两岸非法塑料加工厂污染环境问题，对13家塑料加工厂进行查处取缔。在全面排查的基础上，相关部门联动执法，将涉及施工扬尘污染、饮用水源地保护等13处重点综合性环境问题进行了彻底集中整治，达到了环保要求标准。

数据指标 自2013年1月1日起，全国74个重点城市首批实施国家新《环境空气质量标准》（GB3095－2012）对环境空气质量进行评价，新标准中增加了PM2.5指标，按照新标准评价，2013年，崂山区环境空气质量达到优、良级别的天数为272天，空气质量优良率为74.5%。大气中PM2.5、可吸入颗粒物、二氧化硫、二氧化氮年均值分别为59微克/立方米、96微克/立方米、46微克/立方米、32微克/立方米。道路交通和区域声环境质量总体较好，市区道路交通和区域环境噪声平均等效声级分别为67.6和57.9分贝。全年共淘汰高污染黄标车1680辆，完成率175%，近年来累计淘汰4588辆；淘汰燃煤锅炉10台。

（环保局）

·房屋征收管理·

村庄改造 健全区两改工作领导小组和两改项目建设指挥部，设立区城中村和旧城区改造办公室，与区房屋征收管理局实行一套机构、两块牌子，在街道成立两改项目建设指挥分部，形成区两改工作领导小组统一领导，区两改项目建设指挥部统筹组织调度，各街道两改项目建设指挥分部具体推进实施，相关部门全力参与配合的工作机制。制定出台《崂山区城中村改造工作相关部门职责分工（试行）》《崂山区城中村改造工作流程及部门责任分解表（试行）》，《崂山区××街道××社区村庄改造项目土地前期开发整理实施协议》《崂山区××街道××社区村庄改造安置区工程建设项目代建合同》《崂山区××街道××社区村庄改造项目搬迁补偿资金五方监管协议书》三个格式化文本，《崂山区村庄改造项目资金监督管理暂行办法》等系列制度文件，明确各单位职责分工、村改工作重点工作环节、时间节点等重要内容，并对土地前期开发整理、安置区代建及资金使用监管等工作内容、各方的责任义务、违约责任等情况进行了详细的约定，为村改工作顺利推进奠定坚实基础。

完成朱家洼、张村河沿岸郑张、文张等8个社区调查摸底工作，涉及各类房屋面积约166万平方米。完成中韩街道王家村、山东头、王家麦岛东村、朱家洼、钟家沟、张村河沿岸的张家下庄、郑张、文张、南张、董家下庄、张村、枯桃共12个社区改造搬迁补偿成本测算；按照调查摸底数据对沙子口街道彭家庄、松山后、西姜、东姜、南姜、北姜、中崂、北崂8个社区的搬迁补偿成本进行了测算，对沙子口街道沙子口、于哥庄、汉河、坡前沟、南崂、南宅、南龙口、北龙口、龙泉、戴家埠、董家埠、段家埠12个社区的搬迁补偿成本进行了初步测算；对北宅街道北涧、东陈、西陈、洪园、峪夼、沟崖6个社区的村改项目启动资金和搬迁补偿成本重新测算核定；根据王哥庄街道提供的崂山湾国际生态健康城涉及的六大板块和34个社区的基础数据，结合崂山区现行搬迁安置补偿政策及已改造社区相关数据，完成六大板块搬迁补偿成本和34个社区成本的初步测算工作。审核7批崂山路建设项目财力投资计划。开展村改方案编制和村改盘子盈亏平衡分析，完成彭家庄、王家麦岛东村、汉河、沟崖、西陈、东陈、峪夼、北涧8个社区村改初步方案编制工作；对朱家洼、王家村、山东头等历史遗留项目村改盘子进行了估算，提供了详细的基础资料。完成汉河、世园会控制区域北宅街道沟崖等社区及宜家、太古百货项目落户涉及的东韩、车家下庄社区盘子平衡分析，提出了规划调整意见。

区委召开两改工作专题会议

社区搬迁　完成中北崂、东姜住宅和非住宅，北涧、西陈非住宅补偿方案的审核批复和崂山路建设项目、中韩片区、西陈、西姜、北姜、坡前沟、东陈、峪夼等20余份社区改造评估、承办委托合同的审核工作。新启动西陈、北涧2个社区搬迁，全年共完成13个社区1648处、约24.2万平方米房屋搬迁，其中午山、钟家沟、宋家下庄、北姜、西姜、中崂6个社区安置区搬迁工作全部完成。对地铁2号线崂山编组站涉及的汽车城房屋进行摸底，制定搬迁工作方案；做好沙子口商贸中心房屋征收补偿相关工作，拟定《崂山路建设工程项目涉及的沙子口商贸中心房屋征收补偿方案》和房屋征收补偿协议文本。

安置区项目建设　牟家和

午山安置区项目施工现场

北姜2个安置区建设快速推进，实现主体封顶；新开工午山、钟家沟、松山后和西姜4个安置区项目建设，东韩、车宋安置区在搬迁的同时已经开始进行部分场地平整和土石方施工。全年共完成土石方量200余万立方，开工总面积达49万平方米。

社会管理　依法受理东韩社区搬迁裁决10起，裁决期间促使4户签订补偿协议并下达终结书，对其余6户依法下达裁决。受理车家下庄社区搬迁裁决5起，下达裁决5起，裁决下达后促使3户签订补偿协议。参加行政诉讼案件12起，依法申请司法强制执行8起，接受群众政策咨询20余人次，来访15余人次，信访结案率100%。

（房屋征收管理局）

·城市管理行政执法·

违法建筑治理　拆除违法建筑1699处、272440平方米，违法建筑拆除数量位居全市第一。崂山风景区违法建筑整治工作成果成为崂山区唯一入选市政府2013年改革创新工作案例。

市容环境整治　整治门头牌匾720处、15000余平方米；拆除各类户外广告681处、9100平方米，全区全面告别高炮广告、跨街龙门广告、楼顶广告、道旗广告。定期检查和蹲点守候、日常管理和突击整治相结合，重拳整治违法运输建筑垃圾行为，共查扣违法运输建筑垃圾车辆123辆，罚款116.2万元。组织对石老人海水浴场、青大一路、科大支路等重点区域进行综合整治，辖区市容环境明显改观。

重大项目保障　对影响崂山路改造施工的小海天酒店等10000余平方米无手续房屋依法强制拆除，和谐拆除西姜社区海边区域20000余平方米历史遗留违法建筑物，为崂山路一期顺利贯通提供了有力保障。拆除午山社区整村改造安置区内102处、15000余平方米存量违法建筑，为午山社区整村改造安置工程扫清障碍。组织两次执法行动，顺利完成麦岛片区回迁安置楼执法保障任务。

宣传教育　全年在市级及以上各类媒体发表新闻稿件347篇，区级媒体发表新闻稿件628篇，主动发布主题帖和引导性跟帖532个，实名回帖68个，较好地发挥了舆论引导作用。

依法行政　对违法建筑强制程序文书格式及使用顺序进行调整、完善，对执法文书制作进行了规范，落实“处罚与教育相结合”原则，对44项违法行为实行“三步式”处罚模式。编印了《燃气执法依据手册》和《燃气执法制度汇编》，保障燃气执法工作有效开展。加强对文书制作审查，共整改案件30余件，从源头上防止了败诉情况的发生。

执法队伍建设　全年组织各类培训25次，培训人员2200余人次。每月召开一次机关部门和驻街道中队考评会议，受理群众举报投诉1710余起，区（市）长公开电话转办件2130件，做到件件有着落、事事有回音。处理信访件610余件，接访93次，全部予以落实和回复。

（马亚东）

科学技术

科技金融 实施科技金融创新，在全市率先搭建“低门槛、免担保、高效率”的金融服务平台。实施“科技增信”，与崂山交银村镇银行签署战略合作协议，获批授信3亿元，15家企业获得银行授信2.2亿元，完成放款1.77亿元，授信额度与放款额度均居全市之首；出台科技信贷风险补偿准备金管理暂行办法，争取上级资金并联合银行、担保机构成立总额2250万元的准备金池，协调银行放大10倍面向崂山区科技型企业放贷，实现财政资金放大37.5倍效益。

农林技术协会第一届成员大会暨成立大会

技术交易市场 全年共达成技术合同609项，交易额16.75亿元，同比增长97.73%和50.9%，占全市总交易额的47.29%。在全市首批认定的技术转移服务机构中，崂山区获认定机构数占全市总数的62.5%。其中包括中科院青岛育成中心、海尔研发中心等一批实力雄厚的技术转移机构。

国际科技合作 建设国家级科技合作基地，特锐德电气等3家单位获得国家级示范型国际科技合作基地认定，占全市总数的75%，全区总数达到7家，位居全市第一。支持企业争取科技合作项目资金扶持，5个项目获得市科技局国际合作立项支持，获得扶持资金2400万元。推动企业开展国际项目合作，促成康普顿科技与美国路博润开展合作，共同开发高端润滑油脂定制产品，促成海洋新材料与乌克兰国家科学院开展合作，引进乌克兰高分子材料高端技术。

重点项目　新引进12个项目，投资额达14亿元。海洋生物医药领域，引进以管华诗院士为核心研发团队的青岛海洋生物医药研究院有限公司，打造国内唯一海洋生物医药领域院士团队成果转化平台，推动智瑞生物科技落户，引进1名乌克兰院士及2名博士；海洋装备领域，推进中乌特种船舶设计院等项目落户，引进1名乌克兰院士及20名船舶设计专家。推进9个项目，达产后年产值达10亿元。中科院兰化所青岛研发基地主体完工，海诺水务膜产业化基地一期封顶，推动中科院生物能源所二期、博智汇力、海信网络、信得药业、博益特、冠中生态、康普顿项目建设。

科技孵化器　完成LED孵化器、蓝色硅谷软件外包中心、中船重工科技产业孵化器等5.9万平方米孵化器建设，引进15个项目入驻蓝色硅谷软件外包中心，14家企业入驻LED孵化器。推动蓝色动力产业园孵化器建设，推动青岛高端人才创业基地（地恩地）年底完成主体建设，组织38个入孵企业申报孵化器创业项目，6个项目获批资金460万元。益青科技创新园等7个孵化器获批市级孵化器资质。

开展“专家进企业”活动，组织中科院能源所、兰化所专家走访50余家企业，征集并发布1100余项成果和60余家企业技术需求，定期召开同领域企业洽谈会，促成上下游企业合作，在崂山政务网开辟“成果发布”和“企业需求”产学研合作专栏，畅通政产学研资介交流渠道。依托产业联盟和产业协会，以及驻区高校科研机构与重点企业，搭建LED、生物制造、信息通信及云计算与服务等公共研发与服务平台，为科技型中小企业服务。对接中科院育成中心并达成战略合作，为崂山区科技型企业引进高端项目和人才，推动中科院能源所设立3个产业化公司，实现科技成果在崂山区就地转化。推动上海交大和海尔集团联合建设成果转化平台，成立平台运营公司，开展新材料领域成果转化。加强与中国海洋大学和青岛大学的合作，支持青岛大学筹划建设35万平米的孵化器；通过探索建立产学研联盟、完善成果转化平台等途径，形成企业主导、市场导向、政府引导的产学研合作体系，达成10项以上产学研合作。

科技成果　获得科技部“全国科技进步先进区”称号；66个项目获得国家、市科技资金1.07亿元；1项成果获批国家科技进步二等奖，占全市获奖总数的11.1%，28项成果获省科技奖，占全市获奖总数的27%；支持企业建设高层次研发中心，6家单位获批国家级科技研发平台，新增5家企业市级工程技术研究中心；开展高企认定与复审，新认定高新技术企业12家，高新技术企业达到134家，总数居全市首位。

知识产权　全年专利申请量达到6080件，增长17.7%。其中发明专利申请量达到2735件，同比增长91.66%。发明专利授权量614件，占全市发明专利授权量的31.8%。修订出台《崂山区知识产权专项资金管理暂行办法》，82家企事业单位，15个个人获得2013年度专项资金。在129家高新技术企业建立知识产权管理制度，在230余家企事业单位建立知识产权联络员制度，建立企业知识产权信息库；出台《崂山区奖励企事业单位建设专利专题数据库实施办法》，先后在海尔、地恩地等5家企业建成专利专题数据库，新引进1家国内优秀专利代理机构；开展知识产权联合执法，成立联合执法组，在展会、商场开展20余次执法检查，查处涉嫌假冒专利产品25件，位居全市前列。

国家知识产权示范园区　崂山区获批成为全省首家国家

知识产权专题培训

知识产权示范园区，推动国家专利复审委员会山东分中心、国家知识产权局专利代办（分理）处等国家知识产权战略资源的落户，引进了青岛市知识产权公共服务平台，逐步打造三位一体的知识产权服务体系。在政策体系建设、企业培育、知识产权产业化、公共服务和文化建设等方面形成了突出特色，知识产权工作走在了全国前列，组织申报全国首家国家知识产权服务业发展综合实验区。

青岛市崂山区科学技术协会第二届代表大会　2013年6月8日，崂山区科学技术协会第二次代表大会胜利召开。来自全区各学会协会、企业科协、基层科普组织、高校科研院所及党政机关事业单位的107名代表参加了会议，大会选举产生了崂山区科协第二届委员会，选举赵敏同志担任新一届科协主席。

基层科普　小河东社区获中国科协“社区科普益民行动计划”20万元专项资金支持；王哥庄街道会场社区等2家基层科普组织获市科协“基层科普行动计划”补助6万元。2013年，崂山区对28家优秀基层科普组织实施科普补助42万元。

2013年崂山区经过科技成果评价的科技项目

序号	成果名称	完成单位
1	腹膜透析液（乳酸盐）的开发与规模化生产	华仁药业股份有限公司
2	湿式速流型电除雾器	青岛哈纳斯环保设备有限公司
3	①阳离子分析系统关键部件——高聚物阳离子分析柱 ②阳离子分析系统关键部件——阳抑制器	青岛盛瀚色谱技术有限公司
4	①迷你厌氧反应器 ②ATOM厌氧反应器	青岛天人环境股份有限公司
5	基于PLC控制的铁路客车用电煤采暖锅炉控制系统研究与应用	青岛青整电子设备有限公司
6	①国家一类新兽药紫锥菊药材及其制剂的研制与应用②国家三类新兽药白头翁颗粒的研制与开发③国家四类新兽药复方磺胺氯吡嗪钠溶液的研制④连蒲双清制剂的研制与应用⑤国家三类新兽药美洛昔康原料与制剂的研制	青岛蔚蓝生物股份有限公司

（科技局）

文　　化

公共文化服务体系建设　提升基层文化建设的标准化、规范化建设水平，实现公共文化设施网络建设、公共文化服务供给等76项验收要求全部达标，完成国家公共文化服务体系示范区创建工作。实施社区文化管理员配备工程，依托文化崂山网站建立社区文化管理员信息互动平台，对158名社区文化管理员进行定期考核、动态管理，确保社区文化活动中心每周开放时间不少于40小时，入选山东省公共文化服务示范项目。总投资3.5亿元的市民文化中心正式启用，区图书馆顺利通过国家一级馆验收。加快辖区内公共图书服务总分馆制建设，首批15个试点单位硬件设施全部达标，通借通还网络初步形成。“崂山艺术讲堂”邀请著名钢琴家李云迪、著名音乐人小柯等嘉宾举办艺术讲座24期，吸引观众1.3万余人次。全年开展“山歌海韵·乡音乡情”、“重温经典·情满崂山”流动电影进社区等公益文化活动1100余场，进一步丰富了群众文化生活。

“崂山艺术讲堂”——小柯

文化活动　2013青岛金石文化艺术节汇集105位艺术大师、12项高端化艺术活动、1200余幅（件）高水准的艺术精品，累计吸引观众5万余人次。以“隆重、节俭、祥和”为原则的2013崂山非物质文化遗产节成功举办，吸引沟崖高跷、孙家下庄舞龙、东韩舞狮等25支群众文化队伍参与。第四届崂山图书文化节推出了开幕式暨经典美文朗诵会、我读书中故事演讲比赛、我画书中故事儿童画比赛、十佳社区文化管理员评选等板块活动，推动图书走进家庭、融入生活。

文艺作品创作　投资30万元编辑出版《崂山绿石赏石文化丛书》，对1260余篇崂山绿石楹联、诗词、散文作品进行遴选辑录，含《崂山绿石楹联集》、《崂山绿石诗词集》、《崂山绿石散文集》三册。这是赏石界第一次从文化的角度，用诗词、楹联、散文的形式，对崂山绿石的文化内涵、艺术价

青岛金石文化艺术节

值和赏石理念进行挖掘与提升。参加国家、省、市各项文艺创作大赛，全年获奖20余项。其中歌曲《孝心不能等》、《包饺子过大年》、《心甘情愿》、《美丽青岛》获青岛市“海燕杯”群众文艺原创作品大赛最佳创作奖。

2013崂山非物质文化遗产节

文化遗产保护　太清宫、上清宫、太平宫等11处道教建筑的崂山道教建筑群被国务院公布为第七批全国重点文物保护单位，实现崂山区国保单位零的突破，填补了全市古建筑类国保文物点空白。崂山区被省文化厅认定为全市唯一一处省级崂山道教文化生态保护实验区。开展国有可移动文物普查工作，初步登记各类文物2553件。青岛金石艺术博物馆、冯氏钢琴艺术博物馆通过省文物局验收，完成正式注册认证。潮连岛灯塔成功入选第四批省级文物保护单位。崂山民间故事代表性传承人张崇纲、螳螂拳代表性传承人陈乐平等5人被评为青岛市第二批市级非物质文化遗产项目代表性传承人。

文化产业发展　在青岛市文化创意产业园区、优秀新业态企业、重点项目评选中，崂山区推荐申报的青岛金石文化产业园、青岛盛世奥海文化产业有限公司、汉代文化城等8个项目全部入选。青岛大学国际体育文化中心项目已签订框架协议，总投资追加至26亿元，总建筑面积达45万平方米。总投资5亿元的冯氏钢琴艺术博物馆进行规划审批，总投资1.3亿元的青岛古早文化城开工建设，老字号文化商店荣宝斋青岛分店、时空演艺集团正式入驻。全年共承接“十艺节”闭幕式、美国原版音乐剧《芝加哥》等各类大型演出230余场，累计吸引观众30万余人次。全区第一家文化楼宇党委——青岛金石文化产业园党委正式成立。

（文化局）

教育　体育

· 教育 ·

基础设施建设　总投资4亿多元，总建筑面积达到8万多平方米的育才学校、第二实验小学、麦岛小学、沙子口中心小学、青岛高新职业学校公共实训基地完工。其中，育才学校、第二实验小学、麦岛小学投入使用。崂山二中迁建工程、午山社区改造配套小学开工建设。投入资金1650万元对20所学校进行绿化施工，启动教育云系统建设试点工作，为新建学校及部分学校配备了相关设备。

干部教师队伍　继续实施

大崂幼儿园

“十、百、千”教师素质提升工程。对新教师团队、学科骨干教师团队、名师名校长团队、幼儿教师团队进行分层次培训。对幼儿教师进行转变教育理念和提高技能为内容的全员培训。安排60名区级语数外骨干教师赴华东师范大学提升培训。选派50名校级干部赴北京大学学习。首次组织18名英语骨干教师和市、区名校长培养人选赴美国进行高端研修。全面启动以“名师名校长工作室”为载体的教师专业发展工程，成立9个名师工作室、4个名校长工作室，初步实现名师名校长资源全区共享。指导教师制定完善职业生涯规划，1名教师被评为全省首批正高级教师，1名教师被评为省第八批特级教师，1名教师被评为省中等职业教育齐鲁名师，14名教师被评为市青年教师优秀专业人才。拟定《崂山区校长职级制改革实施意见》、《崂山区中小学校长职级具体评审认定办法（试行）》等配套文件。

教育督导机制 出台《关于进一步加强和改进教育督导工作的实施意见》，成立崂山区人民政府教育督导委员会。承办2013年青岛市教育督导工作现场会，区域督政工作经验在国家第二期县域督学培训班上进行交流。在全省率先通过国家县域义务教育均衡发展评估认定，成为山东省首批获得国家评估认定的义务教育发展基本均衡县（市区）。

学校安全管理 加强食堂管理，严格执行《青岛市教育局关于加强中小学校集体用餐安全管理的通知》要求，开展量化分级管理A级创建工作，确保开办食堂的学校都达到要求。校园内部实施严格的安全“网格化”监管，构建责任到人、职能到位、全面覆盖的校园安全监管模式。理顺校园安保队伍管理体制，建立以教育部门管理为主、公安部门为辅的校园安保队伍。投资2400万元，配备87辆符合国家校车标准的专用校车，开通接送学生线路120条，沿途设停车站点183个，保障全区义务教育阶段学校5000余名学生上下学安全、便捷。

素质教育 开展“中国梦”主题教育、蓝色海洋教育等各项宣传教育活动。加强海

崂山区专业校车

洋教育课程体系建设，形成“国家课程校本化、地方课程主导化、学校课程补充化、实验课程探究化”互补共赢的海洋教育课程体系，突破了传统单一的海洋教育课堂教学模式。

举办崂山区第九届青少年科技大赛。崂山三中、实验小学代表中国参加在美国举行的第34届世界头脑奥林匹克决赛，实验小学获得“翻滚的结构”竞赛项目冠军，为青岛市代表队在世界头脑奥林匹克竞赛中首次夺冠。崂山四中、午山小学在“第8届全国青少年教育机器人奥林匹克竞赛”中分别取得了中学组篮球和小学组足球3个一等奖的好成绩，获得了代表中国赴加拿大参加第2届国际青少年教育机器人奥林匹克竞赛资格。沙子口小学学生的科技发明作品《太阳能无线手机充电器》获第九届宋庆龄少年儿童发明奖银奖。

开展“生本愉悦课堂”的研究与实践，推广“学案导学”、分层教学等教学法和各学科有效教学模式。2013年普通高考省文理本科一批达线人数、市文理本科二批达线人数均创新高，本科总达线人数为869人（含艺体文、理等），比2012年增加34人，增长4.1%。

学前教育　推进学前教育三年行动计划。实验幼儿园北村园、金钥匙幼儿园崂山分园等7所新建改建公办幼儿园投入使用。沙子口机关幼儿园、北宅北片中心幼儿园等15所公办幼儿园实施改扩建、修缮工程。为13所公办幼儿园配备内部设施，全区70%的幼儿园达到省定基本办园条件标准。实行幼儿园星级评价，加大对民办幼儿园的支持力度，认定1处普惠性民办幼儿园，将普惠性民办幼儿园财政补助标准由每生每年1000元提高至1200元。农村非事业编制幼儿教师工资由全区统筹发放，并办理“五险一金”，农村幼儿教师工资达到全区农民人均纯收入的1.8倍以上。

基础教育　出台《崂山区普通中小学现代化学校建设实施方案》，18所学校通过市现代化学校验收，创建率达到57%，居全市各区市首位。与高等院校开展联合办学，育才学校将挂牌成立青岛科技大学附属学校。区内一批学校、幼儿园与上海黄浦区教育局所属学校、幼儿园建立密切协作关系。

职成教育　青岛高新职业学校创建成山东省中等职业合格等级学校。开展各类岗前、在岗、转岗培训达3000余人次，1000余人参加和完成了各种层次的成人学历教育培训。崂山区被评为省级社区教育示范区，北宅街道和王哥庄街道分获全国、全省社区教育示范街道，至此，崂山区成为全市第一个实现“社区教育示范街道”100%的城区。

· 体育 ·

学校体育　出台《崂山区学校体育三年行动计划》。成功举办全区中小学生田径运动会暨第17届中小学生体育节开

崂山二中健美操表演队在区体育节表演

幕式，刷新中学组纪录10项。举办全区中小学生篮球比赛、足球赛、排球赛、乒乓球比赛，共有1700余名中小学生参与各项比赛的展示活动。崂山一中男子篮球队、崂山二中女子篮球队双获全市冠军。2名学生获市帆船赛冠军。

社会体育　组织参加第三届市运会，共在16个大项比赛中获得金牌68.5枚，金牌总数居全市第7名，其中在幼儿体操、游泳、篮球项目上获金牌数居全市第1名。组织登山节、健步行、横渡汇泉湾、冬季长跑比赛“四大板块”全民健身活动，一批有影响的群众体育活动品牌项目逐步形成。为20个社区配套室内外体育健身设施，进一步满足群众健身需求。

（教体局）

民政管理

·城乡低保·

自7月1日起城市低保提高到540元/月/人，农村低保提高到3900元/年/人，将农村低保家庭冬季取暖补助标准提高到400元，患重大疾病的城乡低保边缘家庭冬季取暖补助分别发放800元和400元。制定下发了《崂山区城乡最低生活保障工作实施办法》，进一步规范全区城乡低保审核审批流程，开展了城乡低保复核，全年共有城乡低保对象2129户，4322人（其中城市低保280户512人，农村低保1849户3810人），共发放城市低保金282万元，农村低保金1235万元。修订了《崂山区城乡居民临时救助制度》，将低保边缘家庭的界定标准从低保标准的150%扩大到200%，首次将新市民纳入救助范围，救助限额由1万元提高到1.5万元，全年救助困难居民541户1282人133万元。全年实施困难居民医疗救助14035人次，救助金额236万元。

·双拥优抚安置·

协调推进军地重大项目建设。开工建设鱼水路，实施鱼水路绿化亮化、河道整治和污水治理等配套工程。投入资金74万元走访慰问驻区18家团以上部队；投入资金6万元，开展困难军人家庭救助活动；援助资金40万元解决部队训练经费；投资20万元，解决部队洗澡、吃水及活动场所建设等实际困难。全年发放抚恤补助金350万元；按照城乡一体、同役同酬的原则，城乡义务兵优待金标准达15935元；继续按照城乡一体的原则，为孤老残障优抚对象购买服务，提供供养服务。接收退役士兵194名，事业单位择优录用6名；发放退役士兵自主就业补助等

退役士兵企业选岗会

资金816万余元。

基层政权 · 和社区建设 ·

出台《崂山区新型社区服务中心运行管理暂行办法》，完善了新型社区民主协调委员会各项工作制度和议事规则。开展“村务公开民主管理示范社区”、“和谐社区”和“社区热心人”等评比创建活动。中韩街道王家村社区等6个社区被评为市级“村务公开民主管理示范社区”，中韩街道于俭进等4人入选市级“社区热心人”。开展了“和谐使者”评选活动。出台《关于加强社会工作专业人才队伍建设的实施意见》，进行居民数据采集。

出台《关于加强和创新城市社区服务和管理工作的意见》，从人财物、体制机制等全面规范了城市社区建设工作。投资960余万元，建成5处5300平方米社区综合服务用房。在全市率先建成集便民服务、公益志愿服务和民政公共服务为一体的区级便民服务大厅，开设服务窗口19个，提供100多项服务。

· 社会福利事业 ·

崂山区社会福利综合服务中心二期扩建工程项目主体封顶。该工程是市政府确定的2012年市办实事项目，占地面积约4000平方米，建筑面积12000平方米，项目总投资约8200万元。一期供养对象入住82名。实施居家养老服务，培训志愿服务人员84人，审核服务对象87人，服务总计31755小时，拨付服务补贴32万元；全区共有社会养老机构8家，拥有床位1110张，开展了年检工作，日常服务有效规范。全区6176名80岁以上老人体检补助费发放到位，19家福利企业的残疾职工权益保障工作全面落实。

到困难家庭调研社会救助工作

专项社会 · 行政事务管理 ·

婚姻登记　开展习俗性结婚登记和缓冲性离婚登记的预约服务工作，开通了现场和网站预约。依托全国婚姻登记管

到新型社区服务中心指导社会救助业务受理工作

理信息化系统，对历史信息进行了核查补录。2013年，共完成结婚登记3360对、离婚登记604对、补领婚姻登记证1156例、离婚证14例、出具婚姻登记记录证明5945份，整理档案11099份。

区划路名　结合全市区划调整，对与市北区接界的区界进行重新勘测、测绘，埋设了新的界桩，签署了联合界线协议书；完成了全区2座立交桥和8条新建道路的命名。

殡葬管理　出台了《加强殡葬保障和管理工作的意见》。在落实青岛市基本殡葬服务项目费用免除政策的基础上，全区全年发放丧葬补贴521000元。开展了公墓和骨灰堂年检，完善了公墓管理数字化管理系统。

·民间组织管理·

全年新登记社会组织119家，其中社会团体10家、民办非企业单位109家、直接登记社会组织9家。举办了第三期社会组织党务干部业务培训，新发展党员3名、新建规范化党员活动室2家。区委社会组织工委被省社会组织党工委确定为“山东省社会组织工委工作联系单位”。崂山区海山学校党支部被省社会组织党工委确定为“山东省社会组织党建工作联系点”，并被青岛市社会组织工委表彰和命名为“青岛市社会组织基层党建工作示范点”。出台了《关于培育扶持社区社会组织发展的意见》，通过采取孵化培育、直接登记、降低门槛、开办补助、公益创投、购买服务和奖励先进七项措施，重点培育发展社会事务、公共服务、慈善救助、义工服务、民情信息和文化体育六类社会组织。崂山区社会组织发展服务中心正式启用，该中心以“培育和发展枢纽型社会组织，培养和发现急需型社会人才”为使命，以“政府牵头建立，专业团队管理，社会力量支持，公益组织受益”为业务模式，集大学生之家、老年人乐园、慈善捐助、志愿者驿站、心理咨询、法律咨询、法律维权、社工服务、家政服务、便民综合服务等于一体，崂山居民在这里可享受一站式服务。

·老龄事业·

老龄工作　下发了2013年崂山区“敬老文明号”创建工作意见，将商贸系统作为创建重点，建立创建工作档案、重点培育典型单位，积极开展优质为老服务工作。召开了区老龄工作部署会，确定了崂山区2013年老龄工作要点和崂山区“十二五”老龄事业发展规划2013年度定量指标。举办了老龄工作干部培训班进行业务培训，深化了基层老龄工作干部对老龄工作形势、任务、职责、目标的认识。

养老保障　2013年，新农合筹资标准535元/人，其中15元用于购买大病医疗保险，最高报销金额可达20余万元。

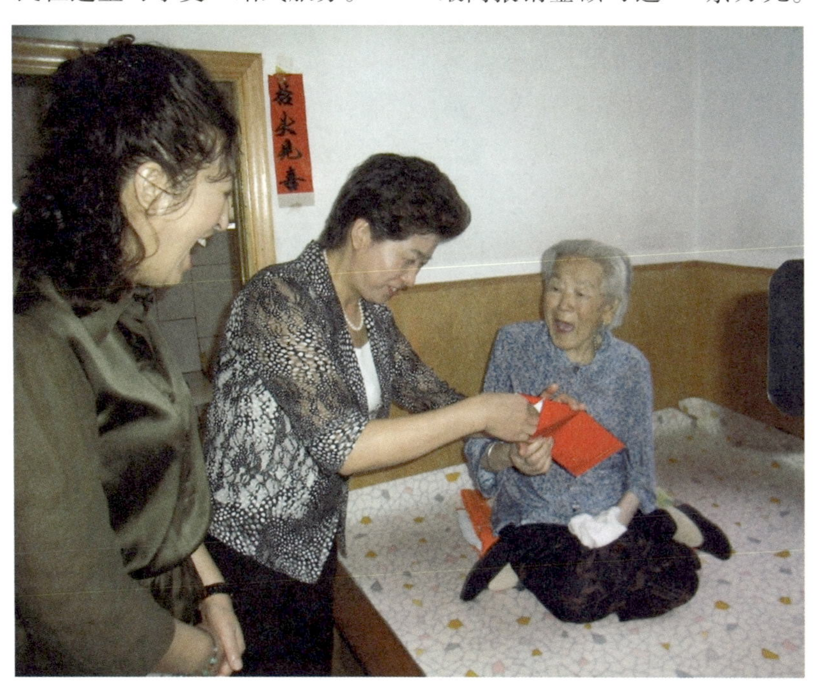

区委副书记于惠霞（中）到王哥庄走访看望百岁老人

参合居民政策范围内住院费用报销比例85%、80%、70%。2013年，参合居民住院费用报销最高达18.67万元。累计完成老年人健康查体19867人次，其中入户查体3792人次。开展红马甲医疗志愿服务出动医务人员730余人次，服务人次2520余人次，开展健康教育100余场次，提供近万元的免费药品和辅助检查。积极实施白内障患者复明工程共为30名白内障手术患者进行补助。为80、90、100岁三个年龄段老人每月分别发放100、200和300元补贴，5900余名老年人从中受益。

"中韩杯"2013年崂山区老年人沙滩运动会

老龄宣传　开展以"福寿崂山"为主题的公益宣传活动，召开了由全国15家新闻媒体参加的新闻发布会，录制"孝道文化"纪实专题宣传教育片四期。举办了"福寿崂山——秋高气爽重阳日，送上真心祝福星"大型公益文艺演出，现场采访"敬老、孝老"典型家庭。

老年维权　印制下发了法律援助宣传册、崂山区老年人优待政策明白纸、老年人意外伤害保险单、防盗防诈骗常识明白纸、健康养生知识手册等宣传材料3000余册；制作了三期宣传报道专题片，在崂山区电视台播出。落实了新的《山东省优待老年人规定》中政府兴办或支持的旅游景点对60岁以上老年人一律免门票费的规定。自2013年11月1日起，崂山风景区管理局在全省率先落实这一规定，对60周岁以上老年人实行景区门票免费政策。全年受理老年维权咨询30余起，办理老年人来电咨询、信访200余件次，办结率达100%。为2000余名老年人办理了老年优待证。春节、老人节期间投入30万元走访了四个街道的百岁老人和困难老人。为全区5800名80岁以上高龄老人赠送了"银发无忧"意外伤害保险12万元。

老年文体活动　制定了基层老年教育实施意见方案，向区政府申请专项资金31.5万元，面向社区老年人开展教育工作。书法班、绘画班、朗诵班、水彩画班、摄影班开课达40课时，学员160余人。开展老年体育活动和比赛，重点推广了中老年广场健身操舞，组织了门球、柔力球等9个项目的培训班并组队参加了青岛市运会老年组的9项比赛，取得团体成绩第六名，其中竞技柔力球第一名，腰鼓和象棋第二名；组队参加市老年健身球比赛获得男女两个团体优胜奖。

（民政局）

档　　案

档案服务　开展"双包双促"，做好对"双瑞"、"海德威"两个项目的帮助、协调、调度等工作，完成区委确定的年度目标节点。实施《崂山区政府投资项目档案管理规定》，建立完善了良好的档案管理与服务机制。对风景区管理局、交通局、服务业发展局、高科园管委、啤酒节办公室等单位，采取召开专题会等不同形式进行专项指导，重新理顺归档范围。开展“崂山记忆工程”，共进行拍摄110余次，拍摄照片2400余张。开展以高科热力为代表的涉及民生的规范化建档工作，做好华仁药业等上市企业档案工作。

“档案馆日”邀请市民观摩档案整理流程

依托区级文件中心、4个街道档案信息查阅中心、139个社区文档便民信息查询点“三级服务网络”，积极为群众开展文档查询服务工作，年内提供查询服务4800余人次，139个农村社区利用档案解决问题的典型事例60多起，群众满意率100%。多次开展档案“进机关、进学校、进社区”宣教服务活动。开展第三届“档案馆日”活动，接待社会百姓进馆参观120余人次。“走进崂山”展厅全年接待参观30余批次、760余人次。

档案资源建设　完成80个机关单位、39所学校、3个有代表性的企业、4个街道、139个农村社区、18个城市社区等《文件材料归档范围和保管期限表》的二次修订、复函工作，对各单位形成的专业档案进行深度摸底、清理整理、修改完善、确定了各全宗单位档案分类编号方案，为年度系统归档监管、信息化管理等统一标准。加强对全区机关单位专门档案清理整理工作的监督指导，规范各种门类、载体专门档案的名称、类别、归属等。指导各机关单位重点对各类专门档案进行了梳理、修改，重新修订了文件材料归档范围，对各单位的清理整理情况进行了检查。全区机关单位完成了8万余卷（件）专门档案的整理归档。

将社会管理档案工作列入全区科学发展综合考核体系。制发了《崂山区机关单位社会管理档案工作责任单位和档案门类一览表》，内容涉及社保、农林、民政等40多个单位档案门类百余种。培育了法律援助中心等30多个市区社会管理档案示范点，共完成16个机关单位44个门类6万余卷（件）档案的清整工作，录入数据8万

在小河东社区开展“道德讲堂”活动

余条。加强街道、社区计划生育、低保户、残疾人、失业人员、社会救助、居民健康、社会治安防范、人民调解、换届选举、村改居、土地（山林）承包（延包）合同、土地流转合同、新型合作医疗保险等档案的管理工作。

社会主义新农村档案工作　建立社区档案考核与年检制度，成立四个监督指导小组，适时跟踪指导。对关系到农民切身利益的社保、土管等社会管理档案进行了重点指导，完成宅基地档案调研和政协提案答复工作。开展了2012年度社区档案归档指导工作，指导社区建立了“集档案保管、政务信息开放查询、展览教育”为一体的规范化档案室。

指导北宅街道创建山东省社会主义新农村建设档案工作示范街道，建立了110平方米、功能完备、设施齐全的街道综合档案室，收集保管街道党政22个部门26个门类1.8万余件档案。全部室藏档案使用“青岛市电子文件归档系统”管理，突出建立、完善了土地承包、农村低保等涉农档案。建立了街道荣誉室及档案信息查询中心，编制了组织沿革、大事记等，指导所辖36个社区全部建立了规范化档案室。

新档案馆建设　完成了内装、消防设施配备、安全监控、网络布线、门禁系统、语音系统、机房等设施设备建设，并于2013年8月3日完成部分办公机构搬迁入住。

档案征集　以“社会记忆”为主题，采取依法接收、社会征集、主动拍摄、有偿购置、协议寄存等多种措施，征集了家谱、啤酒节实物、金融票证、地情书籍、口述资料等有价值的档案4500件（册），照片1.7万余张。

档案馆规范管理　创新建立了珍贵实物档案、特色档案、民生档案和照片档案等“四大数据库”，12万余条数据，被评为青岛市优秀工作成果。

档案安全体系建设　数字化工作采取外包的形式，完成了包括婚姻、学籍、图纸等馆藏档案数字化80万页，馆藏文书档案、老社区档案、婚姻档案、学籍档案、项目档案等均已完成数字化。完成了到浙江嘉兴平湖市档案馆异地备份工作。举行了库房高压细水雾消防演练。

方言传承保护工作　在四个街道挑选了8名符合条件的录制人员，举办了方言录制培训班，对录制人员进行了前期培训及录制演练。市档案局、崂山电视台进行了全程录制，青岛晚报、半岛都市报、青岛电视台、青岛广播电台等20余家媒体进行了宣传报道。

（档案局）

广播电视

·栏目宣传·

主要栏目　《崂山新闻》推出了系列报道《建设“三大战略平台”打造蓝色硅谷增长极》，展现全区以建设青岛“蓝色硅谷”为突破口，做好产业发展与城区建设相结合；以提升崂山景区品质为重点，做好自然生态与人文历史相结合；以办好民生实事为重点，做好民生改善与经济发展相结合。继续加大民生报道所占比重，着力关注百姓最关心的实事以及与群众生产生活关系最为密切的事件追踪报道。推出“走进大剧院”“走进博物馆”“青岛大剧院惠民日”“崂山艺术讲堂”“风华国乐”“探营十艺节”“三星堆国宝亮相博物馆”等报道，丰富了电视荧屏。

《今晚1132.7》栏目加大

广电中心播控室

了对群众关心的话题以及社会热点问题的调查报道，直面社会敏感问题，为最基层的群众提供表达诉求的机会，在群众和政府之间搭起沟通的平台，解惑释疑、化解矛盾，疏通情绪。通过《崂山茶系列》《中国梦 我的梦》《凡人善举》《走基层》等多组系列报道全面展现了基层群众的生产生活和精神风貌。

专题栏目共制作完成了147期，播出时长达2335小时。其中，《政风对话》18期，《政风追声》39期，《公信组工》24期，《代表视点》6期，《女性时间》12期，《政法时空》48期。

《政风对话》栏目采用走进社区，发送宣传告示，发布上线嘉宾公告，开通热线电话及官方微博等形式开展宣传工作，使居民满意度提升，栏目收视率不断提高。

《政风追声》栏目以“抓重点、化热点、破难点”为工作主线，打破过去单一追踪“政风对话”中某上线问题的限制，建立并形成全方位、多层次的工作监督机制和问题解决模式。选题涉及面广，从食品安全、卫生到双月奋战、崂山路以及垃圾成山、交通等热点话题进行专题报道。

《公信组工》栏目紧紧把握了当前党建频道的宣传要求，积极选题策划，挖掘崂山的好人好事。其中《幸福 春节》《小车厢 大社会》《峰山西的第一书记》《归国博士的中国梦》《二十年的义诊路》等专题报道在市台播出后赢得好评。

《女性时间》栏目以“时尚睿智、积极励志、和谐生活”为整体定位。在广大的崂山妇女中赢得了口碑，也确立了它良好的品牌效应。《女人故事》版块是整个栏目的主打，采访过政府各部门的骨干人士、民营企业家和艺术家。

《代表视点》栏目是2013年6月1日，由崂山区人大常委会与崂山广电中心联合创办推出的一档新栏目。栏目以“宣传人大制度，履行监督职能，畅通代表渠道，反映人民意志”为宗旨。目前共制作播

流动舞台走进社区

出6期。

《政法时空》栏目为全区的公检法司各部门服好务的同时，也为广大的人民群众打造了一个普及法律知识，提高法律观念的传播平台。栏目凸显品牌效益，社会反响强烈，成为全区公检法司部门与百姓沟通的桥梁。

对外宣传　中央台发稿16条，山东台发稿13条，青岛台发稿件632条。其中，中央台《新闻联播》播出的《青岛爱心团队：用爱温暖一座城》节目中，报道了崂山区红马甲医疗服务队的爱心事迹，连续第三年在《新闻联播》中展现崂山文明进步、和谐发展的良好形象。中央台新闻频道《新闻直播间》、财经频道《生财有道》等栏目播出了《青岛崂山：近海小渔船捕上第一网》《北宅赏花正当时》《专家支招沿海养殖如何抗冻拒寒》《生财有道：马到成功的养马人》《香飘万里崂山茶》《中国经济半年报·船舶工业：紧跟国际公约 船舶配套异军突起》《青岛电博会：智能光轮治拥堵 3D打印人气旺》等节目。此外，在啤酒节期间，中央台播出啤酒节相关报道两篇，制作播出新闻92条，全方位的报道了这亚洲第一节会的盛况，向世界各地游人宣传、展示、推介了崂山的风采。

广播电视技术培训

《杨蝉淘金人》《政风追声》《崂山：蓝色硅谷引领科技创新提升海洋经济竞争力》《刘元久的账本》在全国县级广播电视节目创优评析中被评为一等节目，《明确分工巧致富》在全国县级广播电视节目创优评析中被评为二等节目；《刘元久的账本》《七年后再访王明殿》在山东新闻奖县级媒体专项评选中荣获一等奖，《不服气的“银草莓”》在2012年度山东新闻奖县级媒体专项评选中荣获二等奖。

·管理运营·

基础建设　投入300万改造播出系统，将原有的模拟标清播出系统更换为数字高标清兼容播出系统。系统采用两台奥兰播出服务器为核心互为主备确保系统安全，主备数据库服务器、内容管理服务器、设备监控等设备也达到省级电视台的技术要求。新系统投入使用以来大大提升播出的安全性、稳定性及工作效率，完成了全年的安全播出任务。

高清设备制作《乡风海韵》栏目进行了高清化改造。增加了四个喜马拉雅高清非编工作站，全部用于栏目制作。技术人员自行拼装三台非编工作站平台，大幅度的降低了设备运营成本，确保了《乡风海韵》栏目后期的制作硬件和软件需求。为了满足新闻外宣高清制作需求，组装了三台高清编辑设备。

（贾佳）

卫　生

·工作综述·

崂山区有区属医疗卫生机构7处，包括：区疾病预防控制中心、区卫生局卫生监督所、区妇幼保健所、区社区卫生服务中心、沙子口街道社区卫生服务中心、王哥庄街道社区卫生服务中心和北宅街道社区卫生服务中心，在职职工共计376人。辖区内有其他综合医院4处，其中三级综合医院1处，一级综合医院3处。专科医院9处，其中三级专科医院1处、二级专科医院3处、一级专科医院5处。社区卫生服务站21处。村卫生室198个，乡村医生389人。门诊部18处，企事业单位、学校医务室及个体诊所134处。疗养院1处。全区共有卫生技术人员2876人，拥有床位数1750张。

·医政管理·

新审批、设置医疗机构14处，其中门诊部4处，诊所医务室7处，社区卫生服务站2处，社区卫生室1处。全年复核注销医疗机构85家，省级规范化诊所建设达标率100%。组织辖区医院积极开展自体输血工作，缓解全市医疗用血压力，其中青岛思达中狮国际心肺血管病医院的自体输血用量已占年度用血量的15%。全年集中开展了四次规模较大的基层医疗机构整顿，坚持强化制度建设，确保将依法执业、档案管理、传染病防控、消毒隔离、医疗废物处置等重点工作落到实处。不断加强医疗机构质量监督管理，建立健全医疗纠纷防范体系，保障全年医疗事故零发生。

开展基层医疗机构集中整顿

·农村和社区卫生·

新增7个一体化社区卫生室和4个新建城市社区卫生服务站加入基本药物零差率销售体系，国家基本药物制度的达标村卫生室90个，城市社区卫生服务站增至21个，基本满足社区居民卫生服务需求。全年共销售基本药物3055.84万元，直接让利458.376万元。通过山东省药品集中采购平台共采购基本药物2817.09万元，总到货率99.25%。

全年共对3.4782万名高血压患者、1.6958万名糖尿病患者、686名脑卒中、2431名冠心病患者进行管理；为全区1.9029万名65周岁及以上老年人进行免费体检；为辖区488名严重精神病患者建立健康诊疗档案。全区共建立电子居民健康诊疗档案34.7819万份，其中达规范化管理标准的33.1862万份，电子档案规范建档率83.49%。

共建立28个新型社区服务中心，全年有5个大片区卫生室建设完成并投入使用，其中还在中韩社区设立社区卫生服务站，张村河卫生室9月份已启用；姜哥庄、沟崖、大桥、沙子口、马鞍子卫生室于11月份正式启用，其他社区如金家岭、周哥庄等18家原一体化卫生室分别承担相应新型社区服务中心卫生室职能。

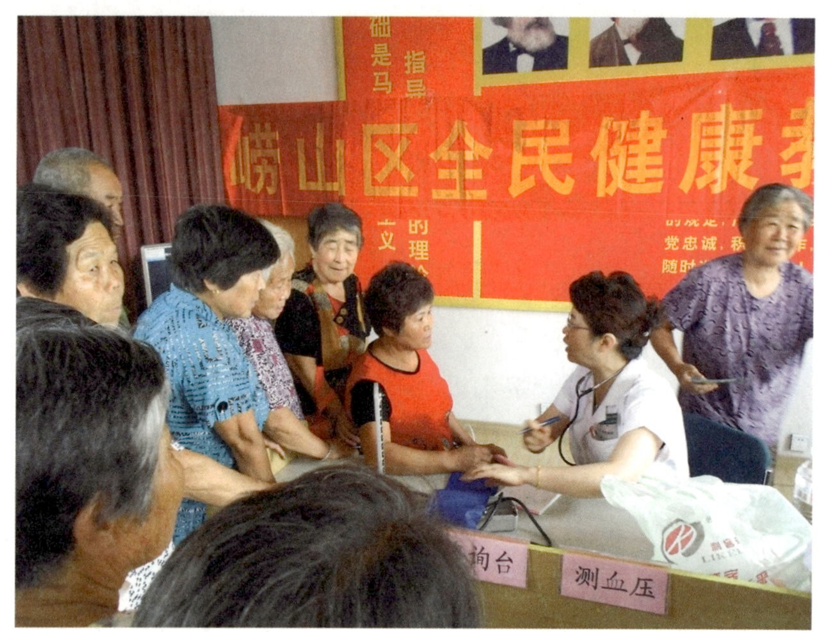

聘请心脑血管专家在王哥庄姜家社区开展义诊活动

·新农合工作·

2013年，人均筹资标准为535元，比2012年增加了135元。全区参合人口达到10.05万人，参合率达到100%，超出国家医改目标10个百分点。全年筹资总额5388.31万元，圆满完成新农合筹资任务。将二、三级定点医院住院医疗费补偿比例分别提高到80%、70%，重大疾病住院医疗费补偿比例提高到80%，新农合个人补偿额度提高到每人每年18万元。在各级定点医院住院使用中草药饮片和中医诊疗类费用的补偿比例再提高5%。截止到12月底，全区累计有41.96万人次获得医疗费补偿金5744.24万元，受益人次占参合人数的417%。其中，住院医疗费补偿8336人次，支付补偿金4528.76万元，住院率8.29%，人均住院花费10268.88元；门诊大病补偿28192人次，支付补偿金739.31万元；普通门诊补偿38.28万人次，支付补偿金473.71万元。将高血压、糖尿病纳入了慢性病门诊管理，享受门诊报销50%的优惠政策。调整了重大疾病报销范围，由2012年的19种扩大至32种，报销比例达到80%。

·医疗技术服务·

投入600余万元为卫生院、

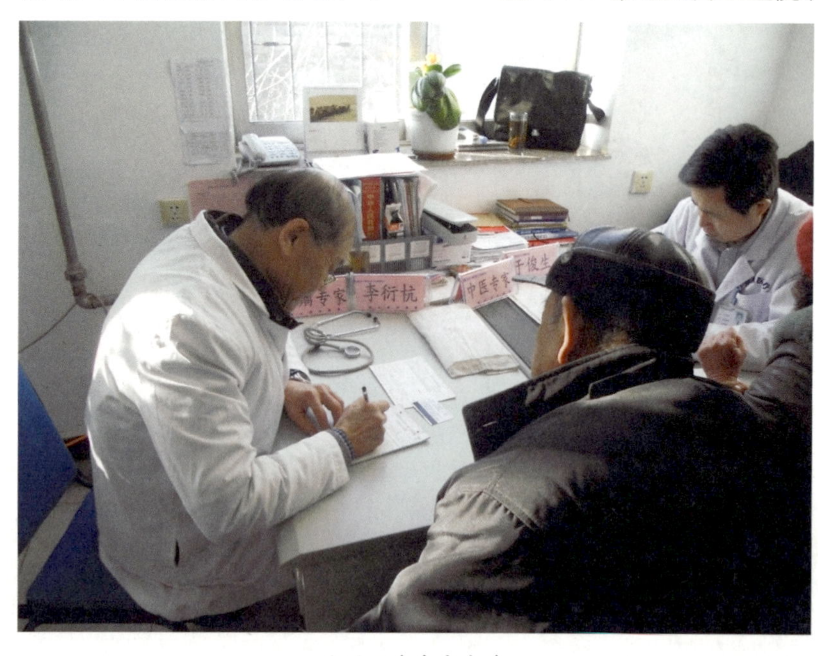
名医下乡专家会诊

社区卫生服务中心、标准化卫生室等基层医疗机构配备了DR、500MA高频X线机等各类医疗器械和电脑、打印机等信息化设备，与青岛大学医学院附属心血管病医院合作建设了覆盖全区的远程心电会诊系统。引进了山东省第一家外资医院——和睦家医院，启动了开泰耳鼻喉头颈外科医院扩建工程，启用了王哥庄街道社区卫生服务中心新综合门诊大楼，新华卓越和圣康达等中高端体检机构落户崂山区。无假日诊疗服务在区属4家公立医疗机构全面推行，邀请具有一定知名度的省市级医疗专家定期定专业到崂山区坐诊，开展了名医下乡惠民医疗。做好国家级“治未病”试点工作，发放各种宣传材料6000余份，各医疗单位积极开展“冬病夏治”、穴位贴敷工作，共贴敷伏贴2463人次。推进家庭医生式服务工作，重点针对辖区老人、残疾人、慢性病患者、精神病患者等这样一些困难群体提供上门服务，总计签约家庭7643户，签约人数12058人。

·医学教育·

296名专业技术人员参加了继续教育学习，继续教育覆盖率达到100%；全科医生转岗培训6人，达100%；首次举办省级继续医学教育项目培训班，来自滨州、东营等省内200余名医护人员参加了此次培训；参加在职学历教育、远程网络课程学习人数为200余人；共举办普及型应急救护知识培训班4期，培训150余人次，举办抗菌药物临床合理应用专项培训3期，培训360余人次；在各类期刊上发表论文16篇。

实施“百名乡医”培塑工程。对全区83家一体化农村社区卫生室医务人员进行岗位培训，培训率100%。对370名社区卫生室从业人员分别开展以医改政策、公共卫生服务、基本药物临床应用知识、心电图远程诊断、基本诊疗能力提升等八项内容为重点的岗位培训，分别在三个街道设立的教学点共开展8期66学时，合计15天的免费培训，合计培训2280人次。启动“带教提能”、对口帮扶、卫生技术人员免费进修工作，全年有44名乡医免费到卫生院进行为期2个月的进修学习，对口帮扶83家卫生室。

·妇幼卫生·

对辖区符合条件的2066位孕产妇和1205位新生儿给予报销经费。举办了母婴保健技术服务培训，参加培训的92人全部通过考核。全年孕产妇死亡率保持为0/10万；婴儿死亡率为1.53‰，新生儿死亡率1.15‰，5岁以下儿童死亡率1.91‰。孕产妇三率和新生儿两率的年度统计指标分别为：孕产妇系统管理率为98.36%，产前筛查率为95%，剖宫产率为49.1%，新生儿疾病筛查率为100%，新生儿听力筛查率为100%。对崂山区围产儿新生儿死亡病例进行评审。为1965名孕产妇建立《孕产妇保健手册》，其中早孕建册652人，为1333名产妇进行入户产后访视，产后42天检查863

崂山区红马甲医疗服务队深入社区走访

人。为13972名0～6岁儿童进行系统健康管理，为1924名儿童建立保健手册，为1300名新生儿进行新生儿入户访视。为9708名进行托幼机构查体，护齿16374人次，0～6岁儿童进行国家计划免疫接种共计85771针次。

· 卫生监督 ·

全年共受理并办结各类行政许可申请367家，其中住宿场所142家，进餐场所106家，生活饮用水单位8家，美容美发场所77家，沐浴场所9家，游泳场所2家，购物与文化娱乐场所17家，博物馆1家，展览馆1家，候车室1家，放射许可4家。行政处罚28起，其中一般程序17起，简易程序11起，吊销《医疗机构执业许可证》1家；受理处理举报投诉40起，其中医疗机构24起、公共场所14起、禁烟投诉2起。

全年开展医疗机构执业许可校验286家，通过校验274家，12家单位未通过现场校验。全区26家口腔诊疗机构开展卫生监督量化分级管理工作，确定23家单位达到B级，3家单位达到A级。

对全区42所中小学校和3个教学点，启动实施学校卫生监督综合量化分级和不良行为记分双管理工作，组织开展春秋季学校卫生专项执法检查和高中考公共卫生安全保障，对教学环境和生活饮用水进行了抽样检测，共抽检学校、托幼机构84所，抽检样品160份，合格率为68%。

对辖区内各级各类医疗卫生机构的传染病预防控制措施、消毒管理制度等进行监督检查和消毒效果监测，共抽检医疗机构165家，抽检样品1136份，合格1011份，合格率为89%，紫外线消毒灯辐照强度合格率100%，消毒剂合格率100%，口腔科无菌治疗器械合格率99%，治疗室及口腔诊室空气合格率80.77%，医护人员手卫生消毒合格率为91%。

完成区两会保障、第23届青岛国际啤酒节保障和第十届全国艺术节（青岛崂山）的卫生保障工作任务。

· 疾病预防控制 ·

慢病综合防控　开展脑卒中高危人群随访。对2012年发现的1505名脑卒中高危人群进行3、6、12个月的随访管理。联合相关部门在全市率先开展无烟婚礼活动，签约酒店10家，截至9月1日举办无烟婚礼200余场。完成15处健康自助检测点招标采购建设并投入使用。全区161个自我管理小组开展健康自我管理活动560场。举办全民健康教育大讲堂100场，累计听课群众5085人。向全区居民发送健康知识短信24种214万条。在二龙山景区新建启用2条健康标识路。

免疫规划　全年完成一类疫苗接种86986针次，接种率99.90%；二类疫苗接种7231

崂山区举办无烟婚礼

针次。完成5100名新生接种证查验、补种疫苗1355针次。完成高校新生麻疹补充免疫12886针次。

重点传染病防控　报告法定传染病18种824例，较2012年同期（1236例）下降33.33%。处置预警疫情134起，排除97起。监测报告腹泻病人4946人，开展霍乱外环境采样检测396份。手足口病报告396例，对10起聚集性疫情、27例重症病例及时开展处置防止升级，无死亡病例。累计接种狂犬疫苗1214人次，接种狂免3人次。发现活动性肺结核124例，其中新涂阳患者71例，全部进行规范化管理；结核病患者密切接触者筛查率100%。联合民间组织完成38所高危场所干预，干预人群2275人次；对28例艾滋病感染者和患者进行随访管理，管理率100%，其中艾滋病患者5人，抗病毒治疗11人。开展CD4检测56人次，检测率100%；病毒载量检测5人次，检测率100%。完成VCT检测655人。创新驻区高校艾滋病防治，结合新生入校查体开展艾滋病知识宣传和问卷调查，检测艾滋病病毒抗体1200人份。对全区1015名禽类养殖人员进行摸底排查和健康监测；对3例人感染H7N9禽流感监测病例进行了流调和病原检测；制作人感染H7N9禽流感防控明白纸10000份、宣传画600份、展板30块。编制指挥部简报10期。

食品安全事故　共接报调查疑似食物中毒事件16起，最终确定食物中毒14起，排除2起，累计中毒患者109人，无重症和死亡病例。14起食物中毒中，有7起肇事单位为其他区市餐饮单位，其中市北区4起、市南区2起、即墨市1起。中毒者主要为福建、浙江、江苏、湖北、青海等省外游客。

·干部保健·

全年为机关事业单位干部开展了流感疫苗接种共4726人次，其中一、二类保健干部72人、副处级以上干部614人、机关科级干部2132人、教职工3266人。在全区开展机关干部查体工作，共查体2890人。为每位保健干部建立了电子健康档案，实施动态化管理，并对每位领导干部的健康查体状况进行对比，提出健康指导意见。

（卫生局）

人口与计划生育

·工作概况·

全区共出生2242人，出生率8.58‰，人口自然增长率3.3‰，当年合法生育率98.39%，出生人口性别比107.8（三年出生性别比106.3），低生育水平持续稳定。

·综合管理·

开展基层基础巩固转型发展年活动，以“全员集中培训”、“以会代训”、“薄弱社区点对点指导”等方式开展基层业务培训督导，全年举办参加各级各类培训68次，培训人员671人。完善人口计生目标考核，共组织日常监控8轮，城市社区、流动人口、驻街单位等专项检查5次，调查了105个社区居委会，88个企业，下发工作通报19期，返点督查3轮。严把先进审核关，对出现违法生育的12个集体和2名个人实施了“一票否决”。加大对违法生育人员的曝光力度和处理力度，全区共曝光6批次16人次，处理违法生育67例，征收社会抚养费689.5万余元。

市计生委主任丁鲁省（右四）视察区妇幼保健所工作

“科长在线服务”24小时畅通，局长做客在线访谈，保障了群众对计生工作的知情权、参与权、表达权、监督权。2013年，全区计生系统共受理群众来信来访来电700件次，答复及时率100%。开展“科长在一线”活动，现场解决群众反映的问题300余件，收集居民意见建议500余条，撰写调研报告20余篇。开展2013年度党风政风行风社会评议活动，发放评议票3000份，群众综合评价满意率98%以上。制定《崂山区人口计生服务进社区工作方案》，在28个新型社区增设计生服务窗口，创立前台服务窗口与后台日常管理相结合的计生服务管理新模式，推动人员下沉、管理下沉、服务下沉。在新型社区配备便民服务宣传触摸屏15处，老百姓可通过屏幕查询社区便民设施配备情况、便民服务流程、政策法规等，并能现场进行网上办证申请。公开办证程序，实行一次性告知；对有特殊需求的群众，采取预约办证的方法；对不便出门办理业务的居民，由工作人员主动上门收取材料、反馈办理结果，多项措施为群众解决办证难的问题。将计生宣传内容融入新型社区建设，新增宣传街10条。

·技术服务·

拓宽药具发放渠道，设立药具免费发放点160个，安装刷二代身份证避孕套自取机14台，“崂山区和谐家庭电子商务平台”处理网上订单923条，提高了药具的易得率和群众满意率。开展未婚女青年意外妊娠救助、生殖道感染防治服务、再生育家庭关怀服务、退出育龄期妇女取出宫内节育器等科技关爱行动。开展免费孕前优生健康检查，投入45.5万元，增加乳腺彩超、HPV检测，将孕前优生的检查标准提高到每对800元，建立起完整的出生缺陷一级干预模式。全年参加免费孕前优生检查人数为2842人，目标人群覆盖率达到129.18%，全区人口出生缺陷率保持在2.00‰左右。开展生殖健康服务包工作模式，与市中心医院、第八人民医院等

到麦岛社区服务中心指导计生服务工作

市级医院合作，开发了融“两癌”筛查、生殖健康查体、孕环情检测于一体的“生殖健康服务包”，检查标准达到每人108元。宫颈癌、乳腺癌筛查各7000例，对查出异常情况的妇女全部提供了诊断、治疗、咨询、转诊和后续随访服务。

计生宣传进社区活动

·政策落实·

建立计划生育特殊困难家庭保障和慰藉机制，对特别扶助金标准进行提高并对符合条件的计划生育特殊困难家庭养老给予补助。开展人口关爱基金募集工作，为困难计划生育家庭募集救助资金51.6万元。发放独生子女父母奖励费17.64万元，按照新标准发放计划生育奖励扶助和特别扶助金共计769.4万元；对29户空巢家庭和计生特殊困难家庭提供家政服务，共计发放20余万元；走访慰问计划生育特殊困难家庭92户，发放救助金12.8万元；为2576人发放育龄妇女住院分娩补助共计128.80万元。出台了《关于落实城镇失业无业独生子女父母年老一次性奖励的办法》（崂政办发〔2013〕29号），彻底解决了城镇独生子女父母年老补助这一历史遗留问题。共为2331人申请发放奖励费，合计1600余万元，实现了独生子女父母年老奖励“农村有奖扶、城镇有补助”的全覆盖。实施均等化服务，确定流动人口均等化服务项目17项，发放“新青岛、新家园、新市民”服务卡近2万份；为流动人口提供“十免费”服务15万余人次；提供出生缺陷干预500余人次；累计落实奖励救助补助资金约104万元。

·信息化建设·

深化各业务系统应用，提高基层平台应用能力，打造“好一家”高科园装饰城信息化示范点，不断完善“楼宇、商贸城信息采集系统”。地理信息系统人员匹配率达到了98%以上，3G移动终端普及应用率保持在100%。设计研发了“一次性养老补助”和“独生子女父母奖励费”发放平台，解决了重复发放等难题。出台婚姻登记信息共享实施方案，确保结婚信息共享的即时性和准确性。将人口计生信息化纳入智慧社区建设，提出建立崂山区居民公共信息服务平台的政协提案，与相关部门联合制定实施方案，并与智慧城市建设相结合，构建政务信息资源数据库。

（李君）

人力资源和社会保障

· 人事与人力资源 ·

事业单位人员聘用　组织全区258家事业单位开展2013~2015年事业单位岗位聘用工作，一批专业技术人员通过竞争上岗等空岗补聘程序聘用到较高等级（层级）专业技术岗位，实现了事业单位岗位设置率100%，聘用合同签订率100%，岗位工资兑现率100%。作为青岛市事业单位职员制实施试点单位，崂山区在区人力资源和社会保障局先行试点，组织实施了6个非领导职务职员岗位的竞争上岗工作。继续实施高校毕业生“三支一扶”计划，共招募5人；接收市统一招募的劳动监察协管员5人。实行选岗分配，规范事业单位城镇退役士兵安置工作，5名退役士兵通过公开选岗安置到事业单位。

事业单位公开招聘　面向社会公开招聘79名事业单位工作人员，最终录用事业单位工作人员70人。其中，区直事业单位20人，教育系统36人，卫生系统14人。同时，积极推进名师、名校工程建设，面向国内公开选聘了12名骨干教师。运用多种媒体工具进行宣传，及时在政策规定的权威网站公开发布招聘信息，通过青岛早报等新闻媒体进行报道，并以招聘简报的形式在各街道所属社区进行深入宣传，吸引了全国各地的优秀人才报名应聘。严格考试管理，考场配备了无线电通讯屏蔽器等设备，加大对高科技作弊手段的防范力度；考场工作人员现场抽签确定；考生面试顺序抽签确定；面试考官由监督员直接带领进入考场，与考生隔离；体检考生抽签确定编号，体检表只写编号不写姓名。严守工作纪律，严格执行回避制度，确保公平考试、阳光招聘。严格遵守保密纪律，与相关部门和考官签订保密责任书，确保试题保密安全；所有面试考官信息严格保密，确保无一泄露。招聘笔试参加全市联考，由市人社局统一命题、统一阅卷。招聘面试工作由区监察局进行全程监督，并邀请了部分人大代表、政协委员、市民代表和市、区新闻媒体现场监督。面试考官异地聘请，采取现场抽签、现场分组，实行封闭式管理。在全市率先实行面试全程录音录像。

做好申报公示和异议期公示，切实做到空缺岗位、推荐人数、申报条件、推荐办法等信息公开，落实个人诚信承诺制度。2013年，教师职务资格评审共推荐106人；区事业单位推荐申报职称评审12人，其中，初级1人，中级4人，高级7人。

引进海洋经济、生物医药、电子信息、新能源、新材料等领域11895名人才来区工作。其中，博士和正高职称及以上高层次人才314人，硕士、副高职称和高技能人才2024人，本科学历人才和特需人才9557人，外国专家317人，留学归国人员329人。有2人申报入选第九批国家“千人计划”名单。目前，崂山区拥有“千人计划”人才总数达到13人，省“泰山学者”海外特聘专家达到16人，居全市首位。

成立蓝色经济引智引才办公室，建立人才工作联席会议制度；制定了《关于进一步加快高层次人才引进培养的若干意见》，从政策措施、实施保障、平台载体、工程项目等方面制定25条指导意见；人才公寓建设稳步推进，起草了人才公寓分配、管理、使用等一系列实施意见。

编制《崂山区2013年高层次、高技能人才需求目录》，明确金融服务、海洋生物、旅游服务、软件服务等6大类重点领域的专业人才，对涉及的134个岗位的基本知识结构、工作能力和开发方式等要求进行细化分解。采取市区联动、企业组团的形式，先后组织区重点企业赴北京、广州等20余个高层次人才相对集中的城市，举办引才引智推介会招聘高层次人才。落实研究生住房补贴政策，为582名在青就业研究生发放住房补贴共计130.88万元。建立崂山区人才信息库系统，全面动态掌握区域人才总量、人才需求及平台建设。举办各类招聘会36场，提供岗位1100余个，吸引求职人员5200余人。

人才创业　举办“高层次人才项目交流洽谈会”，区内12家高新技术企业成功与18名“带技术、带项目、有资历”的海外博士签署合作协议，涉及金额1.2亿元。全区国家级博士后科研工作站、博士后科研工作分站分别达3家；现有引智示范基地2家，新申报蓝色经济引智示范基地3家；积极推进市级专家工作站建设，成功新设5家，入站专家32人，累计已达到19家，引进专家158人。成立邹碧莹技师工作站，申报推荐各类特殊津贴专家25人。建立高校毕业生创业孵化基地2个、创业园1个，新评审入驻创业企业17家。积极抓好高技能人才队伍建设，共培养技师30人、高级工350人。加快高技能人才培训基地和公共实训基地建设，与上海智翔集团达成合作意向。

职称评审　规范专业技术人员职称考评审和继续教育考试工作，组织一级建造师、工程造价师、质量管理工程师、执业药师等50余类职（执）业资格考试相关材料初审2630人次；组织举办工程系列初级职称评审会，完成了中、高级职称材料审核上报工作。进一步强化专业技术人员继续教育工作，组织1000多名专业技术人员参加继续教育公共科目考试和初级计算机应用能力考试。

·劳动和社会保障·

就业与再就业　年内，全区实现城乡就业19762人，完成市政府目标任务的247%。安置就业困难人员就业492人，就业困难人员就业率93%。扶持创业1361人。全区城镇登记失业率为1.8%。

出台了《崂山区人民政府关于进一步完善城乡就业政策体系推动实现更高质量就业的通知》（崂政发〔2013〕45号），进一步完善了灵活就业社会保险补贴、用人单位吸纳就业社会保险补贴岗位补贴、创业补贴、职业技能培训补贴、小额贷款贴息、创业带动就业补贴等相关配套政策。发放各类补贴1484.73万元，其中，公益性岗位人员社会保险补贴岗位工资补贴548.63万元，扶持创业补贴362万元，职业培训补贴176.556万元。为符合条件的创业者成功办理小额贴息担保贷款总计651万元。

做好就业困难人员管理调研工作，有针对性地开展“四送”上门服务。2个街道达到市级充分就业街道认定标准，有116个社区达到市级充分就业社区认定标准。年内，创建

“就业政策进社区”活动现场

深入即将搬迁企业调查，保障职工合法劳动权益

青岛大学生创业园崂山分园，扶持自主创业人数378人，创业带动就业1859人；创建青岛创业大学崂山区教学点，创业培训243人，综合职业能力培训310人；新建高校毕业生就业见习基地5个，完成见习任务1445人；向1556人发放了高校毕业生就业见习基本生活费补贴和大中专毕业生一次性就业求职补贴，共计125.436万元；组织各类招聘会148场，提供了近30000个就业岗位。

为139个社区劳动保障服务点配备电子信息设备，街道、社区的基层人力资源平台均联接"一卡通"信息网络系统，实现了三级人力资源服务的信息化管理。

社保基金征缴　开展社会保险征缴扩面工作。截止11月底，崂山区企业社会保险共有参保单位5244户，参保职工15.76万人，养老保险人数扩面净增12347人，共征缴各类企业社会保险基金18.8亿元；机关事业保险参保单位206个，参保人数7095人，共征缴各类机关事业社会保险基金3738万元。强化对大企业的跟踪服务，电力三建公司500名退休职工及1588名在职职工的医疗保险关系成功转入崂山区，解决了退休职工异地医疗费报销问题。

社会保险　对全区2012年底前退休的26677名退休人员养老金待遇进行调整，共补发养老金2519万元，人均增长236元，增长了12.6%。推行大病医疗救助制度，对已参加青岛市城镇职工和城镇居民基本医疗保险的患大病的居民予以救助，已救助大病患者279人，救助额185万元。推行城镇居民大额医疗补助金制度，每个医疗年度最高报销额由17万元大幅提高至37万元。将因病死亡或非因工死亡在职职工死亡补助金、丧葬费纳入社保基金支付范围。实施长期医疗护理保险制度，推行"医养康护"相结合的新型服务模式，已审批居家、老护80余人，为1127人次支付护理保险基金205万元。落实在职职工非因公死亡相关政策，已为79人补发死亡待遇110余万元。

制发了《青岛市崂山区人民政府关于印发崂山区城乡居民社会基本养老保险暂行办法的通知》（崂政发〔2013〕3号）。自2013年1月起，崂山区开展了地方农保向城镇基本养老保险和城乡居民养老保险转移接续工作，并将该项工作纳入2013年区政府改善人民生活8件实事，实现了60211人的平稳转移衔接。其中，为34225人办理了地方农保向城乡居民养老保险转移衔接手续，并自2013年1月起，为领取养老金待遇人员每人每月增加55元养老金，城乡居民养老保险养老金平均每月548元，最高达每月874元；为25986人办理了地方农保向城镇基本养老保险转移接续手续，转移接续后地方农保缴费年限视同为城镇基本养老保险缴费年限，按照城镇养老保险有关规定参保缴费，享受城镇基本养老保险待遇。

劳动保障维权　落实企业工资指导线实施方案备案制度，已有2045家企业通过了备案审核。落实劳动工资网上备案制度，备案企业2520户，备案企业职工112005人。受理工伤认定申请407起，已作出工伤认定决定382起。开展劳务派遣行政许可审查工作，3户企业获得许可证书。办理外国人及港澳台人员就业366人次。首次启动全区的国有及国有控股企业工资内外收入监督检查，组织辖区内16家国有及国有控股企业，对本单位负责人2009~2011年度工资、福利、工资外收入、工资薪金税收等方面情况进行全面自查。

单位开展农民工工资清欠行动，共实地排查企业397户，涉及农民工9000余人，排查整改欠薪隐患32起，追缴工资51万余元。开展清理整顿劳动力市场秩序专项检查，共清理、取缔非法职业中介5家，没收非法宣传广告牌10余块。开展劳动保障年检工作，共年检用人单位3216家，比上年增加19.19%。全年受理劳动者投诉举报案件768起，涉及劳动者750余人，为劳动者追缴拖欠工资86.62万元，追缴押金2550元。妥善处理3起群体性案件，涉及职工650人，追缴欠缴的工资、社会保险费500余万元。作出行政处罚6起，处罚金额8.3万元；下达行政处理决定6起，涉及金额51.1万元；申请法院执行9起，涉及金额117.5万元。

劳动争议仲裁 实施案前调解制度、仲裁员定点联系重点企业单位制度、仲裁建议书制度，建立重大、突发、集体劳动争议预警和应急调处机制，做好劳动争议的预防工作。成立了“崂山区劳动人事争议人民调解委员会”，实现了劳动人事争议调解与人民调解的联动。设立劳动人事争议法律援助便民服务岗，向符合法律援助条件的劳动者提供援助服务。年内，共处理劳动争议案件511起（无人事争议案件），比去年同期增长11%。其中，正式立案424起；集体劳动争议案件4起，涉及职工153人。已审结464起，调撤率62.5%，按期结案率100%。共为劳动者追回劳动报酬、工伤待遇、经济补偿及赔偿金等共计400多万元。

市人社局领导听取崂山区劳动用工管理掌上办公平台建设情况专题汇报

劳动用工管理掌上办公平台 该平台立足现场工作一线需求研发，借助移动通信、云存储等先进科技手段和管理信息系统（MIS）等现代管理理念，逐步实现了信息采集全和新、分析预判准和透、监管处置快和精、个性服务细和深的四个转变，以信息化移动办公模式实现了技术和管理的两大创新。经过1年多完善、提升和实践检验，该平台日益凸显出现场办公在应对基层用工企业数量大、规模小、分散广、变化快等难题中的巨大优势，特别是在2013年农民工工资支付情况专项检查行动中投入实战并取得了良好效果，大幅度降低工作强度、提升工作效率，突破了长期制约劳动用工监管效率的“瓶颈”，成为破解“两网化”向基层延伸服务难的有效途径。该平台已录入近3000家用人单位信息，仅2013年上半年就向用人单位劳资负责人推送工作信息100余次，群发用工提醒短信近10万条；受理欠薪投诉案件比上年同期下降35.29%。崂山区劳动用工管理掌上办公平台运用经验在山东省劳动保障监察工作会议上进行交流。《中国劳动保障报》、《青岛日报》、《大众日报》在头版报道；市政府办公厅印发《崂山区在国内首创劳动用工管理掌上办公新模式》专报（《信息专报》专报-12016），市、区领导均予批示。

（人力资源和社会保障局）

慈善事业

·慈善募捐·

以“一日捐”、“四项基金”、“一台晚会”为平台，多渠道募集，全年募集善款实际到账1190.74万元；累计支出950.54万元。

5月7日，召开了2013年度“慈善一日捐”动员大会，区委副书记于惠霞作重要讲话，区文明办等8个部门联合下发了《关于开展2013年崂山区“慈善一日捐”活动的通知》。全区共接收240余家单位善款共计222.77万元。全区130个社区进行了捐款，占全区社区总数的82.8％，其中沙子口街道39个社区捐款率达到100%。

通过走访调研等多种形式，发动企业、社区、个人（家庭）设立“慈善冠名基金”。全年共签订了7项数额较大的慈善冠名基金，本金2.32亿元。其中，汉缆集团续签了2亿元慈善冠名基金，青岛天宝置业有限公司党委发动的青岛天宝置业有限公司、山东耀昌集团有限公司和青岛广益物业管理有限公司2200万元的慈善冠名基金，环宇房地产开发公司1000万元的慈善冠名基金，裕龙集团300万冠名基金；签订了3项数额较大的社区冠名基金，本金1.4亿元，有沙子口街道北崂社区1亿元的慈善基金，沙子口街道北龙口社区3000万元的慈善助老助困基金，王哥庄街道会场社区1000万元的慈善助老助困基金；签订了9项个人（家庭）冠名基金，捐款41.8万元，仅北崂社区党支部书记就捐了30万元的个人冠名基金。全年共募集冠名基金增值款926.21万元（到账善款826.21万元）。全区有130个社区建立了慈善救助互助金，占全区社区数的82.8％，其中沙子口街道39个社区全部建立了慈善救助互助金。青岛崂山交银村镇银行、青岛蔚蓝生物集团有限公司在老人节期间捐款11多万元，为崂山区5886名年满80周岁以上的老年人购买“银发无忧”老年人意外伤害保险产品，为老人解除后顾之忧。雅安地震后，积极组织各界向雅安地震灾区捐款共计20.46万元。

2013年，崂山区慈善总会携九家协办单位、两家支持单位共同举办了以爱心崂山春节送温暖为主题的慈善文艺晚会，活动共筹得善款84.4万元。

·慈善救助·

打造“爱心崂山”品牌救助项目，开展形式多样、富有成效的救助活动，全年共救助8100余户（人），发放各类善款950.54万元。春节慈善送温暖，为全区1200户特困家庭每户发放救助金500元，共支出60万元。在严格程序的基础上，把因大病、疑难症以及突发性灾害导致生活极度困难的群体作为主要对象，在提交申请一周内将救助金发放到救助者手中，全年共对270户困难家庭发放“爱心快递”救急款65.94万元。为崂山区2205户低保户发放慈善超市卡，用于购买日常用品，每户200元，共支出44.1万元。协同区计生局对崂山区147户独生子女困难家庭实施救助，每户500元，共支出7.35万元。按照专科3000元、本科4000元的标准，共为38名大学生发放“圆梦助学”款，共支出13.2万元。2013年10月，协同中华慈善总会、中华慈善总会春雨爱心基金在崂山区沙子口街道举行了向贫困母亲发放救助金仪式，中华慈善总会秘书长边志伟、中华慈善总会监事会副主任董克林等领导参加了发放仪式。仪式共为45名贫困母亲发放救助金4.5万元。

实施“慈善心连心”少儿救助，为3名先心病儿童实施治疗手术，支出1.5万元；实施“慈善复明工程”，为13名困难老人实施了白内障治疗手术，共支出1.3万元。先后为区敬老院老人送去食品，共支出3.3万元。在“全国助残日”开展助残活动共支出1万元。由蒲公英公义工走访20余户困难家庭，共支出0.4万元。

爱心崂山——2013春节送温暖慈善乐拍文艺晚会

·慈善宣传·

全年共举办慈善活动10余次，包括慈善文艺晚会、基金签约仪式、节庆日走访孤寡老人、困难家庭等；参加了第三届“慈善青岛”论坛；加强与新闻媒体的密切合作，报送各类慈善信息、稿件70余篇，电视台用6篇，各级各类简报、报刊用30余篇；印制慈善会刊1000份，印制爱心慈善光荣册1000份，为迎接省慈善工作现场会印制慈善特刊1000份。

·基层组织建设·

召开了第二届理事会4次全体会议，修订和补充了《崂山区慈善总会章程》。举办了社区慈善工作站站长培训班，全区160余名社区慈善工作站站长及联络员参训。各街道新创建3个慈善工作站示范点，使崂山区的慈善工作站示范点增加到了20个。聘请审计事务所对2012年度慈善财务进行了审计并在理事会上进行审议公示。“慈善一日捐”和雅安地震募捐及时在区政府金宏网和区政府办公大楼公示栏公示，全年捐款情况在《青岛日报》等媒体公示。

在区便民服务中心设立了崂山区慈善服务窗口和慈善超市。相继成立了慈善医疗队和蒲公英慈善义工队，有了4支慈善义工队伍，在四个街道卫生院配备慈善义工服务车，进行慈善助医活动，下乡免费为困难户出诊送药。蒲公英慈善义工队自8月份在崂山区注册登记以来，共开展各种慈善活动6次，其中开展的“蒲公英圆梦活动”为2000名小学生送去书包等学习用品，为1000名困难老人送去的棉衣、棉被和残疾车等物资折合10万余元。

（慈善总会）

气　　象

2013年，青岛市崂山区年平均气温13.7℃，比常年偏高0.5℃；年平均降水量568.0毫米，比常年偏少11.4%；年平均日照时数2329.5小时，比常年偏少5.2小时。极端最低气温-11.2℃，出现在1月3日；极端最高气温36.8℃，出现在8月7日，创历史同期最高纪录。全年平均降水量568.0毫米，比常年偏少73.4毫米，比上年偏少34.6毫米。全年平均日照时数2329.5小时，比常年偏少5.2小时，比去年偏多26.0小时。

5月26～27日，受江淮气旋影响，全区暴雨、局部大暴雨，27日降水量为59.8毫米。这次降雨过程创下了自1961年以来5月同期单站以及过程降雨量的历史极值。此次降水过程还伴有大风。此次暴雨大风过程共造成直接经济损失1540万元，转移安置人口254人。我区农业受灾面积60.7公顷、成灾面积60.7公顷，倒塌损坏房屋182间、公路损坏1.2公里、损坏桥梁涵洞4座。

2013年降水偏少，日照偏少，基本属于正常年份。

各街道年气象资料

街道名称	平均气温	最高气温	最低气温
中韩	12.9	35.1	-11.6
北宅	12.9	38.3	-17.0
沙子口	17.6	32.7	-3.3
王哥庄	16.7	37.5	-7.4

2013年逐月气象要素值

月　　份	1月	2月	3月	4月	5月	6月	7月	8月	9月	10月	11月	12月
平均气温（℃）	-1.0	1.3	6.1	11.4	18.1	22.0	26.9	28.7	23.0	17.0	9.0	2.2
相对湿度（%）	73	72	57	52	70	75	81	67	66	57	57	56
降水量（毫米）	10.3	11.7	7.9	9.7	128.5	3.8	139.3	68.3	123.6	0.1	63.9	0.9
日照时数（小时）	141.4	102.4	239.3	246.9	215.5	180.8	114.5	65.6	196.1	237.8	203.4	185.9

（气象局）

地震测报

·地震监测预报·

定期检查设备运行情况，及时排除故障，解决崂山台站的饮用水问题；对10处地震宏观观测点进行实地普查，完成了观测员身份及联络方式的核实、观测点经纬度的GPS测定、观测记录的检查等工作，在4处骨干观测点建设“地震前兆宏观信息视频监控系统”；发挥数字地震台网作用，每天同步监测崂山区及周边区域震情，及时整理监测数据；参与市局周会商、月会商、季会商、年中会商、年度会商和临时会商。及时了解和把握区域及周边地震活动趋势；增加测震数据采集手段，在充分调研电磁扰动原理及应用基础上，联合郑州晶微公司共同开发研制了适合崂山环境的“崂山测震数据采集与网络传输系统”。

·抗震设防·

行政审批和便民服务事项梳理系统收录了防震减灾工作行政许可、非行政许可、监督服务和便民服务四大类共十五个事项，涵盖了监测预报、震害防御、应急救援三大体系建设的多项工作。做好蓝色硅谷产业孵化带（崂山区通信产业园1、2、3号地块及青岛国际创新园二期工程总建筑面积70余万平方，楼高均超过90米）重点项目地震安全性评价工作，提前完成地震安全性评价报告。全年共完成一般建设工程抗震设防要求审核29项，重大建设工程审核19项。

崂山区地震小区划工作由青岛市工程地震研究所承担实施，一期地震小区划包括中韩主城区科技城及北宅街道石岭子以北部分区域，共计约70平方公里，工程已经接近尾声。二期小区划工作完成招投标工作，正按计划有序展开，二期包括沙子口街道、王哥庄街道部分区域，共计40余平方公里。石老人社区获国家地震安全示范社区称号，北宅街道凉泉社区完成国家地震安全示范社区申报。截止2013年底，崂山区有国家安全示范社区1个、省级地震安全示范社区2个、市级地震安全示范社区3个；市级地震安全示范企业1个。

·应急救援·

组织参与应急培训和应急志愿者野外拉练活动，除了进行体能拉练外，还接受了野外搜索、简单外伤处理、自救互救等应急技能的培训。在青岛科技大学举办“2013年青岛市全国‘防灾减灾日’地震综合演练”。在崂山区金家岭社区，举行居民区综合应急演练，演练包括了地震应急逃生、震后应急响应、震后自救互救、应急物资调拨、社区灾民避难安置等方面的内容。指导全区中、小学校开展地震疏散演练活动。在崂山区党校区域开展地震野外现场工作演练，从布线、移动测震、卫星信息传输等几个方面，锻炼了地震现场工作能力。

联合青岛市公安消防支队崂山区大队，由武警官兵、地震专家、建筑结构专家和医疗救护人员等20人组成地震灾害紧急救援队，制定了《青岛市崂山区地震灾害紧急救援队组建方案》和《青岛市崂山区地震灾害紧急救援队管理办法》。组建了规模为170人、下设5个分队的地震应急救援志愿者队伍，每年按照人员流动情况更新数据库，适时组织志愿者活动。

新建和完善4处地震应急避难场所。在崂山区部分符合地震灾害应急避难条件的人防场所增设部分地震应急避难场所标示牌，达到一所多用的目的。

·防震减灾宣传·

开展了“识别灾害风险，掌握减灾技能”主题系列教育活动。对海尔国际培训中心、大拇指广场、华仁药业股份有限公司、海工英派尔公司、通标标准技术服务有限公司、中富联容器有限公司以及全区规模以上83家企业的安全管理人员进行了专场培训，向参加培训人员发放地震科普宣传资料。在全区中、小学校中开展地震科普讲座，分别在东韩小学、区实验小学、中韩小学和崂山五中、六中等学校举办地震科普和应急救护知识讲座，并向学校发放各类宣传材料。在瑞纳花园小区、金家岭社区、王哥庄大集开展地震科普宣传活动。

针对5月31日早报和网络媒体报道“城国际地面夜间神秘断裂”和6月1日新闻网论坛中网友发帖“沙子口居民有震感”两起事件，第一时间到现场查验，核实震情信息，及时回复媒体质疑，平息网络谣传。

在崂山五中省级地震科普示范学校的基础上，规划了省级防震减灾科普教育基地建设方案。目前我区有6所科普示范学校（3所省级，3所市级）。

（史志办整理）

居民收入

城镇居民人均可支配收入38755元，增长9.48%；人均消费支出21543元，增长9.42%。农民人均纯收入17855元，增长12.1%；人均生活消费支出11740元，增长2.76%。

·农民人均纯收入·

全区农民人均纯收入17855元，增长12.1%；人均生活消费支出11740元，增长2.76%。

工资增加成为收入增长的主要拉动力。2013年全区农民人均工资性收入达到14780.18元，增长11.47%，占总收入的比重为82.8%，拉动总收入提升9.5个百分点。其主要体现在以下三个方面：一是实施积极就业政策成效显著。全年举办了66场各类招聘活有动，共有800余家单位参加，提供了56个工种的24887个岗位。二是企事业单位津贴和生活性补贴、绩效工资等工资的增长，有力的拉动全区总收入增长。三是生态、观光农业效益不断提升，使农民工资性收入增长基础不断夯实。地方农保转移衔接，使转移性收入增长较快。自2013年1月1日起，领取地方农保养老金待遇人员每人每月增加养老金55元，目前养老金最低为每月465元，最高为每月874元，平均每月548元；“地方农保向城镇养老保险和城乡居民养老保险转移衔接工作”（2013年区政府为民办8件实事之一）的完成，使崂山区转移性收入达到1597.64元，增长28.64%，拉动总收入增幅提升2.2个百分点。

城镇居民 ·可支配收入·

2013年，崂山区委、区政府深入贯彻落实科学发展观，把保障和改善民生作为政府工作的出发点和落脚点，以创新谋发展、以改革促跨越，抢抓机遇、积极应对各种挑战，全区经济综合实力进一步增强，居民生活质量明显改善。2013年，城镇居民人均可支配收入38755元，同比增长9.48%，人均消费支出21543元，同比增长9.42%。

2013年，人均可支配收入与上年增幅比回落3个百分点，但工资性收入增幅保持平稳。青岛市城镇居民人均工资性收入为24990.75元，比上年同期增加2561.95元，同比增长11.4%，占人均家庭总收入的比重为60.56%，拉动人均可支配收入增长7.2个百分点。根据全市经济发展和职工工资水平增长等情况，从3月1日起，崂山区用人单位月最低工资标准由1240元调整为1380元，增幅为11.3%。此外，小时最低工资标准也一同出炉：崂山区的用人单位小时最低工资标准由13元调整为14.5元，增幅为11.5%。在经济回落气氛下，收入仍然上升在于经济发展和各项政策的作用，一方面各项政策的作用帮助企业度过难关，生产、效益平稳发展；另一方面，全区经济发展，总量不断增大，劳动力成本处于从低水平上涨的上升通道中；另外企业养老、医疗保险的不断规范，城镇居民工资性收入继续增加。

（统计局）

中韩街道

中韩街道办事处辖区面积59.98平方公里，辖49个社区（含30个农村社区、19个城市社区），户籍人口116173人。2013年，完成财政收入11亿元，比上年增长17.7%；实际到账外资2419万美元，完成年计划的121%；实际利用市外内资9.5亿，完成年计划的206.5%；实现进出口总额5.36亿美元，完成年计划的100%；城镇居民人均可支配收入完成38777元，同比增长9.5%。完成固定资产投资140亿元，完成年度目标的116.67%。

·经济发展·

项目建设　全区“双包双促”活动中，区委、区政府确定的140个重点项目，中韩街道有79项，占全区重点项目总量的56.4%，确定的总投资额达561亿元。79个重点项目中，8个项目已竣工，18个项目主体封顶，29个项目完成计划目标，38个项目正在办理前期手续，项目落地率98.7%，开工率57%。

集体经济　各社区城镇居民人均可支配收入、固定资产投资稳步增长，集体经济过千万的社区达到15个，其中过亿的3个。社区及公司的财务管理、集体资产管理得到进一步规范。各社区经济呈现出平稳

刘家下庄项目办公会

较快、效益提升、活力增强的良好态势。

·城区建设·

整村改造　2013年，全区“双包双促”工作的10个重点村改项目中，中韩街道有5个，涉及拆迁居民3713户，房屋4940处，房屋面积75万平方米，5个拆迁项目安置区规划总建筑面积105.3万平方米。全年共拆除房屋4879处，面积73万平方米。5个拆迁项目安置区内2653户2930处房屋中，除中韩片区剩余6户居民因正在履行司法程序未到期暂时未拆外，其余全部拆除，拆除面积39.7万平方米。安置区全部开工建设，完成投资15亿元，土石方开挖外运155万立方米，组织主体建筑施工面积达35万平方米，已有25万平方米单体竣工。

民生项目建设　新建4个农贸市场。投资700多万元，建设完成孙家下庄南山填埋场整治工程，石老人高位水池配套工程和枯桃大口井等一批民生项目。投资1280万元，建设小型水利项目16个。修建了张村、张村河南、山东头、孙家下庄四条面积达7300平方米的进村路。

环境整治　投资2586万元，开展金家岭山环境综合整治、西韩“大土堆”清理整治、重点道路整治、重点河道整治、居民楼院整治五大行动，环境整治效果明显。全年累计投入资金1.3亿元，绿化居民小区16万平方米，维修道路7万平方米，集中组织开展环境整治活动30次，拆除违章建筑1000余处17万平方米。开展居民楼院整治活动，累计出动外运垃圾车辆160台次，清理垃圾死角130余处，清理各类垃圾2500余立方米，清理小广告3000余处。

东韩社区拆迁现场

开展滨海大道专项整治行动，投入1600余万元，历时220余天，完成评估面积6万平方米，发放补偿资金1300余万元，组织22次拆违行动，拆除违法建筑270余处60000余平方米。投资8000余万元，对金家岭山、将军山实施环境整治和绿化提升工程。成立金家岭山整治管理委员会，完成8

环境综合整治

埠东社区“庆七一”系列活动

个社区的土地确权，清理菜地2万平方米，栽植乔木5000余株。开展规划设计提升工作，将军山项目主体完工，共铺设道路30公里，改造水系53万立方，给排水安装2.1万平方米，绿化7.5万平方米，建设4个展馆5400平方米。

·社会事业·

社会保障　加快社区养老服务体系建设，建立老年人日间照料中心13处。做好农保向城保和城乡养老保险转移接续及城镇居民医疗保险工作，2811人平稳转移到城镇职工养老保险，90人转移到城镇居民养老保险。全年共发放低保金348.9万元，救助金363.7万元，优抚资金98.3万元。实现城乡劳动力就业5503人，完成指标的162%，组织创业培训238人，完成指标的132%。

教育事业　不断改善办学条件，张村幼儿园完成装修和内配，张家下庄幼儿园主体完工。完成2013年中小学适龄儿童摸底调查，各学校通过扩容、扩班，最大限度的安置外来务工人员子女入学，共招收新生1377人，设置33个教学班，净增10个班。崂山四中在机器人比赛中获得全国篮球项目团体一等奖，在科技创新比赛中获得青岛市一等奖，在优质课比赛中市一等奖4人，有1位教师获得全国优质课比赛二等奖。

“平安中韩”建设　成立全市首个街道级安全生产专家组。开展安全生产大检查活动，全面排查各类安全隐患。打造全区首个以个人名字命名的品牌调解工作室“举进工作室”。在街道26个楼宇、1个商贸城内推广使用“楼宇、商贸人口信息采集系统”，实现无纸化信息采集。实行网格化服务管理模式，建立治安状况“四级评级”制度，构筑严密的治安防控体系。

精神文明建设　抓好第四轮全国文明城市创建工作，精梳细理测评项目9大项，19小项；入户发放《文明城市测评调查问卷》2万余份。投入100多万，为21个社区的文化活动中心统一购置了文化基础设施设备。举办第九届“文化进社

麦岛社区文艺活动

区，广场周周演”活动，共安排文艺演出、戏曲专场、经典影片放映等100余场。指导金家岭社区等5个迎检社区做好实地测评工作，指导牟家社区等7个社区做好道德讲堂测评工作。

组织建设　下发《关于规范公务接待反对铺张浪费的通知》。做好社区党组织星级化管理，对30个星级化管理农村社区党组织进行统一授牌。抓好“一诺两审三评”制度，签订社区班子任期承诺书60份，承诺事项1230件；签订社区干部年度承诺书416份，承诺事项6350件。推行“一述三评两公示”制度，签订党员承诺书4000余份。按照党的群众路线教育实践活动要求，开展“接地气、连民心”实践活动。调整西韩社区、车家下庄社区、北村社区党组织书记，增补北村社区党组织委员1名。培育党建品牌52个。制定下发《中韩街道2013年加强党风廉政建设和反腐败工作实施意见》，按照“一岗双责”的要求，对社区“两委”进行责任分工。加大纪检信访案件查办力度，全年立案查处违纪违法案件2宗，处分违纪党员干部1人。加大农村社区集体“三资”管理力度，每季度进行专项审计，并出具动态分析报告。规范合同管理、印章管理工作，备案各类经济合同736份。

·安全生产·

中韩街道共有各类生产经营单位9810家，其中法人单位4843家，个体工商户4967家，危险化学品经营使用单位19家（加油站11家，氧气乙炔站4家，液氨使用单位2家，烟花爆竹常年经营单位2家），“九小场所”单位1765家，中小学共19所（区直7所），幼儿园53所（区直1所），其中无证幼儿园20所。2013年，签订安全生产责任书（协议）单位5395家，建立应急预案单位5671家。

召开街道安全生产专项会议研究部署安全生产工作，层层签订《安全生产目标责任书》。开展安全大检查，成立了全市首家街道安全生产专家组，制定检查方案，并及时跟踪隐患排查整治情况，严防重特大事故的发生。对街道领导、包社区干部、社区工作人员、基层安监人员、学生幼儿、企业职工等不同人群，分层次、分批次、有步骤地组织开展系统性的教育培训。

·大事专题·

金家岭山环境综合整治

金家岭山位于青岛市崂山区金家岭金融新区的核心区位，规划范围北起辽阳东路，东至午山与朱家洼社区村庄道路边线，南至银川东路，西至东岭高尔夫球场东侧围墙、崂山三中及燕岭路。规划总面积153.76公顷，涉及中韩街道金家岭、朱家洼、午山、李家下庄、孙家下庄、刘家下庄、张家下庄、董家下庄共8个社区。规划范围内周边用地情况复杂，涉及林地约1515亩，可耕地约301亩；废弃的采石坑12个；防空洞口12处，长度约8公里；违法建筑存量约12万平方米（已拆除3万多平方米）；坟头约5000个；主要植被以黑松为主。2012年4月，启动金家岭山整治工作。

2013年，加快推进植树增绿、违法建筑拆除、土地确权、防火通道修建、平迁坟头、采石坑回填治理等工作，重点开展了金家岭公园规划设计和山南侧环山道路修建工作。完成路基整平1500余米、建筑垃圾外运5万立方，电力排管和通讯设施各1500余米、自来水管道、地下明、暗渠基本完成。12月底前顺利完成R2路段的道路铺设工作。

新型社区建设　总投资3400余万，在2012年已建成的3个服务中心的基础上，完成社区服务中心的功能布局，装修改造、招投标、设施配备、人员选派等问题，完成麦岛、埠东、中韩、张村河、山东头5个新型社区服务中心建设任务。共8个服务中心全部通过市农委检查验收，其中7个达

埠东社区服务中心

到一级标准。

针对社区认同、公共服务、消费信息等居民关心的6大类59项内容进行调查，发放调查问卷4万余份，回收率97%。投资370万元，在8个新型社区举办“金蛇献瑞送吉祥”等新春文艺演出活动30余场，举办“书画展”、“帮扶空巢老人”等各类活动50余次，丰富居民生活。建设完成了新型社区日间照料中心5个，其中麦岛、埠东社区日间照料中心为市级示范性日间照料中心。打造“石人实事、实挚惠民”、“一埠到家”、“博爱阳光、真情永续”等8个主题突出、内涵丰富、特色鲜明的服务品牌。优化新型社区党组织架构，完成对8个新型社区4340个社会组织的摸底调查，将区域内公共单位、“两新”组织纳入统一管理、参与新型社区重大事项决策。建立街道、新型社区、社区统一的共享数据库，收集和录入居民信息14类78939条。建成社会便民服务组织51个，开展各类便民活动270余次。

（中韩街道）

沙子口街道

·主要指标·

沙子口街道辖39个社区居委会，总人口63530人。总面积108.37平方公里。财政收入3.08亿元。农民人均年纯收入17659元，同比增长13.14%。

·农业·

完成农林牧渔业总产值（现价）69474.1万元。其中，农业7361.3万元，林业2470.2万元，牧业3206.6万元，渔业56436万元。水果总产503吨；茶叶总产154吨。大牲畜年末存栏62头，猪年末存栏800头、年内出栏1000头，家禽年末存栏17万只、年内出栏14万只。海水养殖面积6200亩，淡水养殖面积7亩。机动船515艘。

·工业·

全年规模以上工业企业实现销售收入74.9亿元，利税7.5亿元，利润6.1亿元，工业总产值75.6亿元。实际利用内资3.62亿元，实际利用外资预计800万美元。

·外资·

街道共有外资企业44家，年内实际利用外资800万美元，出口创汇2.31亿美元。

· 社会事业 ·

街道有初中 2 所，小学 5 所，成教 1 处，共有在校学生 5510 名；幼儿园 16 所，入园幼儿 1520 名。有卫生院 1 所，医疗室（站）85 个。人口自然增长率 3.5‰，计划生育率 98.6%。有线电视入户率 100%。

沙子口广场东侧违建拆除后建成的停车场

· 大事专题 ·

综合整治　按照整治管理并重，提升整治标准，形成长效机制，注重改善民生的思路，集中时间、集中力量，深入开展以非法广告、违法建筑、乱搭乱建、乱堆乱放、占路经营、乱贴乱画为重点的“视觉污染”市容环境整治行动，共拆除非法户外广告 123 处，366 平米，拆除破损门头牌匾 7 处，38.5 平米，责令更新破损门头 8 处，拆除乱设横幅 22 处，暂扣各类非法设置的小招牌、灯箱广告、墙体广告 55 块；统一更新设置沙子口大街、十字路西侧门头牌匾 18 处。拆除各类违法建筑、乱搭乱建 19 处，228 平米。清理非法设置集装箱、亭体 16 处。共出动人员 65 人次，清理围栏围挡 40 处，490 米；共清理超范围经营 40 余处，规范早餐点、烧烤点 8 处，暂扣帐篷 2 个，取缔废品店 1 处。清理乱贴广告 2300 余张，粉刷乱写墙体 8000 余平米；清理积存垃圾、渣土 140 余立方，平整路面 1640 余平方；清理河道垃圾 100 余立方；清理撒漏 51 处，2400 余平方；街道辖区主要道路市容环境得到明显改观。

科学规划主要道路停车场，投资 91 万元，完成 13000 余平米 241 个停车位的沙子口大街停车场，加强对主要路段、重要路口乱停车辆进行规范疏导，缓解停车难问题。开展“双十佳”创建活动，通过示范社区的创建，提高街道经营场所、单位集中区域的城市管理整体水平。推进北龙口、前登瀛东、西两处生活垃圾压缩转运站的启动运行，提高居民生活垃圾日常处理能力，达到生活垃圾“无公害化”处理。

姜哥庄社区北姜项目　姜

青岛崂山沙港湾项目节点透视图

哥庄社区地处沙子口街道办事处西南部，区域面积7.39平方公里，下辖东姜、西姜、南姜、北姜、石湾五个社区，共计3238户，总人口10178人，特色产业为渔业捕捞、海产品加工等。

该片区服务中心位于石湾社区，设有370平方米的服务大厅、社区组织办公场所和文体活动中心，其中"一站式"服务大厅面积约110平方米。服务大厅内设有引导咨询区、窗口受理区、休息等候区等区域，开设了党务服务、民政服务、创业就业、社会保障、计生卫生、综合服务等便民窗口，社区服务达到"十进"标准。社区组织办公场所设有社区警务室、民情服务站、法律援助站、居民议事厅、党员活动室、远程教育室、妇儿活动中心及其它办公用房。文体活动中心建有3000平方米的室外文体活动广场和1500平方米的室内活动场地，设有图书阅览室、康复室、健身房等功能区。社区卫生室、社区综合超市、社区幼儿园、社区托老机构均在服务中心周围约400米范围内，基本满足了便民利民服务等需要。

青岛崂山沙港湾项目 位于沙子口湾畔，项目规划区范围东至沙子口国家中心渔港主码头，西至崂山路，南至港区岸线，北至疏港规划路。

沙港湾项目依托沙子口国家中心渔港，紧邻崂山风景区。项目总规划面积33公顷，一期用地面积7.38公顷，综合体总建筑面积10.92万平方米，项目的功能定位是以当地特色海鲜大排档为主，集生态、娱乐、海产品交易、海上体验及渔业风情展等为一体的特色餐饮、旅游、休闲中心。

（沙子口街道）

王哥庄街道

王哥庄街道辖区面积143.8平方公里，辖34个社区，总人口48325人。2013年，王哥庄街道农民人均纯收入实现13395元，同比增长12%；地方财政收入完成1.28亿元，同比增长16.6%。规模以上固定资产投资完成3.8亿元。全街道企业总产值完成49亿元，其中工业总产值完成28亿元，企业增加值完成8.5亿元，工业增加值完成6亿元，企业收入完成45亿元，实现利税2.6亿元。外贸进出口总额完成3400万美元，同比增长7%。

王哥庄街道渔村风光

·经济发展·

工业　引导3家企业投资3780万元实施重点技术改造项目，其中，列入国家级技改资金扶持的福客来鞋业公司实施的生产线技术改造项目，每年可节约橡胶30余吨、燃煤300余吨、节电3万千瓦时，降低成本约200万元。引导双台实业等7家企业投资60余万元对燃烧锅炉进行了脱硫升级改造，能耗降低，污染减少。拥有省、市级清洁生产先进企业11家。提升企业技术研发能力，全年共申请发明专利7项、实用新型9项、外观专利4项。其中，9个项目被列入青岛市重点技术创新项目，均达到国内领先水平。

特色产业　落实大馒头专用面粉补贴政策，争取区财政增加面粉补贴至10元/袋，并将酵母纳入补贴范围，全年发放面粉补贴约100万元，发放特产生产加工企业奖励资金285万元，鼓励规模企业发挥带头作用，促进特色产业发展。大馒头加工户达300余家，产销量达13300吨，实现产值9300余万元，为农村剩余劳动力创造就业岗位达3000余个。落实崂山茶“三项直补”政策，投资470万元发放复混肥1455吨、生物农药32吨。邀请农科院专家开展茶叶病虫害防治培训，累计培训茶农1000

王哥庄大馒头专用面粉酵母统购暨特产销售签约仪式

余人次，完成茶园改良20亩。搞好渔业养殖基地建设，培育美国红鲍、三文鱼、仙胎鱼等名优苗种，利用传统苗种培育海参5600万尾、鲍鱼4900万尾、对虾3亿多尾、梭子蟹3000万尾。今年水产品总产量达4.6万吨，实现渔业总产值4.7亿元。

生态旅游业　投资420万元，建成特色一条街和渔村浮码头基础设施，建设青山特色渔村网站，青山书院、养生苑开业。晓望二龙山景区，实施河道治理，完成十个景观水潭的打造，在皇陵后开工建设郭秀书院，积极筹备争创4A景区。年内，共接待游客12万余人，门票收入约100万元。解家河社区整合现有农家宴资源成立了青岛玥竹生态旅业有限公司，投资120余万元实施了玥竹农特产市场和农家宴门头牌匾整修。成功举办茶文化节、

第22届青岛国际沙滩节首届赶海节开幕式

花样馒头面塑大赛、年货大集、会场赶海节、妈祖文化节、王哥庄馒头节等节庆活动。

·城乡建设·

重点项目 完成青岛崂山湾国际生态健康城片区初步规划研究和开发基本地价的测算，拟定了片区开发建设工作组织机构框架，制作完成了投资人设计招标文书，完成了大北海组团用地测绘及相关基础资料收集上报工作。圣元营养素预混、婴幼儿营养饮品研发中心、汉缆山泉水项目已获项目准入，项目拟选址位于曲家庄西侧山坡，分别占地面积约30亩、70亩。

基础设施 投资1747余万元，完成曲家庄河、何家后河、东台西河的河道治理工程和高家石子沟塘坝建设。

环境整治 投资4522万元，实施了风景区沿线整治，完成了滨仰路、王沙路综合整治及土寨河、石人河景观打造工程，累计铺装硬化5873余m^2、安砌路沿石近27700米、栽植乔灌木10万株、粉刷立面18500余m^2，整治门头牌匾172处约2640m^2。在整治基础上，实施王哥庄中心大街、海港路等主干道路路段的保洁、绿地养护的服务外包工作，巩固整治成果。

·社会事业·

新型农村社区建设 完成文武港社区等7个服务中心建设，已达“八有十进”的验收标准；采取调查问卷等形式，对个体工商业户、社区老干部、生活困难群众等不同群体走访摸底，开展“群众到底需要什么服务”的专题调研活动；完成了全部7个新型社区党组织组建工作及工作人员配备和培训工作。

民生工程 举办招聘洽谈会22场，提供就业岗位6000余个，2800余人参加，160余人现场达成意向，举办创业培训班，培训230人，创业成功率90%，审报自谋职业扶持金申请116人，上报小额担保贷款11人。落实低保动态管理制度，为549户的1152人发放低保金370余万元、慰问金（慰问品）120余万元。开展大病医疗救助、临时困难救助等送温暖活动。为育龄妇女免费查体2万余人次，发放各类计生利益导向金、救助金40万余元。投资2450万元，完成中医院一期工程建设，8月已正式启用，可为社区居民提供更加优质便捷的医疗服务。

平安建设 召开全市法治镇街创建工作现场会，推广基层法制工作经验。加强治安管控，在重要路段节点安装监控探头670余个。调解民间纠纷86起，调解成功率达98%。

组织建设 开展“三联三促”活动，组织社区班子和干部签订承诺书290份，承诺事项689项；加强“三资”管理，审查社区重大事务决策并出具审查意见55份；开展“五标”创建活动，加强机关作风建设，提高机关效能，优化经济发展环境；落实党风廉政建设责任制，按照中央“八项规定”要求，强化党员干部廉洁勤政意识。

（王哥庄街道）

王哥庄街道第十四届庆新春民间文艺汇演

北宅街道

北宅街道辖区面积81.3平方公里，辖36个社区，农村人口28228人，2013年全年财政收入完成5569万元，同比增长48%；农村经济总收入达到30.5亿元，同比增长22%；农民人均纯收入达12600元，同比增长12%；固定资产投资完成28亿元，同比增长229.4%；实际利用内资18亿元；实际利用外资450万美元；外贸进出口总额2100万美元。

主体完工的中石化安工院

·经济发展·

重点项目　海信新研发中心一期项目于6月28日开工建设，并于年底实现全部在建单体主体封顶。世园会后勤保障基地内的世园村五星级、四星级酒店达到试营业条件；北方茶博园全部封顶，进行室内外装修；世园大道工程、世园停车场建设全面完成。蓝色硅谷产业创业带建设进展顺利，中科院兰化所、信得药业等5个项目均已主体封顶；中石化安工院项目进展顺利；歌尔青岛科技产业园内5个在谈项目正在完善规划方案。城际交通轻轨完成摸底调研、征地放线工作；35KV龙口路变电站完成涉及用地的征地工作。

特色旅游　全年共吸引游客280余万人，同比增长4.1%；旅游收入18100余万元，同比增长约10.55%。其中，樱桃节吸引游客50余万人次，旅游相关收入约7760万元，户均收入9500余元。

增设628路公交车，增加停车场数量，继续实行交通调流管制；成立北宅农家宴协会，实现农家宴自我管理，5家农家宴被评为省级好客山东星级

大崂樱桃园

西陈社区村庄改造效果图

农家宴；完善景区指示牌、警示牌建设，增设了游客咨询投诉中心，对医疗救护点的条件进行了改善。做好大崂樱桃山谷、大崂红缨樱桃园及北涧天一顺生态园申报省级精品采摘园工作，完成创建大崂社区3A级景区和省级旅游特色村及北涧天一顺省级农业旅游示范点的前期筹备工作。

·城乡建设·

整村改造　成立“两改”指挥部和专项工作组，推进西陈、北涧等6个社区，2419户的村庄改造工作。妥善解决西陈社区村改难题，启动西陈社区居民搬迁补偿协议签订工作；推进北涧社区村改工作，完成北涧社区村庄改造一揽子协议（资金共管协议、土地开发整理实施协议及安置区建设项目代建合同）签订工作，并于10月17日开始与社区居民签订搬迁补偿协议。沟崖社区已做好签订搬迁补偿协议前的准备工作；峪夼、东陈、洪园社区正在进行房屋面积确认及安置区建设相关手续办理等工作。

环境整治　确定世园会、周边景区旅游沿线、劈石口沿线、滨海大道沿线等六大重点整治区域，拆除“违法建筑”177处，面积达26000余平方米，其中世园会周边80处，面积14110平方米；强化土地监察，全年纠正土地违法行为38宗。

投资1226万元对南王路、峪上路和周上路进行了景观绿化改造提升；投资1500余万元对世园会周边及36个社区实施综合整治；投资150余万元完成社区服务中心周边新建绿地3000余平方米；投资190余万元对南北岭教堂—劈石口沿线实施了景观鹅卵石挡墙、植绿、美化工程；全年拆除门头牌匾、广告牌390余处，安装金属围挡约3000米，绿化硬化30000平方米，规范建筑立面12000平方米。其中对世园会周边区域进行了重点整治，整顿占路经营713起，清理灯箱广告牌、小广告300余处，清除卫生死角、三大堆400余处，清运垃圾500余吨。

环境整治后的滨海大道一隅

大崂社区服务中心

·社会事业·

基层党建　全年新发展党员33人，在新型社区成立了综合党支部，采取党员集中管理和“双重组织生活”的形式，对转入农村社区党员的条件、程序进行规范，加强农村社区党员组织关系的管理。强化“一诺两审三评”、农村党组织星级评定等制度的落实力度，全年签订社区班子和班子成员承诺书624份，确定为民办实事1520项，做出党员承诺9000余项。投入资金10余万元，走访慰问建国前老党员和生活困难党员50余人次。在青岛大崂樱桃山谷和涵雪茶业专业合作社中试点建立了党组织，加强农民专业合作社党建工作；选派3名优秀机关干部到非公企业担任党建工作指导员。

惠民工程　沟崖、大崂、凉泉三个社区服务中心全部建成并投入使用；明确服务中心服务事项和流程，推进政府管理重心下移，覆盖36个社区的新型社区服务网络基本形成。

完成投资499.7万的孙家中心幼儿园修缮主体工程，实施幼儿园及中小学校舍修缮、教学设施配备、校园绿化美化工程。

投资975万元做好书院南山塘坝除险加固工程、五龙河河道治理工程及农田水利建设工程；开展打击非法取水专项治理行动，遏制非法拉卖水行为；制定防汛应急方案和汛期安全度汛措施。

改善交通条件，投资252万元启动北宅公交枢纽站及附属站点建设工程，解决辖区内偏远山区群众出行难问题。做好经济落后社区扶持项目，涉及街巷硬化、旅游配套等内容的19个项目已按期施工建设。完善社会救助体系，为辖区571户，1204位低保人员发放低保金；做好救助资金、物质发放工作，全年发放各类救助金627万元。严抓护林防火工作，投资20余万元抚育中幼林，投资600余万元高标准清理世园会周边“两横五纵”防火隔离带17公里，1530亩。

·大事专题·

海信集团研发中心项目　项目由海信集团投资约20亿元，落户于滨海大道以西、天水路以北、石岭子以南区域。项目将集团江西路海信研发中心和广东科龙研发中心进行整合，规划建设成一个由海信展示中心、基础技术研发中心、新技术中试转化中心、产品技术研究中心、国际化培训中心、国际学术交流中心、新产业新技术检测实验中心，博士后科研工作站等10余个中心（站）组成的全球唯一的综合研发培训中心。项目一期占地242亩，已于6月28日正式开工建设，目前部分主体建筑已封顶。

蓝色硅谷产业孵化带研发基地　中国科学院兰州化学物理研究所青岛研发中心部分投入使用，信德兽药中试生产基地一期主体完工，中国石油化工股份有限公司青岛安全工程研究院一期主体封顶，银龄美海洋系列保健食品生产基地一期完工，博益特海洋生物医用材料产业化基地主体封顶。

防火隔离带建设　北宅街道毗邻2014青岛世园会主会场，为确保世园会主会场周边森林安全，投入资金600余万元开展清理“两横五纵”高标准防火隔离带工作，覆盖面积达102万平方米（1530亩）。所谓“两纵五横”，即以世园会围挡和林缘地为边界，清理出宽60米、长12公里的2条横向隔离带和宽60米、长4公里的5条纵向隔离带。在建设防火隔离带的过程中放弃传统的火烧作业，采取人工割除、割灌机割除、铁锄锄除等方式对防火隔离带内杂草灌木进行彻底清除。

（北宅街道）

建设中的海信研发项目

2013年崂山区国民经济和社会发展统计公报

2013年面对复杂严峻的宏观经济环境，在区委、区政府正确领导下，全区广大干部群众坚持以科学发展观统领全局，着力“抓项目、稳增长、调结构、惠民生”，攻坚克难，创新实干，奋进有为，全区经济保持“稳中有进”，社会事业呈现全面发展的良好局面，为率先全面建成小康社会宏伟目标奠定了坚实基础。

一、综合

综合实力再上新台阶。初步测算，2013年全区实现生产总值（简称GDP）439.70亿元，按可比价格计算，比2012年增长（下称增长）9.8%。其中，第一产业增加值5.90亿元，增长2.4%；第二产业增加值239.25亿元，增长10.0%；第三产业增加值194.55亿元，增长9.8%。人均生产总值达10.57万元，按年平均汇率折算（1美元=6.1932元）为1.71万美元。

产业结构继续优化。三次产业比例关系由2012年1.34：55.18：43.48调整为1.34：54.41：44.25。第二产业、第三产业分别下降、提升0.77个百分点。

经济运行质量不断提高。2013年全区实现区级公共财政预算收入89.51亿元，增长16.6%，占GDP总量的20.4%，较2012年占比提升1.4个百分点；国、地税实现税收收入189.92亿元，增长10.0%，占GDP总量的43.2%，较2012年占比提高0.4个百分点。规模以上工业企业实现利税（不含青岛卷烟厂，下同）60.10亿元，增长4.7%；其中利润43.44亿元，增长14.5%。

就业形势保持稳定。2013年城镇登记失业人员13734人，登记失业率1.8%，低于全市1.18个百分点。全区新增城乡就业18362人。全区培训城乡劳动力3231人，其中农村劳动力1814人。

海洋经济取得新突破。2013年，全区实现海洋生产总值48.81亿元，增长23.7%（现价），高于GDP速度13.9个百分点；占GDP比重11.1%，较2012年占比提升1.3个百分点。其中，完成第一产业增加值5.4亿元，增长1.1%；第二产业增加值6.5亿元，增长35.4%；第三产业增加值36.9亿元，增长24.2%。

经济和社会发展中存在的主要问题是：经济拉动力量不多，产业结构调整难度加大；投资结构不尽合理；节能减排压力较大；服务业内部结构仍需调整；城乡居民发展不均衡性尚需改善；经济、社会事业发展水平与人民需求、增收之间要求存在一定差距。

二、农林牧渔业

农业生产稳步增长。2013 年全区农林牧渔业完成总产值 10.58 亿元；实现增加值 5.9 亿元，按可比价格计算，增长 2.4%。其中，农业、林业、牧业、渔业及农林牧渔业服务业分别实现增加值 0.6 亿元、0.01 亿元、0.29 亿元、4.47 亿元、0.53 亿元，分别增长 1.0%、6.9%、4.5%、2%、6.7%。

特色、传统农业保持稳定。全年茶叶种植面积达到 18204 亩，与 2012 年基本持平；优质果树面积达到 9113 亩。全年粮食播种面积 2851 亩，粮食总产量 1322 吨；蔬菜播种面积 4603 亩，总产量 8839 吨。全年成林抚育 1333 公顷。牛存栏 200 头、羊存栏 566 头、生猪存栏 5408 头、家禽存栏 48.89 万只；肉、蛋、奶产量分别为 1926 吨、3256 吨、718 吨。全年水产品总量 7.27 万吨。

三、工业与建筑业

工业生产稳中有升。2013 年全区完成工业总产值 676.48 亿元，增长 7.7%，其中规模以上工业完成产值 622.60 亿元，增长 7.7%。实现工业增加值 197.63 亿元，按可比价计算，增长 7.8%，其中规模以上工业增加值增长 8.3%。

工业效益增势稳健。2013 年规模以上工业实现主营业务收入 622.15 亿元，增长 9.0%；利税 60.10 亿元，增长 4.7%，其中利润 43.44 亿元，增长 14.5%；规模以上工业销售利润率 7.0%，比 2012 年提升 0.4 个百分点。

主导产业平稳增长。2013 年规模以上工业中家电电子、高端机械、海洋生物制药和食品饮料四大主导产业实现产值 443.16 亿元，增长 9.8%，占规模以上工业总产值的 71.2%；利润 40.39 亿元，占规模以上工业利润总额的 93.0%。其中：家电电子产业、高端机械产业、海洋生物制药产业、食品饮料产业分别实现产值 275.58 亿元、104.52 亿元、16.36 亿元、46.69 亿元，分别增长 7.4%、18.6%、19.5%、2.7%；利润 21.00 亿元、9.29 亿元、5.05 亿元、5.05 亿元，分别增长 15.9%、32.7%、8.6%、3.7%。

卷烟行业保持增势。2013 年卷烟行业实现产值 115.27 亿元，占规模以上工业总产值的 18.5%，增长 5.1%，拉动规模以上工业产值增幅提升 1.0 个百分点。

规模以上工业主要产品产量

产品名称	计量单位	2013 年	比 2012 年增长（%）
房间空调器	万套	184.55	13.1
家用洗衣机	万台	376.63	-4.2
手机	万部	559.88	-13.0
卷烟	亿支	541.80	2.2
程控交换机	万信道	176.31	-33.2
发电量	万千瓦时	3612	39.2
葡萄酒	千升	4164.52	6.0
软饮料	万吨	64.75	-1.9
糕点	万吨	0.56	2.6
方便面	万吨	7.23	37.2
旅游帐篷	万顶	11	-45.0
冷冻水产品	万吨	1.51	11.4
电力电缆	千米	38053	23.1
胶鞋	万双	307	6.6
瓦楞纸箱	万吨	0.20	-9.6
日用玻璃制品	万吨	17.58	3.8
棉花加工机械	万台	0.98	72.9

建筑业较快增长。全区资质以上建筑企业完成建筑业总产值 159.04 亿元，增长 11.1%，其

中省内总产值77.31亿元，增长24.9%；实现建筑业增加值41.62亿元，按可比价格计算，增长22.7%。

四、固定资产投资、房地产

投资额不断增加。2013年全区完成规模以上固定资产投资额188.32亿元，增长20.8%。分项目看，房地产投资101.57亿元，下降7.0%；项目投资86.75亿元，增长86.5%。分产业来看，投向于一、二、三产业的投资额分别为0.28亿元、17.29亿元、170.75亿元，分别增长93.1%、65.2%、17.7%。一、二、三产业的投资额比例由2012年的0.1：6.7：93.2调整为0.2：9.2：90.6。

国有投资大幅增长。2013年全区国有经济完成固定资产投资71.07亿元，增长120.9%；占全区规模以上固定资产投资比重达到37.7%，占比较2012年提升了17个百分点。

房地产结构逐步优化。2013年，全区房地产房屋施工面积437.10万平方米，下降2.9%；其中住宅、办公楼、商业营业用房和其他用房分别为162.63万平方米、98.29万平方米、62.98万平方米、113.20万平方米，占比分别为37.2%、22.5%、14.4%、25.9%；占比较2012年分别提升-9.2、6.2、1.7、1.3个百分点。

房屋竣工面积减少。2013年全区房屋竣工面积140.35万平方米，下降25.4%，其中住宅47.88万平方米，下降63.0%。房地产开发项目房屋竣工面积72.58万平方米，下降48.9%，其中住宅41.07万平方米，下降61.4%。

新建商品房销售回暖。2013年全区实现商品房销售面积59.93万平方米，增长30.9%。其中，住宅、办公楼、商业营业用房分别销售38.62万平方米、18.74万平方米、2.57万平方米，增幅分别为11.6%、78.5%、284.7%。商品房销售面积连续三年下降后，首次实现回暖。商品房销售额106.05亿元，增长55.4%。其中，住宅销售额38.62亿元，增长11.6%。

商品房待售面积略有增加。截止2013年末，全区商品房待售面积42.53万平方米，增长7.5%。其中，住宅待售面积18.19万平方米，增长9.7%。

五、交通运输

交通运输业稳步发展。2013年，我区新增628、633、466、635、932等5条公交线路，调整优化13条公交线路；货运车辆330辆、4311吨位；道路总里程4.09公里、公交场站1座。截止2013年年末，途径我区公交线路达到84条，公交营运车辆1297部；货运车辆6340辆、3.25万吨位；客运车辆100辆、3600个座位；专业运输企业24家，维修厂家216个，汽车安全性能检测站1个，驾驶员培训学校2家，客运站1个；全区道路总里程达到747.9公里，公路网密度1.89公里/平方公里。全年累计实现客运周转量65145万人公里，增长3.26%；货运量970万吨，增长10.2%，货运周转量23亿吨公里，增长9.8%。

六、旅游、会展、总部、楼宇

旅游业加快发展。新增市级旅游特色村1个、特色点2个。截止到2013年末，全区拥有5A级景区1个，4A级景区3个，3A级景区5个，2A级景区2个；拥有国家级节会1个，区级节会6个。2013年接待海内外游客1147万人次，增长15%。其中，国内游客1119万人次；入境游客28万人次。实现旅游收入68.17亿元，增长20.0%。其中，国内旅游收入63.37亿元，入境旅游收入4.8亿元；旅游商品收入12.56亿元。崂山风景区全年接待海内外游客242.8万人次，增长12.2%；实现非贸易收入3.36亿元，增长4%。第二十三届青岛国际啤酒节吸引游客近400万人次，消费啤酒量1200吨。

会展影响力日益扩大。2013年青岛国际会展中心举办展会及大型活动111个，增长7.8%；累计使用展览面积129万平方米，增长6.6%；

接待海内外来宾300万人次，增长5.8%。

总部、上市公司加快引进。2013年，全区引进山东天元锰业有限公司、卓越金宇控股有限公司、中铁建山东投资有限公司等15家大型企业总部，累计达到85家。截止2013年底，我区上市公司8家。其中：青岛海尔、华仁药业2013年实现股权激励融资达2.7亿元。

楼宇经济建设成果喜人。2013年全区新投入使用的商务楼宇项目3个，累计投入使用的楼宇项目30个，面积达180万平方米；楼宇注册企业2630家，增加430家；楼宇注册企业实现税收16.95亿元，增长69.5%，税收过亿元楼宇5座（凯旋商务中心、国际金融广场、韩中商务楼、创业大厦和国展财富中心）。

七、国内贸易

消费市场平稳增长。2013年全区完成社会消费品零售总额143.51亿元，增长13.2%。其中，汽车销售企业完成零售额84.35亿元，增长6.0%；丽达购物广场、乐天玛特超市完成零售额9.60亿元，增长11.1%。分行业来看，批发、零售、住宿、餐饮业分别完成零售额5.28亿元、124.78亿元、2.42亿元、11.03亿元，分别为-43.2%、18.8%、24.7%、4.5%。

全年限额以上批发零售住宿餐饮业累计实现销售额（营业额）1204.65亿元，增长5.0%。其中，限额以上批发业实现销售额1059.28亿元，增长3.5%；限额以上零售业实现销售额138.37亿元，增长17.3%；限额以上住宿业实现营业额3.97亿元，增长35.7%；限额以上餐饮业实现销售额3.03元，增长1.0%。

2013年新建、改造标准化农贸市场3处、标准化农村超市13处，新增商业面积10万平方米。截至目前，已建成标准化农贸市场8处、标准化农村超市31处，商业面积30万平方米。

八、对外经济和招商引资

对外开放程度不断深化。截至到2013年末，我区外资企业405家。其中，中外合资企业140家、中外合作企业12家、外商独资企业248家、外商投资股份制企业5家。已与世界181个国家建立了直接的经济贸易关系。全区有进出口实绩业务的企业达到582家，其中出口475家，进口232家。全区实现进出口额63.14亿美元，增长6.2%，其中，出口额37.20亿美元，增长5.9%；进口额25.94亿美元，增长6.6%。按出口企业性质分，内资、外资企业分别实现出口额31.61亿美元、5.59亿美元，分别增长8.9%、-8.1%。按出口贸易方式分，一般贸易、加工贸易、其他贸易分别完成出口额25.30亿美元、7.98亿美元、3.92亿美元，分别增长13.7%、-30.1%、169.5%。按出口大类商品分，机电产品和高新技术产品分别实现出口额19.39亿美元、3.09亿美元，分别增长9.0%、-6.0%。

招商引资取得新成果。外资：2013年新批准外商投资企业35个，合同外资29390万美元，增长19.6%；实际到账外资22038万美元，增长38.8%。其中总投资1000万美元以上的项目7个，合同外资23369万美元。全年新批准外商投资服务业企业32个，合同外资23664万美元。批准外资并购项目3个。内资：2013年引进内资项目48个，其中总投资过亿元项目15个；实际利用市外内资额60.3亿元，增长10.2%。

服务外包业务大幅增长。全年实现服务外包离岸合同额7.09亿美元，增长65.0%；离岸执行额5.16亿美元，增长34.7%，业务规模位居全市首位。

九、财政、税收和金融

财政收支良好。2013年全区实现区级公共财政预算收入89.51亿元，增长16.6%。其中，增值税、营业税、企业所得税分别增长0.1%、22.5%、36.9%。完成区级公共财政预算支出62.74亿元，增长28.5%，其中科技、文化、社会保障等民生方面支出保持快速增长，分别增长34.9%、42.1%、42.2%。

税收稳定增长。2013年国、地税实现税收收入189.92亿元，增长10.0%；其中国税124.51亿元，增长3.9%，地税65.41亿元，增长23.9%。

金融业快速发展。2013年新南国际控股、国信金融控股、青岛国投等大型金融企业入驻我区。包括金石、广诚、亿兆等在内5支总规模270亿元的大型股权投资基金及光大融资租赁、华通东卫融资租赁落户崂山。引进青岛蓝海股权交易中心、青岛产权交易所和正元恒邦贵金属交易中心3家交易市场（中信证券等5家单位共同出资设立的）。全省最大的金鼎信小额贷款公司正式营业，注册资本6亿元的国信融资担保公司开业。建行、交行、工行3家私人银行，及亘源财富、国金财富、汶博资特3家财富管理机构入驻崂山。全年新引进金融企业37家，全区金融企业达到159家，其中，银行业48家、证券业10家、保险业29家，全区大型独立法人金融机构达到6家，占全市3/4，市级以上金融区域性总部达到27家。全年实现金融业增加值47.85亿元，按可比价计算，增长21.2%。

十、科学技术、教育和人才

科技创新能力显著提升。2013年，新增12家高新技术企。截止2013年末，全区高新技术企业达到134家，居全市首位。组织企业实施各级各类科技计划项目79项，其中国家级30项，市级49项，争取上级科技扶持资金11053万元，增长12.8%。引进培育了海洋生物医药研究院、海尔研发中心等一批实力雄厚的研发服务机构。2013年达成技术合同608项，技术交易额达16.75亿元，增长46.4%，占全市总交易额的47.3%。连续第四次获批“全国科技进步考核先进区”殊荣。2013年，新批工程研究中心（实验室）5家，其中国家和地方联合工程研究中心（实验室）1家，省级工程研究中心（实验室）1家，市级工程研究中心（实验室）3家。我区工程研究中心（实验室）累计达12家。2013年新批企业技术中心9家。截止2013年末，我区各级技术中心32家。其中，国家企业技术中心5家、省级企业技术中心4家、市级技术中心23家。2013年全区规模以上工业实现高新技术产业产值403.70亿元，增长11.1%，占规模以上工业总产值的64.8%，较2012年提升2.7个百分点，占比继续保持全市首位。

科研成果丰硕。全区专利申请量达到6080件，增长17.7%。其中，发明专利3604件；发明专利授权量614件，增长7.9%，占全市发明专利授权量的31.8%。PCT国际专利申请134件，占全市申请总量的59.6%。截止2013年末，全区专利累计申请量28394件，万人发明专利拥有量59件，居全市首位；全市唯一知识产权公共服务平台在我区建成投入使用，扶持5家企业建成专利专题数据库，新引进1家国内知名专利中介服务机构，国家知识产权试点、示范单位达到8家，占全市50%。

教育事业健康发展。新建配套学校建设取得突破。总投资4亿多元，总建筑面积达到8万多平方米的育才学校、第二实验小学、麦岛小学、沙子口中心小学、青岛高新职业学校公共实训基地完工。全区教育事业总投入达到11.5亿元。完善生均公用经费长效增长机制。2013年，小学、初中生均公用经费提高至900元/生．年和1100元/生．年。崂山三中、实验小学代表中国参加在美国举行的第34届世界头脑奥林匹克决赛，实验小学获得“翻滚的结构”竞赛项目冠军，开创我市代表队在世界头脑奥林匹克竞赛中夺冠的先河。实验幼儿园北村园、金钥匙幼儿园崂山分园等7所新建改建公办幼儿园陆续投入使用。在2013年全国职业院校技能大赛中，青岛高新职业学校2名学生分获汽修、服装专业金银奖。实施校车标准化工程。投资2400万元，配备87辆符合国家校车标准的专用校车，开通接送学生线路120条，保证全区义务教育阶段学校5000余名学生上下学安全、便捷。截止2013年底，我区有各类学校46处，在校学生31294人；

其中普通中小学43所（含私立学校6所），在校学生27966人；教职工总数2325人，其中教师2282人。从学校构成来看：高中2所，在校学生2922人；初中10所，在校学生6196人；小学25所，在校学生15713人；私立学校6所，在校学生3135人；职业中专、教师进修学校、特殊教育学校各1所。幼儿园105处，在园幼儿9330人。目前，普通中小学省级规范化学校19处，市级以上规范化学校33处，分别占学校总数的54.3%和94.3%。18所学校创建为青岛市现代化学校，创建率达到57%，居全市各区市首位。2013年，省文理本科一批达线人数为152人，市文理本科二批达线人数为425人，本科总达线人数为869人（含艺体文、理等），比去年增加34人，增长4.1%。

人才建设深入推进。新建高校毕业生就业见习基地5个，见习基地总数达42家；新设立博士后科研工作站2家、专家工作站5家、技师工作站1家。截止2013年末，全区拥有市级专家工作站19家，签约进站首席专家168名；拥有“千人计划”人才13名、省“泰山学者”海外特聘专家16名，居全市首位。

十一、文化、卫生和体育

文化事业日益繁荣。社区文化活动中心每周开放时间达40小时；成功举办“崂山艺术讲堂”、“山歌海韵·乡音乡情”“重温经典·情满崂山”流动电影进社区、青岛金石文化艺术节、2013崂山非物质文化遗产节、第三届崂山图书文化节等公益文化活动；太清宫、上清宫、太平宫等11处崂山道教建筑群被国务院公布为第七批全国重点文物保护单位；崂山区被省文化厅认定为省级崂山道教文化生态保护实验区。截至到2013年末，全区共有各类文化机构9处，其中文化馆1处，文化站4处，文管所1处，图书馆1处，崂山画院1处，广播电视中心1处。年末全区拥有图书总量60万册（不含学校），人均藏书量1.43册；区图书馆实现读者流通人次17.8万人次，流通总册次18.3万册次，入藏文献5.2万余册，书刊宣传682种。全区拥有各类文化经营单位528家，从业人员8000人。全年举办文化活动1000场，文化下乡669场，其中送电影下乡648场。

卫生事业稳步推进。新农合人均筹资标准、个人年度报销封顶线提高到535元、18.67万元，较2012年分别提高135元、6.13万元，连续10年居全省首位；一、二、三级医院住院医疗费的补偿比例分别提高到90%、80%和70%，较2012年各提高5%；高血压、糖尿病纳入门诊慢病范围，报销比例提高到50%，每人每年最高补偿额度1000元；重大疾病住院医疗费补偿比例提高到80%，位于全省前列。2013年全区累计41.96万人次获得医疗费补偿金5744.24万元，受益率（受益人次/参合人数）417%；住院补偿8336人次，补偿资金4528.76万元；门诊大病补偿28192人次，支付补偿金739.31万元；普通门诊补偿38.28万人次，支付补偿金473.71万元。2013年全区共有医疗卫生机构395处（含个体诊所）。其中：疾病控制中心1处、卫生监督所1处、妇幼保健所1处，一级医院11处（街道卫生院2处、精神病院1处、其它一级医院8处），二级医院3处，三级医院2处，疗养院1处，社区卫生服务中心2处，社区卫生服务站21处，村卫生室198处，企事业单位医疗机构34处，个体诊所、门诊部120处。拥有医疗床位1750张。各类卫生技术人员2876人；其中医生1168人，护士1177人；其中中级以上技术人员1429人，占49.69%。

体育事业蓬勃开展。2013年完成35处社区健身设施的配备工作。截至到2013年末，全区体育设施配套工程总计335处。社区体育健身设施示范点工程配备率达100%。组队参加“体彩杯”青岛市第三届运动会，夺得金牌68.5枚，银牌17枚，铜牌17枚，获区（市）组金牌总数第7名。崂山一中男子篮球队获“李宁杯”全国高中篮球联赛山东省赛区第四名。健身操队囊括

“2013年肯德基全国青少年校园青春健身操大赛”青岛赛区四个单项一等奖、两个团体一等奖的好成绩，并获得“最佳表演奖”。崂山二中男子足球队获青岛市23届“市长杯”学校足球联赛高中组第五名并获铜靴奖。至2013年底，全区市级篮球、田径体育传统项目学校、帆船特色学校、足球项目试点学校达19所。

十二、城市建设

供水能力不断增强。2013年全区供水总量3630万吨，其中海润自来水供水1320万吨。其中，生产运营用水1280万吨，居民生活用水1456万吨。城区日综合供水能力达到5.0万吨。村庄通自来水普及率100%。截止2013年末，全区供水管道总长度达219.7公里。供水水质综合合格率100%。

电力保障能力不断提升。2013年，全社会用电量（不含海尔、卷烟等企业）12.54亿度，增长4.5%。其中，第一产业0.01亿度，下降26.8%；第二产业3.49亿度，下降6.9%；第三产业5.01亿度，增长10.4%；城乡居民4.03亿度，增长9.1%。

城市公用事业保障能力不断提高。道路：截至到2013年底，城区道路面积309.49万平方米，人行道面积119.91万平方米，桥梁15座，安装路灯的道路长度231公里，路灯11401盏，6630基。用气：2013年天然气供应总量3262.15万立方米，其中家庭用量1228.77万立方米，用气户数8.98万户，使用天然气人口26.94人；液化气供应总量4187吨，用气户数2.7万户，使用液化气人口8.1万人。供热：全区集中供热面积1135万平方米，本年新增96万平方米。住宅供热面积1015万平方米。热水管道长度268.95公里，热水供热总量310.79万吉焦；蒸汽管道长度9.72公里，蒸汽供热总量95.11万吉焦。绿化：2013年城区新增绿地51公顷，建成区内绿化覆盖面积2009.05公顷，绿化覆盖率达到43.62%。园林绿地面积2110.4公顷（建成区内1932.42公顷，建成区外178公顷），公共绿地面积523.85公顷。公园2个，公园面积209.72公顷（含街旁绿地）。

十三、环境保护和安全生产

环境质量继续改善。2013年1月1日起，我市正式实施国家新《环境空气质量标准》（GB3095－2012），新标准在原可吸入颗粒物（PM10）、二氧化硫、二氧化氮三项评价指标基础上，增设了细颗粒物（PM2.5）等三项指标。按照新标准评价，2013年环境空气质量达到优、良级别的天数为272天，空气质量优良率为74.5%。大气中PM2.5、可吸入颗粒物、二氧化硫、二氧化氮年均值分别为59微克/立方米、96微克/立方米、46微克/立方米、32微克/立方米。全年共淘汰高污染黄标车1680辆，2011年至2013年累计淘汰4588辆。淘汰燃煤锅炉10台，总吨位142吨/时。完成锅炉废气、工业扬尘和挥发性有机物等大气治理项目38个。道路交通和区域声环境质量总体较好，市区道路交通和区域环境噪声平均等效声级分别为67.6分贝和57.9分贝。

安全生产持续好转。2013年全区累计发生各类生产安全事故23起，死亡6人，伤9人，直接经济损失75.55万元。其中生产经营性道路交通事故11起，死亡4人，伤9人，直接经济损失2.90万元；消防火灾事故11起，死亡1人，直接经济损失600万元；工矿商贸事故1起，死亡1人，直接经济损失60万元。

十四、人口、人民生活与社会保障

人口低速增长。截止2013年底，全区常住人口41.89万人。出生率9.33‰，死亡率5.79‰，人口自然增长率3.55‰。合法生育率98.44%。新生婴儿男女性别比108.5：100。女性初婚晚婚率89.5%。全年办理结婚登记3360对、离婚登记604对。

城乡居民水平持续提升。城镇居民人均可支

配收入 38755 元，增长 9.48%；人均消费支出 21543 元，增长 9.42%。农民人均纯收入 17855 元，增长 12.05%；人均生活消费支出 11740 元，增长 2.76%。

社会保障覆盖面不断扩大。完成地方农保向城镇基本养老保险和城乡居民养老保险转移接续工作。自 2013 年 1 月 1 日起，领取城乡居民养老保险养老金待遇人员每人每月增加养老金 55 元。2013 年新增参保企业 574 户，净增养老、医疗、工伤、生育、失业保险人员分别达到 12981 人、12099 人、4484 人、8454 人、6049 人；分别增加保费 18702 万元、7603 万元、465 万元、409 万元、-4347 万元（失业保险缴费比例下调 50%）。截止 2013 年末，全区参保企业达到 5299 户，参保职工 158240 人，征缴企业各类社会保险基金 209011 万元。其中参加基本养老保险人数 158240 人，基本医疗保险 140153 人，工伤保险 130360 人，生育保险 97566 人，失业保险 91318 人。全区城乡居民养老保险参保人数 34537 人，增加 1634 人，收缴保费 4800 万元。

民生保障基础日益稳固。自 2013 年 7 月 1 日起，城市低保标准由原来的每人每月 480 元提高到 540 元，农村低保标准由原来的每人每年 3300 元提高到 3900 元；“五保”对象供养标准由每人每年 10200 元提高到每人每年 11600 元。实施城乡低保家庭冬季取暖补助 102 万元。临时救助标准由每年 1 万元提高到 1.5 万元。全年救助困难群众 1282 人次，发放救助金 133 万元。实施医疗救助、重大疾病救助 14679 人次，发放救助资金 1032 万元。完成区社会福利中心二期工程建设任务，竣工面积 12000 平方米；投资 1.1 亿元新建成的 2 家社会养老机构竣工面积达 13800 平方米，新增床位 400 张。截止 2013 年末，全区享受抚恤补助的重点优抚对象 396 人。全区有城乡低保对象 2129 户 4322 人（其中城镇低保户 280 户 512 人，农村低保户 1849 户 3810 人），发放城市低保金 282 万元，农村低保金 1235 万元。全区有社会养老服务机构 8 家，床位 1110 张，收养各类老人数 368 人。其中集体办的敬老院 1 处，床位 600 张，集中供养 85 人。福利企业 19 家，职工人数 807 人，安置残疾职工 362 人，年销售收入 42194.54 万元，年纳税总额 1020.65 万元，年利润额 1436.11 万元。

注释：

1. 公报中部分统计数据为初步统计数。部分数据因四舍五入的原因，存在着与分项合计不等的情况。

2. 公报中地区生产总值、各产业增加值绝对数按现价计算，增长速度按可比价格计算。

3. 山东中烟工业公司青岛卷烟厂是山东中烟工业公司的一个生产车间，其财务数据由总公司统一核算。因此，公报中所涉工业财务指标均不含卷烟厂数据。

4. 规模以上工业是指年主营业务收入 2000 万元以上工业企业；规模以上固定资产投资是指计划总投资 500 万元及以上项目投资；限额以上批发、零售、住宿、餐饮企业指：批发业：年主营业务收入 2000 万元及以上；零售业：年主营业务收入 500 万元及以上；住宿业：年主营业务收入 200 万元及以上；餐饮业：年主营业务收入 200 万元及以上。

5. 常住人口是指户口登记地在本地且在本地居住半年以上的人口和居住在本地、户口不在本地但已经离开户口登记地半年以上的人口以及居住在本地、户口待定的人口。本公报所使用的 2013 年常住人口数为本年度人口抽样调查推算数据。

6. 资料来源：本公报中交通运输相关数据来自区交通运输局；旅游、会展相关数据来自区旅游局；会展、楼宇、金融业相关数据来自区服务业发展局；对外经济、服务外包、农贸市场相关数据来自区商务局；总部、上市、利用内资相关数据来自区发展和改革局；财政相关数据来自区财政局；税收相关数据来自崂山国税局、崂山地税分局；科学技术相关数据来自区科学技术局；就业、人才、社会保障相关数据来自区人力资源和社会保障局；教育、体育相关数据来自区教育体育局；文化相关数据来自区文化新闻出版局；卫生相关数据来自区卫生局；供水相关数据来自区水利局；电力相关数据来自崂山供电部；城市建设相关数据来自区市政公用局；环境保护相关数据来自崂山环保分局；安全生产相关数据来自区安全生产监督管理局；自然增长率等相关数据来自区人口和计划生育局；民生福利相关数据来自区民政局；其他相关数据均来自区统计局。

2013年度副处级以上干部任免名单

1月13日　市委同意：徐凌云同志担任青岛高科技工业园管理委员会副主任（副区级）。

1月22日　经区委研究决定：邓子部同志明确为正处级；郭和平同志明确为正处级；陈雍赞同志任中共崂山区纪委执法监察室主任，不再担任中共崂山区纪委派驻第三纪检组副组长，崂山区发展和改革局党组成员职务；赵义军同志任中共崂山区纪委信访室主任（试用期一年）；刘越南同志不再担任中共崂山区纪委信访室主任职务；江守波同志任中共崂山区纪委副处级纪律检查员；张群同志任中共崂山区纪委派驻第三纪检组组长（试用期一年），不再担任中共崂山区纪委派驻第一纪检组副组长职务；谭瑞勇同志任中共崂山区纪委派驻第一纪检组副组长（试用期一年），崂山区发展和改革局党组成员；王兆勇同志任中共崂山区纪委派驻第一纪检组副组长（试用期一年），崂山区卫生局党组成员；辛慧君同志任中共崂山区纪委派驻第二纪检组副组长（试用期一年），崂山区财政局党组成员；石登华同志任中共崂山区纪委派驻第三纪检组副组长，崂山区水利局党组成员；仇卫忠同志任中共崂山区委办公室调研员；张彩萍同志任中共崂山区委机要局局长（试用期一年）；张树人同志不再担任中共崂山区委机要局局长职务；刘英同志任中共崂山区委办公室副调研员；周萍同志任中共崂山区委、崂山区人民政府信访局调研员；盛联兴同志任中共崂山区委组织员办公室主任（试用期一年）；徐金宏同志任崂山区机构编制委员会办公室主任（试用期一年）；滕永锋同志任崂山区机构编制委员会办公室副主任（试用期一年）；唐铭同志任崂山区科学发展综合考核委员会办公室主任（原职级不变），不再担任中共崂山区委组织员办公室专职副主任职务；栾泽选同志任中共崂山区委宣传部常务副部长，不再担任崂山区精神文明建设委员会办公室主任职务；刘志峰同志任崂山区精神文明建设委员会办公室主任（试用期一年）；段培田同志任中共崂山区委宣传部副部长（试用期一年）；陈新同志任崂山区维护社会稳定工作领导小组办公室主任（正处级，试用期一年）；孙文德同志任中共崂山区委政法委员会副调研员；王艾香同志任崂山区人大常委会副调研员；肖焰恒同志任崂山区发展和改革局党组成员；黄镇同志任崂山区教育体育局纪委书记（试用期一年）、党委委员；张青海同志不再担任崂山区教育体育局纪委书记职务；陈波同志任崂山区科学技术局党组书记，不再担任崂山区发展和改革局党组成员职务；赵敏同志任崂山区科协主席（试用期一年）；都玉冰同志任崂山区城乡建设局党组成员；毕玉泉同志任崂山区商务局党组成员；高洪良同志任崂山区人民法院党组副书记，不再担任中共崂山区委政法委员会副书记职务；王惠同志不再担任崂山区人民法院党组成员职务；孙政一同志任崂山区人民检察院党组副书记；戴晓东同志明确为正处级；李维波同志任崂山区经济发展局（崂山区企业发展局）党组书记，中共崂山区委企业工委书记，不再担任中共崂山区委中韩街道工作委员会副书记职务；李健同志任崂山区经济发展局（崂山区企业发展局）党组成员；李成杰同志任崂山区经济发展局（崂山区企业发展局）纪检组长（试用期一年）、党组成员；顾延斌同志任崂山区房屋征收管理局纪检组长（试用期一年）、党组成员；苏本顺同志任崂山区投资服务促进局纪检组长（试用期一年）、党组成员；武建同志任崂山区文化市场行政执法局党组书记，中共崂山区委政法委员会调研员，不再担任中共崂山区委政法委员会副书记职务；王刚同志任中共崂山区委青岛高科技工业园工作委员会副书记，不再担任崂山区科学技术局党组书记，崂山区科协主席职务；孙宽松同志任中共崂山区纪委青岛高科技工业园工作委员会书记（原职级不变），不再担任中共崂山区纪委派驻第三纪检组组长，崂山区水利局党组成员职务；刘国会同志任中共崂山区委中韩街道工作委员会副书记（列孙丕铭同志之前）；戚淑军同志任中共崂山区委中韩街道工作委员会组织委员；廉宏同志任中共崂山区委沙子口街道工作委员会副书记（挂职）；不再担任中共崂山区委中韩街道工作委员会组织委员职务。区残疾人联合会、区红十字会、中国国际贸易促进委员会崂山区支会、区档案局、区旅游局、区经济发展局、区房屋征收管理局、区招商局、区地震局、区投资服务促进局、区机关事务管理局、区服务业发展局、区文化市场行政执法局等13个新建立党组单位的领导班子正职兼任所在单位的党组书记，领导班子中的党员副职兼任所在单位的党组成员。

是日　经区委研究决定：姜建亭同志任中共崂山区委宣传部调研员；姜跃云同志任中共崂山区委区直机关工委调研员。

是日　经区委研究提名，区政府决定，任命：耿叙武为崂山区政府办公室副主任；王成君为崂山区政府调研室主任（试用期一年）；罗睿为崂山区政府法制办公室副主任；杨玉嫦为崂山区政府办公室副调研员；王修子为崂山区政府主任督学（试用期一年）；张青海为崂山区教育体育局副局长；陈波为崂山区知识产权局局长，青岛高科技工业园管理委员会副主任；王惠为崂山区监察局副局长；廉宏为崂山区监察局副局长；张群为崂山区监察局派驻第三监察室主任（试用期一年）；谭瑞勇为崂山区监察局派驻第一监察室副主任（试用期一年）；王兆勇为崂山区监察局派驻第一监察室副主任（试用期一年）；辛慧君为崂山区监察局派驻第二监察室副主任（试用期一年）；石登华为崂山区监察局派驻第三监察室副主任；宿朋为崂山区民政局调研员；林海为崂山区社会保险基金管理中心主任（试用期一年）；宗潞为崂山区社会保险基金管理中心副主任（试用期一年）；都玉冰为崂山区城乡建设局副局长（试用期一年）；毕玉泉为崂山区商务局副局长，调研员；刘芳为崂山区审计局副调研员；钱强明确为副处级；黄英为崂山区红十字会专职副会长（试用期一年）；刘青明确为正处级；蔡琴为崂山区电子政务办公室副主任（试用期一年）；陈莉为崂山区旅游局副调研员；李维波为崂山区经济发展局（崂山区企业发展局）局长；李健为崂山区经济发展局（崂山区企业发展局）副局长；肖焰恒为崂山区服务业发展局局长，崂山区发展和改革局调研员；武建为崂山区文化市场行政执法局局长，崂山区文化市场行政执法大队大队长；董天涛为青岛高科技工业园管理委员会计划财务处处长（试用期一年）；刘国会为崂山区中韩街道办事处主任；项勇为崂山区中韩街道办事处副主任（试用期一年）；李成杰为崂山区中韩街道办事处副主任（挂职）；陈维让为崂山区沙子口街道办事处副主任（挂职）；苏本顺为崂山区北宅街道办事处副主任（挂职）。免去：徐金宏的崂山区事业单位登记管理局局长职务；高洪良的崂山区政府办公室副主任，崂山区政府法制办公室主任职务；毕玉泉的崂山区政府办公室副主任职务；耿叙武的崂山区政府调研室主任职务；王修子的崂山区政府教育督导室副主任职务；王刚的崂山区知识产权局局长职务；张群的崂山区监察局派驻第一监察室副主任职务；孙宽松的崂山区监察局派驻第三监察室主任职务；陈雍赞的崂山区监察局派驻第三监察室副主任职务；石登华的崂山区国库集中支付中心主任职务；苗蔚的崂山区社会保险基金管理中心主任职务；吕福星的崂山区经济发展局（崂山区企业发展局）局长职务；陈波的崂山区服务业发展局局长，崂山区发展和改革局调研员职务；李维波的崂山区中韩街道办事处主任职务；戚淑军的崂山区中韩街道办事处副主任职务；朱鹏的崂山区中韩街道办事处副主任职务；李健的崂山区北宅街道办事处副主任职务。

是日　经区委研究提名，区政府决定，任命：丛建滋为崂山区文化新闻出版局副调研员；王运全为崂山风景区管理局副调研员；庄伟明确为副处级；陈家宗明确为副处级。

2月27日　青岛市崂山区第十七届人民代表大会常务委员会第八次会议，根据崂山区人大常委会主任会议的提请，决定任命：孙丕铭为崂山区中韩街道人大工作办公室主任。免去：刘国会的崂山区中韩街道人大工作办公室主任职务。

是日　青岛市崂山区第十七届人民代表大会常务委员会第八次会议，根据崂山区人民政府区长杨鹏鸣的提请，决定任命：陈波为崂山区科学技术局局长；高维臣为崂山区司法局局长。免去：王刚的崂山区科学技术局局长职务；武建的崂山区司法局局长职务。

是日　青岛市崂山区第十七届人民代表大会常务委员会第八次会议，根据崂山区人民法院院长孙志远的提请，决定任命：高洪良为崂山区人民法院审判员、审判委员会委员、副院长；郝新阳为崂山区人民法院审判委员会委员。免去：王惠的崂山区人民法院审判员、审判委员会委员、副院长职务。

2月28日　经区委研究决定：姜福平同志任崂山区社会管理综合治理委员会办公室副主任（列吴娟同志之后）；吴晓娟同志任崂山区维护社会稳定工作领导小组办公室副主任；王伟同志任中共崂山区委区直机关工委副书记（列宋吉生同志之后）；王红媛同志为崂山区人大常委会机关正处级干部（保留原职级待遇）；任登刚同志任中共崂山区委社会组织工作委员会书记；王振竹同志不再担任中共崂山区委社会组织工作委员会书记职务；梅波同志任崂山区民政局党组成员，中共崂山区委社会组织工作委员会副书记；刘春慧同志任崂山区工商联党组成员；李铧同志任崂山区人民检察院副处级检察员。

是日　经区委研究提名，区政府决定，任命：王合强为崂山区司法局副局长（列李丹石同志之后）；周爱宁为崂山区人力资源和社会保障局所属事业单位副处级干部（保留原职级待遇）；慕海波为青岛石老人国家旅游度假区开发管理办公室主任；赵钢为崂山风景区管理局办公室主任；杨远升为崂山风景区管理局市场开发处副处长，调研员；张宗亮为青岛高科技工业园管理委员会综合处副处长（正处级）；阚树炳为崂山区中韩街道办事处副主任（列曹丽辉同志之后）；史中山为崂山区沙子口街道办事处副主任（列王少鹏同志之后）；孙世军为崂山区王哥庄街道办事处副主任（列苏敏同志之后）；邓大比为崂山区北宅街道办事处正处级干部。免去：赵钢的青岛石老人国家旅游度假区开发管理办公室主任职务；刘强的崂山风景区管理局办公室主任职务。

4月2日　经区委研究决定：仓木决同志任中共崂山区委中韩街道工作委员会副书记（挂职两个月）。

是日　经区委研究提名，区政府决定，任命：杨秀梅为崂山区财政局副局长（挂职两个月）。

4月25日　青岛市崂山区第十七届人民代表大会常务委员会第九次会议，根据崂山区人民政府区长杨鹏鸣的提请，决定任命：刘怀志为崂山区人民政府副区长。

是日　青岛市崂山区第十七届人民代表大会常务委员会第九次会议，根据崂山区人民法院院长孙志远的提请，决定任命：仇蒙来为崂山区人民法院副院长、审判委员会委员、审判员。

5月30日　经区委研究决定：鲁志水同志任崂山区市政公用局党委委员，不再担任崂山区房地产开发管理局（崂山区住宅发展局）党组成员职务；马会良同志任崂山区房地产开发管理局（崂山区住宅发展局）党组成员，不再担任崂山区市政公用局党委委员职务；王明同志任中共崂山区委中韩街道工作委员会委员；高希栋同志不再担任中共崂山区委中韩街道工作委员会委员职务。

是日　经区委研究提名，区政府决定，任命：鲁志水为崂山区市政公用局副局长，崂山区园林环卫办公室副主任；马会良为崂山区房地产开发管理局（崂山区住宅发展局）副局长；赵忠新为青岛高新技术创业服务中心（青岛蓝色硅谷产业创业带生产力促进中心）副主任。免去：鲁志水的崂山区房地产开发管理局（崂山区住宅发展局）副局长职务；马会良的崂山区市政公用局副局长，崂山区园林环卫办公室副主任职务。

是日　经区委研究决定：王成强同志任崂山区人大常委会副调研员。

6月6日　市委决定：王振竹同志任中共崂山区委常委。

是日　市委同意：慕海波同志担任青岛石老人国家旅游度假区管理委员会副主任（副区级，试用期一年）。

7月4日　市委决定：王清源同志任中共崂山区委常委（列夏正启同志之后）。

7月22日　市政府决定，任命：王兰波为青岛市崂山风景区管理局常务副局长（正局级）。

7月23日　中国人民政治协商会议第十一届青岛市崂山区委员会第七次常委会议决定：刘国会同志任崂山区中韩街道政协工作委员会主任；姜学环同志任崂山区沙子口街道政协工作委员会主任；杜乐江同志任崂山区王哥庄街道政协工作委员会主任；姜波同志任崂山区北宅街道政协工作委员会主任。

8月7日　经区委研究决定：肖焰恒同志不再担任崂山区发展和改革局党组成员，崂山区服务业发展局党组书记职务；褚衍坤同志不再担任崂山区商务局党组成员，中共崂山区委中韩街道工作委员会副书记职务。

是日　经区委研究提名，区政府决定，任命：刘国会为青岛石老人国家旅游度假区开发管理办公室主任；褚衍坤为崂山区服务业发展局副局长，崂山区金融协调办公室副主任（主持工作）。免去：慕海波的青岛石老人国家旅游度假区开发管理办公室主任职务；肖焰恒的崂山区发展和改革局调研员，崂山区服务业发展局局长，崂山区金融协调办公室主任职务。

是日　经区委研究提名，区政府决定，任命：彭勇为崂山区人民政府区长助理（挂职半年）；邹书进为崂山风景区管理局局长助理（挂职半年）；石硕为崂山区发展和改革局副局长（挂职一年）；于华为崂山区卫生局副局长（挂职一年）；王同柱为崂山区经济发展局副局长（挂职一年）；王晓辉为崂山区金融协调办公室副主任（挂职一年）；汪岷为青岛高新技术创业服务中心副主任（挂职一年）。

8月21日　青岛市崂山区第十七届人民代表大会常务委员会第十一次会议，根据崂山区人民政府区长杨鹏鸣的提请，决定任命：王清源为崂山区人民政府副区长。

10月11日　经市委研究，同意：王爱建、柳晶同志不再担任青岛市崂山风景区管理局党委委员职务。

10月25日　市政府决定，免去：王爱建的青岛市崂山风景区管理局副局长职务；柳晶的青岛市崂山风景区管理局副局长职务。

是日　市政府决定，任命：王爱建为青岛市崂山风景区管理局副巡视员；柳晶为青岛市崂山风景区管理局副巡视员。

是日　经市委研究，同意刘伦江同志退休。

11月6日　经市委研究，同意：李作钦同志任青岛市崂山风景区管理局党委委员（试用期一年）。

11月19日　市政府决定，任命：李作钦为青岛市崂山风景区管理局副局长（试用期一年）。

是日　经区委研究决定：李成群同志兼任中共崂山区纪委干部室主任；仇卫忠同志任中共崂山区委办公室常务副主任；张树人同志任中共崂山区委政策研究室主任（试用期一年）；林丰收同志任中共崂山区委办公室副主任，中共崂山区委、崂山区人民政府信访局副局长（主持工作），不再担任崂山区农林局党组成员，中共崂山区委中韩街道工作委员会副书记（挂职）职务；韩德洲同志任崂山区民政局党组成员；王令科同志任崂山区民政局党组成员；孙开团同志任崂山区水利局党组书记（主持工作），不再担任中共崂山区委办公室副主任，中共崂山区委、崂山区人民政府信访局局长职务；于兴慧同志不再担任崂山区水利局党组书记职务；王素娟同志任崂山区妇联副主席、党组成员，不再担任中共崂山区委中韩街道工作委员会宣传统战委员职务；戚淑军同志任崂山区残疾人联合会党组成员，不再担任中共崂山区委中韩街道工作委员会组织委员职务；涂登云同志任中共崂山区委党校副调研员；臧先锋同志任崂山区档案馆副馆长，崂山区档案局副局长、党组成员，中共崂山区委党史研究室副主任（试用期一年）；闫雪梅同志任崂山区档案局纪检组长、党组成员，不再担任崂山区机关事务管理局党组成员职务；孙燕雯同志任崂山区机关事务管理局党组成员；孙可圣同志任崂山区机关事务管理局纪检组长、党组成员（试用期一年）；赵海青同志任崂山区文化市场行政执法局纪检组长、党组成员（试用期一年）；徐凌云同志任中共崂山区委青岛高科技工业园工作委员会委员；孙宽松同志任中共崂山区委青岛高科技工业园工作委员会委员；孙宇宙同志任中共崂山区委青岛高科技工业园工作委员会委员；肖爱敏同志任青岛高科技工业园管理委员会工会主席（试用期一年）；孙丕铭同志不再兼任中共崂山区委中韩街道工作委员会副书记职务；迟文涛同志不再担任中共崂山区纪委中韩街道工作委员会书记职务；杨立军同志任中共崂山区委中韩街道工作委员会副书记、中共崂山区纪委中韩街道工作委员会书记，不再担任中共崂山区委北宅街道工作委员会副书记、中共崂山区纪委北宅街道工作委员会书记职务；陆秀琴同志任中共崂山区委中韩街道工作委员会组织委员；万延滨同志任中共崂山区委中韩街道工作委员会宣传统战委员，不再担任中共崂山区委王哥庄街道工作委员会宣传统战委员职务；苏敏同志任中共崂山区委王哥庄街道工作委员会宣传统战委员；张海燕同志任中共崂山区委北宅街道工作委员会副书记、中共崂山区纪委北宅街道工作委员会书记，不再担任中共崂山区委北宅街道工作委员会组织委员职务；常东同志任中共崂山区委北宅街道工作委员会组织委员（试用期一年）；胡孝国同志任崂山风景区管理局政工处处长，不再担任崂山风景区管理局工会主席职务；崔代红同志不再兼任崂山风景区管理局政工处处长职务；栾绍刚同志任崂山风景区管理局工会主席；王军胜同志任崂山国家森林公园管理处（崂山林场）党总支书记（试用期一年）；江晴世同志不再担任崂山国家森林公园管理处（崂山林场）党总支书记职务；纪香玲同志任崂山风景区行政执法局政委；王妮妮同志不再担任崂山风景区行政执法局政委职务；顾少民同志不再担任青岛高科技工业园房地产建设开发总公司党委书记职务。

是日　经区委研究提名，区政府决定，任命：韩彬为崂山区政府法制办公室主任（试用期一年）；王晋为崂山区科学技术局副调研员；韩德洲为崂山区民政局副局长；王令科为崂山区民间组织管理局局长；王仁才为崂山区城市管理行政执法局调研员；王军为崂山区交通运输局调研员；杨琪贤为崂山区运输管理处处长；曹鹏利为崂山区卫生局副局长；郑婷明确为副处级；戚淑军为崂山区残疾人联合会副理事长；常方柏为中国国际贸易促进委员会崂山区支会副会长、中国国际商会崂山商会副会长（试用期一年，挂职担任崂山区王哥庄街道办事处副主任）；臧先锋为崂山区史志办公室副主任、崂山区文件中心副主任（试用期一年）；孙燕雯为崂山区机关事务管理局副局长（列唐超之后）；李洪春为青岛高新技术创业服务中心（青岛蓝色硅谷产业创业带生产力促进中心）副主任（试用期一年）；姜相德为崂山区沙子口街道办事处副主任；刘洪涛为崂山风景区管理局市场开发处处长；王妮妮为崂山风景区管理局资源管理处处长；林军为崂山风景区管理局资源管理处副处长；张和春为崂山国家森林公园管理处（崂山林场）副处（场）长（试用期一年）；曲新文为崂山风景区行政执法局副局长（列刘瑞永之前）；李红伟为崂山风景区巨峰游览区管理处处长；邵先国为崂山风景区太清游览区管理处处长；徐万福为崂山风景区仰口游览区管理处副处长（列朱文君之前）；江晴世为崂山风景区华楼游览区管理处处长。免去：韩德洲的崂山区民间组织管理局局长职务；肖爱敏的崂山区就业服务中心主任职务；曲新文的崂山区运输管理处处长职务；林丰收的崂山区农林局副局长职务；曹鹏利的中国国际贸易促进委员会崂山区支会副会长、中国国际商会崂山商会副会长职务；闫雪梅的崂山区机关事务管理局副局长职务；陆秀琴的崂山区城区计划生育管理办公室主任职务；朱崇彦的崂山区沙子口街道办事处副主任职务；苏敏的崂山区王哥庄街道办事处副主任职务；栾绍刚的崂山风景区管理局市场开发处处长职务；刘建斌的崂山风景区管理局资源管理处处长职务；徐万福的崂山风景区行政执法局副局长职务；林军的崂山风景区巨峰游览区管理处副处长职务；李红伟的崂山风景区太清游览区管理处处长职务；王军胜的崂山风景区太清游览区管理处副处长职务；邵先国的崂山风景区仰口游览区管理处处长职务；杨琪贤的崂山风景区仰口游览区管理处副处长职务；纪香玲的崂山风景区华楼游览区管理处处长职务；顾少民的青岛高科技工业园房地产建设开发总公司总经理职务。

11月20日　经市委研究，同意李坚同志退休。

12月15日　经市委研究，同意衣建国同志退休。

12月25日　青岛市崂山区第十七届人民代表大会常务委员会第十四次会议决定：接受胡乐常辞去崂山区人民政府副区长职务的请求。

是日　青岛市崂山区第十七届人民代表大会常务委员会第十四会议，根据崂山区人大常委会主任会议的提请，依法任命：朱崇彦为崂山区人大常委会办公室副主任；刘建斌为崂山区人大常委会法制文教工作室主任。免去：姜相德的崂山区人大常委会办公室副主任职务；刘洪涛的崂山区人大常委会法制文教工作室主任职务。

是日　区政协十一届九次常委会议审议通过，张明同志任崂山区政协办公室副主任。

2013年主要媒体关于崂山区的重要报道摘引

序号	标　题	刊发媒体
1	金谷世园酒店将于明年年底完工	中国旅游报
2	青岛崂山一批高端新兴项目实现产业化	工人日报
3	建设“三城联动”的重要隆起带　崂山区确定新一轮城市空间发展战略	青岛日报

续表

序号	标　题	刊发媒体
4	崂山区企业建技师工作站　政府一次性奖励5万	科技日报
5	崂山重奖优秀高端人才	中国质量报
6	“立家”、“持家”、“齐家”　崂山太清管理处家园建设促和谐	工人日报
7	崂山里马到成功的养马人	中央电视台
8	青岛特锐德“亲情工资”成了偏僻山村大新闻	工人日报
9	青岛崂山区实验小学“和美教育”培养创新能力	中国教育报
10	牢固树立“法治为魂”理念　青岛崂山构筑依法行政体系	中国工商报
11	海洋生物医药：破解“世界性难题”	青岛日报
12	博益特捐献百万元止血药品	科技日报
13	青岛崂山知识产权让企业尝到“甜头”	工人日报
14	谁动了“崂山山泉水”？	中央电视台　CCTV4
15	崂山北宅杏花樱花竞相开放	中央电视台
16	青岛金石文化艺术节启幕	中国文化报
17	青岛崂山帮扶企业打造商标文化	中国工商报
18	山东崂山进入定制旅游时代 提供个性化服务	中国贸易报
19	崂山区发力新材料产业	青岛日报
20	山东青岛市崂山成立首家青少年消费教育实践基地	中国消费者报
21	青岛崂山优化投资发展环境	中国工商报
22	发挥优势 助推服务外包业务长足发展——青岛崂山创新发展系列报道	工人日报
23	让百姓共享改革成果——青岛崂山创新发展系列报道	工人日报
24	科技创新带动崂山区产业结构转型升级	工人日报
25	崂山城市管理步入数字化时代	工人日报
26	青岛市崂山区“一地多点”托起青年创业梦想	工人日报
27	青岛崂山首例小额诉讼一审终审案件落锤	法制日报
28	点燃激情 放飞梦想——青岛崂山工商助力大学生创业	中国工商报
29	崂山区建设“组工文化走廊”	人民日报海外版
30	NEC软件青岛公司举办周年庆典	人民日报海外版
31	青岛崂山区中小学现代化建设瞄准“一校一品”	中国教育报
32	青岛崂山：科技创新带动产业结构转型升级	中国产业报
33	青岛崂山区开展劳动竞赛	工人日报
34	山东青岛崂山：交通肇事逃逸案连续四年全破	人民公安报
35	青岛崂山夯实基层基础工作	中国工商报
36	崂山开辟高端商务旅游市场	中国旅游报
37	青岛崂山区对城镇失业无业独生子女父母年老一次性补助	工人日报

续表

序号	标　题	刊发媒体
38	青岛崂山区委组织部编绘组工文化漫画	中国组织人事报
39	崂山“樱嫚儿”：以品牌惠及妇女	中国妇女报
40	挺进深蓝的“崂山跨越”	科技日报
41	北宅街道包社区干部人手一本“民情日志”	青岛日报
42	北方首个公益性海洋牧场落户崂山湾	大众日报
43	第23届青岛国际啤酒节开城纳客	中央电视台1频道
44	青岛：多彩啤酒节 乐享新生活	中央电视台2频道
45	青岛崂山千名干部为民服务“零距离”	工人日报
46	23届青岛国际啤酒节开幕	山东卫视1频道
47	青岛崂山选聘兼职妇联副主席为基层妇女工作添活力	中国妇女报
48	控烟之手不能软 崂山：违规单位最高罚3万元	人民日报
49	青岛科技孵化带显现“溢出”效应	经济日报
50	邻居拆承重城管不作为	法制日报
51	青岛崂山提高职工队伍素质	工人日报
52	崂山区开海，捕上北方第一船“鲜”	中央电视台2套
53	崂山两国有农企谋“公转私”	中国经济导报
54	青岛崂山区职工大众体育联赛落幕	工人日报
55	飘香万里崂山茶	CCTV2
56	妇女权益保障：妇女创业标兵崂山海底凉粉总经理冯晓丛	CCTV－1
57	青岛崂山区总工会开展关爱劳模活动	工人日报
58	手机一点 即时监管 崂山区推出国内首个“掌上用工平台”	青岛日报
59	青岛市崂山区青年创业者商会挂牌	中华工商时报
60	青山渔村的旅游梦	中国旅游报
61	“链”出来的“群象”效应 ——青岛崂山打造世界级蓝色产业和科技成果孵化带记实	科技日报
62	山东崂山枯桃花卉业带动经济发展新方向	农民日报
63	工商部门引导青岛崂山茶农转型圆增收梦	中国工商报

2013 年度崂山区人民政府文件选编

青岛市崂山区人民政府办公室
·关于印发崂山区城乡居民社会基本养老保险暂行办法的通知·

崂政发［2013］3 号

各街道办事处，区政府有关部门，区直有关单位：

现将《崂山区城乡居民社会基本养老保险暂行办法》印发给你们，请认真贯彻执行。

青岛市崂山区人民政府

2013 年 1 月 13 日

崂山区城乡居民社会基本养老保险暂行办法

第一章　总　则

第一条　为进一步做好崂山区城乡居民社会基本养老保险工作，根据青岛市人民政府《关于实施城乡居民社会基本养老保险制度的意见》（青政字〔2010〕10 号），以及市人力资源和社会保障局、市财政局《关于贯彻青岛市人民政府〈关于实施城乡居民社会基本养老保险制度的意见〉有关问题的通知》（青人社发〔2010〕1 号）等文件精神，制定本办法。

第二条　年满 16 周岁及以上（不含在校学生）、具有崂山区户籍、未参加城镇职工养老保险、未按月享受社会养老保险待遇的人员，可参加崂山区城乡居民社会基本养老保险（以下简称“居民养老保险”）。包括：

（一）已按《崂山区农村社会基本养老保险暂行办法》（崂政发〔2005〕3 号）参保的人员（以下简称“社区居民”）。

（二）未按《崂山区农村社会基本养老保险暂行办法》（崂政发〔2005〕3 号）参保的人员（以下简称“城乡新居民”）。

第二章　参保登记

第三条　符合参保条件的人员，应到户籍所在社区居委会进行参保登记，选择缴费档次。本办法实施后，户籍迁入本区且符合参保条件的人员，可从户籍迁入的次月起办理参保登记手续。

第四条　符合注销或变更条件的人员，应持相关材料到社区居委会提出申请，并按规定程序办理注销或变更登记手续。

第三章　参保缴费

第五条　个人缴费标准分为每年 100 元、200 元、300 元、400 元、500 元、1000 元、1500 元、2000 元、2500 元、2800 元十个档次，由参保人自主选择，按照自然年度缴费，缴费档次每年可以变更。区政府依据上级有关规定和本区居民收入等情况，适时调整缴费标准及档次。

第六条　政府对以下参保人员按照每人每年 30 元的标准给予缴费补贴。

1. 距领取居民养老金待遇年龄不足 15 年的，应按年缴费，累计缴费年限应不少于实际年龄到领取养老金年龄的剩余年数，允许达到领取养老金年龄时补缴，但补缴后累计缴费年限不超过 15 年，享受相应缴费年限的政府缴费补贴。

2. 距领取居民养老金待遇年龄超过 15 年的，应按年缴费，累计缴费年限不少于 15 年，政府缴费补贴实行即缴即补。缴费不足 15 年的，达到领取养老金年龄时也可补缴，但不享受相应补缴年限的一次性政府缴费补贴。

3. 政府按照个人缴费标准第五档为重度残疾人代缴不超过 15 年的养老保险费，同时享受政府缴费补贴。

第七条　对于达到领取居民养老保险待遇年龄的人员，到龄当年也可以缴纳本年度的养老保险费，缴费标准与普通年份一样都按一整年征缴。

第八条　有条件的集体经济组织应当对所属参加居民养老保险的成员缴费给予补助，具体补助标准由集体经济组织民主决定；鼓励其他经济组织、社会公益组织、个人为参保人缴费提供资助。集体补助及其他经济组织、社会公益组织、个人对参保人缴费资助的总和每年不得超过个人缴费标准的最高档。

第九条　居民养老保险个人缴费，采取银行代扣代缴方式。区社会保险经办机构委托指定金融机构为参保人员制发《城乡居民社会基本养老保险银行存折》（以下简称“银行存折”），参保人员应在规定时间内将当年应缴纳的保险费存入银行存折。因存款余额不足，造成银行无法为其代扣代缴的，视同本人当年不参保缴费。

第十条　为参保人提供缴费补助、资助的单位（个人），应在规定时间内携带相关资料到参保人所在街道劳动保障服务中心办理缴费手续。

第四章　个人账户管理

第十一条　建立居民养老保险个人账户，个人缴费、集体补助、政府对参保人的缴费补贴，以及其他经济组织、社会公益组织、个人对参保人缴费资助全部记入个人账户。个人账户储存额目前每年参考中国人民银行公布的金融机构人民币一年期存款利率计息。

第十二条　个人账户储存额只能用于个人账户养老金支付，除规定的情形外，不得提前支取或挪作它用。

第十三条　参保人员因出国、户口迁移等原因，不能继续投保的，经本人申请，可办理退保手续，将除政府补贴外的个人账户资金退给本人，同时终止居民养老保险关系。

第十四条　参保人在投保期间死亡的，其指定受益人或法定继承人可按规定领取除政府补贴外的个人账户资金。

第五章　城乡新居民养老金待遇

第十五条　城乡新居民年满 60 周岁且按以下规定缴费的，可按月领取养老金。

1. 已年满 60 周岁的人员，不允许补缴养老保险费，从办理养老金待遇领取手续的次月起，按月发放基础养老金，但其符合参保条件的子女均应按规定参保缴费。

2. 距领取养老金待遇年龄不足 15 年的，应按年缴费，累计缴费年限应不少于实际年龄到 60 周岁的剩余年数，允许达到 60 周岁时补缴，但补缴后累计缴费年限不超过 15 年。

3. 距领取养老金待遇年龄超过 15 年的，应按年缴费，累计缴费年限不少于 15 年。缴费不足 15 年的，达到 60 岁时也可补缴，但补缴后累计缴费年限不少于 15 年。

参保人员不按上述规定缴费的，不享受基础养老金，将除政府补贴外的个人账户资金退给本人，同时终止居民养老保险关系。

第十六条　养老金待遇由基础养老金和个人账户养老金两部分组成。

1. 基础养老金。基础养老金每月 110 元，缴费年限超过 15 年的，每超过 1 年加发 1% 的基础养老金。

2. 个人账户养老金。个人账户养老金的月计发标准为个人账户全部资金储存额除以规定的计发系数。

第十七条　城乡新居民养老金待遇的调整按市政府有关规定执行。

第六章　社区居民养老金待遇

第十八条　社区居民男年满 60 周岁、女年满 55 周岁，本办法实施后每年按照个人缴费标准第十档缴费，累计缴费满 15 年（含原农村社会基本养老保险缴费年限）的，可按月领取养老金。累计缴费年限不足 15 年的，不足部分可于男年满 60 周岁、女年满 55 周岁时按个人缴费标准第十档一次性补缴，不足一年的按一年补缴。养老金待遇由基础养老金、个人账户养老金和区级补贴养老金三部分组成。

1. 基础养老金。基础养老金每月110元，缴费年限超过15年的，每超过1年加发1%的基础养老金。

2. 个人账户养老金。个人账户养老金的月计发标准为个人账户全部资金储存额除以规定的计发系数。

3. 区级补贴养老金。区级补贴养老金每月491元。

第十九条　社区居民未按本办法第十八条有关规定缴费的，其养老金待遇按照本办法第五章城乡新居民养老金待遇的相关规定执行。

第二十条　社区居民养老金待遇的调整按市政府有关规定执行。

第七章　养老金待遇的领取

第二十一条　养老金待遇实行社会化发放，区社会保险经办机构每月将养老金存入领取人员的专用存折。

第二十二条　在领取养老金期间被判刑或劳动教养的，停止发放其养老金待遇，服刑期满后，继续为其发放养老金待遇，停发期间的养老金待遇不予补发。

第二十三条　养老金待遇领取人员死亡的，自死亡次月起停止发放养老金，其指定受益人或法定继承人可按规定一次性领取丧葬补助金，以及除政府补贴外的个人账户资金余额。

第八章　养老保险制度的衔接

第二十四条　自2013年1月1日起，对本办法实施前已领取原崂山区农村社会基本养老保险待遇人员的养老金进行调整，其养老金由基础养老金、个人账户养老金和区级补贴养老金三部分组成。

1. 基础养老金。基础养老金为每月110元。

2. 个人账户养老金。个人账户养老金为原崂山区农村社会基本养老保险个人账户养老金。

3. 区级补贴养老金。区级补贴养老金按照到达领取原养老保险待遇年龄时的年度确定：2004年为每月239元，2005年为每月255.8元，2006年为每月276元，2007年为每月292.4元，2008年为每月307元，2009年为每月333.2元，2010年为每月368.2元，2011年为每月420.8元，2012年为每月491元。

第二十五条　本办法实施时，已参加原崂山区农村社会基本养老保险尚未领取待遇的人员，原个人和集体缴费额并入居民养老保险个人账户，原缴费年限视同居民养老保险缴费年限。

第二十六条　本办法实施后，参加原崂山区农村社会基本养老保险的人员，达到领取养老金待遇年龄时，其个人账户养老金领取标准分段计算：

1. 本办法实施前，原崂山区农村社会基本养老保险个人账户积累额按原支付系数计算个人账户养老金领取标准。

2. 本办法实施后，个人账户积累额按居民养老保险支付系数（个人账户养老金计发系数与城镇职工基本养老保险个人账户养老金计发系数相同）计算个人账户养老金领取标准。

第二十七条　2011年1月至2012年12月期间，年满60周岁及以上领取原崂山区农村社会基本养老保险待遇的人员，按照领取待遇月数相应补发上级拨付的居民养老保险基础养老金；年满55周岁不满60周岁领取原崂山区农村社会基本养老保险待遇的女性人员，也按照上述标准补发，所需资金由区财政负担。

第二十八条　参加居民养老保险后，又实现就业按规定参加城镇职工基本养老保险的，应停止居民养老保险参保。

第二十九条　居民养老保险制度与其他社会养老保险制度衔接按照国家、省、市有关规定执行。

第九章　管理与监督

第三十条　居民养老保险费属专项基金，应设立专户进行管理，任何单位和个人不得挤占、挪用。

第三十一条　居民养老保险费由区社会保险经办机构统一筹集、统一管理、统一发放，实行收支两条线分账管理，居民养老保险基金除预留规定的支付金额外，应全部存入财政专户。

第三十二条　区政府按规定应承担的居民养老保险基础养老金、区级补贴养老金、缴费补贴、为重度残疾人代缴的养老保险费及丧葬补助金等资金列入财政预算，专款专用。当居民养老保险基金支付发生困难时，由财政予以支持。

第三十三条　区社会保险经办机构要建立健全居民养老保险各项内部管理制度，并加强对街道劳动保障服务机构的监督和指导，确保居民社会基本养老保险工作健康发展。

第三十四条　区监察、财政、审计部门依法对居民养老保险工作进行监督和检查。

第十章　附　则

第三十五条　本办法自2013年1月1日起施行，有效期至2014年12月31日。已有规定与本办法不一致的，按本办法执行。《崂山区农村社会基本养老保险暂行办法》（崂政发〔2005〕3号）、《崂山区老年生活补助暂行办法》（崂发〔2003〕31号）同时废止。

第三十六条　本办法由区人力资源和社会保障部门负责解释。

青岛市崂山区人民政府办公室关于印发《关于落实城镇失业无业独生子女父母年老一次性奖励的办法》的通知

崂政办发［2013］29号

各街道办事处，区政府各部门，区直各单位：

现将《关于落实城镇失业无业独生子女父母年老一次性奖励的办法》印发给你们，望认真贯彻执行。

青岛市崂山区人民政府办公室

2013年6月18日

关于落实城镇失业无业独生子女父母年老一次性奖励的办法

为全面落实城镇失业无业独生子女父母年老一次性奖励，进一步拓展计划生育家庭优先享受改革发展成果的范围，参照《山东省人口与计划生育条例》、根据青岛市人口与计划生育工作领导小组《关于解决失业无业独生子女父母年老一次性奖励问题的指导意见》（青计生组字［2012］21号）要求，结合我区实际，现制定奖励办法如下：

一、奖励条件

城镇失业无业独生子女父母年老一次性奖励对象应同时符合以下四个条件：

1. 1933年1月1日以后出生，1973年以来没有违反人口与计划生育政策规定生育；

2. 崂山区户籍的城镇失业、无业人员（经青岛市劳动保障“一卡通”系统查询和综合信息比对，达到法定退休年龄时系失业或无业状态）；

3. 达到领取养老金年龄；

4. 只生育一个子女或合法收养一个子女（2013年3月31日以后，户口迁入时已达到法定退休年龄领取养老金的，不列入奖励范围）。

二、奖励标准

参照达到领取养老金年龄时企业退休职工一次性养老补助的标准制定，即独生子女父母本人达到领取养老金年龄时的上一年度青岛市职工年平均工资的30%发给一次性奖励。

三、经费渠道

2013年以前的从社会抚养费列支，以后全部列入区财政预算，由区级财政从上一年度征收的社会抚养费中拨付。

四、发放时间

每年发放两次，当年 5 月和 11 月审核确认资格，6 月和 12 月进行发放。

五、发放程序

1. 个人申请：符合奖励条件的人员携带有关证件（附件 1）到本人户籍所在地社区居委会提出申请。符合条件但已死亡的，可由其配偶或子女代为申请。申请时填写《崂山区城镇失业无业独生子女父母年老一次性奖励申请表》（简称《申请表》附件 2）一式三份。

2. 社区核实：由社区居委会调查核实，并在该社区公示 7 个工作日后，提出初审意见，加盖公章报街道计生办复审。

3. 街道计生办受理：街道计生办会同街道人力资源和社会保障服务中心对社区上报的奖励对象有关情况进行复审，对符合条件的在《申请表》上签注意见，同时填写《街道城镇失业无业独生子女父母年老一次性奖励审批表》（附件 3），报区人口和计划生育局。

4. 区人口和计划生育局对街道上报的奖励对象进行审核确认后，在《申请表》上签注意见，并汇总审核后报区财政局，区财政局根据区人口和计划生育局提供的审核名单及发放数额，及时将补助资金采取直通车方式，拨付到代理发放银行，直接存入奖励对象个人银行账户。

六、加强领导

落实城镇失业无业独生子女父母年老一次性奖励政策事关广大群众的切身利益，各单位要高度重视，密切配合，积极稳妥地做好此项工作。区人口和计划生育局负责做好资金测算并及时申请列入政府财政预算；区财政局负责按规定将奖励资金及时足额拨付到位；街道计生办和人力资源保障部门负责城镇失业、无业人员的认定，政策宣传，按照规定程序和条件做好资格审核和上报工作；社区居委会做好奖励对象的资格确认、公示等工作。对机关、事业单位职工独生子女父母加发 5% 退休金、企业退休职工加发 30% 一次性养老补助、城镇失业无业独生子女父母年老一次性奖励，农村计划生育家庭奖励扶助政策，均属于计划生育家庭父母年老奖励政策，只能按规定享受其中一项，不能重复享受。各相关单位要认真负责，相互配合，相互支持，并积极主动接受财政、审计等部门的监督和指导，严格审批手续和制度落实，对审核不认真，把关不严的，或个人弄虚作假，套取奖励的，依法追究相应责任。

附则：《关于认真落实区直国有、集体企业退休职工中独生子女父母一次性养老补助有关问题的通知》中规定的失业无业人员，在本办法下发之前达到领取养老金年龄的独生子女父母，由我区落实，在本办法下发之后达到领取养老金年龄的，由达到领取养老金年龄时户籍所在地负责落实。

本办法自印发之日起执行，有效期五年。

备注：个人申请提交的有关证件

1.《独生子女父母光荣证》原件及复印件各 1 份（若证明丢失，可到户籍所在地补办）。

2. 本人户口簿、退休证原件及复印件各一份，居民二代身份证原件和复印件二份（需本人签字）。

3. 本人结婚证（再婚家庭需提供离婚证、离婚判决书或协议书）原件及复印件。

4. 自领取《退休证》之日起，户籍发生变动的失业无业居民，需原户籍地区人口计生部门提供其未享受一次性奖励的证明。

5. 符合奖励条件但已死亡的，除上述材料外其配偶或子女可以携带死亡证明、结婚证或能够证明亲属关系的证明等。

青岛市崂山区人民政府办公室
·关于印发《崂山区地方志工作管理办法》的通知·

崂政发［2013］22号

各街道办事处，区政府有关部门，区直有关单位：

《崂山区地方志工作管理办法》已经区政府同意，现印发给你们，望认真组织实施。

青岛市崂山区人民政府

2013年6月7日

崂山区地方志工作管理办法

第一章　总　则

第一条　为规范地方志的编纂、管理和开发利用，发挥地方志传承文明、促进经济社会发展的作用，根据国务院《地方志工作条例》、《山东省地方史志工作条例》和《青岛市地方志工作规定》，结合我区实际，制定本办法。

第二条　本办法适用于崂山区行政区域内地方志的资料征集、组织编纂、开发利用和管理服务工作。

第三条　本办法所称地方志，包括地方志书、地方综合年鉴、专业志书、专业年鉴和相关地情文献。

地方志书，是指全面、客观、系统地记述本行政区域内自然、政治、经济、文化、社会等方面的历史与现状的资料性文献，包括区志、街道志、村（社区）志等。

地方综合年鉴，是指全面系统记述本行政区域内自然、政治、经济、文化、社会等方面情况的年度资料性文献，包括区年鉴、街道年鉴。

专业志书是指以行政区域名称冠名的，记述行业、部门以及某一专项事业或者事物作为特定对象，客观反映其历史与现状的资料性文献，包括行业志、部门志和专业志。

专业年鉴是指以行政区域名称冠名的，记述行业、部门以及某一专项事业或者事物作为特定对象，客观反映其年度情况的资料性文献，包括行业年鉴、部门年鉴和专业年鉴。

相关地情文献是指除地方志书、地方综合年鉴、专业志书、专业年鉴以外，系统记述本行政区域内全面工作或专项工作的资料性书籍，包括机关、社会团体、企业事业单位及社区编纂的以行政区域冠名的地情类出版物。

第四条　区人民政府领导本行政区域内地方志工作，健全地方志工作机构，明确人员编制，规范业务建设，保障工作条件，将地方志工作纳入国民经济和社会发展规划，列入年度工作考核内容，所需经费列入本级财政预算。

第五条　区史志办公室（以下简称区史志办）主管本行政区域内的地方志工作，履行下列职责：

（一）宣传、贯彻、执行有关地方志工作的法律、法规、规章和相关政策；

（二）拟定地方志工作规划和编纂方案，制定地方志工作制度和业务规范；

（三）组织、指导、督促、检查地方志工作；

（四）编纂、审查、验收、出版地方志书、地方综合年鉴，指导编纂专业志书、专业年鉴和相关地情文献；

（五）建立健全和实施地方志资料年报制度，征集、整理、保存地情文献和资料；

（六）全面加强信息化建设，不断完善地情网，推进地方志文献资源数字化，为社会读志用志提供服务；

（七）整理校点旧志等古籍地情文献；

（八）开发利用地方志资源，开展地情研究和地方志学术研究，开展对外文化交流；

（九）培训地方志编纂人员。

（十）完成本级人民政府和上级地方志工作机构交办的其他任务。

第六条　区人民政府对区史志办和地方志承编单位的工作定期进行督查并予以通报。

第七条　区人民政府对在地方志工作中做出突出成绩和贡献的单位、个人，可按照规定给予表彰和奖励。

第二章　地方志编纂

第八条　区史志办根据上一级地方志编纂总体工作规划，制定本级人民政府地方志编纂规划，经本级人民政府批准后实施，并报上一级地方志工作机构备案。

以区行政区域名称冠名的地方志书、地方综合年鉴，由区史志办按照地方志编纂规划组织编纂。

第九条　地方志书每20年左右编修一次；遇有区划调整等，应当从实际情况出发适时组织编纂。地方综合年鉴按年度编纂出版。专业志书、专业年鉴和相关地情文献由有关单位适时组织编纂。

第十条　本区各级机关、人民团体、企事业单位和其他社会组织，以及驻区机构（以下称承编单位），应当按照区人民政府地方志工作规划和任务，明确本单位地方志编纂机构和人员，参与地方志编纂，并接受区史志办的业务指导和督促检查，按照规定的期限和质量标准完成任务。

第十一条　地方志编纂人员实行专兼职相结合．专职人员应当经过专业岗位培训，具备相应的专业知识和学术水平。应当吸收各个领域的专家、学者和熟悉地情、具有较高编纂水平的人员参加地方志编纂，科研单位、高等院校和其他社会组织应当予以支持。

地方志编纂人员应当忠于史实，准确记述相关情况。任何单位和个人不得要求编纂人员在地方志中作虚假记述。

第十二条　地方志应当做到存真求实、经世致用，具有独特的文化价值和恒久的使用价值。地方志的编纂和出版发行应当符合国家有关法律、法规和国家、省、市地方志工作机构制定的质量标准及编纂规范。

地方志编纂工作涉及国家秘密、商业秘密和个人隐私的，应当遵守有关法律、法规的规定；涉及军事内容的，应当遵守中央军委关于军事志编纂的有关规定。

第十三条　地方志的编纂工作应严格按照程序开展，采取分级审查负责制。

（一）以区行政区域名称冠名、列入区地方志编纂规划的地方志书，由承编单位按照分工组织编写并进行内部评审后，提交区史志办；区史志办组织总纂修改和专家评审，报市地方志工作机构终审，经区人民政府批准后出版，样书报省、市地方志工作机构备案。承编单位应当按照总纂修改、专家评审和终审意见，开展修改和校对工作，并对相关内容负责。

（二）街道、村（社区）志编纂的以区行政区域名称冠名的地方志书，由相关街道和部门组织编纂。承编单位应当将编纂方案和志稿篇目报区史志办预审，编纂文稿经区史志办审查后出版，样书报区史志办备案。

（三）以区行政区域名称冠名的专业志书，编纂单位应当将编纂方案和基本篇目报区史志办预审，编纂文稿经区史志办审查后出版，样书报区史志办备案。

（四）以区行政区域名称冠名的地方综合年鉴，由区史志办组织编纂，经区人民政府审查批准后出版，样书报上一级地方志工作机构备案。

以区行政区域名称冠名的专业年鉴、相关地情文献，编纂单位应当将编纂方案报区史志办预审，出版后样书报区史志办备案。

街道、村（社区）编纂的相关地情文献由区史志办审查验收。

第十四条　地方志经审查验收合格后，进入出版程序。出版形式（公开出版发行或内部准印发行）由编纂单位决定。

以区行政区域名称冠名的地方志书、地方综合年鉴、专业志书、专业年鉴在版式、开本、装帧式样上应统一设计风格，采用大度16开本（成品尺寸210×285mm），文字通栏横排。书名前冠以“青岛市崂山区新编地方志丛书”，位于志书封面左上方。书名采用印刷体，不用个人题签。

第十五条　以区行政区域名称冠名的地方志书、地方综合年鉴、专业志书、专业年鉴为职务作品，其著作权依法由组织编纂的地方志工作机构享有，参与编纂的人员享有署名权。

地方志工作成果可以按照有关规定参加国家、省和市优秀社会科学成果或者相关成果评奖。

第三章　资料管理

第十六条　区史志办可以依法向各级机关、社会团体、企业事业单位和其他组织以及个人征集文字、图表、照片、音像、电子文本、实物等各种地方志资料，有关单位和公民应当积极配合，提供便利。有关单位和个人有提供资料的责任和义务。涉及国家秘密、商业秘密和个人隐私的，按照国家有关规定办理。

本区行政区域内的国家档案馆、公共图书馆、国有博物馆等相关单位应当免费为地方志编纂工作提供资料或者查询服务。地方志出版后应当向提供资料的国家档案馆、公共图书馆、国有博物馆无偿提供馆藏书。

第十七条　区人民政府应当建立本行政区域地方志资料年报制度。区史志办负责确定本地区地方志资料年报承报单位，并根据地方志资料年报工作需要进行调整。

第十八条　地方志资料年报承报单位应当按照规定组织开展地方志资料年报编写工作，于每年12月底前完成本年度地方志资料年报编写任务，并报区史志办验收。

承报单位应当按照规定报送地方志资料，并对所提供资料的真实性与准确性负责。

地方志资料年报承报单位向相关单位和个人征集地方志资料，有关单位和个人应当提供支持。

第十九条　在地方志编纂过程中收集到的文字资料、图表、照片、音像资料、实物等以及形成的地方志文稿，需指定专职人员集中统一管理，妥善保存，不得损毁；修志工作完成后，应当依法移交档案馆（室）保存、管理。

以区行政区域名称冠名的地方志书、地方综合年鉴和以区行政区域名称冠名的专业志书、专业年鉴，应当在出版后30日内将样书和电子文本报送区史志办。

第四章　地方志开发利用

第二十条　加强实施地方志工作信息化建设，并将其纳入本级人民政府信息化发展规划。

区史志办应当健全完善区情网，及时、准确、完整地录入和更新资料，拓展宣传渠道和方式，加强与其他网站的合作，实现地方志资源共享，为社会提供咨询和信息服务。

第二十一条　区史志办应建立地情馆，用于地方志的保存和地情知识的普及、教育、展示，并免费向公众开放。

地情馆应当加强业务管理，强化公共服务，积极开展学术研究和国内外学术交流。

地方志承编单位撤销或者合并的，应当依法将所存地方志资料及时移送本级地方志馆保存。

鼓励单位和个人向地情馆捐赠地方志文献资料和纪念性实物，地情馆应当向捐赠者颁发收藏纪念证书，对具有一定收藏价值的给予适当物质奖励。

第二十二条　区史志办应为区域经济社会的全面发展服务。通过地情调查、地情研究、地情咨询、地情教育等方式，拓展地方志文化服务渠道。加强地方志文化宣传，及时公布地方志书出版信息，并通过媒体向社会推介。

第五章　法律责任

第二十三条　违反本办法规定，有下列行为之一的，由区史志办提请本级人民政府责令限期改正；逾期不改正的，视情节依法追究有关单位和个人的责任。

（一）擅自编纂出版以区行政区域名称冠名

的地方志书、地方综合年鉴的；

（二）未经审查、验收、批准，将列入地方志工作规划的地方志稿擅自交付出版的；

（三）对已经审查批准的地方志稿擅自进行较大改动的；

（四）拒绝承担或者无故拖延地方志编纂任务、地方志资料年报任务的；

（五）拒绝向区史志办备案或者报送样书的；

（六）提供虚假地方志资料，故意损毁地方志资料的；

（七）未妥善保管地方志资料或者未按规定报送的；

（八）将收集到的地方志资料和编写的地方志文稿据为己有的。

有前款第（一）项行为，造成重大损失或者恶劣影响的，地方志工作机构或者持有单位和相关部门可以依法向人民法院提起诉讼。

第二十四条　地方志书经审查验收出版后，存在违反宪法、法律、法规规定内容的，由同级或者上级人民政府责令采取相应措施予以纠正，并视情节追究有关单位和个人的责任。

第六章　附　则

第二十五条　本办法自2013年6月1日起施行，有效期至2016年6月1日。

青岛市崂山区人民政府办公室
·关于印发崂山区房屋建筑工程项目竣工联合验收管理办法的通知·

崂政办发［2013］55号

各街道办事处，区政府各部门，区直各单位：

《崂山区房屋建筑工程项目竣工联合验收管理办法》已经区政府同意，现印发给你们，请认真贯彻执行。

青岛市崂山区人民政府办公室

2013年10月30日

崂山区房屋建筑工程项目竣工联合验收管理办法

第一条　为整合崂山区房屋建筑工程项目（以下简称房建项目）竣工验收流程，提高相关职能部门验收工作效率，进一步优化全区经济发展环境，根据市政府办公厅《关于印发青岛市房屋建筑工程项目竣工联合验收管理办法的通知》（青政办发〔2013〕9号）及区委办公室、区政府办公室《关于印发＜2013崂山区优化经济发展环境工作实施方案＞》（崂办发〔2013〕11号）要求，制定本办法。

第二条　本办法所称联合验收，是指房建项目具备竣工验收条件后，经建设单位自愿申请，将各个相关部门独立实施的专项验收转变为统一受理、统一现场验收、统一送达验收文件的竣工验收方式。

第三条　联合验收遵循建设单位自愿申请，相关部门各负其责、并联推进的原则。

第四条　区城乡建设局负责联合验收的组织工作，根据建设单位申请，会同区行政审批服务中心确定联合验收部门并告知建设单位。各职能部门按照各自职能承担项目竣工验收工作。

第五条　区行政审批服务中心负责联合验收全过程的管理、协调、督办、考核工作。

第六条　区政府法制办会同区监察局、区行政审批服务中心，依法确定实行联合验收的审批监督事项、工作规则和工作流程，明确申报材料。

第七条　区监察局对联合验收过程中各部门的履职情况进行监督。

第八条　成立联合验收工作组，承担联合验收工作。联合验收工作组由各联合验收部门（以下简称联验部门）组成。联验部门包括区城乡建设局、市规划局、市公安消防局、崂山环保分局、区房管局、区市政公用局、人防办（市人防质监站、区人防办）、区卫生局、崂山质监分局、区气象局、市邮电局和区行政审批服务中心等。

第九条　各联验部门要积极配合区行政审批服务中心、区城乡建设局等部门提前做好联合验收的各项准备工作，确保联合验收工作顺利实施。

第十条　联验部门原则上要向政务大厅派驻工作人员参加联合验收工作组（已在大厅设立窗口的部门可增派工作人员，也可由窗口工作人员兼任），并向派驻人员授权，派驻人员验收意见代表联验部门意见。联验部门派驻人员要具备较高的职业素养和专业能力，并保持相对稳定。派驻人员实行 AB 角工作制度，确保验收工作顺利进行。

个别部门暂不具备入驻大厅条件的，要在单位内部设立专门窗口，明确专管人员，落实工作责任，服从联合验收工作组的统一安排。

第十一条　区城乡建设局牵头在大厅设立联合验收办件窗口（以下简称联验窗口），代表工作组履行联合验收职能。

第十二条　联验窗口统一受理、审查联合验收申请，确定验收时间，下发验收通知，发放验收文件等相关业务。

第十三条　联合验收工作程序

（一）房建项目具备竣工验收条件后，项目建设单位到政务大厅向联验窗口提交申请材料。

（二）联验窗口审查项目建设单位的申请材料符合要求后，与其沟通确定验收时间，并及时通知各联验部门及区行政审批服务中心、区监察局。

（三）由区城乡建设局牵头主持联合验收。

（四）联验部门验收人员要按照确定的联验时间、地点准时到达现场参加验收。勘察、设计、施工、监理等参建单位由建设单位通知参加验收。

（五）建设单位要按照验收内容将验收资料分类备齐，落实好各责任主体、各专业陪验人员，负责介绍项目概况、项目完成情况及各联验部门资料审查和现场验收安排情况，配合联验部门做好验收工作。

（六）联验部门要严格按照法律法规、工程建设强制性标准的规定以及设计文件的要求进行验收。

（七）现场验收后，各联验部门要当场签署验收意见及资料审查意见。

（八）经验收需要整改复验的，联验部门要当场提出书面整改意见，并将需要整改的事项一次性书面告知建设单位。复验时要核查工程整改情况是否到位，不得再提出新的整改要求。

（九）验收整改事项涉及两个以上验收部门的，建设单位可以申请联合复验。

（十）现场验收通过后，联验部门要在 2 个工作日内将验收报告、许可文件或者准许使用的文件送交联验窗口，联验窗口要在 1 个工作日内通知建设单位领取。区监察局和区行政审批服务中心对当场未出具验收意见或者未按规定参与验收的联验部门进行跟踪督查落实。

（十一）区城乡建设局负责收集联验部门的书面意见，连同验收意见会签表格一并存档。

第十四条　联验部门及其工作人员有以下行为之一的，由区监察局会同有关部门按照规定进行查处：

（一）联验窗口未及时将联验时间告知建设单位及相关部门的；

（二）迟到、早退或者无故缺席联合验收的；

（三）当场不签署验收意见或者当场不表态的；

（四）未一次性提出书面整改意见或者对需反馈的内容未及时反馈的；

（五）未及时向联验窗口反馈联合验收意见的；

（六）未按照本部门工作职责验收的；

（七）其他违反工作规定的行为。

第十五条　本办法自 2013 年 11 月 1 日起实施，有效期至 2018 年 4 月 30 日。

青岛市崂山区人民政府办公室
·关于印发崂山区城市生活垃圾处理费征收管理细则的通知·

崂政办发［2013］59号

各街道办事处，区政府有关部门，区直有关单位：

《崂山区城市生活垃圾处理费征收管理细则》已经区政府同意，现印发给你们，望结合工作实际，认真组织实施。

青岛市崂山区人民政府办公室

2013年11月25日

崂山区城市生活垃圾处理费征收管理细则

第一章　总　则

第一条　为提高城市垃圾无害化处理水平，改善城市生态环境，促进经济可持续发展，根据《山东省人民政府关于加快城市生活垃圾处理设施建设的意见》（鲁政发〔2009〕74号）精神，结合我区实际，制定本细则。

第二条　本细则所称城市生活垃圾，是指城市人口在日常生活中产生或者为城市日常生活提供服务活动产生的固体废物（主要包括不可回收垃圾、餐厨垃圾、废弃食用油脂等），以及法律、行政法规规定，视为城市生活垃圾的固体废物（包括建筑垃圾和渣土，不包括工业固体废弃物和危险废物）。

第三条　城市生活垃圾处理费，是指生活垃圾收集、运输、无害化处理过程中发生的费用。

第四条　凡在建成区范围内所有党政机关、社会团体、企事业单位、各类学校（含幼儿园）、网吧、个体工商户、医疗机构、宾馆、餐饮业、招待所、营运服务业、集贸市场、居民（含城中村村民）、暂住人员等，均应按本细则的规定交纳城市生活垃圾处理费。

城市和农村最低生活保障家庭免收城市生活垃圾处理费；工会和民政部门确定的重点帮扶户和低保边缘户减半收取城市生活垃圾处理费。

第五条　区市政公用局是全区城市生活垃圾处理工作的主管部门，具体负责城市生活垃圾处理费的征收管理工作。

第六条　城市生活垃圾必须使用环卫专用车辆运输，餐厨废弃物必须使用餐厨废物专用车辆收集运输。未经许可，任何单位和个人不得私自收集运输生活垃圾和餐厨废弃物，不得自建城市生活垃圾处理场以及设置消纳场地。

第二章　收费标准及征收方法

第七条　征收标准

1. 居民生活垃圾处理费按5元/户/月收取，并将垃圾送至指定的垃圾容器或就近的垃圾收集点，由区市政公用局统一安排车辆外运、处置。

2. 机关、各类企事业单位（含个体工商户）、社会团体、旅店业、餐饮业、集贸市场、建筑工地等产生的生活垃圾，按31元/吨的标准征收城市生活垃圾清运费，并按照规定缴纳64元/吨的生活垃圾处置费。自行运至太原路垃圾中转站的，按垃圾实际产出量每吨64元向垃圾处置部门缴纳生活垃圾处置费。

3. 部队产生的生活垃圾，按31元/吨的标准征收城市生活垃圾清运费，并按照规定缴纳50元/吨的生活垃圾处置费。自行运至太原路垃圾中转站的，按垃圾实际产出量每吨50元向垃圾处置部门缴纳生活垃圾处置费。

对建成区内尚未实行城市化改造的社区，待征收生活垃圾处理费条件具备后按标准收取。

餐厨废弃物处理费收取，在青岛市未下发收费标准之前，按照现行生活垃圾处理费标准执行；待青岛市下发收费标准后，按规定收取。

4. 其他未列入征收范围的，视产生垃圾行为方式及垃圾特征，参照上述标准执行。

第八条 征收办法

为保证城市生活垃圾处理费足额征收到位，按照“谁管理、谁征收”的原则，采取区市政公用局直接收取和委托有关部门、单位代收的方法进行。

第三章 资金管理、执行与监督

第九条 收取生活垃圾处理费使用山东省行政事业性收费统一监制票据，足额缴入区财政，实行专户管理。

第十条 严格资金管理和使用，接受财政、审计、物价部门的监督检查，所征收的城市生活垃圾处理费，应专项用于垃圾收集、运输和垃圾处理，任何单位和部门不得截留、挤占和挪用。

第十一条 所有产生生活垃圾的单位和个人应及时缴纳城市生活垃圾处理费，未按规定缴纳的，由区城市管理行政执法部门责令限期补缴，逾期不缴纳的，根据中华人民共和国建设部157号令《城市生活垃圾管理办法》第三十八条规定，对单位可处以应交城市生活垃圾处理费三倍以下且不超过3万元的罚款，对个人可处以应交城市垃圾处理费三倍以下不超过1000元的罚款。

第四章 附 则

第十二条 本细则由区市政公用局负责解释。

第十三条 本细则自2013年11月26日起施行，有效期至2015年12月31日。

青岛市崂山区人民政府办公室关于印发《崂山区既有居住建筑供热计量及节能改造实施办法》的通知

崂政办发［2013］65号

各街道办事处，区政府各部门，区直各单位：

《崂山区既有居住建筑供热计量及节能改造实施办法》已经区政府同意，现印发给你们，请认真贯彻执行。

青岛市崂山区人民政府办公室

2013年12月5日

崂山区既有居住建筑供热计量及节能改造实施办法

为积极稳妥地推进我区既有居住建筑供热计量及节能改造工作，参照《青岛市既有居住建筑供热计量及节能改造实施方案》特制定本实施办法。

一、既有居住建筑节能改造原则

既有居住建筑供热计量及节能改造，主要包括建筑围护结构节能改造、室内供热系统计量及温度调控改造、热源及供热管网热平衡改造。对项目进行改造时应坚持以下原则：

（一）既有居住建筑进行围护结构节能改造时，必须与供热计量改造同步进行。围护结构已经符合国家建筑节能标准的，应逐步进行供热采暖系统热计量改造。

（二）节能改造应在节能诊断基础上，因地制宜，优先选用投资成本低、节能效果明显且对环境影响小、对居民干扰少、安装工艺便捷的技术方案。

（三）对既有居住建筑进行抗震、结构、防火安全评估，不能保证继续安全使用20年的建筑，不宜开展建筑节能改造，或者对此类建筑同步开展安全和节能改造，确保改造后的建筑安全和主要使用功能。属于城市拆迁范围内的居住建筑不得列入改造对象。

二、既有居住建筑节能改造任务

“十二五”后两年（2014－2015）全市既改任务500万平米，我区仍将承担部分改造任务，并已列入全市年度科学发展观考核目标。

三、既有居住建筑节能改造技术要求

依据《山东省既有居住建筑供热计量及节能

改造技术导则》（试行）和《供热计量技术规程》（JGJ173－2009），结合我市实际，既有居住建筑节能改造应符合下列技术要求：

（一）围护结构节能改造

既有居住建筑围护结构节能改造主要是对建筑外墙、屋面、外门窗进行节能改造。如不具备实施全面改造条件，可分步实施，应优先对围护结构的薄弱环节（例如外窗）实施节能改造。

1. 外门窗。外门窗改造可根据既有建筑具体情况确定，需要综合考虑安全、隔声、通风和节能等性能要求。可在原有单玻窗外（或内）加建一层，确定合理间距，并能满足窗户的热工性能指标；或更换能满足外窗热工性能指标的中空双玻节能窗。在每个单元应增设集保温隔热、防火、防盗等一体的单元门。

2. 屋面。屋面保温改造，根据既有建筑屋面防水的情况选择直接做倒置式保温屋面或翻修防水层后做倒置保温屋面，倒置式屋面的保温材料必须是低吸水率和长期浸水不腐烂的材料。将平屋面改为坡屋面且该空间不使用时，应在原有建筑屋面上增设保温层。

3. 外墙。进行外墙保温节能改造的建筑，应按照热工计算结果，采用外墙外保温做法，在墙体外侧粘贴或干挂厚度使外墙满足导则及标准规定指标要求的保温材料。

（二）供热采暖系统节能改造

供热采暖系统节能改造要综合考虑热源或热力站、室外管网及室内系统的节能潜力，改造后实现供热采暖系统整体节能。室内供热计量及温度调控改造，应因地制宜，合理确定热计量方式。室内采暖系统改造应以温度调控和热计量为手段，实现建筑节能为目的。

1. 室内采暖系统热计量及温度调控改造

室内采暖系统改造要尽量利用原系统，进行适度改造，改造后的室内采暖系统，既能够满足室温可调又可计量。以楼栋或热力站为热量结算点时，楼栋热力入口处或热力站应安装热量表，该热量表是供热量的热量结算依据，而楼内住户设置相应的测量装置对整栋楼的耗热量进行户间分摊。改造时要根据原系统情况选择相应的计量方式，尽量减少对居民生活的干扰。

2. 热源（热力站）与供热管网节能改造

热源（热力站）节能改造应采用气候补偿、自动调节控制、烟气热回收、水力平衡等节能技术，并安装热计量装置；更换或维修渗漏的管道和构建设备，加强室外管网保温。

四、既有居住建筑节能改造项目资金来源

按照政府引导、市场运作和属地化原则，采取企业自筹、受益居民投入和财政支持等融资模式，充分发挥政府组织协调作用，制定优惠政策，调动供热企业、能源公司、产权单位、居民个人等各方面力量加大对建筑节能改造的投入。

（一）国家奖励资金。依据财政部《北方采暖区既有居住建筑供热计量及节能改造奖励资金管理暂行办法》（财建〔2007〕957 号）和建设部、财政部《关于推进北方采暖地区既有居住建筑供热计量及节能改造工作的实施意见》（建科〔2008〕95 号）的有关规定，实施节能改造的项目，均可获得中央财政奖励资金（每平米补贴 45 元）的支持。

（二）区奖励资金。区财政、建设部门在编制改造计划及资金预算时，应安排专项经费，用于辖区既有居住建筑节能改造项目的补贴，综合改造每平米补贴 45 元。

（三）鼓励供热企业投入资金，进行热源、管网、供热系统计量及节能改造，通过降低既有居住建筑的供热成本，收取新增用户的入网费和采暖费实现投资回报。

（四）既有居住建筑节能改造项目资金不足部分原则上由原产权单位和居民分担。

五、既有居住建筑节能改造程序

（一）小区业主同意。1. 为保证供热计量改造的统一性，同时根据上级奖励资金拨付条件，需对符合条件的整个小区进行节能改造。2. 依据《山东省民用建筑节能条例》，住宅节能改造应当充分征求业主意见。经专有部分占建筑物总面积三分之二以上的业主且占总人数三分之二以上的业主同意后，方可实施节能改造。

（二）资金落实。除两级财政奖励资金外，业主委员会负责向产权单位和居民筹集缺口资金到位。

（三）确定实施主体。依据《山东省民用建筑节能条例》，依法成立业主委员会的住宅小区，其建筑节能改造由业主委员会代表业主作为节能改造实施主体。未成立业主委员会的，可由社区居民委员会或者政府指定的机构作为节能改造实施主体。

（四）申请。既有居住建筑符合规划要求、安全可靠并且建筑所有权人自愿要求改造的，由业主委员会牵头向区节能改造领导小组提出改造申请，填写基本情况表，报区节能改造领导小组。

（五）确定具体改造项目。区节能改造领导小组每年对申请节能改造的项目进行排查，对拟定改造的项目向区政府专题汇报确定。

（六）组织施工。项目实施主体应按照相关法律法规，委托设计、施工、监理单位，按照民用建筑节能施工验收规范等有关标准精心组织施工。区建筑工程安全质量监督机构应按照属地化管理原则，对项目的安全、质量进行监督。

（七）验收。项目实施主体按照既有建筑节能改造标准组织参建各方验收，区建筑工程安全质量监督机构进行现场监督。

（八）奖励资金拨付。项目实施主体应设立节能改造专用账户，统一管理所筹措资金。工程完工验收后，区城乡建设局向区财政申请奖励资金，奖励资金到位后拨付至业主委员会专用账户。项目实施主体应对所拨付的资金单独列账，专款专用，任何单位和个人不得挪用，并随时接受省、市、区有关部门对工程质量、安全和政府资金使用情况的监督。

六、本办法自2014年1月1日起实施，有效期至2015年12月31日。

索　引

E

F

K

L

M

N

P

Q

R

S

T

W

X

Y

Z

责任编辑：葛春亮
封面设计：仲维利

图书在版编目（CIP）数据

崂山年鉴.2014/青岛市崂山区人民政府主办・青岛市崂山区史志办公室承编.—济南：黄河出版社，2014.6
ISBN 978-7-5460-0558-4

Ⅰ.①崂… Ⅱ.①青… Ⅲ.①区（城市）-青岛市-2014-年鉴Ⅳ.①Z 525.23

中国版本图书馆CIP数据核字（2014）第198557号

书　名　崂山年鉴（2014）
　　　　青岛市崂山区人民政府 主办
　　　　青岛市崂山区史志办公室 承编
出　版　黄河出版社
发　行　黄河出版社发行部
　　　　（济南市英雄山路21号 250002）
制　作　济南志鉴图文设计制作有限公司
印　刷　济南黄氏印务有限公司
规　格　889毫米×1194毫米 16开本
　　　　20印张　　　512千字
版　次　2014年8月第1版
印　次　2014年8月第1次印刷
印　数　1－2000册
书　号　ISBN 978-7-5460-0558-4
定　价　268.00元